역대 미국대통령
41명의 위트리더십

국립중앙도서관 출판시도서목록(CIP)

역대 미국대통령 41명의 위트리더십 / 지은이: 박봉현. --
서울 : 오름, 2007
  p. ; cm

권말부록으로 "미국 역대대통령 연표" 수록
참고문헌과 색인수록
ISBN 978-89-7778-272-3 03340 : ₩13000

350.21-KDC4
352.236-DDC21   CIP2007000683

역대 미국대통령
41명의 위트리더십

박봉현 지음

The Wit of
Forty-one American Presidents

Park, Bong Hyon

ORUEM Publishing House
Seoul, Korea
2007

책을 내면서

　정치인들은 부드러움과 관용보다는 양육강식의 법칙이 지배하는 정글의 군상으로 연상된다. 상대의 약점을 포착하면 가차 없이 공격해 명줄을 끊어버리는, 한시도 한눈 팔수 없는 곳이 정치 무대이다. 이 무대에서 으르렁대는 장본인들이 바로 정객들이다.

　한 나라의 대통령은 이 무대의 주연배우이다. 대통령의 주위에는 범접하기 어려운 막이 쳐 있다. 뭔가 평범한 나와는 다른 사람이라는 이미지로 다가온다. 함께 밥을 먹게 되면 밥알이 입안에서 굴러다녀 제대로 넘어가는지 알 수 없을 정도로 거북한 상대이다. 과거엔 이웃이었지만 이젠 가까이 하기엔 너무 먼 '당신'이다.

　대통령은 딱딱한 존재, 근엄한 존재로 돼 있다. 민주화 이후 세상이 많이 변했다지만 대통령이 뿜어내는 권위의 중력은 여전하다. 우리의 역사와 전통의 무게가 알게 모르게 대통령 주위에 드리워져 있다. 즐거운 정치, 신바람 나는 정치에 대한 국민의 열망이 대단한 기세의 파도로 밀려왔다가도 그만 포말로 힘없이 부서진다.

　대통령의 말 한마디에 국민은 짜증이 나기도 하고 기분이 상쾌해지기도 한다. 같은 내용을 전하더라도 듣는 이의 불쾌지수를 오르락내리락하게 한다. 지도자의 능력은 나라를 평안하게 하고 국민이 어깨를 활짝 펴고 살도록 하는 데 있다. 정책이 이를 결정짓지만 지도자의 재치 속에 배어 있는 지혜도 한몫한다.

유머 감각 없는 리더는 편안한 지도자가 아니다. 위트가 없는 리더는 국민과 더불어 호흡하는 지도자라 할 수 없다. 재치 없는 리더는 국민과의 거리를 좁히지 못한다. 위트 안에 들어 있는 엑기스는 가슴 깊은 곳까지 와 닿는다. 리더와 국민 간의 크게 벌어진 간극을 좁힌다. 이웃사촌처럼 친근감이 솟아나게 한다.

대통령의 위트는 종종 국민을 즐겁게 하고 나라를 하나 되게 한다. 위트 있는 사람은 얼굴과 혀가 '굳은' 리더보다 더 나은 지도자가 될 잠재력을 갖고 있다. 대한민국은 왕조, 전쟁, 독재를 거쳐 이제 민주화가 기틀을 다져가고 있다. 우리 국민들은 역량을 온전히 분출하고 싶어 한다. 그러려면 정치가 국민을 덩실덩실 춤추게 해야 한다. 위트 있는 지도자를 갖게 되는 것은 액세서리가 아니라, 우리에게 꼭 필요한 '정치적 선물'이다.

한국과는 멀리 떨어져 있는 나라이고 종종 정책 이견으로 마찰을 빚기도 하지만 강대국 미국의 지도자들이 뒤틀린 정치를 위트로 어떻게 풀어나갔는지 들여다보는 것은 가치가 있다. 국제사회에서 주도적 역할을 하는 나라의 리더십을 '정면'이 아니라 '측면'에서 조명해 볼 필요가 있다. 저자의 네 번째 단행본 주제를 미국 역대 대통령들의 위트리더십으로 잡게 된 취지는 바로 여기에 있다.

이 책이 나오기까지 가족이 보여준 이해와 도움, 그리고 주위의 격려는 집필의 동력이고 자양분이었다. 해가 거듭될수록 기력이 약해지시는 아버지, 어머니를 뵐 때마다 안타까우면서도 아무 것도 해드리지 못해 가슴이 미어진다. 저자의 작업을 따뜻하게 바라보시는 부모님의 사랑, 그리고 형님가족의 격려에 미흡하나마 이 책을 답례로 드린다. 한국에 계신 장인어른, 장모님께 그동안 못한 사위 노릇의 1만분의 1이라도 이 책이 대신 해드렸으면 하는 마음이다. 그리고 저자에게 보내 준 큰 처남, 작은 처남, 처제 가족의 사랑도 잊을 수 없다.

지난 18년 동안 저자와 살면서 목소리 한번 높이지 않고 묵묵히 따라와 준 아내가 한없이 고맙다. 아버지와 아기자기한 시간을 제대로 나누지 못하면서도 불평 않고 건강하게 자라준 아들 태홍, 딸 예지에게 미안하기만 하다. 이 책이 저자의 가족사랑의 작은 징표가 되길 바랄 뿐이다.

2007년 1월
캘리포니아 몬트레이
국방외국어대학에서
박봉현

| 차례 |

서문

미국의 7대 대통령 앤드루 잭슨은 '올드 히코리(Old Hickory)'로 불렸다. 단단한 히코리 나무에 비교해 사람들이 붙여준 것이다. 그만큼 잭슨은 강인했다. 특히 전쟁터에서는 그 용맹이 타의 추종을 불허했다. 그러나 이러한 성격은 종종 전쟁터가 아닌 사회의 대인관계에서도 불쑥불쑥 돌출했다.

잭슨이 테네시 주 민병대 소장이었던 1803년 당시 테네시 주지사인 존 세비어(J. Sevier)와 말다툼이 붙었다. 국가에 대한 기여도를 놓고 벌어진 격한 입씨름이 그만 잭슨의 사생활을 건드렸다. 세비어가 잭슨의 아내 레이첼을 비하하자 잭슨은 폭발했다. 두 사람은 '황야의 결투'를 벌였다. 총성이 울렸다. 다행히 아무도 다치지 않았다.

그러나 3년 뒤 내쉬빌의 젊은 부호이며 명사수로 알려진 찰스 디킨슨(C. Dickinson)이 잭슨의 아내 레이첼을 모욕하는 발언을 했다. 레이첼은 전남편과의 이혼을 법적으로 마무리하기 전에 2년간 잭슨과 동거했다는 이유로 여론의 도마 위에 올랐었다. 잭슨은 디킨슨에게 한판 승부를 걸었다. 이 싸움에서 잭슨은 디킨슨이 쏜 총에 갈비뼈를 다쳤다. 그러나 잭슨이 쏜 총알은 디킨슨을 명중시켰다. 비극으로 끝난 싸움이었다.

1813년 잭슨이 토마스 벤톤, 제시 벤톤 형제와 총을 겨눴다. 잭슨의 왼쪽 팔에 총알이 박혔다. 잭슨은 총알이 박힌 채 19년을 살았다. 급기야 1832년 총알을 빼내는 수술을 받았다. 이때 잭슨 나이 62세였다. 대통령이 된 뒤에는 총싸움을 하지 않았지만 반대파는 잭슨을 '깡패'로 불렀다. 실제로 잭슨은 피가 끓는 사람이었다. 맘에 들지 않으면 대화보다는 주먹이 앞서는 스타일이었다.

그러나 이런 잭슨도 때론 부드러운 남자였다. 잭슨 행정부의 전쟁장관 존 이튼(J. Eaton)이 조지타운의 한 술집주인 딸 페기 오닐(P. O'Neale)과 사랑에 빠졌다. 오닐의 남편은 해군으로 항해 중이었다. 그는 거의 대부분의 시간을 바다에서 보냈다. 얼마 후 오닐의 남편이 자살했다.

잭슨은 오닐과 결혼하라고 이튼에게 조언했다. 정식으로 아내로 맞아들여야 뒷말이 없어질 것이라는 이유였다. 이튼과 오닐 두 사람이 명예를 회복하게 될 것이란 것이었다. 이튼은 잭슨의 조언대로 오닐과 결혼했다. 하지만 세간의 입방아는 계속됐다. 일반 주민뿐 아니라 성직자, 정치인들까지 오닐의 부도덕성을 비난했다. 정적들은 이튼 장관에게 화살을 돌렸다.

아내 레이첼과의 결혼 문제로 한차례 홍역을 치른 잭슨은 누구보다도 이튼과 오닐의 심정을 잘 헤아렸다. 예전 같으면 총을 빼 사생결단을 내려 했을 것이다. 하지만 잭슨은 성정을 다스렸다. 그리고 이렇게 말했다. 오닐과 이튼을 공격하는 사람들에게 던진 호소였다. "여성의 고결함은 부드럽고 가냘픈 꽃과 같습니다. 자그마한 의혹이라도 이 꽃을 시들게 하고 아마 영원히 죽게 할 것입니다(Female virtue is like a tender and delicate flower; let but the breath of suspicion rest upon it, and it withers and perhaps perishes forever)."[1] 호전적인 잭슨에게서 기대하기 어려운 '소프트 터치'였다. 한 사람의 언행은 시간과 상황에 따라 달라질 수 있다. 동일한 잣대로 재단하는 것은 무리가 따르게 마련이다. 잭슨 대통령이 좋은 예다.

1996년 빌 클린턴 대통령이 재선 캠페인이 한창일 때 텍사스의 억만장자 사업가 로스 페로(R. Perot)가 성가신 존재로 부각됐다. 페로는 1992년에 이어, 4년 뒤 개혁당 대선후보로 대통령 선거에 재차 나섰다.

페로는 미신문편집인협회(American Society of Newspaper Editors)에서 워싱턴에 떠도는 얘기를 내뱉었다. 백악관에서 일하는 한 여성이 합참의장의 부관으로 백악관에서 일하는 한 장교를 모욕했다는 것이다. 이 장교가 여성에게 그저 단순한 인사를 했는데도, 이 여성은 군복을 입은 사람에게는 말을 하지 않는다며 퉁명스럽게 지나쳤다는 것이다.

이 루머는 클린턴이 군을 혐오하기 때문에 그 부하직원들도 이러한 태도를 견지하고 있다는 식으로 부풀려졌다. 페로가 이를 공식석상에서 전했다. 물론 클린턴이 군인들을 경멸하거나 군대의 위상을 깎아내리려고 하지는 않았다.

페로가 신문편집인들의 모임에서 이러한 얘기를 꺼낸데 대해 클린턴은 참을 수 없었다. 클린턴은 페로가 헛된 소문을 퍼뜨리는 사람이라고 공식적으로 공격했다. 자신의 부하직원이 군대를 능멸하는 태도를 보였다는 얘기는 페로가 꾸며낸 거짓이라고 했다.

그러나 이는 페로의 꾸며낸 '작품'이 아니었다. 루머는 사실로 확인됐다. 페로에 대해 원색적인 발언을 한 클린턴의 입장이 무척 난처해졌다. 평소 페로에 불만이 많았던 클린턴이 페로가 던진 낚싯밥을 성급히 받아먹다가 옴짝달싹하지 못하는 신세가 돼버렸다.

페로는 "그것 보라"며 클린턴을 비웃었다. 페로는 "클린턴에 의해 거짓말쟁이로 불린 것은 정말로 독특한 경험"이라고 했다. 페로는 클린턴이 군대를 우습게 볼 뿐 아니라 거짓말도 눈 깜짝 않고 한다고 들이받았다. 이 스토리는 당시 언론에 대서특필됐다.[2]

빌 클린턴은 정치력이 뛰어난 대통령으로 평가되고 있다. 탁월한 정치 감각으로 젊은 나이(46)에 백악관에 입성했고 재선에 성공했다. 나이답지 않게 '노회하다'는 수식어를 달고 다닌 정치인이기도 했다. 자신에 대한 비난을 부드럽게 넘기며, 정치적으로 다룰 줄 아는 노련함을 갖고 있었다.

하지만 그런 클린턴도 종종 자충수에 빠져 정치적으로 실점을 기록했다. 페로와의 관계가 그 한 예다. 리더의 양면성은 고개를 갸우뚱해 할 일이 아니다. 어찌 보면 당연한 일이다. 한 나라의 최고 지도자도 인간이기 때문이다. 이 글에 등장한 지도자가 언제나 위트와 여유를 보인 것은 아니다. 실수도 많이 하고 조급한 대응으로 곤욕을 치르기도 했다.

조지 워싱턴 대통령은 말년에 치아 통증으로 고통을 겪었다. 용장 워싱턴이었지만 이 통증은 참기 어려웠다. 할 수 없이 치아들을 뽑았다. 은세공인을 시켜 틀니를 만들도록 했다. 그런데 처음 만든 틀니가 입에 제대로 들어맞지 않았다. 입을 완전히 다물지 못했다. 거의 웃지도 못했다.

초상화가 길버트 스튜어트(G. Stuart)가 1795년 9월 워싱턴의 초상화를 그리기로 했다. 워싱턴은 틀니가 맞지 않아 불편했다. 얼굴도 제 모양새가 나올 리 없었다. 초상화를 그리려면 시간이 꽤 걸린다. 몸 상태가 썩 좋지 않은 워싱턴으로서는 오랜 시간 가만히 앉아 있는 게 여간 거추장스러운 일이 아니었다. 부드러운 표정을 기대하기 힘들었다.

그러자 화가 스튜어트가 워싱턴에게, 대통령과 화가의 관계로 여기지 말고 편안하게 자세를 취하라고 주문했다. 워싱턴을 전쟁영웅으로 간주하지 않고 그저 화가 앞에 앉은 모델로 생각하겠다는 투였다. 워싱턴은 이에 대해 "굳이 서로의 직업을 잊을 필요까지는 없지 않은가" 하고 농담 섞인, 뼈 있는 대꾸를 했다. 화가는 뽀로통해졌다. 묵묵히 워싱턴을 그렸다. 워싱턴의 초상화는 더욱 무뚝뚝한 모습으로 자리를 잡아갔다. 후대에 전해지면서 가장 잘 알려진 워싱턴의 초상화는 이처럼 스튜어트의 '가혹한 붓'에 의해 원래의 모습보다 더 엄숙하게 묘사됐다.[3]

스튜어트가 워싱턴의 초상화를 보고 품평을 했다. 초상화에 담겨 있는 워싱턴은 너무 강해 통제하기 힘든 격정적인 성격이라고 했다. 만일 워싱턴이 산골짜기에서 태어나 산 속을 누비고 살았다면 아마 가장 잔혹한 야만인이 되었을 것이라는 그런 끔직한 발언도 했다. 하루는 스튜어트가 헨리 리(H. Lee) 장군에게 워싱턴에 대해 얘기했다. 워싱턴이 무척 화가 났는데 잘 참더라고 했다.

리 장군은 며칠 뒤 워싱턴 부부와 조찬회동을 했다. 리 장군은 스튜어트가 한 말을 워싱턴 부부에게 전했다. 그리고 리 장군은 워싱턴에게 "얼마 전 대통령의 초상화를 보았더니 실물과 정말 똑같았다"고 말하고는 "그런데 스튜어트는 대통령의 성정(性情)이 매우 불같다고 했다"고 사족을 달았다. 식사시간에, 게다가 대통령의 성격에 대해 운운했으니 분위기가 차가워질 수밖에.

식사를 하던 영부인이 포크를 잠시 놓고 끼어들었다. 영부인은 "허 참, 화가 스튜어트가 말을 함부로 했군요"하며 얼굴을 붉혔다. 이때 리 장군이 말을 받았다. "스튜어트는 대통령의 성정이 불같지만 이를 잘 참는다고 했다"고 덧붙였다. 화가 스튜어트의 '수위 넘은 발언'을 놓고 리 장군과 영부인이 다소 껄끄러운 대화를 하는 동안 잠자코 듣고 있던 워싱턴은 짤막하게 거들었다. "스튜어트의 말이 맞다(He's right)."[4]

"화가가 감히 대통령인 나에게 병 주고 약 주는 식의 무례한 말을 입에 담을 수 있는가" 하고 식사를 중단할 수도 있었다. 그러나 워싱턴은 스튜어트를 두둔했다. 적극적인 긍정은 아니지만 마음을 가라앉히고 삭였다. 타고난 성격은 바꾸기 어렵다. 성정이 불같은 사람이 화를 참는 것은 혈압을 올리는 일이다.

일반 서민들도 그러한데 권력을 한 손에 쥐고 있는 대통령이 스스로의 성정을 참는 것은 더욱 힘든 일이다. 제어장치가 별로 없는 위치에서 스스로 감정을 통제하고 조절하는 것은 수양을 필요로 한다. 자신을 다스릴 줄 알아야 잘 나라를 다스릴 수 있는 법이다.

1791년 11월 아서 세인트클레어(A. St. Clair) 장군 휘하의 군인들이 서부지역에서 인디언들과 교전을 벌이고 있었다. 워싱턴은 세인트클레어 장군에게 인디언들의 기습에 유의하라고 신신당부했다. 그런데 세인트클레어의 군대가 인디언들의 기습작전에 크게 당했다는 비보가 워싱턴에게 전해졌다. 워싱턴이 집에서 손님들과 저녁식사를 하던 중이었다.

전보를 받은 워싱턴은 자리에서 일어나 다른 방으로 가서 메시지를 읽었다. 비보 중의 비보였다. 미칠 것 같았다. 그렇지만 아무 일 없었던 것처럼 행동하려 했다. 잠시 후 식사를 마친 손님들이 응접실로 갔다. 이제 비서 토비아스 리어(T. Lear)와 워싱턴이 단 둘이 방에 남게 됐다. 워싱턴은 감정을 통제하려 애썼다. 아무 말 없이 몇 분간 불안한 자세로 식탁 주위를 서성댔다.

솟구치는 울분을 참지 못해 혼자 불만스런 표정과 함께 한탄조의 혼잣말을 내뱉었다. 그러다 잠시 입을 닫고 다시 방에서 앞뒤로 왔다 갔다 하다가 또 노기(怒氣)를 뿜어냈다. 주먹으로 자신의 이마를 때렸다. 그리고 세인트클레어 장군을 저주했다. 워싱턴이 의자에 앉았다. 마음의 안정을 찾는 듯했다. 그러나 분기탱천했던 심기가 풀린 것은 아니다. 워싱턴은 전투에서 패한 세인트클레어 장군이 돌아오면 응분의 대가를 치르도록 하겠다고 별렀다. 잠시 후 워싱턴은 비서 리어에게 방에서 있었던 일을 함구하라고 지시했다.5)

워싱턴이 분을 삭이려다 실패하고 화를 토해낸 일화다. 워싱턴은 마음을 다스릴 줄 알았지만 항상 그런 것은 아니었다. 마음을 다스리는 것은 사람마다 정도의 차이는 있지만 신이 아닌 다음에는 화를 참기도 하지만 분노를 토해내기도 한다. 그것이 인간의 모습이다. 이 글에 나오는 지도자들의 일화가 그의 삶 전체를 대변하는 것은 결코 아니다.

존 퀸시 애덤스(6대) 대통령은 무뚝뚝하기로 유명했다. 2대 대통령인 존 애덤스의 아들인 그는 하버드 대학 시절부터 그 '재미없는' 기질을 드러냈다. 보스턴 북부지역에 있는 독립전쟁의 격전지 벙커 힐(Bunker Hill)에서 기념식이 열렸다. 벙커 힐 지역에서 보스턴을 연결하는 다리건설을 기념하는 자리였다.

여기서 학생들이 바비큐 파티를 준비했다. 거의 모든 학생들이 참여했다. 그러나 애덤스는 불참했다. 이유는 간단했다. 미군들이 자유와 독립을 쟁취하기 위해 영국군과 치열한 교전을 벌여 수많은 희생자를 낸 역사적인 장소에서 바비큐 파티를 하며 흥청댈 수 없다는 것이었다. 대통령이 돼서도 애덤스의 건조함은 그의 지지자들조차도 인정할 정도였다. 애덤스의 열렬한 지지자들의 입에서조차 "화강암 조각 같이 딱딱하고 얼음 덩어리처럼 차갑다(Hard as a piece of granite and cold as a lump of ice)"는 말이 나왔다.6)

하지만 애덤스라고 유머를 모르는 것은 아니었다. 다소 거칠기는 했지만 익살을 부릴 줄 알았다. 대통령 퇴임 후 연방 하원의원 선거에 출마해 당선되고는, 생애 최고의 날이라고 했다. 또 직접적인 표현은 아니더라도, 아침 운동 길에 만난 여기자와의 우스꽝스럽고 기이한 상황연출로 분위기를 코믹하게 만들기도 했다. 이처럼 건조한 지도자에게서도 부드러운 유머 리더십이 나올 수 있다.

케네디가 상원의원 시절 농담을 잘못 했다가 곤욕을 치른 적이 있다. 민주당원들과의 모임이었다. 케네디가 동지들 앞에서 부담 없이 말문을 열었다. 길이 너무 막혀 이날 모임에 늦을 뻔했는데 운전사가 요리조리 곡예운전을 해 다행히 제시간에 도착할 수 있었다며 운전사를 치켜세웠다. 케네디는 감사의 뜻으로 운전사에게 팁을 두둑하게 주려고 했다.

그런데 바로 이 순간 시어도어 그린(T. Green) 상원의원이 자신에게 들려준 조언이 떠올랐다. 그래서 태도를 바꿨다. 지갑을 꺼내려던 손을 주머니에서 그냥 뺐다. 케네디는 그린 의원의 '가르침'을 그대로 따라했다. "나는 운전사에게 단 한 푼의 팁도 주지 않았다. 그리고 공화당에 표를 던지라고 말했다(… so I gave him no tip at all and told him to vote Republican)."7)

수고한 운전사에게 감사의 뜻으로 두둑한 팁을 주지는 못할망정 1센트도 주지 않는 것도 모자라 공화당원에게 지지표를 던지라는 것은 정반대의 효과를 노린 발언이다. 운전사는 절대로 공화당에 표를 주지 않을 것이고 민주당이 어부지리를 얻게 될 것이란 선거 전략이다. 그래서 케네디가 일부러 팁을 주지 않으면서 공화당원인 것처럼 행세한 것이다. 공화당에 대한 운전사의 반감을 유도하려는 것이었다. 물론 이는 실화가 아니다.

그러나 AP통신은 케네디가 전한 이 일화가 사실인양 보도했다. 케네디가 만들어낸 일화가 사실로 둔갑해 전파를 타자, 성난 운전사들이 케네디에게 분노의 편지를 보냈다. "우리 운전사들을 무엇으로 보고 그렇게 함부로 대하는가?"하는 항의 서한들이었다. 운전사들은 자신들이 정치적으로 가볍게 이용당할 만한 '수준 낮은 유권자'로 취급당한 것을 참지 못했다.

케네디는 운전사들의 노여움을 가라앉히기 위해 AP통신에 연락해 문제의 스토리는 사실이 아니라는 것을 밝혔다. AP통신은 정정 기사를 내보냈다. 그리고 케네디는 다시는 이 얘기를 입에 담지 않았다. 얄팍한 정치적 전술로 특정 직업을 비하하거나 우습게 여기는 듯한 발언이 걷잡을 수 없는 파장을 일으킨다는 점을 뼈저리게 실감했다.

위의 몇 가지 일화에서처럼 하나의 '사건'이 대통령 전체를 평가하는 잣대가 될 수는 없다. 겸손한 리더지만 거만하게 굴 때도 있다. 국민의 마음을 잘 읽는 것 같은데 때론 "개의치 않겠다"며 귀를 막기도 한다. 자신의 약점에 대한 비아냥거림에 느긋하다가도 가끔 발끈해 "그래서 어쨌다는 거냐?"며 대든다. 좀처럼 구부러지지 않는 소신을 지키다가도 "좋은 게 좋은 것 아니냐"며 자신을 꺾는다. 가족, 친인척, 부하들을 잘 관리하겠다고 천명했지만 어리석게 청탁 건에 휘말려 신임을 잃는다.

언론과 잘 지내려고 무진 애를 쓰다가 "에라, 모르겠다"며 공든 탑을 무너뜨린다. 정적 끌어안기를 모토(motto)처럼 강조하다가도 "이에는 이"로 맞대응한다. 직무와 관련한 스트레스를 긍정적으로 생각하고 전향적으로 재치 있게 분출하다가도 막가파 식으로 남들에게 쏟아 붓는다. 아니면 '마이 웨이'를 선포하고 '오기 정치'를 편다.

분위기가 가라앉으면 엔터테이너 역을 자임해 분위기를 바꾸고 스스로 어릿광대처럼 거리낌 없이 망가짐으로써 어정쩡한 주변을 화기애애하게 만드는 신바람 지도자가 있다. 그러나 아무리 신나는 바람을 불러일으킨다고 해서 일이 있을 때마다 '당번'이 되는 것은 아니다. 오히려 가물에 콩 나듯 하는 게 정상이랄 수 있다.

퇴임에 초연한 것처럼 하다가도 물러날 때가 다가오면 능력에 관계없이 어떻게든 자신이 지지하는 사람을 후임자로 만들려고 온갖 술수를 쓰고, 역사의 한 페이지를 장식하려고 억지 정책을 집행하는 리더가 한둘이 아니다.

한 사람이 얼마든지 여러 가지 성향을 보일 수 있다. 지도자도 예외일 수 없다. 한두 번의 재치를 보였다고 해서 일관된 위트 리더십으로 평가될 수 없다. 게다가 이 글은 대통령 한 사람 한 사람에 대한 심판대가 아니다. 누가 더 위트 있는 리더인가 순위를 매기는 것은 애당초 관심영역에서 벗어난다.

이 글의 목적은 대통령이 한 말이나 그에 얽힌 스토리를 통해 무언가 배우자는 데 있다. 총체적으로 30점짜리 리더라고 해도 교훈 삼을 만한 부분이 있게 마련이다. 이 부분이 작든 크든 정면에서 환하게 조명해 보자는 것이다. 진흙탕처럼 형편없는 리더라도 그 안에 진주가 하나라도 숨어 있으면 이를 캐내 깨끗이 씻고 광을 낸 뒤 잘 보이는 곳에 전시하자는 것이다. 삼인행필유아사(三人行必有我師)라고 했다.

권력의 정점에 있는 지도자가 낮은 곳을 헤아리고 아우르는, 국민이 무엇을 말하는지 항상 귀를 열어놓고, 어떻게 사는지 눈을 떼지 않는 태도를 지니도록 독려하자는 것이다. 약점에 주눅 들지 않고, 약점을 덮으려 이상한 방향으로 오버하지 않도록 하자는 것이다. '살아있는 생물'인 정치를 하려니 원리원칙대론 되지 않더라도 곧은 심지를 잃지 않는 리더에 대한 열망은 버릴 수 없다.

자신은 물론, 가족, 친인척, 그리고 부하들을 잘 '관리'하는 리더에 대한 기대는 번번이 깨졌지만 그래도 포기할 수 없다. 안티세력이든 정적이든 다 담을 수 있는 큰 리더, 임기 중 크게 한 건 하려 하지 않고 멀리 내다보는 비전이 있는 리더는 그저 이론서에서만 등장할 게 아니라 실물로 국민 앞에 나서야 한다. 긴장과 위기가 상존하는 한반도의 현실은 평상심을 유지하는 리더를 필요로 한다. 그렇다고 항상 무거운 얼굴, 굳은 표정으로만 일관할 이유는 없다. 가끔 주위를 즐겁게 하는 여유가 있으면 금상첨화이다. 이러한 지도자를 국민은 보고 싶다.

이 글은 대통령의 재임 시 스토리가 대부분이다. 하지만 대통령 재임

시에만 국한되지는 않는다. 대통령이 되기 전과 퇴임 후에도 흥미롭고 지혜가 배어 있는 일화는 과감히 선별했다. 좁게 보면 취임 전 리더십은 대통령 리더십이 아니지만, 뒤집어보면 대통령이 되기까지 음양으로 영향을 끼쳤음을 부인할 수 없다. 그리고 정치 리더들의 언행이라고 해서 현역시절만을 고려할 일은 아니다. 퇴임 후에 한 위트도 생명력을 지닐 수 있다. 그래서 범주를 유연하게 설정했다.

또한 여기에 실린 내용들이 반드시 정치적 파장을 수반하는 것일 필요도 없다. 정치든 경제든 사회·문화든 사람이 살아가면서 부대끼는 영역에 적용될 수 있다면 포함했다. 즉각적이고 가시적인 효과를 낸 경우만을 다루지는 않는다. 유머의 이해득실을 눈앞에서 계산할 수 있는 경우도 있지만 그렇지 않은 경우도 있다. 된장이 시간을 두고 숙성되듯 대통령의 이미지 형성에 두고두고 영향을 미칠 수도 있는 까닭이다.

이 글에서는 리더가 한 말을 '직접화법'으로 소개했다. 당시 상황을 가능한 현장감 있게 전달하기 위해서다. 인용된 원문은, 극히 드물지만 리더 자신의 발언이 아닐 수도 있다. 대통령들이 더러는 다른 곳에서 듣거나 읽은 것을 약간 바꾸어 활용한 경우도 있기 때문이다. 하지만 전체 맥락을 감안해 중요한 부분이라는 판단이 서면 인용했다. 또 간혹 진위가 입증되지 않은 스토리도 있다. 이 글은 모든 내용의 사실 여부를 규명하는 순수 학술서적의 카테고리에서 조금 자유롭다.

미국의 역대 대통령은 빌 클린턴이 42대였지만 실제 41명이다. 수치상 차이는 22대 대통령 그로버 클리블랜드가 23대 벤저민 해리슨에 이어 다시 24대 대통령 자리에 오르면서 빚어졌다. 현직 조지 W. 부시 대통령(43대 대통령: 2001~)은 이 글에서 제외됐다.

이 글은 서문, 본문 일곱 장, 그리고 마지막 장으로서의 결론으로 돼 있다. 제1장 '섬기는 리더십'에서는 '파격' '겸양' '마음 읽기' 등 세 가지 주제를 중심으로 리더들의 위트를 다룬다. 2장 '자기관리 리더십'은 '약점' '정치적 약점' '소신' 등에 얽힌 재치 있는 이야기들로 구성된다. 3장은 '주변관리 리더십'이다. 여기에서는 '가족·친인척' '부하' '청탁' 문제를 풀어간 지혜가 담겨 있다.

4장 '정치가 리더십'에서는 '언론' '안티 여론' '자중지란' '정적: 이슈' '정적: 관계' '외교'에서 등장한 위트를 끄집어낸다. 여기에서 정치가 리더십은 사리사욕에 사로잡혀 권모술수로 권력을 좇는 정치인이 아니라, 나라와 국민을 자신의 정치적 야심보다 앞에 놓고 고민하는 '큰 그릇'을 의미한다. 이 장에 나오는 리더들이 반드시 일관성 있는 '정치가'라는 뜻은 결코 아니다. 적어도 여기에 포함된 스토리에서는 그러한 면모가 묻어나온다는 의미다.

5장 '평상심 리더십'은 나라의 안위가 흔들리는 위기를 맞이했을때도 허둥대지 않고 의연하게 대처하는 정중동(靜中動)의 리더십이다. 여기에는 '국면전환'과 '스트레스'의 두 줄기로 나뉜다.

6장 '신바람 리더십'은 경박하지 않으면서도 분위기를 띄울 수 있고, 자신도 즐겁고 주위도 기쁘게 할 수 있는 리더십이며, 여기에는 '분위기 띄우기' '망가지기'로 구분된다.

7장 '다시 섬기는 리더십'에서는 '퇴임'과 '원로'에 초점을 맞춘다. 대통령으로서 자신이 지녔던 권력을 놓기 전, 놓는 순간, 그리고 대통령 직에서 물러난 후 나라와 국민을 위해서 어떤 자세를 취하는 게 존경할 만한 리더의 면모인지 비추어본다.

끝으로 결론에서는 저자가 분류한 7가지의 리더십 유형에 따른 각각의 의미와 의의를 요약 전달한다.

제1장
섬기는 리더십

파격
겸양
마음 읽기

파격

개 오줌 닦는 대통령 __제럴드 R. 포드

　제럴드 포드가 성탄절에 콜로라도 주 베일에서 스키를 타며 휴가를 즐기고 있었다. 포드 가족이 렌트한, 유리창이 넓고 돌로 지은 별장에서 저녁식사를 하고 있었다. 포드 가족은 개를 여러 마리 기르고 있었다. 저녁을 먹을 때 개들도 같이 있었는데 이 중 한 마리가 그만 현장에서 '실례'를 하고 말았다.

　백악관에서 포드를 모시던 집사(執事)가 빨강 웃옷을 입고 한 구석에서 대기하고 있었다. 대통령 가족이 불편함이 없도록 하는 게 임무인 집사는 개의 오줌 싸는 모습에 놀랐다. 허겁지겁 헝겊으로 더러워진 바닥을 닦으려 했다.

　그러자 이때 집사보다 더 동작이 빠른 사람이 있었다. 포드였다. 포드는 자리에서 일어나 재빨리 개 곁으로 갔다. 집사가 바닥을 닦기 직전 그의 손에 있던 헝겊을 빼앗듯 낚아챘다. 그리고 스스로 바닥을 청소했다.

　집사는 어리둥절했다. "내가 할 일인데 대통령께서 왜 이러시지?" 하며 마음속으로 의아해 했다. 포드가 집사의 얼굴을 보며 빙긋 웃었다. "누구든 다른 사람의 개가 실례한 것을 청소해서는 안 되네(No man should have to clean up after another man's dog)."[1]

포드는 역대 미국 지도자 가운데 권위주의와 가장 거리가 먼 사람 가운데 한 사람으로 손꼽힐 정도로 소탈했다. 수행원들이 줄줄 따라 다니는 대통령의 신분인데, 게다가 집사가 먼저 헝겊으로 청소를 하려 했는데 굳이 이를 빼앗아 자신이 할 정도였으니 '남'에게 피해를 주지 않으려는 포드의 자세가 얼마나 확고하고 일상화했는지 짐작이 간다.

대통령은 고사하고 장관이 됐다고 제멋대로 대로에서 불법 U턴을 하고 출근길에 일정구간의 차량을 통제한 뒤 혼자 유유히 주행하는 꼴불견을 보면 "지도자가 되기 전에 먼저 인간이 되라"는 말이 거침없이 튀어나온다.

* * *

'워싱턴 1세' 추대 __조지 워싱턴

미국 건국의 아버지 워싱턴은 지금도 그러지만 당시 국민적 영웅이었다. 많은 사람들이 그를 존경했다. 워싱턴을 왕으로 추대하려는 움직임까지 일었다. 영국군을 물리친 뒤 미국인들은 과연 "이 나라를 어떤 체제로 이끌어가야 하는가?"하는 물음을 던지기 시작했다. 영국과 같은 왕정을 논의하는 사람들이 일각에서 나왔다.

루이스 니콜라 대령이 워싱턴에게 7페이지의 서한을 보냈다. 니콜라는 전쟁에서 죽을 고생을 한 군인들이 제대 후에 과연 정부로부터 제대로 보상을 받을 수 있을지에 대해 회의적인 입장을 표명했다. 의회를 믿을 수 없으니 군인들이 나서야 한다고 주장했다. 군인들의 '머리'인 워싱턴이 군대의 힘으로 왕이 된 뒤 이러한 문제를 해결하는 게 바람직하다는 입장이었다.

워싱턴을 워싱턴 1세로 추대하려는 것이었다. 벤자민 터퍼(B. Tupper) 장군은 공화정은 분열되고 혼란으로 빠지기 십상이니 강력한 군주제가 나라의 안정에 득이 된다는 의견을 개진했다. 그리고 뜻을 같이 하는 사람들을 규합했다.

워싱턴의 반응은 냉랭하고 단호했다. 자신을 왕으로 추대하려는 캠페인의 선봉에 선 니콜라를 호출했다. 그리고 니콜라에게 잘라 말했다. "이러한 아이디어가 군대 내에서 거론되고 있다는 것을 안 것이 오랜 전쟁을 치르면서 겪은 많은 고통보다 더 고통스럽다(No event of the long war brought me more pain than learning of being such ideas existing in the Army)."2)

"왕은 무슨 왕 ..." "국민들이 욕하지 않을까?" "무슨 터무니없는 소린가?" "내가 그럴 자격이 있나?" "지금은 그런 얘기 할 단계가 아닐세" 등등 다양한 반응이 가능하다. 당시 국민적 지지를 볼 때 워싱턴은 충분히 미국의 왕이 될 수도 있었을 것이다. 영국 왕에게 나보란 듯이 맞설 수도 있었을 것이다. 국민들도 이 모습을 흡족하게 지켜보고 싶었을지 모른다.

하지만 워싱턴은 거론 자체를 못하게 했다. 부드럽게, 유머러스하게 하진 않았지만 우물쭈물하지 않고 명쾌하게 선을 그었다. 지도자에게 필요한 쾌도난마 리더십이다. 왕정의 폐해를 누구보다 절감한 워싱턴의 '비상한 재치'였다.

* * *

백악관 전화 받아준 주민 _린든 B. 존슨

뉴욕 리지우드의 한 가정집 전화번호가 백악관의 번호와 동일했다. 지역번호는 달랐지만 간혹 백악관으로 가야 할 전화가 실수로 이 가정집으로 걸려 왔다. 백악관 주인인 존슨 대통령에게 즉각 전달돼야 할 중요한 전화도 엉뚱한 사람에게 간 것이다. 얼마 후 이 사실이 백악관에 알려지고 존슨도 전후사정을 파악했다. 존슨이 어처구니없는 이 일에 대해 리지우드 주민에게 편지를 썼다.

존슨은 편지에서 백악관과 리지우드 주민의 전화번호가 지역번호를 제외하곤 동일해 이러한 해프닝이 벌어졌다는 것을 알았다고 서두를 시작했다. 그리고 존슨은 "만일 귀하께서 백악관으로 가야 할 전화를 최선을 다해 받아 다뤄주면, 우리도 귀하에게 가야할 전화를 최선을 다해 다뤄주겠소(If you will do the best you can in handling White House calls, I assure you that we will do the best we can in handling calls for the-family)" 하고 정중히 적었다.3)

전화를 거는 사람의 잘못이지만 아무튼 리지우드의 이 주민은 마음이 편치 않았을 것이다. 경우에 따라서는 국가 기밀과 같이 중대한 사안을 다루는 전화도 걸려왔을 것이다. 물론 백악관 전화가 아니라 세세한 내용을 듣지는 못했지만 당황스러운 상황임에 틀림없다. 존슨이 이러한 주민의 마음을 잘 헤아려 편지를 쓴 것이다. 전화번호로 인한 착오에 대해 전혀 부담을 갖지 말도록 안심시켜 주었다. 백악관 전화를 잘 처리해주면, 존슨도 리지우드 주민 전화를 잘 처리해주겠다는 표현으로.

* * *

찬 강물 속 인터뷰 _존 퀸시 애덤스

퀸시 애덤스는 수영을 즐겼다. 새벽에 일어나 혼자서 백악관 주변의 포토맥강으로 갔다. 강둑에 있는 나무에 옷을 걸어놓고는 다이빙을 했다.

한참을 헤엄치다 강가로 올라와 옷을 입고 다시 집무실로 갔다. 그래도 아직 동이 트지 않았다.

한번은 나무에 걸어놓은 옷을 누가 훔쳐 가는 바람에 지나가는 소년에게 백악관에 가서 새 옷을 가져다 달라고 부탁하는 해프닝이 벌어지기도 했다. 애덤스가 '수영 광'으로 알려지면서 대통령을 만나려면 수영하는 강을 찾아가는 게 첩경이라는 말이 돌았다. 앤 로얄(A. Royall)이라는 여기자가 관련된 스토리가 있다. 신빙성에 의문이 가지만 사람들 사이에 회자돼 왔다.

로얄은 19세기 초 정치인들의 부패와 종교를 빙자한 사기를 주로 폭로한 신문 '폴 프라이(Paul Pry)'에서 일했다. 메릴랜드 출신인 로얄은 당시 언론에 투신한 손꼽히는 여기자로, 또는 미국 최초의 여기자로 알려져 있다.

로얄은 미국혁명 때 장교를 지낸 남편 베테랑과 행복한 결혼생활을 했으나 남편과 사별한 뒤 연금수령 권한과 관련해 시댁과 소송에 휘말렸다. 로얄은 남편의 유언장을 위조했다는 이유로 남편의 연금을 거의 시댁에 빼앗겼다. 로얄은 기존 연금법의 문제점을 지적하고, 베테랑의 미망인인 자신이 연금을 수령할 수 있도록 대통령에게 호소하기로 작정했다.

생계가 어려운 미망인이자 사회부조리 혁파를 외친 언론인으로서 로얄은 대통령의 의중을 파악하고 선처를 부탁하려 했다. 로얄은 애덤스를 만나기 위해 포토맥 강가로 갔다. 인터뷰 요청을 받아들이지 않은 애덤스가 옷을 벗고 강으로 뛰어들었다. 로얄은 애덤스의 옷을 깔고 앉았다. 놀란 애덤스가 영문을 물었다.

로얄은 대통령을 만나기 위해 백악관 문을 두드렸으나 거절당했고, 수개월 동안 노력했는데 번번이 무산돼 대통령의 일과(日課)를 살펴본 뒤 백악관에서 이렇게 강까지 미행했다고 했다. 인터뷰에 응할 때까지 애덤스가 벗어놓은 옷 위에 앉아 있겠다고 했다. 인터뷰에 응하든지, 아니면 물속에서 그렇게 영원히 있든지 양자택일하라고 '협박'했다.

애덤스는 "인터뷰를 꼭 할 테니 나가서 옷을 입게 해 달라. 그리고 옷을 갈아입는 동안 저 수풀 뒤로 가 달라(Let me get out and dress, and I'll promise to give you the interview. Please go behind those bushes while I make my toilet)"고 부탁했다. 로얄은 "절대로 그렇게는 할 수 없다"고 반색했다. "근처에 어부 세 명을 보았다. 만일 옷만 갈아입고 그냥 가면 소리를 지르겠다"고 겁을 주었다. 인터뷰를 피하려 했다간 봉변을 당하게 하겠다는 것이다. 하는 수 없이 애덤스는 인터뷰에 응했다. 그것도 의심 많은 로얄을 달래느라 물이 턱까지 차는 물속에서.[4]

이른 아침 강물은 얼음장처럼 차다. 아무리 수영을 좋아하고 잘해도, 본인의 의사와 달리 찬 물 속에서 오래 있어야 한다면 일종의 '물고문'이다. 게다가 수영복 차림의 대통령과 여기자의 대면은 여간 어색한 장면이 아니다.

21세기라면 몰라도, 보수적인 1820년대 초의 일이다. 아무리 직업의식이 투철했다 해도 기자가 옷을 입어야 하는 대통령의 약점을 잡아 으름장을 놓은 것도 떨떠름한 뒷맛을 남긴다. 결과적으로 물이 입까지 찰랑찰랑하는 상황에서 대통령은 기자의 질문에 답을 했다.

진위가 확인되지 않은 얘기지만, 애덤스가 "대통령에게 이게 무슨 무례인가?" 하고 윽박지르지 않고 포박 당한 포로처럼 고분고분 여기자의 요구에 따랐다는 내용 자체가 흥겹다. 뿐만 아니라 애덤스는 워싱턴에 있는 자택으로 로얄을 초대해 아내 루이사에게 소개하고 친교를 나누기도 했다.

* * *

꼬마에겐 '꼬마 식'으로 __우드로 윌슨

윌슨이 하루는 경호원 한 명만 데리고 워싱턴 근교의 시골길을 드라이브 하고 있었다. 길가에 꼬마가 서 있었다. 꼬마가 차안에 있는 윌슨에게 무언가 표정을 지어 보였다. 윌슨이 경호원에게 물었다. "저 소년이 무엇을 했는지 보았는가?" 경호원은 "보지 못 했습니다" 하고 말했다. 이어 "소년이 무엇을 했습니까?" 하고 윌슨에게 물었다. 윌슨은 심각한 듯 머리를 좌우로 약간 움직이며 "그 소년이 내게 얼굴을 찌푸렸네."

경호원은 놀랐다. 어떻게 감히 대통령에게 그런 불경스런 행동을 할 수 있느냐며 당혹해 했다. 그러나 윌슨은 잠시 뜸을 들인 뒤 미소를 머금으며 "이보게 내가 그 소년에게 무엇을 했는지 아는가?" 했다. 경호원은 모른다고 답했다. 윌슨은 더욱 익살스런 표정을 지어 보이며 "나도 바로 그 소년에게 얼굴을 찌푸렸지(I made a face right back at him)"라고 했다.[5]

소년이 대통령에게 약을 올렸다. 대통령이 혼내지 않고 어린아이처럼 같은 방법으로 맞대응했다. 대통령답지 않아 보인다. 하지만 어른이 소년에게 소년 식으로 대하는 것은 쉽지 않다. 게다가 대통령이 꼬마와 '코드'를 맞추어 행동하는 것은 상상하기 힘든 장면이다. 최고 권력자이지만 때로는 평범하게, 때로는 어린아이처럼 행동하는 데서 '사람의 향기'가 풍긴다.

* * *

길 막은 소방대원 _캘빈 쿨리지

워런 하딩 대통령 시절 부통령을 지낸 쿨리지는 가족과 함께 워싱턴의 뉴 윌러드 호텔(New Willard Hotel)에서 살았다. 그런데 이 호텔에서 작은 화재가 발생했다. 호텔 측은 만일의 불상사를 미연에 방지하기 위해 모든 객실의 손님들을 대피시켰다. 화재 규모는 작았지만 나중에 희생자가 생겨 문제가 커지는 것보다는 당장 손님들에게 불편을 끼쳐 불평을 듣는 게 낫다는 게 호텔 측의 자세였다.

불은 진화됐다. 쿨리지는 방으로 가기 위해 계단을 올라가려 했다. 그러자 무뚝뚝한 표정의 소방대원이 길을 막았다. 쿨리지에게 "누구요?" 하고 퉁명스럽게 물었다. 쿨리지는 "바이스 프레지던트(vice president)요" 하고 답했다. 소방대원은 "좋소, 올라가시오" 했다.

잠시 후 소방대원이 무슨 생각이 났는지 다시 물었다. "당신, 어디의 바이스 프레지던트요?" 쿨리지가 답했다. "미국의 바이스 프레지던트요." 소방대원이 쿨리지를 잡아챘다. "이리 내려오시오. 나는 당신이 이 호텔의 바이스 프레지던트인줄 알았소(I thought you were the vice president of the hotel)."6)

소방대원이 부통령인 자신을 몰라보고 길을 가로막은 것이 첫 번째 '괘씸죄'가 될 만했다. 쿨리지가 신분을 밝혔는데도 통행을 거부한 것은 두 번째 '괘씸죄'에 들 만했다. 호텔 부회장이었다면 통과할 수 있지만 부통령은 곤란하다는 소방대원의 거침없는 판정은 세 번째 '괘씸죄'에 해당될 만했다.

"미국 부통령이 호텔 부회장보다 못하단 말인가?" 하며 크게 노해 소방대원에게 혼쭐을 낼 만했다. 부통령의 체면이 완전히 구겨진 상황이었다. 그러나 쿨리지는 이 얘기를 가끔 반복해 들려주곤 했다. 소방대원은 호텔 측의 지시를 철저히 지켰을 뿐이다. 아무리 부통령이라도 손님 중 한 사람이다. 소방대원은 손님의 안전을 최우선으로 삼아야 한다는 호텔 측의 당부에 충실했다는 논지다.

사회적 지위에 따라 특혜가 부여돼서는 안 된다는 쿨리지의 소신이 이 스토리에 담겨 있다. 압력을 두려워하지 않고 맡은 바 소임에 충실한 소방대원의 당당한 모습이 바로 쿨리지가 바라는 '건강한 시민의 모습'이었다.

* * *

발장난 __프랭클린 D. 루스벨트

루스벨트와 헬렌 로어. 한 사람은 미국을 이끄는 지도자였고 다른 사람은 물리치료사였다. 헬렌 로어는 루스벨트의 다리를 치료하기 위해 자주 대통령을 만났다. 그래도 대통령과 일반 국민 간의 사이다. 아무리 격이 없다는 미국이지만 그래도 대통령이다. 따뜻한 수영장 물에서 다리를 늘어뜨리고 운동을 하는 날이었다. 로어의 치료방법 중 하나다. 열쇠고리에 매달린 열쇠처럼 다리를 물속에 담그고 힘을 뺀 상태다.

수영장에 들어간 로어는 루스벨트와 얼굴을 마주보는 자세로 물속에서 힘없이 흔들거리는 루스벨트의 두 다리를 잡고는 자신의 몸 쪽으로 당겼다. 이때 루스벨트도 자신의 몸 쪽으로 다리를 당겨야 한다. 두 사람이 서로 힘을 주어 다리를 당기는 훈련이다. 밀리지 않기 위해 다리에 힘이 들어가고 이러한 훈련을 반복하는 다리 근육강화 훈련이다.

인상을 쓰면서, 안간힘을 쓰느라 손에 땀이 배면서 하는 훈련이다. 로어 입장에서는 쉬운 작업이 아니다. 아픈 대통령을 치유해야 하는 부담감이 이만저만이 아니었을 게다. 그래서인지 루스벨트는 가끔 익살꾼으로 변했다. 하루는 치료 장면을 옆에서 지켜보고 있는 가족, 보좌관, 경호원들에게 윙크를 했다. 곧 무언가 예기치 않은 일을 벌일 것을 예고하는 눈짓이었다.

다리를 당기는 로어에 질세라 자신의 다리를 안쪽으로 당겨야 하는데, 갑자기 다리에 힘을 쭉 빼버렸다. 두 다리는 당연히 로어의 몸 쪽으로 날아가 듯했다. 한 쪽에선 당기고 다른 쪽에선 당기던 힘을 뺐으니. 줄다리기 하다가 한 쪽에서 갑자기 줄을 놓아 상대가 뒤로 나자빠지는 것과 동일한 광경이었다.

루스벨트를 철썩 같이 믿었던 로어는 '대통령의 배신'에 중심을 잃고 수영장 물속으로 풍덩 빠져 들어갔다. 물리치료를 하고 있는 곳은 깊지 않았기 때문에 로어의 생명에 지장이 있다거나 심한 곤욕을 치렀거나 크게 불쾌해 할 만한 상황은 아니었다. 그저 대통령의 짓궂은 장난에 로어가 걸려든 것이다. 로어는 이내 중심을 잡고 일어섰다. 긴 머리카락이 온통 물에 흠뻑 젖었고 안경은 한 쪽 귀에 대롱대롱 걸렸다.[7]

주위는 한바탕 웃음바다를 이뤘다. 루스벨트에게 당한 로어를 고소해해서가 아니었다. 모두들 심각한 표정으로 지켜보는 딱딱한 치료 순간에 루스벨트의 재치가 긴장을 풀어주었기 때문이다.

악의 없는 루스벨트의 장난기는 시종 지루한 영화에 삽입된 코믹 장면과 같았다. 스스로 지루해 할 만한 상황에서도 루스벨트는 지루해 하지 않았고, 주위 사람들이 지루해 할 만한 여건에서도 이들이 지루해 하지 않도록 했다.

* * *

악보 넘겨주기 _해리 S. 트루먼

동부 독일의 포츠담에서의 일이다. 어느 날 저녁 트루먼이 처칠, 스탈린과 다른 외교사절들을 위해 음악회를 준비했다. 연주는 미국의 젊은 피아니스트 유진 리스트(E. List)가 하게 돼 있었다. 당시 리스트는 미군에 복무 중인 육군 하사였다. 먼저 트루먼이 폴란드 작곡가 파데레브스키의 미뉴에트G를 연주했다. 트루먼은 피아노 솜씨가 대단했다. 그리고 리스트가 나와 멋진 연주를 했다. 트루먼은 리스트의 연주를 즐겼지만 처칠은 지루해 했다.

아무튼 연주회가 끝나고 트루먼이 리스트를 불렀다. 다음번엔 자신이 가장 좋아하는 쇼팽의 A 메이저 왈츠를 연주해 달라고 부탁했다. 리스트가 악보가 없다고 하자 트루먼은 파리에 사람을 보내 악보를 가져오게 했다. 리스트는 온종일 연습했다. 연주할 날이 됐다. 리스트는 트루먼에게 고백했다. 악보를 외우지 못해 누군가가 옆에서 악보를 한 장씩 넘겨주어야 한다고 했다.

트루먼은 한 장교에게 이 임무를 맡겼다. 그런데 그는 악보를 전혀 볼 줄 몰라 언제 악보를 넘겨야 하는지 감이 없다고 토로했다. 난감한 상황이었다. 이때 자리에서 트루먼이 벌떡 일어섰다. 청중들에게 정중하게 허리 굽혀 인사하고는 "아닐세, 내가 악보를 넘기겠네(No, I'll turn the pages myself)."[8]

대통령이 피아노 연주자 옆에 서서 악보를 한 장 한 장 넘겨주는 장면이다. 필요할 때는 지위고하를 가리지 않고 체면을 따져 주저하지 않고 성큼 행동을 취했다. "트루먼이 왜 저기 서 있지?" 하는 사람들도 있었겠지만 "대통령이 할 일이 없어 저런 일이나 하다니 ..." 하고 혀를 찬 사람은 없었을 게다. 설령 대통령의 위신이 다소 깎였다고 해도 대(大)를 위한 소(小)의 희생으로 연주회장 분위기를 한층 격의 없게 했다.

* * *

대통령의 보스가 된 요리사 __린든 B. 존슨

J. 윌리엄 풀브라이트(Fullbright) 연방 상원의원은 존슨의 오랜 친구였지만 베트남 정책에 대해서는 무척 비판적이었다. 존슨이 너무 고압적인 자세로 국정을 다루고 있다고 경고했다. 1966년 5월 어느 날 저녁 외교사절단을 맞는 자리였다. 풀브라이트 의원도 있었다.

풀브라이트 의원과 마주친 순간 존슨은 주머니에 손을 넣어 무언가 꺼냈다. 종이에 연필로 글이 적혀 있었다. 대통령의 요리를 책임지고 있는 제파이어 라이트(Z. Wright)의 메모지였다. 존슨은 "요리를 맡은 가정부가 대통령에게 이렇게 쪽지로 할 말을 하는 정도인데 어떻게 그 대통령이 오만하다고 할 수 있겠는가?" 하고 풀브라이트에게 반문했다.

분위기가 경색될 것을 우려한 영부인 버드가 존슨을 끌어당겼다. 그러자 존슨은 1분만 시간을 더 달라며 메모를 읽어 내려갔다. "대통령님, 나는 여러 해 동안 당신을 보스로 섬겼습니다. 당신은 항상 체중을 줄여야겠다고 말했습니다. 하지만 노력을 기울이지는 않았습니다. 이제는 변화를 주기 위해 제가 당신의 보스가 돼야겠습니다(I'm going to be your boss for a change)."9) 요리사는 그리고 앞으로 식탁에 올리는 음식을 그대로 먹어야지, 더 달라거나 불평해서는 안 된다고 못 박았다.

존슨이 메모 내용을 다 읽자 풀브라이트 의원이 미소를 지었다. 존슨도 마찬가지였다. 정치적 견해는 다를지언정, 오만 방자하거나 고압적인 전제 군주같이 정치를 한다거나 하면 인신공격성 발언으로 들린다. 존슨은 풀브라이트의 비난을 그렇게 들었다. 그래서 요리사가 대통령에 보내는 '명령조의 메모'를 공개함으로써 자신이 결코 거만한 대통령이 아니라는 것을 보여주었다.

* * *

개 기르기 힘든 직업 __제럴드 R. 포드

포드가 백악관에 '새 식구'를 들여 놓을 계획이었다. 포드의 딸 수잔과 백악관의 새 사진사 데이브 케너리가 의기투합해 예쁜 금발 사냥개 리트리버를 구하러 나갔다. 수잔과 케너리는 개 사육장에 가서 금발 리트리버 강아지 한 마리를 사겠다고 했다. 개 사육장 주인은 "알겠소. 그런데 주인이 누굽니까?" 하고 물었다.

수잔과 데이브는 순간 멈칫했다. 주인이 대통령이라는 사실을 말하기 곤란했다. 그래서 사육장 주인에게 "그것은 비밀"이라고 했다. 그러자 사육장 주인은 개를 팔지 않겠다고 했다. 주인을 모르는 상태에서는 개를 내줄 수 없다며 완강히 버텼다. 수잔과 데이브는 개 주인은 아주 상냥한 성품에 하얀 큰 집에서 그것도 울타리가 잘 돼 있는 집에서 산다고 했다. 사육장 주인은 "좋다"고 했다.

잠시 후 사육장 주인은 개를 기를 주인이 그 집 소유주인지 아니면 세 들어 사는지 물었다. 수잔과 데이브는 잠깐 생각하더니 "공공주택이라고 할 수 있다"고 얼버무렸다. 사육장 주인은 다시 "좋다"고 했다. 수잔과 데이브는 여기서 질문이 끝나는 줄 알았다. 그러나 개 사육장 주인이 이 개가 건강해 식욕이 대단하다면서 "개를 기를 주인이 안정된 직업을 갖고 있는지 알고 싶다(Does the father have a steady job?)"고 하자 수잔과 데이브의 입이 굳어져 버렸다.[10]

이는 포드가 즐겨 말하던 스토리다. 꾸며낸 이야기다. 미국의 대통령이라고 하지만 막상 개를 한 마리 구입해 기르려 해도 별다른 힘을 쓰지 못하고 엉거주춤한다는 의미다. 대통령은 안정된 직업이 아니다. 아무리 잘해봐야 8년이다. 더 이상 하려 해도 불가능하다. 안정성으로 따지자면 대통령은 형편없는 직업이다. 개 주인이 될 자격이 불충분하다. 대통령이라는 자리를 가능한 평범한 위치로 끌어내리려는 농담이다. 권위의식보다는 일반 국민과 함께 호흡하면서 국정에 임하겠다는 포드의 소탈함이 배어나왔다.

* * *

백악관보다 편한 숙소 __앤드루 존슨

노예제 폐지 문제로 미국이 혼돈 속을 헤맬 때 남부연합은 노예제 폐지에 반대했다. 앤드루 존슨은 남부 연합의 노선에 정면으로 맞선 유일한 남부(테네시) 출신 연방 상원의원이었다.

존슨은 링컨의 러닝메이트로 부통령이 됐고 링컨 피격 후 대통령이 됐지만 임기 내내 갖은 시련을 겪었다. 전쟁장관 에드윈 스탠튼에 대한 해고와 관련해 의회와 정면충돌을 빚었다. 또 의회는 의회를 무시하는 존슨에 대해 탄핵을 추진했다. 1표 차로 부결되긴 했지만 존슨에게는 견디기 힘든 순간이었다.

대통령 재임 시 겪었던 일들에 대한 명예회복을 노린 존슨은 퇴임 후 다시 낮은 곳에서 정계를 노크했다. 1869년 퇴임 후 그해 연말 연방의회에 도전했으나 실패했다. 1872년 재 시도했으나 연거푸 좌절을 맛보았다.

마지막이라며 1874년 다시 출사표를 던졌다. 이번에는 당선됐다. 과거 상원의원이던 존슨이 다시 상원의원이 됐다. 존슨은 1875년 3월의 어느 날 오후 워싱턴DC 의사당으로 걸어 들어가고 있었다.

의사당은 이상할 정도로 조용했다. 존슨의 등장에 침묵이 흘렀다. 정적이 흐른 뒤 존슨이 과거의 친구들과 정적들에게 악수를 청했다. 수행원이 꽃다발을 존슨에게 건네주었다. 나중에 한 친구가 백악관에서 멀지 않은 존슨의 숙소 윌러드 호텔에 들렀다. 그리고 호텔 방을 둘러보았다. 이 친구는 다소 가라앉은 목소리로 숙소가 백악관보다 좁고 형편없는데 괜찮으냐고 물었다. 그러자 존슨이 쾌활하게 말했다. "숙소가 백악관처럼 넓지는 않지만 그곳보다 훨씬 편안하네(No, but they are more comfortable)."[11]

아무리 백악관에서 속 썩는 일이 많았어도 백악관과 보통 호텔 방은 비교할 수 없다. 단순히 외형만 그렇다는 게 아니라 그 상징성과 실질적인 파워 면에서 그렇다. 그러나 대통령을 그만 두었다고 해서 인생이 끝나는 게 아니라 그보다 낮은 정치적 위치에서도 얼마든지 기쁜 마음으로 국가에 봉사할 수 있다.

대통령 퇴임 후 정계와 작별하고 조용히 사는 것도 괜찮다. 정치가 아닌 다른 봉사활동을 하면서 사는 것도 좋다. 하지만 "계속 공직에서 봉사하고 싶지만 대통령까지 했는데 어떻게 일개 국회의원으로 일할 수 있겠느냐?"는 생각이라면 존슨을 떠올려 볼 만하다.

위스키를 큰 통으로 __제임스 뷰캐넌

뷰캐넌은 종종 백악관을 찾는 귀한 손님들을 깍듯이 접대했다. 오래된 JB 위스키를 넉넉히 준비하고 있다가 손님들에게 내어놓고 싶어 했다. 그래서 뷰캐넌은 이 독한 술을 10갤런(약 38리터)짜리 큰 통으로 구입했다.

큰 통 구입 방식을 고집했던 뷰캐넌은 '큰 통'을 예외 없이 적용하려 했다. 심지어 어떤 경우에는 샴페인을 주문해 놓고 작은 샴페인 병들이 도착하자 병이 너무 작다고 할 정도였다. 어찌 보면 뷰캐넌이 융통성 없는 지도자같이 보이기도 한다. 뷰캐넌은 샴페인 병을 물끄러미 쳐다보더니 "이 집에서는 술을 찔끔찔끔 쓰지 않으니 파인트(0.5리터)짜리 술병으로는 너무 불편해(Pints are very inconvenient in this house, as the article is not used in such small quantity)."12)

백악관에서는 술을 많이 마시기 때문에 작은 병으로는 성에 차지 않는다고 했다. 백악관이 술꾼들의 집합소라는 뉘앙스를 풍긴다. 국정을 돌보지 않고 술에 취해 흥청대고 있다는 인상까지 준다.

하지만 한편으론, 소중한 손님들을 접대할 때 술이 필요한 경우가 있는데 술이 도중에 자꾸 떨어져 맥이 끊기면 곤란하다는 것이다. 고주망태 대통령이라는 부정적 시각보다는, 손님을 기쁘게 하려는 백악관 주인의 '접대 방식'이 묻어나온다. 감히 대통령 앞에서 술을 흥청대며 마시면 되느냐는 생각이라면 이런 방식이 불가능했을 것이다.

* * *

정복의 총사령관, 사복의 해군 제독 __재커리 테일러

율리시스 그랜트 장군은 멕시코와의 전쟁에서 테일러 남부지역 총사령관의 부관이었다. 그랜트는 테일러를 최측근에서 보면서 그의 행동거지에 대해 기록을 남겼다. 특히 테일러가 연루된 해프닝은 한 편의 코미디였다고 그랜트는 묘사했다.

1847년 5월 11일 리오그란데 항구 초입에 배를 정박하고 있는 함대사령관인 데이비드 코너(D. Conner) 제독을 만나기로 돼 있었다. 코너 제독이 테일러 총사령관을 찾아뵙겠다고 연락을 취했고 테일러 총사령관은 이를 기꺼이 받아들여 손님 맞을 준비에 들어갔다.

평소에 복장을 제대로 갖추지 않아 부하장교와 사병들을 혼란스럽게 하는 것으로 유명한 테일러도 이날만큼은 달랐다. 해군은 복장에 유달리 신경을 쓰고 정복을 착용하는 데 대한 규칙이 엄했음을 들어 자신도 보조를 맞추기로 했다.

모처럼 작심하고 옛날에 입던 제복을 꺼내 먼지를 턴 뒤 입었다. 허리춤에 칼을 차고, 장교복 어깨에 견장과 어깨 아래로 두르는 장식 띠도 했다. 의관을 그럴듯하게 갖추었다. 제독에 대한 기본적인 예의를 표시하기 위해서였다. 그리고는 코너 제독이 오기만을 기다렸다.

코너 제독은 테일러가 정복 착용을 싫어한다는 것을 익히 들어 알고 있었다. 그래서 남부지역 총사령관에 대한 예우 차원에서 자신도 이번에는 사복차림으로 가기로 했다. 정복차림이 아니면 큰일 나는 줄 알던 코너 제독에게는 '대 변신'이었다. 마침내 두 사람이 만났다. 테일러 총사령관과 코너 제독은 서로를 보고는 대경실색할 뻔했다.[13]

순간, 테일러로서는 "정복입지 않은 해군은 더 이상 해군이 아니라고 할 정도인 코너 제독이 총사령관을 만나는 자리에 사복을 입고 오다니…!" 하는 말이 입가에서 뱅뱅 돌았다. 동시에, 코너 제독도 "격식이 싫어 군복을 입지 않는 총사령관이 웬일로 정복을 차려 입고 나오셨습니까?" 하고 묻고 싶었을 게다.

잠시 후 두 사람은 자초지종을 얘기하고 서로에게 사과를 했지만, 정복 입은 총사령관 앞에 사복 입은 제독의 대면은 대사 한 줄 없어도 보는이로 하여금 폭소를 자아낸 코미디였다. 테일러가 자신의 권위를 내세워 평소대로 제복을 입지 않고 해군제독을 맞이했더라면 빚어지지 않았을 재미있는 장면이었다.

* * *

15분 연례휴가 _해리 S. 트루먼

트루먼 대통령이 캔자스시티를 방문했을 때, 1차 대전 당시 자신이 소속됐던 '배터리 D 부대' 출신인 에디 마이스버거(E. Meissberger)를 점심식사에 초대했다. 마이스버거가 모임장소에 도착하자 이미 다른 '배터리 D 부대' 전우 몇 명이 앉아 있었다. 트루먼은 전우들이 다들 모이자 책상 서랍에서 술병을 꺼냈다. 그리고 방문을 잠갔다. 찬장에서 오래된 큰 술잔 몇 개를 가져왔다. 친구들에게 한 잔씩 부었다.

그런데 트루먼 자신은 잔이 없었다. 전우들이 "잔이 어디 있느냐"고 묻자 트루먼은 마실 수 없다고 했다. 고향인 미주리 주 인디펜던스에서 침례교 여성신도들이 기다리고 있다고 했다. 몇 분 후에 그들과 만나야 하는데 술 냄새를 풍겼다가는 곤욕을 치를 것이란 설명이었다. 몸에 감기기가 있어 저녁에 집에 가지고 가서 조용히 한잔 마셔야겠다고 했다. 술병을 다시 책상 서랍에 넣었다.

대통령의 이 말에 마이스버거가 불편해 했다. "나는 지금 연방정부로부터 봉급을 받는 입장인데 대낮에 술을 마셔도 되는지 모르겠네." 트루먼은 난처해하는 전우의 마음을 말 한마디로 편안하게 해주었다. "내가 대통령으로서 자네에게 '15분의 연례휴가'를 지금 주겠네. 이제 다른 전우들과 함께 즐기세(Well, as President, I'll give you fifteen minutes of annual leave right now, and you can join the others)."[14]

1년에 한 번 만날까 말까한 옛 전우의 근심을 한방에 날려버렸다. 술

한 잔씩 나눌 15분 정도의 시간 동안 아무 생각 말고 마음을 놓으라는 것이었다. 대통령의 자격으로 휴가를 허락한다고 표현했지만 전혀 권위적이지 않았다. '1년에 15분 휴가'라는 말은 앙증맞기까지 하다. 짧은 시간이었지만 오랜만에 만난 전우들은 흐뭇하게 옛 일을 되새겼다.

* * *

겸양

엔지니어, 변호사, 경제학자의 자기자랑 __로널드 레이건

레이건이 애용하던 농담이 있다.

변호사, 엔지니어, 경제학자 세 사람이 논쟁을 벌였다. "가장 오래된 직업이 무엇이냐"며 입씨름을 했다. 저마다 자신의 직업이 연륜으로 보아 으뜸이라고 주장했다.

엔지니어가 입을 열었다. 신이 혼돈 속에서 우주를 창조했다는 점을 들어, 우주창조는 엔지니어의 일과 같으니 엔지니어가 가장 오래된 직업이라고 했다.

이 말을 듣고 있던 변호사가 고개를 저었다. 어림없는 소리라는 표정이었다. 변호사도 성경을 인용했다. 혼돈 전에 이미 '신의 말씀'이 있었다는 부분을 이용했다. 이 '말'은 곧 '법'이니 신이 혼돈 속에서 세상을 창조하기 전에 이미 '법'이 있었다고 했다. 그러니 변호사란 직업이 엔지니어보다 더 오래됐다는 논리였다.

그러자 옆에서 가만히 듣고 있던 경제학자가 가소롭다는 듯이 웃으며 끼어들었다. "이보게들, 과연 이 혼돈을 누가 만들었다고 생각하나?(Who do you think created the chaos?)"하는 질문을 엔지니어와 변호사에게 던졌다.15)

레이건은 경제보좌관들을 임명할 때 개인면담에서 이 농담을 꼭 들려주었다. 경제학자들이 나라를 위해 노력을 하고는 있지만 경우에 따라서는 경제정책을 잘못 입안해 문제를 더욱 꼬이게 하고 국정운영에 걸림돌이 되기도 한다는 점을 지적했다.

경제학자가 엔지니어나 변호사보다 오래된 직업이라고 치더라도, 경제학자들이 종종 혼란을 야기한다는 점을 넌지시 부각시켜 정신 똑바로 차리고 겸허한 자세로 책무를 수행해야 한다는 점을 일깨웠다.

* * *

"이제부터 내리막"__조지 워싱턴

1775년 중반 렉싱턴과 콩코드에서 영국군과 미국의 혁명군이 치열한 교전을 벌였다. 몇 주가 지나 그해 6월. 존 애덤스(J. Adams)가 필라델피아에서 열린 대륙의회(Continental Congress)에 참석했다. 혁명군을 이끌 총사령관을 지명할 작정이었다. 의회는 존 행콕(J. Hancock) 의장 체제였다.

애덤스는 총사령관이 갖추어야 할 품격과 자질을 조목조목 열거했다. 행콕은 애덤스의 발언을 흐뭇한 표정으로 경청했다. 행콕은 애덤스가 자신을 총사령관으로 지명할 것이라고 믿었다. 애덤스는 자신이 제시한 총사령관의 자격요건이 너무 까다롭다는 것을 시인하면서도 이를 충족할 만한 인물이 딱 한 사람 있다고 했다.

애덤스의 연설이 절정에 이르자 행콕은 더 이상 입가의 미소를 숨길수 없었다. 그러나 애덤스에 대한 행콕의 믿음은 산산조각 났다. 애덤스는 나라를 구할 유일한 인물을 조지 워싱턴이라고 했다. 헛물을 켠 행콕이 얼굴을 떨구었다. 위엄 있는 행콕이 이처럼 순식간에 감정의 변화를 드러낸 것은 처음이었다. 천당에서 지옥으로 가는 느낌이었던 모양이다.

워싱턴 자신도 전혀 예상하지 못한 '애덤스의 지명'에 어리둥절했다. 나중에 의원들이 표결에 들어갔다. 의회는 애덤스의 지명을 만장일치로 수락했다. 워싱턴이 혁명군의 총사령관이 된 것이다. 상황은 전광석화(電光石火)와 같이 전개됐다. 워싱턴은 감격했다. 눈이 약간 촉촉해졌다. 그리고 워싱턴은 이 순간을 정점으로 자신의 평판이 내리막을 걸을 것이라고 총사령관 당선 소감을 말했다.[16]

워싱턴으로서는 기쁨이 복받칠 만한 일이었다. 군인들에게는 국방장관보다 참모총장이 더 명예롭게 여겨진다. '군인의 꽃'이라고 보기 때문이다. 뜻하지 않게 혁명군을 총 지휘할 수 있는 위치에 오르게 된 워싱턴에게는 감개무량한 일이 아닐 수 없다. 그것도 의회가 만장일치로 자신을 밀어주었다. 월드컵 우승을 따낸 감독처럼 어깨를 으쓱대며 영광을 만끽해도 됨 직했다.

그러나 총사령관이 된 직후 워싱턴의 첫 소감은 평판이 나빠질 것에 대한 '우려'였다. 하지만 총사령관 직무를 서툴게 해 명성에 금이 가는 것이 두렵다는 게 아니다. 승승장구한다고 떠버리지 않고 나라가 맡겨준 중책에 몸을 바치겠다는 겸허한 반응이었다. '우려'라기보다는 기쁨을 살짝 감추기 위한 농도 옅은 '자학적 유머'였다. 익은 벼가 고개를 숙이듯.

* * *

읽지도 못하는 학위증서 __밀러드 필모어

밀러드 필모어는 겸손했다. 현직 대통령일 때도 그랬고 전직 대통령이 되었을 때도 그랬다. 퇴임 후 2년이 지난 1855년 필모어가 영국을 방문했다. 명문 옥스퍼드 대학은 그에게 명예박사학위를 수여하겠다고 제안했다. 하지만 필모어는 옥스퍼드 대학 측의 제의를 정중하게 사양했다.

필모어가 누구나 받고 싶어 하는 옥스퍼드 대학의 명예 박사학위를 거절한 데는 그럴 만한 이유가 있었을 것이다. 혹자는 학위 수여식에서 학생들이 야유를 퍼부을 것이 겁나서 그랬을 것으로 생각할 수도 있다. "필모어가 누구야?" "어디서 온 사람이야?" "그 사람이 도대체 무엇을 했지?"하며 학교 측의 명예박사학위 수여를 비난할 것이란 것이었다. 공연히 수여식에서 작은 소동이 벌어지면 명예로워야 할 수여식이 불상사로 얼룩질 수도 있다는 우려를 필모어 자신도 했음직하다.

아니면 1833년 앤드루 잭슨 대통령이 하버드 대학에서 명예박사학위를 받을 때 있었던 해프닝을 상기한 뒤 약간 유머러스하게 양념을 첨가했을 수도 있다. 잭슨 대통령이 수여식에 참석했다. 학생 대표 프랜시스 보웬이 환영사를 낭독했다.

마지막 부분에 가서 잭슨을 보면서 라틴어로 "하버드대학은 애국자인 잭슨 대통령을 환영한다"고 말했다. 잭슨은 옆에 있던 해군장관 리비 우드베리(L. Woodbury)에게 무슨 뜻이냐고 물었다. 우드베리는 신속하게 통역을 했다. 그러자 잭슨은 '애국자'와 같이 생기 넘치는 단어를 왜 이미 '죽은' 라틴어로 말해야 하는지 모르겠다고 했다.

수여식이 끝나고 학생들이 도열해 잭슨과 일일이 악수를 했다. 학생들은 잭슨에게 "잭슨 박사"라고 경의를 표했다. 잭슨은 환영사에 대한 답례를 라틴어로 말했어야 하는데, 라틴어라고는 'E pluribus unum' 밖에 몰라 유감스럽다고 했다. '다수로 이루어진 하나'라는 뜻의 이 말은 1956년 미의회가 '신이여, 당신을 믿나이다(In God, We Trust)'를 새 국훈(國訓)으로 채택하기 전에 사용되던 국훈이었다. 학생들은 잭슨의 유머에 박수로 화답했다.

며칠 후 진위를 알 수 없는 얘기가 돌았다. 수여식에서 한 학생이 잭슨에게 "박사님, 라틴어로 조금 더 말씀하셔야 하는데…" 하고 요구했다는 것이다. 'E pluribus unum'으로는 불충분하다는 지적이었다. 이에 대해 잭슨은 "어린 학생이 이러쿵저러쿵 대통령에 대해 따지다니" 하고 불쾌해 하지 않았다. 되레 "E pluribus unum, my friends, sine qua non!(국훈은 꼭 필요한 것)"이라고 했다는 스토리다. 라틴어라고는 'E pluribus unum'밖에 모른다던 잭슨의 답변에 사용한 'sine qua non'은 '필수조건'이라는 뜻의 라틴어다.17)

필모어가 잭슨의 겸손한 유머에서 위트의 소재를 따왔을 공산이 크다. 필모어는 옥스퍼드 대학 측의 제의를 거절할 때 그 이유를 이렇게 댔다. 필모어는 고전을 제대로 공부하지 않았다고 전제를 달고는 정중히 말했다. "알지도 못하는 학위증서를 받아서는 안 됩니다(No man should, in my judgment, accept a degree that he cannot read)." 라틴어로 쓰인 명예박사학위 증서를 읽을 실력이 안 되니 학위 수여 제의를 사양할 수밖에 없지 않느냐는 것이다.18)

필모어의 라틴어 실력이 어느 정도였는지, 또 학위 증서를 읽지 못할 정도였는지는 알 수 없다. 그러나 반드시 대통령이 라틴어를 알아야만 명예 박사학위를 받을 수 있는 것은 아니다. 선배 대통령 잭슨의 재치를 활용해 전직 대통령에 대한 '특별대우'를 겸손하게 거부한 것이다.

이력서를 화려하게 할 목적으로 명예박사학위를 고대했다는 듯이 넙죽 받는가 하면, 떡 줄 사람은 생각도 안 하는데 온갖 로비로 명예 박사학위를 타내는 얼굴들과 대조된다.

* * *

누더기 옷 병사들 __조지 워싱턴

1775년 6월 17일 보스턴 북부인근의 벙커 힐(Bunker Hill: 지금은 보스턴에 포함)에서 벌어진 전투는 독립전쟁 최대 격전으로 꼽힌다. 토머스 게이지(T. Gage) 장군 휘하의 영국군이 보스턴에 주둔하고 있었다. 이들의 진격을 막기 위해 뉴햄프셔, 로드아일랜드, 코네티컷, 매사추세츠 등지에서 미국 민병대가 보스턴 인근으로 집결했다. 미군은 영국군의 외곽을 포위했다.

미군은 보스턴 북쪽해안 건너편 찰스타운에 있는 벙커 힐(높이 110피트)과 브리즈 힐(높이 75피트)에 진주했다. 영국군이 이곳을 공격할 것으로 판단해 요새를 구축했다. 윌리엄 하우(W. Howe) 장군 등이 게이지 장군을 지원하러 보스턴에 왔다. 전략 요충지인 벙커 힐, 브리즈 힐을 둘러싼 일진일퇴의 공방이 계속됐다. 미군은 장비가 열악하고 탄약이 부족했으나 정신력으로 버텼다.

결국 탄약이 소진된 민병대가 후퇴하면서 영국군이 진격에 성공했다. 그러나 탄약이 없어 퇴각한 자리에 들어간 영국군으로서는 말이 승리지 실제로는 명예로운 승리는 아니었다. 영국군의 희생이 이만저만이 아니었다. 영국군으로서는 여간 자존심 상하는 일이 아니었다.

미군은 전투에 참가한 1,500명 가운데 약 3분의 1이 죽거나 부상당하거나 포로로 잡혔다. 반면, 영국군은 전투에 참가한 2,000명 가운데 절반 정도가 숨졌다. 영국군은 큰 손실을 입었으며 사기도 저하됐다. 반대로 미군은 전투에서는 졌지만 노련하고 화력에서 앞선 영국군에게 엄청난 피해를 입혔다는 이유로 사기가 충천했다.

이 전투로 인해 게이지 장군이 물러나고 하우 장군이 바통을 이어받았다. 그러나 영국군은 벙커 힐 전투의 충격 때문인지 보스턴 남부 인근 전력요충지인 도체스터 고지를 공격하지 않았다. 벙커 힐 전투 2주 후인 7월 3일 워싱턴 미군 총사령관이 도체스터 고지를 장악하고 보스턴 진격계획을 세웠다. 영국군은 1776년 3월 17일 보스턴에서 철수하고 말았다. 그리고 그해 7월 4일 미국이 필라델피아에서 독립을 선포하기에 이르렀다.

독립전쟁이 끝난 뒤 워싱턴이 보스턴의 한 여관을 찾았다. 이 여관은 미군과 일진일퇴의 공방을 전개했던 하우 장군이 묵었던 곳이다. 여관 마당에서 여관주인 딸이 놀고 있었다. 어린이들에게 다정다감한 워싱턴이 평소처럼 이 여관주인의 딸을 "이리 와봐라"하며 불렀다. 그리고 대화를 나눴다. "미군과 영국군을 모두 다 보았지?" 하고 워싱턴이 물었다. "어느 군대가 더 좋았니?" 하고 바로 이어 물었다.

어린이들이 그렇듯이 소녀는 거짓말을 못했다. 속마음을 있는 그대로 털어놓았다. 빨간 제복을 멋지게 차려 입은 영국군을 꼽았다. 워싱턴은 가볍게 웃으면서 이렇게 말했다. "빨간 제복을 입은 영국군인들이 멋있어 보이겠지만 전투를 하는 것은 미군처럼 잘 차려입지 못한 남루한 병사들이란다(Yes, my dear, the redcoats do look the best, but it takes the ragged boys to do the fighting)" 하고 차분하게 일러주었다.19)

어린 소녀가 전쟁이 무엇인지, 누가 무엇을 위해 피를 흘리며 싸웠는지 몰랐을 게다. 격전지 보스턴에 살다보니 영국군과 미군이 뒤섞여 전투를 벌였고 소녀의 눈에는 빨간 군복을 말쑥하게 입은 영국군이 인상적이었을 것이다. 미군은 주로 민병대여서 그럴 듯한 군복도 없었다. 워싱턴은 사선을 넘나들면서 미국의 독립을 쟁취했고 그 와중에 수많은 병사들이 죽었다.

그러니 소녀에게 역사를 제대로 공부하고 정신 차리라고 딱딱한 훈계조로 답변할 수도 있었다. 혹 소녀는 어려서 모른다 치더라도 그 부모가 아이에게 왜 전쟁이 났으며 미군과 영국군의 차이가 무엇인지 정도는 가르쳤어야 하지 않느냐고 분개할 수도 있는 상황이다. 하지만 워싱턴은 소녀와 소녀 부모에게 성내지 않고 나라의 독립을 위해 목숨을 버린 미군들을 잊어선 안 된다는 '역사교육'을 부드러운 미소로 했다.

* * *

4분 만에 박사학위 _해리 S. 트루먼

해리 트루먼은 대학졸업장이 없다. 1920년대 초 미주리대학의 전신인 캔자스시립법대에서 약 2년 간 공부한 게 고작이다. 그런 트루먼이 대통령이 됐다. 그는 자신의 '콤플렉스' 또는 '한'을 풀기 위해 딸 마가렛의 대학교육에 신경을 썼다. 마가렛은 1946년 5월 조지 워싱턴 대학을 졸업했다.

트루먼은 딸이 자랑스러웠다. 졸업식에서 축사를 했다. 4분 정도 걸렸다. 딸이 지켜보는 졸업식에서 트루먼은 감회에 젖은 듯 축사를 읽어 내려갔다. 축사 후 트루먼은 대학 측으로부터 명예 법학박사학위를 받았다. 학위를 받은 트루먼은 소감을 이렇게 말했다. "마가렛은 4년이 걸렸는데 나는 4분 만에 학위를 수여했습니다(It took Margaret four years, but it only took me four minutes)."[20]

과거 대학졸업장을 따지 못한 게 마음 한 구석에 남아 있었는데, 딸 졸업식에 가서 축사도 하고 명예박사학위도 받았으니 겹경사였다. 딸은 4년간 힘들여 공부해 학사학위를 받았는데 자신은 4분 동안 축사 한 장을 읽고 명예박사학위를 받았으니 한편으론 미안하기도 하고 다른 한편으론 너무 고마웠다.

그리고 대통령이라 의당 받을 수 있다는 식의 태도가 아니라, 겸연쩍어 머리를 살짝 긁는 분위기였다. 겸손해 했다. 이러한 심경을 '4분 만에 학위수여'란 압축적 표현으로 졸업식장에 모인 모든 사람들에게 웃음을 선사했다.

* * *

허리 굽힌 '연설의 달인' __존 F. 케네디

"노랗게 물든 숲 속에 두 갈래 길이 있었습니다. 난 나그네 몸으로 두 길을 다 가볼 수 없어 아쉬운 마음으로 그곳에 서서 한쪽 길이 덤불 속으로 감돌아간 끝까지 한참을 그렇게 바라보았습니다. 그리고는 다른 쪽 길을 택했습니다... 길은 길로 이어지는 것이기에 다시 돌아오기 어려우리라 알고 있었지만... 먼먼 훗날 어디에선가 나는 한숨 쉬며 이야기를 할 것입니다. '숲 속에 두 갈래 길이 있어 나는 사람이 덜 다닌 길을 택했습니다. 그리고 그것이 내 인생을 이처럼 바꿔 놓은 것입니다'라고."

'가지 않은 길(The Road Not Taken)' 고등학교 국어 교과서에 실린 로버트 프로스트(R. Frost)의 시 제목이다. 제목만큼이나 내용이 철학적이고 심오해 나이에 관계없이 언제 읽어도 새록새록 색다른 감흥을 불러일으키는 명시다. 퓰리처상을 수상한 프로스트는 미국을 대표하는 시인이다.

미국에서 태어났지만 영국으로 건너간 프로스트는 시집 '소년의 의지(A Boy's Will)', '보스턴의 북쪽(North of Boston)' 등을 출간했고 다시 귀국해 대학에서 학생들을 가르치고 전국을 순회하며 강연을 하는 등 활발한 활동을 했다. 가장 두드러진 것은 케네디 대통령 취임식에서 축시를 낭송했던 일이었다.

케네디가 1961년 대통령 취임식 때문에 마음이 분주할 때였다. 당시 86세의 프로스트는 미국인들에게서 존경받는 시인이었다. 케네디의 보좌관이 번뜩이는 아이디어를 냈다. "취임식에 프로스트를 초청해 연설하도록 하면 어떻겠습니까?"

취임식 준비에 머리가 복잡하던 케네디의 눈이 휘둥그레지며 얼굴에 화색이 돌았다. "아주 좋은 생각이군! 하지만 언어구사의 달인인 프로스트가 연설을 하게 되면 사람들이 내 연설보다 그의 연설을 기억하게 될 텐데. 그에게 연설 대신 시를 낭송하도록 부탁하는 게 날 것 같군(Great idea! But with Frost's skill with words, people will remember his speech instead of mine. I think we'd better have him read a poem)."21) 프로스트는 미 국회의사당

밖에서 열린 취임식에서 시 '완벽한 재능(The Gift Outright)'을 낭송했다.

프로스트는 저명한 시인이다. 하지만 케네디는 명 연설가이다. 프로스트가 연설을 하게 되면 자신의 연설이 '빛에 가릴' 것을 우려할 케네디가 아니다. 거칠 것 없이 패기에 가득 찬 케네디에게 두려울 것은 없었다. 조리 있게 자신의 비전을 밝히는 그가 다른 연설자에 지레 겁을 먹을 리 없었다. 자신이 프로스트의 연설에 파묻힐 것이란 말은 겸손의 표현이다.

또 프로스트에게 시를 낭송하도록 부탁하자는 것은 '전문성'을 최대한 살리자는 뜻이다. 겉으로는, 자신을 낮추고 상대를 높인 것이다. 속으로는, 연설은 자신 있으니, 당대의 명 시인에게 축시 낭송을 맡겨 취임식을 한결 빛내자는 의도였다.

* * *

"장관님, 의원님, 외교관님들"_프랭클린 D. 루스벨트

프랭클린 루스벨트가 1932년 민주당 대통령 후보로 지명된 뒤 덴버의 한 모임에 연사로 초대받았다. 이 자리에는 민주당 유력인사들이 대거 참석했다. 장관들도 더러 있었다. 상원의원들도 상당수였다. 또 외교 관리들도 많았다. 행사 사회자가 루스벨트를 소개했다.

"여러 장관님들과 함께 행정부를 이끌 능력을 갖춘 분입니다. 여러 상원님들과 어깨를 나란히 할 정도로 의회 정치에 밝은 분입니다. 외교적인 일에 있어서 국가의 위상을 드높일 분입니다." 사회자는 이렇게 극찬을 이어갔다.

루스벨트가 자리에서 일어났다. 사회자의 화려한 소개에 다소 상기된 표정이었다. 내로라하는 사람들이 모인 자리에서 사회자가 자신을 너무 띄웠다고 여겼다. 루스벨트 특유의 '겸손 유머'가 발휘됐다. 연단 앞에 선

루스벨트는 이렇게 인사말을 시작했다. "장관 여러분, 그리고 상원에서 국민을 대변하는 의원 여러분, 그리고 외국에서 국익 증진을 위해 탁월한 재능을 발휘하시는 외교관 여러분 안녕하십니까."22)

사회자의 극찬을 조목조목 받아 인사말에 사용했다. 유력인사들 앞에서 사회자가 자신을 너무 올려주었다고 생각한 루스벨트는 참석자들이 얼마나 중요한 인물인가를 확인하는 인사말을 했다. 겸손하게 고개를 숙이면서 지지를 호소한 것이다.

루스벨트를 지지한 사람들은 그의 성숙한 자세에 다시 한번 열광했고, 루스벨트에 대해서 미온적인 입장을 취하던 사람들도 자신을 낮출 줄 아는 루스벨트에게 박수를 보냈다.

* * *

에베레스트 정상 __마틴 V. 뷰런

마틴 뷰런은 자신의 대통령 시절을 이렇게 묘사했다. 처음에 대통령이 막 됐을 때 무척 기뻤다고 했다. 그러나 일단 대통령이 되니 별로 할 일이 없었다고 했다. 할 일이 없었다기보다 흥미로운 일이 없었다는 뜻이다. 적성에 맞지 않은 자리라는 것을 일찌감치 깨달았다. 뷰런은 대통령에 오른 것을 에베레스트 정상에 오른 것에 비유했다.

각고의 노력 끝에 에베레스트 정상에 올라갔다고 치자. 그리고 그 다음에 정상에서 세월아 네월아 하며 마냥 노닥거릴 수도 없고 평생 살 집을 지을 수도 없다. 작은 병에 자신의 이름을 남기고 내려오는 것 외엔 별다른 일이 없다.

"내가 정상을 정복했다"는 메시지를 남기는 일 외엔 도무지 흥밋거리를 찾을 수 없다. 남은 것은 그저 하산하는 일 뿐이다. 뷰런은 대통령과 관련해 가장 행복했던 순간을 거침없이 집어냈다. "대통령 직과 관련해 가장 행복했던 순간은 대통령에 당선됐을 때와 대통령 직에서 물러날 때였다(As to the Presidency, the two happiest days of my life were those of my entrance upon the office and my surrender of it)."[23]

에베레스트 산 정상에서는 정착할 수 없다. 오르고 정복하는 일이 소중한 도전이지만 산꼭대기에 올랐다고 해서 부둥켜안고 평생 지낼 곳은 아니다. 대통령 직도 마찬가지다. 권력의 최정상이지만, 오르기 힘든 정상이지만 반드시 내려와야 한다는 엄연한 철칙이 존재한다. 뷰런의 말은 권력욕에 빠진 이들에겐 겸손한 마음을 갖도록 하는 경종이다.

＊ ＊ ＊

마음 읽기

대학생 유흥용 '퀵시' 버스 _제럴드 R. 포드

인디애나 주에 노터데임(Notre Dame) 대학이 있다. 가톨릭 대학이다. 이 대학 캠퍼스에서는 숱한 시위가 벌어졌었다. 베트남 전쟁, 워터게이트 등과 관련해 학생들이 연일 데모를 했다. 이 대학은 독특한 '전통'을 갖고 있었다.

18세에 술을 마시지 못하는 주법 때문에 학생들이 불만을 토로했다. 인근 주로 경계만 넘어가면 자유로운 데 인디애나 주에서는 법에 저촉돼 옴짝달싹하지 못한다고 볼멘소리들이었다.

이 대학에 '퀵키(Quickie)'라고 불리는 버스가 탄생했다. 빨리 마시는 한 잔 술이나 짧은 성관계를 의미한다. 이러한 의미를 갖는 퀵키가 버스 이름이 됐다. 정열을 발산하지 못하는 젊은 학생들이 이 버스를 타고 인근 주에 가서 맘껏 유흥을 즐긴다고 해서 붙은 이름이다. 그다지 내세울 만한 이름은 아니고 자랑스런 전통도 아니다. 대학 측은 이 퀵키 때문에 학교 이미지가 훼손되는 것을 우려했다.

포드가 노터데임 대학에서 강연했다. 포드는 노터데임 학생들의 빼어난 각종 기록을 거론했다. 학문적으로도 뛰어나고, 사회봉사활동도 적극적으로 하며 스포츠에서도 남에게 뒤지지 않는 훌륭한 대학이라고 치켜세웠다.

그러다 주제를 살짝 바꿔 교통수단에 대한 '업적'을 언급했다. 몇몇 커뮤니티는 모노레일을 개발했고 다른 커뮤니티들은 지하철을 만들어 교통체증을 해소했다. 바로 이어 포드는 "노터데임은 퀴키를 갖고 있다(Notre Dame has the quickie)"고 덧붙였다.[24]

폭소와 박수가 터져 나왔다. 포드의 보좌관이 시간을 쟀더니 박수와 웃음소리가 27초나 지속됐다고 한다. 학생들은 베트남 전쟁이나 워터게이트 스캔들을 더 이상 괘념치 않는 것처럼 보였다. 포드는 노터데임 학생들이 애용하는 퀴키 버스를 다른 커뮤니티의 긍정적인 건설과 비교했다. 유흥을 위해 퀴키를 애용하는 학생들에게 퀴키의 문제점을 우회적으로 일깨웠다.

그 좋은 명성을 퀴키 때문에 망가뜨려서 되겠냐는 꾸짖음이기도 했다. 그러나 차갑고 고압적으로 내리 누르지 않았다. 가볍게 처리했다. 퀴키를 즐겨 이용한 학생들이라도 들으면 그 뜻을 알 수 있게 했다. 은은한 자성 촉구였다. 직설적으로 하지 않아도 학생들이 알아들을 것을 믿었다. 학생들의 마음을 이미 헤아린 것이다.

* * *

"내게 매달리시오"_율리시스 그랜트

율리시스 그랜트가 아내 줄리아에 구애하던 때 일이다. 장교 그랜트는 휴가 중에 부대 이동 명령을 받았다. 그랜트는 휴가를 가던 도중에 루이지애나 부대로 부하들을 이끌고 합류하라는 서신 명령을 받았다.

그랜트는 사랑하는 줄리아가 자신을 얼마나 좋아하는지, 결혼상대로 여기고 있는지 확신이 서질 않았다. 그저 만나고 헤어지고 하는 사이였다. 전황이 복잡하게 전개될 것을 예상한 그랜트는 줄리아와 '결판'을 내야겠다고 마음먹었다.

그랜트는 말을 달려 줄리아 집으로 향했다. 그랜트가 줄리아의 집에 도착했다. 그런데 줄리아가 옷을 단정하게 차려입고 남동생과 함께 친구 결혼식 참석차 마차를 타고 길을 나서고 있었다. 그랜트도 결혼식에 동행했다. 그랜트는 줄리아의 남동생에게 자신의 말을 건네주고 마차에 올라탔다. 마차에는 줄리아와 그랜트 둘뿐이었다. 줄리아 옆에 앉은 그랜트는 처음 몇 분간 말이 없었다.

비가 마구 쏟아졌다. 가는 길에 개울을 건너야 했다. 그런데 강물이 많이 불어 위험했다. 게다가 다리는 언제 무너질지 모를 정도로 매우 취약해 보였다. 줄리아가 그랜트에게 근심 어린 표정으로 "율리시스 안전할까요? 너무 무서워요" 하고 말했다.

그랜트는 "괜찮아요. 걱정 말아요. 내가 당신을 책임질 테니" 하고 안심시켰다. 그래도 줄리아는 마음을 놓지 못했다. "아무래도 당신에게 매달려야겠어요" 하고는 두 손으로 그랜트의 팔을 붙들었다.

그랜트와 줄리아는 아무 탈 없이 다리를 건넜다. 강 저편에서 줄리아는 꼭 붙들고 있던 팔을 놓았다. 그리고 자신이 그랜트의 팔에 매달린 것을 다소 수줍어했다. 마차는 계속 길을 재촉했다. 두 사람 사이에 잠시 침묵이 흘렀다. 그랜트가 목청을 가다듬고 줄리아를 똑바로 쳐다보았다. 개울을 건널 때 줄리아가 자신의 팔에 의지한 것을 상기하며 프러포즈했다. "평생 내게 매달리면 어떻겠습니까?(I wonder if you would cling to me all my life?)"[25]

위태위태한 다리를 안전하게 건너게 해준 것처럼 평생을 편안하고 행복하게 만들어주겠다는 프러포즈였다. 줄리아는 간신히 다리를 건너 한시름 놓았는데, 이번에는 엉뚱하게 프러포즈를 받아 당황했다. 하지만 그랜트의 재치에 넘어가지 않을 수 없었다.

그랜트의 구혼에 대한 줄리아의 반응은 긍정적이었다. 물론 줄리아 부모의 반대 가능성을 고려해 당분간 두 사람만의 비밀로 하기로 했지만. 그랜트의 프러포즈는 줄리아의 마음을 읽은 뒤 얻은 자신감의 발로였다. 이들은 결국 결혼에 골인했다.

* * *

치즈 만든 젖소들 모두 공화당원 __토머스 제퍼슨

1802년 새해가 밝았다. 제퍼슨에게 새해선물이 답지했다. 이 가운데 주목할 만한 것이 있었다. 1,235파운드짜리 치즈가 그것이었다. 폭 4피트(약 120cm), 두께 15인치(약 38cm)의 대형 치즈 선물이었다. 말 여섯 마리가 끄는 마차로 백악관까지 운반됐다. 치즈 위에는 '미국에서 가장 위대한 분을 위한 미국 최대의 치즈'라고 쓰여 있었다.

이 치즈선물은 매사추세츠 치셔의 침례교 목사 존 레란드의 아이디어였다. 여름이 시작되자 레란드 목사는 교회 신도들과 협의하여 동시에 젖소 900마리에서 우유를 짰다. 그리고 치즈 제조 공정에 들어갔다. 그래서 이처럼 거대한 치즈가 백악관에 당도할 수 있었다.

제퍼슨은 이 선물을 보고 놀랐다. 또 한편으로는 기뻤다. 자신을 지지하는 주민들의 정성에 탄복했다. 그래서 제퍼슨은 치즈를 만드는 데 필요한 우유를 제공한 젖소들을 모두 공화당원(Republicans)이라고 선포했다. 그리고 농부들의 빈궁한 처지를 고려해 치즈를 그냥 받지 않고 200달러를 지불했다. 아무튼 이 치즈는 1805년까지 4년 동안 두고두고 백악관의 식탁에 올랐다.26)

젖소가 공화당원이 될 수는 없다. 투표를 할 수도 없다. 그러나 제퍼슨은 자신을 위해 수고를 아끼지 않은 주민들과 재료를 공급한 젖소들에게 진심으로 감사하는 마음을 전하고 싶었다. 치즈 값으로 돈을 주기는 했지만 돈으로 환산할 수 없는 부분에 대한 마음은 '공화당원 선포'로 대신했다. 정치적 동지로 생각하겠다는 뜻이다.

젖소에게까지 이 정도의 '동지애'를 발휘했으니 치즈를 만든 주민들에 대한 사의는 이미 충분히 표현됐다고 볼 수 있다. '공화당원 젖소'라는 의인법은 제퍼슨이 구사한 위트의 수준을 가늠케 한다.

* * *

축사의 네 가지 조건 _제럴드 R. 포드

포드가 매릴랜드 베데스다에 있는 홀튼-암즈 스쿨에 갔다. 딸의 고교 졸업식에 축사를 하기 위해서다. 포드는 축사와 관련해 사전에 딸과 나눈 대화를 잊지 못했다. 딸 수잔은 축사에 대해서 몇 가지 조언을 했다. 조언이라기보다는 차라리 요구사항이라고 하는 게 옳다. 딸이 대통령 아버지에게 조목조목 주문한 것이다.

첫째, 너무 길게 연설하지 말 것. 둘째, 농담을 절대 삼갈 것. 셋째, 딸에 대해서 일언반구 하지 말 것. 마지막으로, 대통령 자신이 졸업생 나이였을 때 어땠느니 하는 말을 하지 말 것. 이 네 가지 주문을 들은 포드는 딸의 요구조건을 들어주자니 자신이 할 말이 없다는 것을 깨달았다. 그래서 포드는 축사의 마지막 인사 외에는 첨가할 게 없었다고 했다. "그래서 결론을 말하자면 …(So, in conclusion …)."[27]

포드가 축사를 하지 않은 것은 아니다. 선지 빼고 따귀 빼고 나니 먹을 것이 도통 없는 난처한 처지를 전환해 표현한 것이다. 딸이 시키는 대로 하자니 남는 말은 '결론'뿐이었다.

명사들은 졸업 시즌이 되면 여기 저기 불려 다닌다. 대통령인 포드도 예외는 아니다. 대통령의 신분이라 마구잡이 연사로 뛰지는 않지만 눈코 뜰 새 없는 바쁜 일정이라도 꼭 시간을 내야 하는 경우가 있다. 그리고 대개 연설 내용도 격식을 갖추는 경우가 대부분이다. 한마디로 졸업 시즌의 연설은 명사들이 '이름 값'하는 자리다. 포드는 딸의 주문을 빌어 밋밋한 분위기에 '양념'을 쳤다.

* * *

2시간 30분 vs 30분 _제임스 A. 가필드

제임스 가필드는 전문가 수준의 웅변가였다. 청중의 분위기 파악에 도(道)가 텄다. 호응이 별로 없고 지겨워하는 눈치면 반전을 위한 연설을 하거나 다른 방도를 찾았다. 진짜 빼어난 연설가는 끝을 안다. 언제 연설을 마무리해야 하는 지 안다. 가필드가 뉴햄프셔에서 연설할 기회가 있었다. 이때 메인 주 출신 유진 헤일(E. Hale) 의원이 동석했다.

먼저 헤일 의원이 연단에 섰다. 시작은 신선했지만 2시간이 넘어도 연설이 끝나지 않았다. 2시간 15분을 채웠다. 청중들은 하품을 하고 몸을 비틀었다. 참을성의 한계에 도달했다. 청중은 다음 연사인 가필드를 빨리 등장시키라고 아우성이었다.

가필드가 연단에 섰다. 연설을 하기 전에 제안을 하나 했다. 그동안 장황한 연설을 듣느라 힘들었겠지만 30분만 더 자리를 지켜달라고 청중에게 당부했다. 헤일이 긴 연설로 사람들을 지루하게 만들었지만, 자신은 정확히 30분 동안만 연설을 하겠다고 약속했다. 그리고 약속을 지켰다. 기승전결을 잘 매듭지었다. 청중은 환호했다. 짧으면서도 할 말은 다 한 가필드에게 박수를 보냈다.

그런데 청중이 연설에 매료돼 좀 더 하라고 요구했다. 연설이 재미있어 피곤한 줄 까맣게 잊었던 모양이다. 하지만 가필드는 그만하겠다며 연단에서 내려갔다. 연설을 좀 더 해 청중의 인기를 독차지할 수도 있었지만, 가필드는 '물러설 때'를 알았다.[28]

* * *

마침표 __드와이트 D. 아이젠하워

아이젠하워는 컬럼비아대학 총장 시절인 1948년부터 1950년까지 많은 모임에 참석해 연설을 했다. 하루는 아이젠하워가 디너파티에 자리했다. 마지막 연사였다. 앞선 연사들이 장광설을 늘어놓았다. 세 명의 연사가 입에서 불을 뿜듯 열변을 토했다. 아이젠하워 차례가 됐을 때는 밤이 한참 깊었다. 밤 12시가 넘어가려 했다. 참석자들이 하품을 하고 졸음을 참느라 애쓰는 모습이었다.

아이젠하워는 미리 준비해 간 연설문을 버렸다. 사회자의 소개가 있자 의자에서 일어나 연단으로 갔다. 그리고 모든 연설은 문안으로 작성된 것이든 그냥 즉흥적으로 하는 것이든 구두점이 있다는 사실을 청중들에게 상기시켰다. 그리고 이렇게 이어갔다.

"오늘 밤, 내가 구두점 가운데 마침표입니다(Tonight, I am the punctuation-the period)." 이 한 마디만 하고 연단에서 내려왔다. 나중에 아이젠하워는 이날 연설을 가장 인기 있던 연설 가운데 하나였다고 말했다.[29]

모든 문장은 문어체든 구어체든 구두점을 찍게 된다는 당연한 얘기를 한 것이다. 문장의 내용을 명확하게 전달하고 오해의 소지를 없애기 위해 사용하는 구두점에는 마침표, 쉼표, 따옴표, 줄임표, 느낌표, 묶음표 등이 있다.

아이젠하워는 자신이 구두점 가운데 마침표가 되겠다며 연설을 시작하자마자 끝냈다. 그저 "할 말이 없다"거나 "다른 연사들의 연설이 너무 길어져 짧게 하겠다"는 것보다 간단하면서도 명료했다. 청중의 웃음과 박수를 자아낼 만큼 기발했다.

* * *

텐트기둥 내던진 장군에 벌 __우드로 윌슨

1차 세계대전 휴전 다음 날 윌슨이 프랑스에 주둔한 미군을 시찰하기 위해 현지에 갔다. 존 퍼싱 장군이 윌슨을 수행했다. 시찰의 주된 목적은 미군 장비의 효율성을 점검하는 것이었다. 퍼싱 장군은 한 병사의 장비 가운데 텐트 기둥 하나를 집어 들고는 사용법을 일러주었다.

퍼싱 장군은 설명을 마친 뒤 텐트 기둥을 잘 정돈된 병사의 장비 위에 무심코 던졌다. 윌슨이 이를 보고는 "우리가 떠난 뒤에는 장비 검열이 없겠지요?" 하고 물었다. 퍼싱 장군은 "아닙니다. 검열할 겁니다" 하고 답했다.

윌슨이 "그렇다면 군통수권자로서 한 가지 지시할 것이 있는데 괜찮겠소?"하자, 퍼싱은 "괜찮습니다"라고 했다. 윌슨은 "그렇다면 장군, 텐트 기둥을 제자리에 갖다 놓으시오(Then, General, you will replace that tent pole as you found it)" 하고 명령했다. 퍼싱은 무릎을 꿇고 자신이 툭하고 던진 텐트 기둥을 잘 접어 원래 자리에 넣었다. 윌슨은 퍼싱 장군의 행동을 보면서 옆에 있던 병사들에게 윙크를 했다.30)

퍼싱 장군은 윌슨의 명령을 따르느라 부하 병사들이 보는 자리에서 무의식 중에 무릎을 꿇었다. 위엄을 잃고 말았다. 병사들이 장비 검열을 받기 위해 가지런히 정돈해 놓은 것을 무신경하게 어지럽힌 데 대한 윌슨의 '징계'였다. 아무리 장군이라고 해도 함부로 행동해서는 안 된다는 것을 재치 있는 명령으로 대체했다. 그리고 병사들에게 윙크를 함으로써 윌슨의 명령에 담긴 의미를 퍼싱을 제외하고 주위에 있던 모두가 알았다.

일선에서 전투를 수행하는 병사들의 사기를 진작시키고 장군도 병사들과 함께 동고동락하라는 뜻이 담겨 있었다. 윌슨은 아첨하기 좋아하는 측근들이 쳐 놓은 장막을 헤치고 민초들에게 다가가 그들의 사정을 이해하려 했다.

* * *

"시민이 되게 해 주십시오"_존 F. 케네디

국민을 무서워하고 국민을 섬기는 정치인. 케네디 대통령은 자신이 이러한 정치인이 되길 바란다는 것을 국민에게 알리고 싶었다. 국민 위에 군림하는 지도자가 아니라 국민을 떠받드는 공복(公僕)으로 임하겠다는 자신의 의지를 전하려 했다.

케네디에겐 데이브 파워스라는 보좌관이 있었다. 그는 케네디와 마찬가지로 아일랜드 출신이었다. 동질감을 바탕으로 그들은 끈끈한 사이가 되었다. 파워스는 케네디에게 필요하다고 생각하는 유머, 민담들을 들려주었다. 케네디는 파워스가 들려준 얘기들 가운데 미국시민의 지위가 얼마나 존귀한 것인지를 시사하는 얘기를 되새김질하곤 했다.

아일랜드에서 미국으로 갓 이민 간 사람이 있었다. 패디 설리번(P. Sullivan)으로 불린 이 이민자는 돈도 없고 일자리도 구하지 못했다. 당시 매사추세츠 주 보스턴에는 마틴 로매스니(M. Lomasney)라는 막강한 정치인이 있었다. 1890년대 말부터 1900년대 초까지 매사추세츠 주 의회에서 오랜 기간 의정활동을 했다.

하지만 그는 자신의 정치적 커리어 관리보다는 친구와 지인들의 정치

입문이나 고위직 선거 지원역할에 매진했다. 주 의회, 시장, 주지사 등 요직에 나설 후보들은 로매스니의 지지를 받아내야만 당선될 수 있을 정도로 그의 영향력은 막강했다.

로매스니는 자신이 지지하는 후보를 공식 발표했다. 이때가 되면 후보들은 로매스니가 누구를 지지하는지 조바심 내며 지켜봤다. 아일랜드 이민자의 이야기는 정치후견인으로서의 로매스니의 파워를 재료로 삼아 엮은 것이다.

설리번은 로매스니의 사무실 본부가 있는 건물로 들어갔다. 그곳이 어떤 곳인지 알고 들어간 것은 아니었다. 그리고 로매스니의 사무실에서 사람들이 분주히 일하는 모습을 보았다. 이들은 투표준비를 하고 있었다. 선거가 임박한 것이었다. 설리번은 구석에 있는 빗자루를 들고 열심히 바닥을 청소했다. 설리번은 사무실 한켠에 있는 침대를 발견하고는 그 위에서 잤다. 하룻밤이 아니라 몇 달을 지냈다.

하루는 로매스니가 사무실에 왔다. 낯선 사람이 청소하는 것을 보자 이름을 물은 뒤, 로매스니는 "자네는 우리 사무실에서 일했던 사람들 가운데 가장 성실한 일꾼이다. 내가 출근하기 전에 사무실에 나와서 일하고 내가 퇴근한 뒤에도 남아 청소를 하니 말일세" 하고 칭찬했다. 로매스니는 설리번이 사무실에서 자면서 생활해 온 것을 몰랐다.

로매스니는 매사추세츠 주 하원 자리 하나가 비자 설리번을 그 자리에 채워 넣었다. 당시 로매스니의 정치적 영향력이라면 그리 어려운 일도 아니었다. 설리번은 주 하원의원이 됐다. 몇 년이 흘렀다. 설리번은 로매스니의 지원 덕에 주 상원에도 입성했다. 무일푼의 아일랜드 출신 이민자가 출세가도를 질주한 것이다.

주 상원의원으로 의정활동을 한 지 몇 년이 흘렀다. 그러나 설리번은 현실에 만족하지 않았다. 아니 무언가 허전했다. 이민생활이 행복하지도 뿌듯하지도 않았다. 그래서 로매스니를 찾아갔다. 이때 로매스니는 기분이 별로 좋지 않은 상태였다. 설리번이 로매스니에게 도와달라고 요청했다.

로매스니는 "내가 자네를 잘 봐 하원의원, 상원의원에 당선시켰는데 뭘 또 바란단 말인가?" 하고 좀 심하다는 표정으로 퉁명스럽게 쏘아붙였다. 그러자 설리번은 잠시 머뭇하더니 이렇게 말했다. "마틴 선생님, 제가 미국시민이 될 수 있도록 도와주세요(Martin, I want you to make me an American citizen)."31)

주 하원의원, 상원의원까지 지낸 잘 나가는 정치인 설리번에게 '채워지지 않은 2%'는 시민권이었다. 정치인이 되려면 시민권을 지니고 있어야 하지만 이 얘기는 법적인 문제를 다루려는 게 아니다. 정치를 하려면 시민권은 기본이기 때문이다. 아무리 권력을 쥔 정치인이라고 해도 그 기본은 시민이다. 시민이 없으면 정치도 없고 나라도 없다는 보편적 정치철학을 담고 있다.

반드시 정치인의 신분과 시민권자의 신분을 일직선상에 놓고 상대 비교하려는 게 아니다. 어느 것이 더 좋고 덜 좋다는 식의 점수 매기기가 아니다. 정치도 의미는 있지만 그 기저에는 시민 개개인이 있다는 점을 깨우친다. 뿌리 깊은 나무가 바람에 흔들리지 않듯이 시민사회에 뿌리를 내리지 않고 권력에 도취한 정치인의 삶은 모래성과 같다는 점을 시사한다.

'천하'를 호령하는 대통령이라고 국민을 우습게보아서는 안 된다는 케네디의 자각이다. 국민과 동떨어진 대통령이 아니라 국민과 더불어 호흡하고 고뇌하고 기뻐하는 겸손한 지도자가 될 것이라는 다짐이다. 심각하지 않고 즐거운, 지어낸 얘기를 통한 자기 확신이기도 하다.

* * *

돈 대신 비 _지미 카터

1980년 7월 카터를 태운 대통령 전용헬기가 텍사스 주 오스틴에 착륙했다. 오스틴의 남서쪽 약 40마일 떨어진 달라스-포트워스 지역은 극심한 가뭄이 들어 농부들이 울상이었다. 농민들은 정부가 비상사태임을 고려해 농가에 긴급 재정지원을 해줄 것을 촉구했다. 가뭄이 해갈되면 좋겠지만 정부에게 요구할 사항은 아니니 농민들이 먹고살 길을 정책적으로 마련해 달라고 아우성이었다.

카터가 현지 시찰을 갔다. 현지사정을 소상히 파악해야 올바른 지원책을 강구할 수 있고 민심을 다독이기 위해서도 대통령의 재해지역 방문은 필요했다. 카터가 가뭄지역에 다다르자 갑자기 비가 내리기 시작했다. 시원한 물줄기가 약 10분간 하늘에서 쏟아졌다. 농민들도 하늘을 쳐다보며 반가워했지만 이들 못지않게 하늘에 감사한 사람은 바로 카터였다.

약 한 시간 전만 해도 쩍쩍 갈려졌던 땅이 물기를 먹어 촉촉한 진흙으로 변했다. 카터는 기뻐하며 진흙을 밟았다. 주위에 모인 농부들도 모두 흥분한 모습이었다. 입가에 미소를 머금은 카터가 농부들에게 말했다. "여러분은 돈이나 비를 달라고 했습니다. 내가 돈을 마련할 수 없어 비를 가져왔습니다(You asked for either money or rain. I couldn't get the money so I brought the rain)."32)

재정 지원 보따리를 준비하지 못했지만 비를 선물로 가져왔다는 말을 곧이곧대로 들을 농부는 아무도 없었다. 카터도 그 말을 믿어달라고 한 것이 아니었다. 말하는 사람이나 듣는 사람이나 모두 웃자고 하는 것이다. 비는 가문 땅을 적셔주었고, 카터는 가뭄으로 삭막해진 농부들의 가슴을 잠시나마 적셨다.

* * *

농부의 방, 부통령의 방 _토머스 제퍼슨

제퍼슨이 부통령 시절, 볼티모어에 있는 한 호텔에 들렀다. 수행원 한

명 없이 혼자 말에서 내려 말채찍을 손에 든 채 호텔 바에 들어갔다. 하룻 밤 묵고 가겠다고 했다. 호텔 주인이 제퍼슨을 위아래로 훑어보고는 별 볼일 없는 농부일 것으로 판정을 내렸다. 그리고는 "방이 없다"고 말했다.

호텔 주인의 말을 잘못 알아들은 제퍼슨은 처음 질문을 다시 했다. 빈 방이 있느냐는 것이었다. 호텔주인의 답변도 처음 답변과 동일했다. 방이 없다는 것이었다. 그러자 제퍼슨은 "휙" 하는 휘파람 소리로 말을 부르더 니 올라탔다. 홀연히 호텔에서 사라졌다.

잠시 후 부유한 신사 한 사람이 호텔에 들어섰다. 그리고 호텔주인에 게 "방금 호텔에서 나간 사람이 미국 부통령"이라고 했다. 주인은 "부통 령이라고요?"하며 놀란 표정이었다. 이 신사가 재확인 해주자, 호텔주인 은 하인들을 불러 "빨리 부통령을 찾아서 모셔 오라"고 지시했다. "우리 호텔에서 가장 좋은 방을 준비해 놓겠다고 말씀드려라"는 말을 곁들였다.

하인들은 부리나케 제퍼슨의 뒤를 쫓았다. 제퍼슨은 인근 다른 호텔에 머물고 있었다. 하인들은 호텔주인의 메시지를 전했다. 그러나 제퍼슨은 이미 방을 구했으니 호텔주인의 제의가 더 이상 필요하지 않다며 정중히 거절했다.

제퍼슨은 자신을 찾아 온 호텔주인의 하인들에게 답신을 짤막하게 구 술했다. "나는 주인의 호의를 고맙게 생각합니다. 그러나 더러운 농부에 게 내줄 방이 없다면 부통령에게 줄 방은 더더욱 없겠지요(I value his good intentions highly, but if he has no room for a dirty farmer he shall have none for the Vice-President)."[33]

너저분한 차림새를 보고 더러운 농부로 간주해 문전 박대했다가, 지체 높은 사람이라는 사실을 알고는 태도가 180도 변한 호텔주인의 뒤늦은 호의를 받아들이지 않았다. 겉만 보고 임의로 사람을 판단하는 호텔주인 의 편견과 차별에 대한 제퍼슨의 일침(一針)이다.

농부 한 사람이 머물 만한 구석진 빈방 하나 없는 호텔이 어떻게 미국 의 부통령에게 의전을 갖추어 대접할 여력이 있겠느냐는 '소리 없는 호 통'이다. 약자에겐 강하고 강자에겐 약한 인간의 부끄러운 속성에 대한 꾸지람이다.

* * *

객실의 카펫 _윌리엄 H. 해리슨

윌리엄 해리슨이 저녁을 먹고 있었다. 밖에서는 비바람이 거세게 몰아쳤다. 한 농부차림의 남자가 대통령을 만나고 싶어 했다. 대통령의 하인이 이 농부를 대기실에서 기다리게 했다. 한 겨울인데도 대기실에는 난로나 화덕이 없었다.

강풍에 소나기를 맞으며 대통령을 만나러 온 농부는 물에 빠진 생쥐 모습이었다. 대기실에서 기다리던 농부는 몸을 덜덜 떨었다. 식사를 마친 대통령이 이 사실을 알고 집사를 혼냈다. 왜 농부를 따뜻하고 편안한 객실에서 기다리게 하지 않았느냐고 나무랐다.

하인은 나직한 소리로 중얼거리다시피 해리슨에게 "그 농부가 신발에 진흙을 잔뜩 묻히고 들어와서 객실의 카펫을 더럽힐까봐 그냥 대기실에 머물게 했습니다" 하고 설명했다.

해리슨은 하인을 타일렀다. 해리슨은 앞으로는 그깟 카펫 걱정을 말라면서 "그는 국민의 한사람이다. 카펫은 물론 이 집도 국민의 것이다(The man is one of the people, and the carpet and the house, too, belong to the people)고 했다."34)

웃음 나오는 말은 아니지만 추운 날씨를 녹이는 훈훈함이 물씬 배어 나왔다. 하인도 농부도 해리슨을 존경하게 됐다. 마음속으로 미소 지었다. 국민을 섬기는 리더십이다.

* * *

다섯 손가락 편 채 손 흔들기_지미 카터

카터 대통령은 임기 내내 각종 악재에 시달렸다. 우선 경제가 계속 꼬였다. 물가는 두 자리 숫자로 앙등했다. 국민들은 살기 힘들다고 야단들이었다. 가솔린 값은 고공행진을 그치지 않았다. 대중교통 수단이 열악한 미국에서는 아무리 가난해도 직장에 가려면 자동차를 타야하고 가솔린을 넣어야 한다. 가솔린 값 상승은 운전자들에겐 '주머니 돈을 강탈당하는' 것과 똑같은 느낌을 주었다.

그뿐 아니었다. 정치적으로도 카터는 죽을 쑤고 있었다. 이란 주재 미국 대사관 직원들이 시위대에 의해 억류되는 사태가 빚어지고 인질사태가 장기화하면서 카터의 인기는 곤두박질쳤다.

언론은 연일 카터 행정부의 무능과 무기력을 통탄했고 공화당은 이를 호재 삼아 냉혹한 공격을 가했다. 국민들도 '반 카터 캠프'에 심정적으로 동조하는 사회 분위기였다. 그러나 시름에 젖어 있던 카터에게 '실낱같은 빛줄기'가 비쳤다.

워싱턴 근교에서 있었던 일이다. 카터가 한 모임에 초대됐다. 참석자들은 카터가 등장하자 열화와 같은 박수를 보냈다. 카터는 다소 어안이 벙벙하다는 표정이었다. 카터는 아마 속으로 "온 나라가 나를 비난하고 있는데 이렇게 뜨거운 반응을 보이다니" 하고 의아해하면서도 고마운 마음이 들었을 게다.

카터가 환호하는 참석자들을 보고는 보좌관에게 농담을 섞어 한마디 했다. "사람들이 다섯 손가락 모두로 내게 손을 흔드는 것을 보니 정말 기쁘다(It really is a pleasure to see people waving at me with all five fingers)."[35]

환호하고 환대할 때 손을 흔들면 예외 없이 다선 손가락을 모두 움직인다. 특이한 현상도, 주목할 상황도 아니다. 그러나 카터의 말은 당시 자신이 처한 곤혹스러운 현상을 배경으로 하고 있어 눈길을 끈다. 사람들은 카터가 연설을 할 때 엄지손가락을 거꾸로 들어 보이며 "물러가라"고 하기 일쑤였다. 카터를 대통령으로서 신뢰할 수 없다는 불신임의 표시로 그렇게 했다.

　또 더러는 한층 고약한 행동도 나왔다. 주먹을 쥔 채 중지(中肢) 하나만 하늘을 향해 치켜세우는 사람들도 있었다. 이는 소리 내지 않고 욕설을 퍼붓는 것이다. 아주 모욕적이고 추잡한 욕이다.

　이런저런 험한 일들이 자신에게 향하고 있다는 것을 카터가 모를 리 없었다. 그러니 이날 모임에서 참석자들이 자신에게 보여준 '다섯 손가락 환호'에 가슴이 뭉클해질 만했다. 그러나 심각하게 받아들이는 대신 재미있게 둘러쳤다. 지도자들에게서 흔히 보게 되는 우회적인 감정 표현이다.

* * *

약점

300파운드 신사 __윌리엄 H. 태프트

윌리엄 태프트는 거구였다. 300파운드를 넘나들었다. 백악관에 들어가자마자 욕탕을 큰 것으로 교체할 정도였다. 파나마 운하가 완공되고 기념식이 준비 중이었다. 태프트가 만찬 때 앉을 의자를 엔지니어가 점검했다. 일반 의자를 강철로 보강했다. 태프트가 이 의자를 보았다. 흡족해 했다. 자신의 무거운 몸을 지탱할 수 있는지 확인하고 만족한 것이다.

이뿐 아니다. 워싱턴에서 전차를 탔을 때 여린 여성들이 올라오자 자리를 양보했다. 태프트가 일어나니 그 자리에 여성 3명이 앉을 수 있었다. 하루는 매사추세츠 베벌리 만에서 수영을 했다. 일반에 팔린 수영복 가운데 가장 큰 것을 입고 물에서 첨벙됐다. 지역 주민 2명이 수영을 하려고 하다가 그만 태프트 때문에 잠시 기다렸다. 태프트가 물에 있으면 수영하는데 불편하니 기다리는 게 낫다는 것이었다. 그만큼 태프트의 '면적'이 넓었다.[1]

태프트가 필리핀 총독으로 있을 때 마닐라에서 워싱턴 DC의 전쟁장관

엘리후 루트에게 전보를 보냈다. "오늘 실컷 말을 탔더니 기분이 상쾌합니다"고 했다. 그랬더니 루트 장관이 "그래 그 말은 괜찮은가?" 하고 답했다. 태프트의 안부보다는 말의 안부를 물었다. 무거운 태프트를 장시간 태우고 다녔으니 말의 '안위'가 걱정될 만도 했다.

기자가 태프트에게 어려운 질문을 꺼냈다. 체중이 정확히 얼마인지 알려달라는 것이었다. 태프트는 말할 수 없다고 했다. 하지만 힌트는 제공했다. "누군가 하원의장 (토머스) 리드에게 똑같은 질문을 하자 리드가 200파운드가 넘으면 진정한 신사가 아니라고 대답했다. 나는 이를 300파운드로 고쳤다(When someone asked Speaker (Thomas) Reed that, he replied that no true gentleman would weigh more than two hundred pounds. I have amended that to three hundred pounds)."[2]

기자들이 심심하면 체중을 이슈로 삼으려 하자, 몸무게가 많이 나가지만 그래도 자신은 매너 있는 신사라는 점을 우회적으로 표현했다. 태프트는 실제 몸무게가 300파운드에서 350파운드 사이를 오르락내리락 했다.

여기서의 '300 파운드'는 이 정도 안팎의 체중이라도 신사에 포함시켜야 하지 않느냐는 '신사조건'의 상향조정이다. "왜 자꾸 남의 체중 갖고 시비를 거느냐?", "몸무게가 많이 나간다고 대통령 직을 수행하지 못한다는 것이냐?" 하고 발끈하지 않았다.

* * *

잭나이프의 진짜 주인 _에이브러햄 링컨

링컨은 자신이 잭나이프를 소지하게 된 스토리를 신나게 말하곤 했다. 흉기 소지자임을 자랑하듯 당당했다. 물론 링컨이 실제 흉기를 몸에 품고 다닌 것은 아니다. 자신의 외모를 빗대 우스꽝스럽게 묘사하고 수군대는 사람들에게 대응할 심산으로 그럴듯하게 지어낸 유머다.

링컨이 순회법원에서 일할 때였다고 했다. 순회법원은 말을 타고 그야말로 이 지역 저 지역을 두루 다니며 일을 보던 시절의 풍광 중 하나였다. 하루는 모르는 사람이 불쑥 링컨에게 다가왔다. 링컨은 약간 놀랐다. 이 낯선 사람이 링컨에게 말했다. "제가 당신 물건을 갖고 있습니다." 링컨은 어리둥절해 했다. "어떻게 당신이 내 물건을 갖고 있단 말이오." 얼토당토않은 말에 링컨은 눈이 휘둥그레졌고, 말을 잇지 못했다.

낯선 사람은 주머니에서 잭나이프를 꺼내 링컨에게 건넸다. 낯선 이는 몇 년 전, 자신보다 더 못생긴 사람을 만날 때까지 이 잭나이프를 계속 간직하라는 법원의 명령을 받았다고 했다. 그리고 링컨의 얼굴을 쳐다보더니 거침없이 칼을 링컨에게 넘겨주었다. "선생님은 이 잭나이프의 정당한 주인입니다(You are fairly entitled to the property)."3)

링컨의 몰골이 얼마나 말이 아니었으면 이런 스토리의 주인공으로 설정되었을까. 아니, 링컨 스스로 자신을 이러한 구도에 끼어 넣은 것이다. 외모로 하도 말이 많자, "그래 나 못났다. 어쩔래!" 하고 대드는 형국이다. 볼품없는 외모에 대해 스스로 인정함으로써 세간의 입방아를 극복하려 했다. 자신의 부족함을 인정하고, 이를 유머로 승화시키는 것은 보통 담력이 아니면 하기 어렵다.

외모는 사실 언급할 일이 아니다. 언행에 있어서도 마찬가지다. 누가 보아도 명백한 잘못인데도 인정하지 않으려는, 또는 궁색한 변명으로 피해가려는 대다수 정치인들과 견주어도 링컨의 태도는 너무 대조적이다. 단점을 인정하면 상대가 더 이상 단점을 들먹일 수 없다. 잘못을 시인하면 "당신 잘못하지 않았느냐?"고 따지지 못한다. 링컨의 '자기 비하' 농담은 결코 '자기 비하'가 아니었다.

* * *

눈 나빠 선수 대신 심판 _해리 S. 트루먼

트루먼은 눈이 나빴다. 아주 어려서부터 그랬다. 소년시절부터 눈이 잘 보이지 않아 야구를 하기 어려웠다. 야구를 좋아했지만 작은 공이 잘 보이지 않아 배트로 공을 때리거나 날아오는 공을 잡아 던지는 일에 자신이 없었다.

트루먼은 "내가 야구공을 볼 수 없었기 때문에 사람들이 내게 특별한 역할을 부여했다"고 했다. 사람들은 이 말을 듣고는 으레 "그러면 대통령께서는 도대체 야구에서 무슨 포지션을 맡았습니까?" 하고 물었다. 트루먼은 "심판!(Umpire!)"이라고 답했다.[4]

트루먼은 눈이 나빠 공을 제대로 볼 수 없어 심판이 됐다고 했지만 이는 앞뒤가 맞지 않는 말이다. 투수가 던지는 야구공을 볼 수 없을 정도로 눈이 나쁘다면 당연히 심판을 볼 수 없다.

스트라이크인지 볼인지 정확히 구별하려면 눈이 아주 좋아야 한다. 또 홈에 돌진하는 선수와 볼을 잡아 먼저 태그하려는 포수와의 접전을 똑바로 보려면 눈이 좋아야 한다. 스트라이크를 볼이라고 하든지 아웃을 세이프라고 판정하면 집단 패싸움이 일어날 수도 있다.

눈이 나빠 심판이 됐다는 것은 '엉터리 심판'이 용납되는 분위기가 아니면 불가능하다. 아무튼 트루먼이 심판이 됐다는 얘기는 야구 경기 전체를 총괄하고 운영하는 폭넓은 시각과 리더십을 인정받았다는 은근한 자화자찬으로 해석될 수 있다. 트루먼은 자신의 약점을 오히려 리더로서의 잠재력으로 전환시켰다. 요란하지 않으면서도 강력하게.

* * *

손톱을 물어뜯으면 배가 풍선처럼 _윌리엄 H. 태프트

거구 태프트의 불룩 튀어나온 배가 종종 우스개 입담거리가 됐다. 태프트는 인구에 회자되는 이 얘기에 거부감을 표시하지 않았다. 되레 이 스토리를 모르는 사람에게 들려주곤 했다. 태프트가 아는 한 소년이 뉴 헤이븐에 살고 있었다. 이 소년은 손톱을 무는 버릇이 있었다. 시도 때도 없이 손톱을 물어뜯었다.

간호사가 이 소년에게 "계속 손톱을 물어뜯으면 무슨 일이 일어날 지 알고나 있느냐?" 하고 물었다. 이 소년은 "모릅니다" 하고 답했다. 그리곤 "도대체 무슨 대단한 일이 생긴다고 그렇게 호들갑입니까?" 하고 되물었다. 간호사는 "배가 풍선처럼 부풀어 오를 것"이라고 경고했다. 소년은 간호사의 말을 그대로 믿었다. 즉각 손톱 무는 버릇을 고쳤다.

한 달 뒤 이 소년이 식당에서 점심 식사를 하려는 태프트를 만났다. 태프트가 식탁에 앉기 전 이 소년은 태프트의 몸을 위 아래로 관찰했다. 소년의 눈이 함지박만큼 튀어 나온 태프트의 배에 머물렀다. 곱지 않은 시선이었다. 소년은 태프트에게 다가갔다. 그리고 말했다. "손톱을 물어뜯는군요!(You bite your nails!)."[5]

대통령이 나쁜 버릇을 갖고 있다고 단정하고 한마디 해 준 것이다. 손톱을 물어뜯으면 배가 풍선처럼 부풀어 오른다는 간호사의 말을 순진하게 믿은 소년이 배불뚝이 대통령에게 진심어린 충고를 한 셈이다. 태프트는 자신의 신체적 '특성'에 대한 세간의 '놀림'을 여유 있게 받아들였다.

* * *

2년간 엄지발가락 운동 __프랭클린 D. 루스벨트

루스벨트는 장애자였다. 태어나면서부터 장애자가 아니라 후천성 장애자였다. 1921년 여름 39세 때 급성 소아마비를 앓았다. 상상하기 어려운 질환을 앓게 된 루스벨트였지만 좌절하지 않았다. 다시 정상인처럼 다리를 사용할 수 있도록 무진 애를 썼다.

특히 수영으로 다리 힘을 길렀다. 병에 걸린 지 3년이 지난 뒤 루스벨트는 목발을 짚고 민주당 전당대회에 참석해 연설했다. 그리고 1928년에는 뉴욕 주지사가 됐다. 대통령이 된 후에도 루스벨트의 몸은 여전히 장애였다.

대통령은 누구보다도 바쁘고 신경 쓸 일이 많다. 무수한 국민들의 먹거리를 걱정해야 하고 외국과의 외교전쟁도 무리 없이 치러야 한다. 하루하루가 숨 막히는 '전선'에 내몰리는 게 바로 대통령이란 직책이라 해도 과언이 아니다.

그래서 간혹 주위에서 그에게 물었다. 혹, 몸이 성하지 않아 국정수행이 더 힘들고 짜증스럽지 않느냐는 것이다. 하지만 루스벨트는 몸이 성하지 않은 게 오히려 국사를 돌보는 데 약이 됐다고 너스레를 떨었다. "침대에 2년 동안 누워서 엄지발가락을 움직이려는 노력을 하다 보면 다른 일들은 모두 쉽게 느껴진다!("If you had spent two years in bed trying to wiggle your big toe, after that anything else would seem easy!")."[6]

실제 국사가 한가롭고 안이하게 대처할 만큼 쉬운 일이란 뜻이 아니다. 험난한 도전에 직면했을 때 평상심을 잃지 않고 차분하게 국정을 돌보는 데, 자신의 장애와 극복 노력을 든든한 버팀목으로 삼았다.

한국의 젊은이들이 군대에 가는 것은 국민으로서의 의무를 다한다는 측면도 있지만, 고된 군대생활 체험이 인생을 살아가면서 부닥치게 되는 역경을 헤쳐 나갈 의지를 키운다는 측면도 있다. 그래도 군대는 제대하면 대체로 '과거형'으로 잊혀지지만, 루스벨트의 장애는 계속 '현재형'이었다. 불만과 좌절감을 안고 살게 될 여건이었다. 그러나 루스벨트는 자신의 장애를 삶의 긍정적 요소로 삼아 강한 에너지로 전환했다.

* * *

독서는 잠 쫓는 '약' _해리 S. 트루먼

퇴임한 트루먼에게 출판사 더블데이(Doubleday)의 편집자가 찾아왔다. 트루먼은 뉴욕의 한 호텔에 머물고 있었다. 트루먼의 방에는 책상이 하나 있었는데, 책이 수북이 쌓여 있었다. 트루먼은 당시 나이가 70이 넘었다. 편집자가 트루먼에게 물었다. "잠이 오지 않을 때 잠을 청하기 위해 이 책들을 읽으십니까?" 트루먼이 답했다. "아니오, 깨어 있기 위해 책을 읽소(No, I like to read myself awake)."[7]

일흔이 넘은 사람이 무슨 목적이 있기에 책들을 책상 위에 가득 올려놓고 있을까 하는 게 편집자의 궁금증은 아니었다. 그저 잠이 오지 않을 때 수면제 삼아 책을 읽다가 잠이 드는 말년을 보내고 있다고 여겼다. 게다가 전직 대통령이 이제 나이 들고 할 일이 별로 없으니 무료한 나날을 보내고 있을 것이란 선입견으로 던진 질문이었다.

하지만 트루먼은 기분 나쁠 수 있는 질문에 퉁명스럽게 응대하지 않았다. 나이는 많지만 여전히 배우려는 자세로 살아가고 있음을 편집자에게 일러주었다. 예상하기 힘든 답변으로.

* * *

고약한 가스의 이름은 '촌시'_윌리엄 H. 태프트

윌리엄 태프트의 친구 가운데 촌시 디퓨 연방 상원의원이 있었다. 디퓨는 철도산업 로비스트로 거부가 된 사람이며, 정치인으로 변신하면서 뉴욕 주를 대표하는 연방 상원의원이 됐다. 하루는 디퓨가 태프트를 만나는 자리에서 태프트에게 다가갔다. 뚱보 태프트는 의아하게 여겼다. 디퓨는 태프트의 불룩 나온 배에 손을 갖다 댔다.

태프트는 움찔했다. 디퓨는 개의치 않고 "이 배 안에 있는 아이가 세상에 나오면 이름을 무어라 짓겠는가?" 하고 천연덕스럽게 물었다. 디퓨의 장난기를 알아차린 태프트는 차분했다. 그리고 기다렸다는 듯이 디퓨의 농담을 받았다. "글쎄, 만일 사내아이면 윌리엄이라고 하고 여자아이면 시어도라라고 하겠네. 그러나 그저 배에 찬 가스라면 촌시라고 부르겠네 (Well, if it is a boy, I'll call it William. If it's a girl, I'll call it Theodora, But, if it turns out to be just wind, I'll call it Chauncey)."8)

태프트는 친구 디퓨의 짓궂은 장난에 얼굴을 붉히거나 물러서지 않았다. 아들이면 자신의 이름을 따서 '윌리엄'으로 하고, 딸이면 '시어도라'라고 하겠다고 했다. 태프트는 시어도어 루스벨트 대통령 시절 전쟁장관을 하다가 루스벨트 대통령의 적극적인 후원으로 대권주자가 됐고 대통령에 당선됐다. 루스벨트 대통령이 정치적 은인인 셈이다.

그래서 루스벨트 대통령의 이름을 여자 이름으로 변형시켜 '시어도라'라고 하겠다고 한 것이다. 그러나 자신이 임신을 한 것이 아니고 아이를 낳을 일도 없었기에 디퓨의 엉뚱한 질문에 대한 생뚱맞은 답변이었다.

그러나 태프트 답변의 백미(白眉)는 그 다음에 있다. 태프트는 자신의 배에서 나올 것이 아들도 아니고 딸도 아닐 경우를 상정했다. 사실 태프트의 상정이 사실이고 정상적인 것이다. 아무튼 태프트는 배를 풍성하게 나오게 한 것이 아이가 아니라 그저 단순히 가스라고 한다면 어떻게 이름을 붙일지에 대한 가설에 스스로 해답을 이렇게 제시했다.

그 이름은 바로 '촌시'였다. 디퓨의 이름 촌시를 가스의 이름으로 짓겠다고 했다. 고약한 가스와 자신을 놀린 디퓨를 동격으로 취급하겠다는 것이다. 대통령을 놀리려한 디퓨는 태프트에게 두 손을 들고 말았다.

* * *

아담은 재단사 _앤드루 존슨

앤드루 존슨은 재단사 출신 대통령이다. 학교를 다니지도 않았다. 10살부터 양복점에서 옷 만드는 법을 배웠다. 신분은 보잘것없이 출발했으나 일단 정계에 진출하면서부터 승승장구했다. 그래도 존슨은 자신의 어려웠던 시절을 잊지 않았다. 겸손했다.

연방 상원의원 시절에도 손수 옷을 만들어 입었다. 그리고 존슨은 대통령이 된 후에도 양복점을 지나칠 때면 반드시 길을 멈추고 가게 안에 들어가 인사하고 재단사와 담소를 즐겼다. 길에서 기능공들을 만나도 악수하고 다정하게 대화했다. 기술로 먹고사는 사람들을 보면 자신의 과거가 생각나서인지 친근하게 대했다.

1843년 5월 존슨은 고향인 테네시 주 그린빌에서 기능공들과 함께 한자리에서 신, 인류 그리고 종교의 핵심적인 내용에 대해 독특한 해석을 풀어놓았다. 이때 마침 존슨은 테네시 주 의원총회에서 범죄자 노동에 대한 법안작성을 위한 위원회를 맡았다.

범죄자들의 노동과 정직한 일반인의 노동을 동등하게 다루게 되면 일반 노동자가 피해를 입게 되며 공정하지 않은 처사가 될 것이라고 주장했다. 정직한 일반 노동자의 노동이 얼마나 신성한 가에 대한 자신의 논지를 역사와 철학, 종교적인 안목을 다양하게 배합했다.[9]

존슨은 인류의 조상인 아담에 대해서는 원죄를 문제 삼는 대신, 아담이 죄를 범한 뒤 발가벗은 몸을 가리기 위해 나뭇잎을 사용한 점에 착안

했다. "인류의 조상인 아담이 무화과 잎사귀들을 여러 장 엮어 앞을 가린 것을 보면 재단사였음이 분명하다(Adam, the Father of the race, was a tailor by trade, for he sewed fig-leaves together for aprons)"는 기발한 설명.

그리고 구약성서에 나오는 카인의 후손인 두발 카인은 구리와 쇠를 다루는 대장장이의 조상으로 여겨진다고 했다. 아울러 존슨은 예수의 '세속 아버지'인 요셉이 목수였다고 강조했다. 이런 점으로 볼 때, 구세주도 이와 유사한 일을 하는 존재일 가능성이 높다고 했다.

존슨은 계속했다. 소크라테스는 조각가, 예수의 제자 바울은 텐트 제작자, 아르키메데스는 기계공, 또 미 헌법을 기초하는 데 공헌한 킹 크리스핀은 신발 만들던 사람, 독립혁명에 혁혁한 공을 세운 그린 장군은 땜장이, 모건 장군은 대장장이였다고 했다.

세상을 창조하고 세상을 고안하며 운영하는 구세주, 아담, 요셉 등이 전문 기능보유자라는 해석으로 자신의 재단사 경력을 미화하고 기술자들의 사기를 높였다. 드러내고 싶지 않을 수도 있는 과거를 당당히 드러냈다. 적당히 그런 게 아니라 아예 대놓고 거창하게 드러냈다.

* * *

정치적 약점

'나이 많은' 역사적 인물들 __로널드 레이건

레이건은 자칭 낙천주의자다. 그렇지 않다면 경치 좋고 날씨 좋으며 평화로운 캘리포니아 고향 목장을 떠나 워싱턴으로 가지 않았을 것이라고 했다. 하루가 멀다 하고 정쟁으로 시끄러운 워싱턴보다 캘리포니아가 한결 생활하기 낫다는 것이다. 그러나 워싱턴에 가도 의미 있는 삶을 살 수 있다는 낙천적인 사고방식 때문에 결행을 했다는 것이다.

레이건은 낙천주의와 비관주의의 차이를 이렇게 들었다. 커피를 마실 때 한 사람이 "밀크를 건네주시겠습니까?" 하면 낙천주의자이고, "그 통에 밀크가 있을까요?" 하고 회의적으로 말하는 사람은 비관주의자라고 구분지었다.

레이건은 나이 문제에 대해서도 낙관적으로 생각할 필요가 있다고 말했다. 레이건은 자신의 나이에 전혀 신경을 쓰지 않는다고 운을 뗀 뒤, "모세는 80세에 신의 계시를 받아 민중을 이끌었고 아브라함과 그의 아내 사라는 각각 100세, 90세에 아들을 가졌고 아브라함은 175세까지 살았다"고 했다. 큰일을 하는 데 있어서 그깟 나이가 무슨 대수냐는 것이다. 바로 이어 레이건은 "만일 아브라함이 매년 2천 달러씩 은퇴구좌에 적립했다고 상상해보라(Just imagine if he had put $2,000 a year in his IRA account)고 덧붙였다."[10]

나이가 많아 국정 운영에 문제가 야기될 테니 표를 주지 말자는 것은 말이 되지 않는다. 물론 거동을 못 할 정도로 노쇠하면 상황은 다르지만 심신이 건강한데 나이 하나만으로 지도자 자격 유무를 따지는 것은 나라를 위해서도 결코 바람직한 태도는 아니다.

레이건은 성경에 나오는 인물들의 나이를 거론하면서 은근히 자신에게 빗대고 싶었다. 한술 더 떠 오래 살면 경제적으로도 윤택할 가능성이 크다고 했다. 본인이 은퇴구좌(IRA)를 털어 돈을 쓰지 않고 후손들에게 유용한 자산으로 남길 수 있다는 뉘앙스까지 곁들어 있다.

* * *

'나이 어린' 역사적 인물들 __존 F. 케네디

초대 대통령 조지 워싱턴은 42세에 미국 독립군대를 이끌었다. 3대 대통령 토머스 제퍼슨도 43세에 독립선언문을 작성했다. 4대 대통령 제임스 매디슨은 36세에 미국 헌법을 기초했다. 콜럼버스는 41세에 아메리카 대륙을 발견했다. 1960년 여름 대통령 민주당 후보 지명전이 불꽃을 튀길 때 민주당 후보로 나선 케네디는 43세였다. 선거에서 이기면 이듬해 44세의 생일(5월 29일) 전에 백악관 주인이 되는 것이었다.

민주당 지명전에서 케네디의 나이가 이슈가 됐다. 당내 실력자들이 이를 문제 삼았다. 너무 어리다는 것이었다. 연방 하원의장인 샘 레이번은 케네디의 연륜 부족을 대통령 후보 결격 사유로 들었다. 케네디는 레이번의 공격에 개의치 않았다. 당시 레이번은 78세였다. 78세 노인의 눈에는 국민 대다수가 구상유치하게 보일 수 있다며 레이번의 시각이 편협하다고 받아쳤다.

그러나 케네디의 젊음은 계속 이슈로 남았다. 트루먼 전 대통령이 시비를 걸었다. 성숙한 후보가 필요하다고 목청을 높였다. 나이가 지긋하게 들어야 민주당 후보자격이 된다고 했다. 이에 대해 케네디는 흥분하지 않았다. 논리와 위트로 반박했다.

케네디는 43세로서 민주당 대선 후보지명전에 나선 자신을 빗대 44세 미만인 사람이 중요한 일을 할 자격이 없다면 역사에 큰 획을 그은 사람들이 능력을 발휘할 수 없었을 것이라는 논지를 폈다.

케네디는 이런 얼토당토하지 않은 나이 제한은 "제퍼슨이 독립선언문을 쓰지 못하게 하고, 워싱턴이 독립군대를 이끌지 못하게 하며, 매디슨이 미국 헌법을 작성하지 못하게 하고, 콜럼버스가 미 대륙을 발견하지 못하게 했을 것이다(Such an exclusion would have kept Jefferson from writing the Declaration of Independence, Washington from commanding the Constitutional Army, Madison from fathering the Constitution, and Columbus from discovering America)" 하고 일침을 가했다.[11)

부정한 짓을 한 여자를 돌로 쳐 죽이려던 유대인들에게 예수께서 "죄 없는 사람이 먼저 나와 이 여자에게 돌을 던지라"고 한 말씀처럼 폐부를 찌르는 날카로움이 케네디의 발언에 담겨져 있다. 과녁을 명중시켜 누구도 어쩔 수 없는 지경으로 몰아넣었다. 자신의 정책이나 자신의 신념만이 옳다고 장광설을 늘어놓거나 우격다짐을 하는 정치인들과 큰 차이가 난다.

* * *

겨자 없는 햄 샌드위치 __로널드 레이건

루이지애나 주 출신의 연방 상원의원인 러셀 롱(R. Long)이 은퇴를 선언했다. 당시 그의 나이 65세. 은퇴를 기념하는 자리에 레이건이 참석했다. 레이건은 "왜 젊은 사람이 은퇴하는지 의아하다"고 했다. 그리고는 자신이 좋아하는, 한 노부부에 얽힌 일화를 소개했다.

이 노부부는 잠자리에 들 준비를 하고 있었다. 할머니가 "아이스크림이 먹고 싶은 데 집에 없다"고 했다. 할아버지 왈, "내가 가게 가서 사오지 뭐." 할머니 "초콜릿을 입힌 바닐라예요." 할아버지는 이 주문을 따라했다. 할머니 "크림과 체리도 넣어주세요." 할아버지는 또 따라했다.

잊어버리지 않으려 중얼거리며 가게로 향했다. 할아버지가 돌아왔을 때 할머니는 침대에 누워 있었다. 할아버지가 종이박스를 건넸다. 할머니가 박스를 열어보았다. 햄 샌드위치가 들어 있었다. 할머니는 실망했다. "그러 길래 내가 받아 적으라고 했지요. 겨자를 빠뜨렸잖아요(I told you to write it down. You forgot the mustard)."[12]

노부부의 우스꽝스런 일화다. 치매의 수준으로 따진다면 아이스크림 대신 햄 샌드위치를 사 온 할아버지보다 할아버지가 잘 못 사 온 것을 자신이 주문한 것으로 착각하고 겨자가 빠진 것을 탓하는 할머니의 증세가 더욱 심하다고 할 수 있다. 아무튼 노부부의 일화는 나이가 들면 정치를 하기가 어렵다는 것을 빗대 활용할 만하다.

나이 많은 레이건으로서는 가급적 들먹이지 않아야 할 스토리다. 그런데 이 얘기를 자신 있게 꺼냈다. 그리고 할머니가 필요로 하는 '겨자'를 자신이 제공할 수 있다고 자신했다. 국민들이 꼭 원하는 것을 채워주는 지도자가 되겠다는 뜻이다. 불리해 보이는 소재도 어떻게 활용하느냐에 따라 호재가 될 수 있다.

* * *

나비처럼 날다가 벌처럼 __로널드 레이건

1984년 10월 21일 오후 8시 미주리 주 캔자스시티 시청강당의 뮤직 홀. 재선을 노린 로널드 레이건 대통령과 민주당 후보로 출마한 월터 먼데일 전 부통령이 상기된 표정으로 마이크 앞에 서 있었다. 1시간 30분 동안 TV를 통해 전국에 생중계 되는 2차 공개토론회가 시작됐다.

표심에 지대한 영향을 미칠 수 있는 터라 두 후보는 바짝 긴장했다. 양측 선거캠프는 지지 후보가 실수할까 조바심 냈다. 특히 2주일 전 경제·사회 문제를 놓고 벌인 1차 토론회에서 논리 정연한 먼데일에게 밀렸던 레이건은 전세를 만회해야 하는 부담을 안고 있었다.

1차 토론에서 레이건은 죽을 쑤었다. 기력이 없어 보였을 뿐 아니라 평소의 재치도 전혀 뽐내지 못했다. 게다가 상대적으로 젊고 패기에 가득 찬 먼데일과의 이슈 공방에서도 밀렸다. 더 이상 미국을 이끌고 갈 적임자가 아니라는 인상을 시청자들에게 심어주었다.

1차 토론 뒤 소감이 각계에서 쏟아져 나왔다.[13] 누구를 찍을까 하고 토론회를 뚫어지게 지켜본 시청자들 가운데, "이제 레이건의 시대는 끝났다"는 말을 하는 사람이 한둘이 아니었다. 풍자가 마크 러셀이 즉각적인 논평을 했다. "레이건은 영화배우고 자신의 나이에 맞는 연기를 했다." 73세의 노인 역을 자연스럽게 했다고 비아냥거렸다. 다이내믹해야 할 미국의 지도자로선 미달이라는 혹평이었다. 더 이상 정치판에 미련을 두지 말고 집에 가서 조용히 살라는 의미를 담아 쏘아붙였다.

거의 동시에 유머 칼럼니스트 아트 부크왈드도 '레이건 때리기'에 가세했다. "레이건이 만일 2차 토론회에서 단 5분간이라도 존다면 곤경에 처할 것이라는 점을 그의 참모들은 알고 있다." 실제 토론회에서 단 5분이라도 조는 후보는 없지만 날카롭지 못하고 조리 있게 토론에 임하지 못한 1차 토론을 빗대, 2차 토론에서도 이러한 일이 반복된다면 재선은 물거품이 되고 말 것이란 경고였다. 1차 토론은 레이건의 완패라는 평가다.

당시 레이건은 73세, 먼데일은 56세였다. 레이건의 나이가 당연히 이슈가 될 만했다. 하지만 먼데일은 나이를 들먹이지 않았다. 나이와 직무수행 능력을 연결했다간 자존심에 상처받은 노인 유권자들이 호통 칠지 모르기 때문이었다. 그런데 토론자로 나온 볼티모어 선의 헨리 트레위트 기자가 레이건에게 질문을 했다.

존 F. 케네디 대통령이 쿠바 미사일 위기 때 며칠 밤을 거의 새다시피하며 고민했는데, 레이건도 이러한 상황에서 국가 위기를 극복해 나갈 수 있는가에 대한 것이었다. 레이건의 참모들도 인정했듯이, 먼데일과 1차 토론회를 마친 뒤 몹시 피곤해 한 점으로 보아 고령이 국정수행에 걸림돌이 될 것으로 우려된다는 요지였다. 이 질문이 나오자 먼데일은 속으로 "오, 예!"하며 쾌재를 불렀을 것이고, 레이건 측은 "오 마이 갓!"하며 당혹해 했을 게다.

그러나 상황은 먼데일이 바라는 대로 전개되지 않았다. 난처한 질문을 받은 레이건은 틈새를 보이지 않았다. 질문을 기다렸다는 듯이 조금도 머뭇거리지 않고 답을 했다. 고도의 체력과 정신력이 요구되는 국가위기 상황이 닥쳤을 때 이를 타개할 자신의 지도력에 대해 조금이라도 의심해본 적이 있는가 하고 고령을 문제 삼은 트레위트 기자에게 '강한 부정("Not at all")'으로 답을 하고는 바로 말을 이었다.

"나는 나이를 이번 캠페인의 이슈로 삼지 않겠습니다. 나는 라이벌의 젊음과 경험부족을 정치적 목적에 이용하지 않겠습니다(I will not make age an issue of this campaign. I am not going to exploit for political purposes my opponent's youth and inexperience)."

먼데일의 경력을 보면 그를 정치적 경험이 부족한 후보라고 말할 수 없다. 1948년 허버트 험프리가 연방상원이 되도록 선거캠프를 관리했다. 그리고 1951년 미네소타대학에서 정치학 학사학위를 받았다. 대학시절부터 정치에 깊숙이 간여한 것이다. 미 육군 상병으로 제대한 먼데일은 미네소타 법대에 등록했고 1956년 우등으로 졸업했다.

그 이후 미네소타 주 대법원에서 법원 서기로 일했다. 그리고 약 4년간 미네소타에서 변호사 생활을 하다 미네소타 주지사 오빌 프리먼에 의해 발탁돼 1962년부터 주 법무장관으로 일했다. 그러다 1964년 미네소타 출신 연방 상원의원인 허버트 험프리가 부통령이 되면서 상원의원 자리가 공석이 되자, 연방상원 선거에 출마했고 1966년 당선됐다. 12년간 상원의원으로 활동하면서 먼데일은 재정위원회, 노동·공공복지위원회, 예산위원회, 금융·주택·도시문제위원회를 두루 거쳤다. 또 균등교육기회 특별위원회와 정보특별위원회 국내 대책위원회 위원장을 역임했다.

1976년 11월 2일 대선에서 지미 카터 후보의 러닝메이트로 나와 당선된 뒤에는 대통령을 대신해 미국과 전 세계를 분주하게 다니며 정부의 국내정책과 외교정책을 홍보했다. 백악관에 사무실을 마련한 첫 부통령인 그는 풀타임으로 대통령을 보좌하고 정책 결정과정에 참여했다. 이 정도 경력이면 법, 행정, 의정, 국내정치, 외교 등에 다양한 경험을 했다고 평가할 수 있다. 대통령으로서의 기본적인 자질과 요건은 레이건에 결코 뒤지지 않는다.

레이건은 일리노이의 유레카 칼리지에서 경제학과 사회학을 공부했다. 그러나 풋볼선수로, 학교 연극배우로 더 열심히 활동했다. 졸업 후 라디오 스포츠 아나운서가 됐고 1937년 할리웃 오디션을 통과해 배우의 길에 들어섰다. 그 후 20년간 53편의 영화에 출연했다. 영화배우노조위원장이 된 레이건은 영화산업에 스며든 공산주의 이슈에 대해 적극적인 반대캠페인을 전개했다.

정치적으로 자유주의적 노선을 견지하던 그가 이 일로 인해 보수주의로 선회했다. TV 사회자로서 전국을 순회한 레이건은 점차 보수주의의 대변인이 돼가고 있었다. 그러다 1966년 약 100만 표 차이로 캘리포니아 주지사에 당선됐다. 그리고 1970년 재선됐다.

레이건은 1980년 공화당 대선후보로 확정됐고 유엔주재 미 대사 조지 부시를 러닝메이트로 선택했다. 인플레로 경제가 곪아 들어가고 이란의 미국인 인질사태가 질질 끌면서 해결될 기미를 보이지 않자 유권자들은 레이건에게 미국을 변화시킬 기회를 부여했다. 레이건이 카터 대통령에게 압승했다. 대통령선거인단 득표수에서 레이건은 489표, 카터는 49표만을 얻었다. 이렇게 해서 4년간 대통령 직을 수행했다. 그리고 1984년 재선에 나왔다.

레이건과 먼데일의 경력을 비교하면 레이건이 현직 대통령이라는 점 외에는, 먼데일이 전적으로 열세이고 레이건이 압도적으로 우세하다고 할 수 없다. 서로 다른 분야에서 경력을 쌓아왔을 따름이다. 레이건이 먼데일을 "젊고 경험이 부족한 후보"라고 했다고 해서 먼데일과 그의 지지자들이 발끈하거나 일반 시청자들이 "지나쳤다"고 여기지 않았다. 먼데일이 진짜 그런 인물이라고 생각하는 사람은 아마 단 한 명도 없었을 것이고 레이건 조차도 먼데일의 탄탄한 경력을 몰랐을 리 없다. 또한 레이건이 당시 56세인 먼데일이 자신보다는 젊지만 대통령이 되기에 어리다고 믿었을 리 없다.

그래서 이 대목으로 인해 레이건이 분노와 비판의 대상이 되지는 않았다. 유권자들은 먼데일의 화려한 경력과 연륜을 잘 알고 있었다. 압권은 바로 레이건이 자신의 약점으로 캠페인 내내 망령처럼 따라다닌 나이문제를 멋들어지면서도 구렁이처럼 둘러댄 점이다. 입안에서만 뱅뱅 돌던 이슈를 기자가 대신 꺼내 흡족했을 먼데일이 꿈에도 생각지 못한 레이건의 반격에 뒤통수를 맞은 것이다.

레이건은 아픈 질문에 미소와 유머로 화답했다. 자신의 고령을 원숙함으로, 먼데일의 '젊음'을 미숙함에 비유했지만 누가 들어도 상투적이거나 저속하지 않았다. 긴장감으로 뒤덮였던 장내는 순식간에 웃음바다가 됐다. 토론회장의 방청석 여기저기서 박수가 터져 나왔다. 내심 나이와 관련해 대통령 적격시비가 제기되길 바라던 먼데일도 웃음을 참지 못했다. 미리 준비한 연단 위의 자료 쪽으로 애써 고개를 숙였지만 터져 나오는 미소는 TV화면에 생생히 노출됐다. 정적의 말문을 봉쇄하고 웃기기까지 한 레이건의 승리는 불문가지였다.

토론회를 주시한 6,730만 명의 시청자들은 예민한 반응을 야기할 수 있는 나이 문제를 멋지게 되받아 친 레이건의 여유와 '큰 통'에 반했다. 2차 토론회 다음 날 신문들은 거의 대다수 레이건의 손을 들어주었다. 고령의 약점을 강점으로 둔갑시킨 멋들어진 유머 덕이었다. 재선의 최대 걸림돌이었던 레이건의 나이는 이 순간부터 쟁점이 되지 않았다.

언론은 기사로, 칼럼으로 레이건의 유머에 찬사를 보냈다. 1차 토론회를 지켜본 뒤 "레이건 대통령이 나이가 너무 많아 대통령을 4년 더 할 수 있을까" 하고 의아해 하던 상당수 유권자들은 레이건의 고령이 더 이상 장애가 아니라고 여겼다. 레이건의 국정 수행능력에 대한 걱정을 말끔히 씻어냈다. 나비처럼 부드럽게 날다가 벌처럼 따끔하게 상대를 쏘아댔다.

* * *

M으로 시작되는 성(姓) __존 F. 케네디

케네디는 43세에 미국의 최고지도자가 됐다. 최연소 미국대통령이다. 리더십, 판단력, 조직력, 친화력 등 대통령이 지녀야 할 요건은 일단 제쳐두자. 이처럼 젊은 나이에 대권을 거머쥘 정도라면 머리 회전이 무척 빨랐을 것이다. 케네디가 똑똑했다는 점을 반복해 강조하면 말하는 사람은 입만 아프고 듣는 사람은 지루해진다. 그런데 케네디는 자신이 영특하다는 점을 드러내지 않으려 했다. 실제 케네디의 지적 영역에 결함이 없었던 것도 아니다.

특히 케네디는 재정정책(financial policy)과 통화정책(monetary policy)의 차이점을 이해하는 데 헷갈려했다. 하루는 연방준비제도이사회 의장인 윌리엄 마틴(W. Martin)을 비롯해 주요 정책 결정자들이 한자리에 모였다. 이 자리에서는 정부의 경제정책에 대한 논의가 진행되고 있었다. 재정정책, 통화정책이 핵심 주제였다. 마틴 의장이 통화정책에 대해 전문용어를 써가며 설명을 하자 케네디는 다시금 '혼돈'으로 빠져 들어갔다.

잠시 후 케네디가 회의 참석자들을 쳐다보면서 한마디 했다. 연방준비제도이사회 의장에 관한 얘기였다. 마틴 의장은 얼굴이 굳어졌다. 혹시 무슨 잘못을 질책하는 게 아닌 가해서 긴장했다. "만일 마틴 의장이 사임한다면 차기 의장도 성(姓)이 M으로 시작되는 사람으로 임명해야만 하겠다(If Martin ever quits his job, I'll have to get somebody else with the same last initial)."

케네디는 자신이 통화정책을 잘 몰라 '어지럼증'을 느낄 때마다 마틴에게 의지했듯이 다음에도 M으로 시작하는 의장에게 의지하겠다는 뜻이다. 통화정책의 첫 글자 M과 마틴의 M, 그리고 차기 의장의 성(姓)도 M으로 일치시켜, 사실 통화정책과 무관한 M을 유머의 소재로 삼았다. 케네디가 재정정책과 통화정책을 구분하는 데 애를 먹었다는 말을 무색하게 만들었다.14)

* * *

'땜질 대통령'__제럴드 R. 포드

포드는 1973년 애그뉴 부통령이 사임하면서 '땜질 부통령'이 됐다. 닉슨이 1974년 워터게이트로 사임하면서 또 '땜질 대통령'이 됐다. 참으로 희한한 정치역정이라고 할 수 있다. 사람들은 포드가 대통령이 됐을 때 반신반의 했다. 과연 막중한 책무를 수행 할 수 있을까 하고 의아해 했다. 포드가 연설할 기회가 있었다. 해병대 군악대가 대통령의 등장에 맞추어 연주를 시작했다.

보통 대통령이 행사장에 모습을 드러낼 때 연주하는 음악은 'Hail to the Chief'이다. 대통령을 떠우는 곡이다. 국가원수에게 존경심을 보이는 곡이다. 이에 비해 리듬＆블루스 장르의 'You've Come a Long Way, Baby'란 곡이 있다. 존경보다는 숱한 힘든 과정을 거쳐 '이 자리'에 왔다는 것을 빗댄 곡이다. 특히 해병대에서는 여성이 훈련을 무사히 마치고 정식 대원이 됐을 때 종종 듣는 말이기도 하다.

포드는 자신이 우물우물 부통령이 되고 대통령이 된 사실을 당당히 말했다. 그리고 자신이 행사장에 도착하자 울려 퍼진 팡파르를 듣고는 농담을 했다. "해병대 군악대가 잠시 혼동하는 것 같습니다. 'Hail to the Chief' 을 연주해야 할 지 아니면 'You've Come a Long Way, Baby'를 연주해야 할 지 고민하는 것 같습니다."[15]

청중은 웅성댔다. 처음엔 포드가 무슨 말을 하는지 그 속뜻을 알아채지 못했다가 이내 감을 잡았다. 엉겁결에 백악관 주인이 됐지만 상황을 파악하고 자신의 설 자리를 정확하게, 그것도 유머로 표현한 것에 청중은 후한 점수를 주었다. "저 정도 변별력이면 대통령 직을 잘 수행 하겠네" 하고 박수를 보냈다.

포드의 정치적 '수직상승'이 자랑할 만한 일은 아닐지언정 그렇다고 포드 스스로 얄팍한 권모술수를 써 얻은 게 아니라 상황이 그렇게 돌아가다 보니 권력을 갖게 된 것이다. 숨기거나 축소 지향적으로 행동할 이유가 없었다. 포드의 태도에 국민들이 "일단 믿을 만하다" 하고 반응한 것이다.

* * *

아버지와 거리 두기 _존 F. 케네디

케네디의 아버지 조셉 케네디는 자수성가한 백만장자였다. 그래서 재력을 바탕으로 프랭클린 루스벨트의 재선을 도와 1938년 주 영국 대사 자리를 얻어냈다. 그리고 조셉은 인정사정없는 고집불통으로 세간에 알려졌다. 큰돈을 번 것도 정당한 비즈니스가 아니라 술 밀매로 법을 어겨

가며 번 것이었다.

1930년대 금주령이 발효되고 있는 상황인데도 '마피아의 보호아래' 밀주를 만들어 치부했다고 알려졌다. 조셉은 '개처럼 벌어 정승처럼 쓴다'는 속담처럼 그렇게 번 돈으로 자식 대에 꿈을 이루려 했다. 자식을 대통령으로 만드는 데 혼신을 다했다. 엄청난 재력에 권력까지 거머쥐려 했다.

사람들은 조셉의 야망을 비아냥거렸다. 부당하게 번 돈으로 영국대사를 따내더니만 이번에는 자식 대통령 만들기에 혈안이 돼 있다고 비꼬았다. 민주당의 트루먼 대통령도 케네디가 민주당 대선 후보로 공식 지명되기 전까지 지지를 유보했다. 케네디가 가톨릭 신자이기 때문이 아니었다. 케네디의 아버지 조셉에 대해 강한 적대감 때문이었다. 트루먼이 한 때 "나는 교황에 반기를 드는 것이 아니라 케네디의 아버지에 반대하는 것(I'm not against the Pope, I'm against the Pop)"이라고 말할 정도로 케네디 아버지에 대한 트루먼의 반감은 분명했다.16)

아버지 조셉은 대권을 바라보는 아들 케네디에겐 '참으로 거북한 핏줄'이었다. 가깝지만 가까이 할수록 표 떨어지는 소리가 들릴 정도로 캠페인을 좀먹는 존재였다. 케네디의 극약처방은 '아버지와 거리 두기'였다. 그렇다고 정색을 해가며 아버지와의 '단교'를 선언할 수는 없는 노릇이었다. 자신을 전폭적으로 지지하는 것은 그만두더라도 혈육이 아닌가. 대통령 병에 걸려 아버지를 멀리한 자식이라는 오명을 쓰지 않으면서 캠페인에 부정적인 '아버지 변수'를 최소화해야 했다.

민주당 열성당원들이 모였다. 케네디가 이들 앞에서 만찬 연설을 시작했다. 당 내 단합을 강조하고 선거 승리를 위한 의욕을 불살랐다. 그리고 캠페인 내내 꼬리를 물고 다니는 '아버지에 대한 공방'을 잠재우기 위해 한마디 했다. 그것도 재미있게. 민주당원들의 걱정거리를 덜어주고, 부동표를 흡수하며, 공화당의 공세를 누그러뜨리고, 아버지의 심기를 다소 헤아린다는 취지였다.

"나는 올해 초 내가 만일 대통령에 당선되면 대사를 임명할 때 경륜 있는 사람 대신 선거기부금을 많이 낸 사람을 고려하지는 않을 것이라는 공약을 했다(I had announced earlier this year that if successful I would not consider campaign contributions as a substitute for experience in appointing ambassadors).”

아버지 조셉이 돈으로 감투를 산 것에 대해 유권자들이 비딱하게 보자 이를 차단하기 위해 강성 발언을 했다. 부자지간으로만 본다면 아버지에 대해 불경스러운 말이었다. 아버지를 공개석상에서 노골적으로 비난한 것이었다.

케네디의 연설은 이어졌다. “그 말을 한 후로 나는 아버지로부터 단 1센트도 받지 못했다(Ever since I made that statement I have not received one single cent from my father).”17) 열성 민주당원들은 폭소를 터뜨렸다. 케네디의 아버지를 둘러싼 공방이 골칫거리였던 민주당은 케네디의 재치로 이 문제를 털어 버릴 수 있었다.

물론 케네디의 발언은 아버지가 괘씸해 하며 자금줄을 끊어 자신의 발언에 보복했다는 뜻이 아니다. 아버지로부터 정치적으로 완전히 자유로워지겠다는 의지를 강조한 것이다. 아들이 대통령에 당선되는 데 모든 것을 건 조셉이 그깟 발언에 발끈할 일이 아니다. 자신에 대한 여론을 익히 알고 있는 조셉으로서는 아들의 ‘고육책’을 충분히 이해했을 것이다. 아무튼 케네디는 ‘악재’ 하나를 슬기롭게 해체시켰다.

* * *

“입으로 원유 캐나?”_조지 부시, 시니어

1988년 조지 부시가 공화당 대통령후보 지명을 수락하고 캠페인을 전개하기 위해 첫 연설을 준비하고 있었다. 레이건 대통령 시절 부통령을 지낸 부시는 상당수 사람들에 의해 카리스마가 없고 탁월한 웅변가가 아니라 대통령 선거에서 불리하다고 공공연히 지적했다.

부시는 자신이 빼어난 웅변가가 아니라는 점을 전적으로 부인하지는 않았다. 사실 부시의 언변이 특출 나지는 않았다. 게다가 '위대한 전달자(Great Communicator)'로 명성을 얻은 레이건의 그늘이 너무도 컸다. 레이건처럼 말 잘하는 대통령 바로 다음에 그 자리를 이어가려니 여간 부담스러운 게 아니었다.

그러나 이러한 비난에 부시는 의기소침하지 않았다. 자신의 약점을 억지로 감추려들지 않았다. 있는 그대로 인정하고 약점을 오히려 긍정적인 측면으로 역전하려 했다. 부시는 석유 재벌이다. 오일맨(Oilman)으로 오랜 세월을 보낸 부시는 자신의 사업경험을 활용해 비난을 극복했다. 석유사업을 하면서 일찍이 체득한 교훈을 이렇게 말했다. "웅변으로는 땅 속에서 오일을 채굴할 수 없다(Eloquence won't draw oil from the ground)."[18]

주위에서 단점을 지적하고 이를 빌미로 트집을 잡으면 보통 "그렇지 않다" "허무맹랑한 모함이다" 하고 반박한다. 이전투구로 빠져 들어가기 일쑤다. 자신을 깎아내리기에 혈안이 돼 있는 상대에게는 사실무근이라며 쏘아붙인다. 그러나 상대방의 비난에 억울하고 아프더라도 '칼에는 칼'로 대응하지 않을 수도 있다.

부시는 아무리 말을 번지레하게 잘 한다고 해도 나라 살림을 반드시 넉넉하게 만들고 생산성 있는 국정운영을 한다고 장담할 수 없다고 했다. 대통령에게 필요한 것은 귀에 솔깃한 말솜씨가 아니라 추진력임을 강조했다. 웅변술이 약하다는 약점은 나라를 경영하는 데 별 문제가 아니며, 오히려 이 약점은 자신이 '행동하는 리더십'에 중점을 두어 생긴, 무시해도 좋은 측면이라는 점을 '오일맨의 교훈'에서 따왔다.

* * *

'저격수' 총구 녹이기 _존 F. 케네디

대통령 선거에 출마한 케네디에게 최대 복병 중 하나는 종교였다. 소수종교인 가톨릭 신자라는 점이 다수인 개신교 유권자들에게 거부감을 줄 수 있다는 점이었다. 민주당 내 경선 주자들이나 공화당의 닉슨이 케네디의 종교를 공개적으로 거론해 문제 삼지는 않았다. 종교의 자유가 보장된 나라에서 개인의 자유를 들먹이는 것은 신사도에 어긋날 뿐 아니라 오히려 '치졸한 인간'이라는 비난을 받을 수 있기 때문이었다.

닉슨의 친구인 유명한 개신교 목사 노먼 필이 닉슨을 거들었다. 닉슨 대신 '저격수'로 나선 것이다. 그는 "미국의 문화가 위험한 국면에 처했다. 케네디가 당선됐다고 해서 우리의 문화가 사라지지는 않을 것이다. 그러나 미국 문화는 더 이상 지금까지의 모습대로 보전될 수 없을 것이다" 하고 위협적인 발언을 하고 다녔다.

케네디는 켄터키 주 포트 녹스(Fort Knox)의 연방정부 금괴 보관소를 금괴 대신 성수(聖水)로 가득 채우고 싶다고 말한 적이 있다. 포트 녹스에는 금 덩어리가 수북이 쌓여 있다. 금괴가 가장 많이 보관돼 있었던 때는 1941년. 이때 6억 4,960만 온스가 저장돼 있었다. 2005년 현재 포트 녹스에는 1억 4,730만 온스의 금괴가 보관돼 있다.

포트 녹스의 금괴는 미국에게는 남다른 보물이다. 단순히 가치 있는 지하자원에 그치지 않는다. 2차 대전 후 연합국들은 미국의 달러화를 세계 통화체계의 준거로 삼는데 동의했다. 1944년 뉴햄프셔 주 브레턴우즈 회의에서 조약을 체결했다. 포트 녹스에 보관된 어마어마한 금괴를 보고, 금 1온스 당 35달러를 맞바꿔주기로 한 미국의 제안에 동의했다. 달러를 갖고 있으면 언제든지 금으로 바꿀 수 있다는 것이다. 포트 녹스에 보관된 금괴가 없었다면 아무도 달러화를 금과 동일하게 취급하는 방안을 수긍하지 않았을 것이다.[19]

금괴는 자본주의와 세속이란 단어를 강하게 풍긴다. 성수는 죄를 씻고 정결한 삶을 유지하기 위해 필요한 가톨릭의 상징물 가운데 하나이다. 미국의 위상을 공고히 한 포트 녹스의 금괴를 물로 대체하고 싶다는 케네디의 발언은 미국의 문화를 바꾸겠다는 의미로 해석될 소지가 다분했다. 참신한 지도자로 미국을 한 단계 업그레이드하고 싶다는 케네디의 희망사항이 '미국의 기둥뿌리'를 파헤치겠다는 뜻으로 풀이됐다. 닉슨 진영이 이를 놓칠 리 없었다. 필 목사도 매한가지였다.

케네디가 필 목사의 발언에 대해 기자들에게서 "어떻게 생각하느냐"는 질문을 받았다. 케네디가 답변했다. "나는 필 목사가 나를 칭찬하는 것으로 생각하고 싶다. 물론 그가 그렇게 했다고 확신이 들지는 않지만."[20]

케네디는 필 목사의 의중을 잘 알고 있었다. 닉슨과의 교감으로 자신을 공격하는 첨병 역할을 하고 있다는 것을. 그래도 버럭 화를 내거나 원색적으로 응수하지 않았다. 필 목사가 미국의 문화가 바뀔 것이라고 한 대목을 '새롭게 활기찬 새로운 문화'를 창출해 미국사회에 신선한 바람을 불러일으킬 후보라는 논조로 익살스럽게 뒤집어버렸다. 상대의 진의를 다 알면서도 말이다.

* * *

잠꾸러기 __로널드 레이건

레이건은 잠이 많기로 유명했다. 백악관 집무실에서 오후엔 낮잠을 즐겼다. 이란-콘트라 스캔들로 온 나라가 시끌벅적할 때 레이건이 낮잠을 제대로 자지 못했다는 얘기가 화제가 될 정도였다. 보좌관이 레이건의 낮잠을 '시기해' 결재를 서둘러 해달라고 서류를 내밀어도 속수무책이었다.

책상 위에 놓인 서류를 보고 레이건은 "잠시 생각해 보겠네(I want to sleep on it a while)" 하고 말했다. 글자 그대로 번역하면 현안에 대해 심각히 고민하겠다는 뜻이지만, 레이건의 의중은 그게 아니었다. 잠시 잠을 잔 뒤에 결재하겠다는 농(弄)을 섞은 것이다. 낮잠과 관련해 말이 많다는 것을 레이건이 모를 리 없었다. 전 교황 요한 바오로 2세를 알현하는 자리에서도 졸 정도였으니 말이다. 은퇴를 앞둔 레이건이 퇴임 후 계획을 살짝 드러냈다. 무슨 거창한 계획이 아니라 바쁜 대통령의 일상에서 벗어나고픈 마음을 전한 것이었다.

레이건은 백악관을 떠난 뒤 캘리포니아의 고향집으로 돌아가겠다고 했다. 그런 뒤 편안하게 탁자에 다리를 올려놓고는 긴 낮잠을 제대로 한번 자보고 싶다고 했다. 이 말을 하고 나서 레이건이 잠시 뜸을 들였다. 그리고 말을 이었다. "아 생각해보니, 그런다고 해서 별로 달라질 것은 없군!(Ah, come to think of it, things won't be all that different after all!)."21)

평소 낮잠을 많이 잤으니 은퇴 후 고향 집에 가서 아무리 낮잠을 잔들 그게 그거라는 것이다. 자신이 백악관 집무실에서 낮잠을 많이 잤다는 점을 시인하면서도 장난기가 다분히 섞였다.

어찌 보면 거의 매일 낮잠 자는 대통령의 모습은 그다지 멋있다고 할 수 없다. 단점이랄 수 있다. 국가가 위기에 놓이거나 주요 현안이 산적해 있는데 나 몰라라 하고 휴가를 챙겨 떠나는 대통령과 크게 다르지 않다. 단점을 희화화해 문제점을 희석시켰다.

* * *

소신

엄격한 주방장 __조지 워싱턴

워싱턴이 여러 손님들을 만찬에 초대했다. 공식만찬이다 보니 참석자가 여럿 됐다. 군대에서 작전개시를 할 때 일분일초를 따지듯이 이럴 때는 시간 엄수가 생명이다. 약속시간에 늦은 사람은 약속을 지키지 못한 자신의 불성실함 외에 많은 다른 참석자들에게 결례를 범하는 사람, 조금 심하게 말하면 신뢰할 수 없는 사람이 되고 만다.

게다가 무르익은 만찬장 분위기를 잠시나마 싸늘하게 식힐 수도 있다. 그래서 만찬 호스트인 워싱턴은 참석자 모두 제 시간에 도착해 주길 바랐다. 비공식만찬도 아니고 공식만찬이니 워싱턴의 바람이 전혀 지나친 게 아니었다.

그런데 약속시간이 지났는데도 자리가 하나 남았다. 식탁에 둘러앉은 손님들은 하나 남은 빈자리의 주인을 기다리고 있었다. 한 의원이 늦게 도착했다. 워싱턴이 "우리 모두 정해진 시간을 지켜야 한다"고 한 마디 했다. 늦게 당도한 국회의원은 미안해 했다. 자신이 분위기를 깼으니 당연했다. 부드러워야 할 만찬장 공기가 다소 탁해지는 순간이었다. 워싱턴이 말을 이었다. "우리 집 주방장은 손님들이 도착했는지 묻지 않고 식사 시간이 됐는지 묻는다(My cook never asks whether the company has arrived, but whether the hour has)."22)

제 시간에 도착한 사람만 식사할 자격이 있다는 주방장의 소신이다. 주방장이 귀빈들에게 이래라 저래라 할 위치에 있지 않았으니, 주방장의 소신이라기보다 워싱턴이 둘러댄 말이다. 워싱턴에게 더 혼날 줄 알았던 국회의원의 얼굴이 조금 펴졌고 손님들의 얼굴에 미소가 돌았다.

"귀한 손님들을 이렇게 오래 기다리게 하면 되는가?" "국회의원이 저녁 약속시간 하나 지키지 못해서야 어떻게 의정 활동을 충실히 할 수 있겠는가?" "당신 때문에 여기 모인 모든 손님들이 기분을 잡쳐서야 되겠는가?" 하고 꾸짖지 않았다. 공식만찬이었으니 그 자리에서는 호통 치기 어렵더라도 나중에 따로 불러 '한 소리' 할 만 했다.

그러나 워싱턴은 자신이 아니라 주방장의 엄격한 원칙을 내세우며, "만찬에 초대받았으면 이 원칙을 엄수해야 하지 않느냐"는 메시지를 은근한 표현으로, 그러나 화살처럼 날카롭게 '늑장 손님'에게 쏘았다. 만찬장 분위기를 망가뜨리지 않으면서 맘에 있는 말을 온전히 전달했다.

* * *

잘 속는 사람의 치료법 __캘빈 쿨리지

『Our Family Physician 우리집 가정의(家庭醫)』이란 책이 있었다. 이 책은 많은 질병을 진단하고 치료하는 법을 자세하고도 친절하게 소개했다. 의사의 도움 없이도 자가 진단해 질병을 고치는 방법을 실었다. 약초에 의한 치료법도 다룰 정도로 포괄적인 의학 서적이다. 헨리 스타우트(H.

Stout)가 1869년 출간한 이 책은 쿨리지 집권 당시 베스트셀러였다. 그 이후에도 집집마다 한 권씩 사둘정도로 인기를 누렸다.

쿨리지의 아내 그레이스도 이 책을 샀다. 첫 출산을 몇 달 앞둔 시점이었다. 대통령의 건강을 곁에서 챙겨주어야 한다고 생각했다. 세일즈맨의 능수능란한 말에 그만 8달러를 지불했다. 이 책은 2006년 현재 품절이 되어 구하기 힘들지만 인터넷 서점을 통하면 약 80달러에 구입할 수 있다.

540여 쪽에 달하는 두꺼운 책이지만 그래도 출간 당시의 화폐가치를 감안하면 8달러는 너무 비쌌다. 영부인 그레이스는 책이 긴요해서 샀지만 8달러를 넙죽 내준 것이 못내 찜찜했다. 값을 깎든지 아니면 책을 사지 말았어야 했다고 후회했다.

그레이스는 검소한 쿨리지에게서 핀잔을 들을 것이 겁났다. 남편에게는 한 마디도 하지 않았다. 구입가격을 말하지 않은 게 아니라 자신이 구입했다는 사실 자체를 숨겼다. 시치미를 떼고 응접실 탁자 위 한가운데에 책을 살며시 올려놓았다.

며칠이 지났다. 그레이스는 쿨리지가 전혀 눈치를 못 챘다고 여겨 안심했다. 그리고 의자에 앉아 책장을 넘겼다. 그런데 책표지 안쪽에 누군가가 무엇이라고 써 놓은 것을 발견했다. 이름은 적혀 있지 않았지만 필체로 보아 쿨리지의 것이 분명했다. 그레이스는 뜨끔했다. 쿨리지가 한 수 위였기 때문이다. 책표지 안쪽 여백 페이지에 이렇게 쓰여 있었다. "이 책에는 잘 속는 사람에 대한 치료법이 없다(Don't see any receipt[= recipe] here for curing suckers!)."[23]

쿨리지는 아내가 가족의 건강을 위해 이 책을 구입한 것을 익히 알고 있었다. 그러나 세일즈맨의 사탕발림 선전에 바가지를 쓴 것은 아무리 백악관의 안주인이라고 해도 그냥 지나칠 수 없는 어리석은 행동이라고 여겼다. 대통령과 영부인은 모든 생활에서 국민에게 모범이 돼야 하며 검소한 자세는 그 중 으뜸이 될 만한 덕목이다.

쿨리지는 그레이스에게도 이 점을 일러주고 싶었다. 그래서 그레이스가 책장을 넘길 때 알아보도록 표지 안쪽에, 잘 속는 것은 치료법도 없으니 더욱 주의를 기울이라는 취지의 글을 적어 놓은 것이다. 대통령의 의중을 헤아린 그레이스는 행동을 더욱 조심했다. 대놓고 그레이스를 무안하게 하지 않으면서도 효과는 톡톡히 냈다.

* * *

피 흘려 얻은 자유 _제임스 먼로

제임스 먼로는 애국자였다. 애국에 관한 한 내로라 할 정도로 강한 자긍심을 갖고 있었다. 대륙군으로서 독립전쟁에 가담해 영국군을 격퇴하는 데 일조했다. 버지니아 출신 연방 상원의원, 주 프랑스 대사, 주 영국 대사, 버지니아 주지사, 매디슨 행정부 시절 국무장관 및 전쟁장관 등을 지냈다.

장관시절엔 국내 문제에서 애국했고, 외교관 시절엔 밖에서 국위를 선양했다. 미국의 혁명을 높이 평가하고 미국을 아름다운 나라로 만드는 데 주력했다. 토머스 제퍼슨이 프랑스 혁명을 극찬할 때 여기에 동조했으나 프랑스 혁명이 미국의 혁명과는 견줄 바가 아니라고 믿었다.

프랑스 혁명을 기념하는 자리에 참석한 먼로는 조용한 시간에 짬을 내 파리 시내를 거닐었다. 파리에서 유학하고 있는 딸 엘리사와 함께 오랜만에 오붓한 시간을 갖고 있었다. 먼로는 딸에게 미국은 아직 신생국가이지만 프랑스보다 정말 멋진 나라라고 자랑했다. 그러자 엘리사가 고개를 끄덕이며 수긍했다.

그러고는 입장을 번복하는 듯 "그런데 아빠, 미국에는 이런 도로가 없잖아요?" 하고 물었다. 먼로는 "맞다"고 했다. 그것은 사실이었다. 그러나 먼로는 거기에서 멈추지 않았다. "우리나라는 새 집과 같아서 부족한 게 많단다. 하지만 우리는 무엇보다도 소중한 자유를 갖고 있단다(Our nation may be compared to a new formed household; we are in want of many things, but we possess the most finest thing of all-liberty)."[24]

파리의 유서 깊은 건축물과 시설을 신생 미국과 비교하면 미국이 볼품 없는 '신출내기'일 수 있다. 그리고 딸이 파리에서 머물고 있어 프랑스를 편애했는지도 모른다. 그래도 조국은 미국이고 갓 태어난 조국이 프랑스에 비하면 허허벌판과 같다 해도 자랑스럽게 그 미래를 지켜보아야 한다는 아버지의 애틋함이 스며 있다.

그리고 미국은 유혈혁명을 통해 식민지 생활을 청산하고 보석 같은 자유를 향유하고 있다는 점을 강조했다. 먼로는 딸에게 "파리에서 공부하고 있다고 조국의 어려움을 외면하고 조국을 얕잡아보아서야 되겠느냐?" 하고 윽박지르지 않았다. 오히려 미국의 '어제'와 '오늘', 그리고 자유를 자산으로 발전할 '미래'의 가능성을 부드러운 어조로 딸의 가슴에 심었다.

* * *

"내 스캔들 다 밝혀라"__그로버 클리블랜드

클리블랜드는 정직한 사람으로 정평이 나 있었다. 공직자로서 공무와 관련해서는 흠이 없다고 할 정도였다. 그런데 사생활에서는 '결정적인 결함'이 있었다. 클리블랜드가 독신 시절 알콜중독자인 미망인 마리아 핼핀과 부적절한 관계를 맺어 아들을 낳아 아버지 노릇을 했다는 것이었다.

이 미망인은 클리블랜드의 다른 친구들과도 유사한 관계를 맺어 사실 누구의 아이인지 정확히 판별할 수는 없었지만 다른 친구들은 모두 가정을 갖고 있었으므로 클리블랜드가 '총대'를 맨 것이었다. 대선 때 이 문제가 불거졌다. 공화당 후보인 제임스 블레인(J. Blaine) 측이 이를 가만 놔둘리 없었다. 사실여부를 발뺌하자는 선거참모들의 진언을 묵살하고 클리블랜드는 사실대로 밝히라고 정공법을 썼다.

민주당 측도 맞불 작전을 폈다. 블레인 후보의 사생활을 캐기 시작했다. 여러 가지 소문과 증거를 수집했다. 클리블랜드에게 자료가 건네졌다. 하지만 클리블랜드는 상대 후보가 자신의 사생활을 들추어내어 선거용으로 사용했지만 자신은 그렇게 하고 싶지 않다는 입장을 분명히 했다.

자료를 한데 모았다. 그리고 갈기갈기 찢었다. 아무 말 하지 않고 있다가 집사를 불러 쓰레기통에 넣어 불에 태워 없애라고 지시한 뒤, 서류들이 타는 광경을 직접 지켜보았다. 이제 클리블랜드는 담담하고 뿌듯하게 말했다. "이번 캠페인에서 추잡한 일들은 모두 상대방이 독점하도록 하세(The other side can have a monopoly of all the dirt in this campaign)."25)

자신의 사생활이 정확하게 묘사되지 않고 왜곡과 과장된 부분이 있었지만 클리블랜드는 이를 숨기거나, 해명하거나 변명하지 않았다. 상대 후보에 대한 음해나 사생활 들추기도 원치 않았다. 대통령 직 수행과 관계없는 일로 진흙탕싸움을 하길 싫어했다.

참모들이 상대 후보에 흠집을 낼 수 있는 자료를 수집해 왔을 때 "바로이거다. 이젠 됐다" 하고 쾌재를 부르지 않았다. 정정당당하게 싸우려 했다. 상대를 깎아 내리려 측근들과 수군대지 않았다. 클리블랜드의 자세는 측근들도 감동시켰다.

* * *

고향교회 기금모금 거절 __월리엄 매킨리

미국의 대 스페인 정책에 대해 의회에서 반발이 거셌다. 월리엄 매킨리에게 화살이 쏟아지고 스페인에 대해 강경자세를 취해야 한다는 압력이 증폭했다. 그러자 매킨리는 이들의 비난에 대해 자중할 것을 촉구했다. 조급한 언행은 애국이 아니라고 한마디 했다. 그야말로 여유 있는 태도를 보여주었다.

한번은 매킨리가 개인비서에게서 편지를 건네받았다. 매킨리의 고향인 오하이오 주 캔톤에 있는 교회로부터 온 것이었다. 매킨리는 편지를 뜯어 보았다. 기금모금을 위해 대통령이 힘이 돼주었으면 한다는 내용이 적혀 있었다. 매킨리는 잠시 생각하더니 답장을 썼다. 기금모금 파티 초청장을 돌려보내면서 초청장에 짤막한 구절을 넣었다. "내가 지금보다 부유하다고 느낄 때 다시 연락주시기 바랍니다(Call that to my attention when I feel richer than now)."[26]

대통령이 지방 교회의 기금모금에 협조할 수 없을 정도로 가난하지는 않다. 아무런 영향력을 행사하지 않고 자신의 봉급을 갖고도 도와줄 수 있다. 사정상 여윳돈이 없으면 일단 주변에서 융통해서라도 지원할 수 있다. 마음만 있으면 액수의 많고 적음에 관계없이 기금모금에 동참할 수 있다.

하지만 매킨리는 냉정하게 거절했다. 초청장에 써서 보낸 답변은 오히려 냉소적이기까지 하다. 그런데 이 구절을 곱씹어보면 매킨리의 재치가 스며있음을 알게 된다. 대통령이 특정 교회의 기금모금에 참여하면 여기저기서 유사한 요청이 쇄도할 것이고 잡음이 날 것이 분명하다.

또 대통령이 지원한 기금모금에는 대통령의 눈치를 보는 많은 사람들도 함께하는 '촌극'이 벌어질 것이다. 바람직하지 않은 현상이 빚어질 것을 매킨리가 내다본 것이다. 그래서 이런저런 설명 대신 주머니 사정이 여의치 않다는 변명을 적어 보낸 것이다. 자신을 대통령으로서가 아니라, 좋은 일에 십시일반 하고 싶으나 당장은 살림이 넉넉하지 않아 다음 기회를 보겠다는 평범한 서민으로 설정했다.

* * *

가브리엘 천사와 특례입학 _우드로 윌슨

우드로 윌슨이 프린스턴 대학 총장 시절이었다. 시험부정 행위로 쫓겨난 학생의 어머니가 윌슨을 찾아왔다. 이 어머니는 만일 자신의 아들이 다시 학교에 다닐 수 있도록 조치해 주지 않으면 자신은 죽게 될 것이라고 협박조로 말했다. 윌슨은 이 어머니에게 단호하게 말했다.

학생 어머니의 목숨이든, 윌슨 자신의 목숨이든, 또는 다른 사람의 목숨이든 프린스턴 대학에 도움이 되지 않는다면 다 희생할 각오가 돼 있다고 했다. 설령 이 학생의 어머니가 아들 문제로 세상을 떠난다고 해도 학교의 원칙을 허물 수는 없다고 잘라 말했다. 잘못을 저지른 학생을 구제하는 것보다 원칙을 지키는 게 더 중요하다고 했다.

이번엔 입학시험에 낙방한 한 학생의 보호자가 윌슨을 만나 이 학생이 프린스턴 대학에서 공부할 수 있는 기회를 달라고 간청했다. 윌슨은 역시 원칙을 고수했다. "만일 천사 가브리엘이 프린스턴 대학에 입학하려다 시험에 떨어지면 입학을 할 수 없습니다(If the angel Gabriel applied for admission to Princeton University and could not pass the entrance examinations, he would not be admitted)."27)

성경에 따르면 가브리엘 천사는 마리아에게 예수를 수태하게 될 것이라는 메시지를 전달하는 '하느님의 전령'이다. 신의 메시지를 전달할 정도이니 인간 세상의 대학입학 정도야 식은 죽 먹기일 것이다. 그러나 가브리엘 천사라 할지라도 다른 지원자들과 똑같이 입학시험을 봐야 하고 시험에서 떨어지면 프린스턴 학생이 될 수 없다고 했다.

"예외 없는 규칙은 없다"지만 윌슨은 천사의 이름을 거론해 자신의 '예외 없는 규칙'을 확실히 했다. 윌슨의 설득 파워에 할 말 많던 학부모도 말문이 막히고 말았다.

* * *

난로 에워싼 변호사들 _율리시스 그랜트

그랜트가 일리노이 주 갤리나의 한 작은 마을을 방문했다. 한 모임에 가보니 추운 겨울이라 한 가운데 난로를 지펴놓았다. 몇 사람이 난로를 에워싸듯 주위에 빙 둘러서서 얘기하고 있었다. 이들은 공교롭게도 모두 변호사였다. 변호사들이 난로를 장악한 형국이었다. 그랜트는 서서 이 광경을 물끄러미 지켜보고 있었다.

그러자 난로 주위에 있던 한 변호사가 그랜트에게 다가갔다. 그리고는 "마치 지옥이라도 갔다 온 것처럼 표정이 굳어 있습니다" 하고 말을 걸었다. 그랜트는 "그렇소" 하고 답했다. 그러자 변호사는 "그곳은 어떻습니까? 뭐 특이할 만한 것이 있습니까?" 하고 되물었다. 그랜트는 기다렸다는 듯 "이곳 갤리나와 같더군요. 변호사들이 지옥 불 가장 가까운 곳에 있었습니다(Much the same as in Galena-lawyers nearest the fire)" 하고 답했다.28)

변호사들은 계산이 빠르다. 직업상 그렇기도 하지만 원래 보통사람들보다 영특하고 치밀해 자신에게 득이 되는 일을 한 발 앞서 파악하고 취한다고 그랜트는 여겼다. 갤리나에서의 난로광경도 그렇다. 가장 따뜻한 위치에 자리를 잡고 몸을 녹이는 것이 변호사 그룹이었다.

적어도 그랜트의 눈에는 그렇게 비쳐졌다. 그래서 이를 본 그랜트가 변호사들의 '약삭빠름'을 비꼰 것이다. 지옥에 가보니 활활 타오르는 불구덩이 가장 가까운 곳에 변호사들이 있었다는 말을 한 것이다.

자기 잇속 챙기기에 민첩하고 다른 사람들을 배려하지 않으면 응분의 대가를 치르게 될 것이란 그랜트의 삶의 철학이 묻어있다. 당시 변호사들에게는 다소 섬뜩하게 들렸을지 모르지만 난로와 지옥불은 적절한 매치였다.

* * *

3센트 추후 지불 __제임스 뷰캐넌

제임스 뷰캐넌은 스위스 시계 같았다. 빈틈없이 정확했다. 특히 돈 계산에 관한 한 융통성이 제로였다. 뷰캐넌은 개인 회계장부를 오랫동안 기록하고 보관했다. 자신의 손을 거친 돈은 단 1센트라도 그냥 지나치지 않았다. 출납을 빠짐없이 기록했다.

그는 전임 프랭클린 피어스 대통령 시절 영국 대사로 나간 적이 있다. 이때에도 집에서 허드렛일을 하는 사람에게 지불하는 경비도 모두 적어두었다. 옷깃에 꽂는 핀, 바지의 멜빵을 사도 그 가격을 남겼다. 가계부 정리는 뷰캐넌에게는 중요한 일과였다.

한번은 뷰캐넌이 친구로부터 1만 5,000달러가 넘는 액수의 수표를 받았다. 그런데 뷰캐넌은 수표에 기입된 정확한 액수를 확인하고는 친구에게 되돌려 주었다. 10센트가 잘못됐던 것이다. 또 이런 일화가 있다. 뷰캐넌 대통령이 먹을 것을 사고 돈을 지불했는데 3센트 더 내야한다는 것을 뒤늦게 알았다. 그런데 상점주인은 뷰캐넌이 물건 값을 전액 지불한 것으로 영수증을 주었다. 나중에 뷰캐넌은 3센트를 상점주인에게 보냈다.[29]

고의가 아니라 실수에 의해 빚어진 계산착오가 아주 경미하다면 일을 복잡하게 하지 않는 것도 운영의 묘다. 삶의 여유라고 할 수도 있다. 인간관계의 여백이랄 수도 있다.

뷰캐넌의 정확한 성격을 묘사한 일화에 관련된 사람들은 그냥 재미있는 얘기 정도로 가볍게 흘려버리지 못할 것이다. 뷰캐넌의 양심적 계산이 상대를 피곤하게 할 수도 있기 때문이다. 아무리 정직한 게 좋다고 해도 뷰캐넌처럼 따지는 것은 지나치다고 여길 수 있다. 아무리 그렇다손 치더라도 국민의 혈세인 국고를 주머니 쌈짓돈인 양 마음대로 손대고 자손대대 배불리 먹을 요량으로 빼돌리는 대통령들에 비하면 나라와 국민을 위해서는 10배, 100배 나은 지도자다.

* * *

'늙은 여자' '늙은 남자' __제임스 매디슨

매디슨이 좋아하는 일화가 있었다. 허망한 일을 좇는 사람의 어리석음을 지적한 일화다. 프랑스 장교가 미군에 동참해 전쟁을 치르고 있었다. 이 프랑스 장교는 다른 사람으로부터 환심을 사길 무척 좋아하는 성격이었다. 특히 여자들로부터 관심을 끌고 사랑받기를 갈구했다. 자신을 여자들이 어떻게 생각하는지에 대해 예민한 반응을 보였다. 마음이 온통 이런 일에 집중돼 있었다.

하루는 동료 장교에게 물었다. 세상 사람들, 특히 여자들이 자신보고 무어라 말하는지 들려달라고 졸랐다. "자, 내게 솔직히 말해주게." 그러나 친구는 머뭇거렸다. "너무 민감한 내용들이라서 차마 말할 수 없네" 하고 답변을 거부했다. 친구의 애매한 발언으로 프랑스 장교의 궁금증은 증폭됐다. 내용을 듣고 싶어 안달이 났다. 진실을 알기 전엔 도저히 잠을 잘 수 없는 지경이었다.

프랑스 장교는 친구를 닦달했다. '전모'를 밝히라고 했다. 친구는 하는 수 없이 들은 대로 말했다. "세상 사람들의 의견은 둘로 나뉘어 있네. 남자들은 자네를 늙은 여자라고 부르고, 여자들은 자네를 늙은 남자라고 부르지(The opinion of the world is divided; the men say you are an old woman, and the women say you are an old man)."[30]

남자들은 여자들에게 '환심 사기'에 여념이 없는 프랑스 장교를 '늙은 여자'로 비꼬았고, 여자들은 프랑스 장교를 자신들의 관심을 끌려고 하는 매력 없는 '늙은 남자'로 도외시했다는 얘기다. 장교면 장교답게 굴어야 하는데 쓸데없이 여자들에게 관심을 보여 본분을 망각한 어리석임을 꼬집었다. 정치인도 정치인답게 직분에 최선을 다해야 한다는 매디슨의 자세가 엿보인다.

* * *

"적을 보면 그 사람을 안다"_그로버 클리블랜드

1884년 대선전에서 민주당의 그로버 클리블랜드 후보는 적(敵)을 양산했다. 주위에선 이 점에 주목했다. 클리블랜드 지지자들은 정적들과 분명하게 선을 긋는 클리블랜드의 스타일에 호감을 보였다. 반대파들은 클리블랜드의 이러한 태도를 비꼬면서 반감을 드러냈다. 클리블랜드가 적을 만들어낸 점 때문에 그를 좋아한다고 말할 정도였다.

클리블랜드는 이를 전적으로 칭찬으로 받아들였다. 경우에 따라서는 융통성을 결여한 정치인으로 이미지가 굳어질 수도 있었지만 개의치 않았다. 클리블랜드는 "친구를 보면 그 사람을 알 수 있다"는 격언을 끄집어냈다. 여기에 독특한 구절을 만들어 첨가했다. "거리를 두는 사람들을 보면 그를 알 수 있다(A man is known by the company from which he is kept out)."31)

가까이 지내는 친구는 당사자의 거울로 여겨진다. 동서고금을 관통하는 금언이다. 사람을 판단할 때 애용되는 잣대다. 그러나 누군가를 평가할 때 그가 멀리하는 사람들을 토대로 삼는 경우는 드물다. 사람을 평가하는 '신선한 기준'을 클리블랜드가 제시한 셈이다. '사람평가 이론'을 한 단계 업그레이드 했다. 정적을 많이 만든다는 데에 대한 비난과 우려를 잠재우려는 클리블랜드의 '돌려치기'였지만 말이다.

* * *

오만 방자한 영국장관_프랭클린 D. 루스벨트

루스벨트는 영국을 잘 알고 좋아했다. 동시에 영국인들의 과오도 잘 집어냈다. 그러나 영국 관리들의 오만 방자한 태도는 참지 못했다. 헨리 모겐소(H. Morgenthau) 재무장관이 영국 재무장관으로부터 온 편지를 루스벨트에게 가져왔다. 편지에는 공식직함 없이 그저 '헨리 모겐소 씨'라고만 돼 있었다. 모겐소는 편지 내용에만 신경을 썼고, 타이틀에는 무관심했지만 루스벨트는 달랐다. 기분이 상했다. 미국 장관을 장관이라고 부르지 않은 영국장관의 결례를 묵과하지 않았다.

모겐소 장관이 답신을 작성해 루스벨트에게 가져왔다. 루스벨트는 편지 내용은 좋은데 실수를 하나 했다고 지적했다. 당황한 모겐소는 무엇이 잘못됐냐고 물었다. "당신이 받은 편지에서처럼 답신에서도 영국장관의 직함을 쓰지 말고 그냥 아무개 씨라고 했어야 옳았다(It should be addressed to Mr. —, with no title, just the way your letter was addressed)." 그러자 다음부터는 영국 재무장관이 미국 재무장관에게 보내는 서신에는 직함이 정확히 기재됐다.32)

성미 급한 지도자라면 "감히 우리 장관에게 이렇게 무례하게 해도 되는 거야?"하며 영국 정부와 영국 재무장관에게 정식으로 항의했을 것이다. 결국 해결은 됐겠지만 관계는 머쓱해졌을 게다. 동일한 결과를 얻어내는 데 얼굴을 붉히면서 하는 경우가 있고, 그렇지 않은 경우가 있다. 루스벨트는 후자를 택했다.

* * *

백악관 보수비 영국 왕에 청구 _ 캘빈 쿨리지

백악관에서 정기적 보수가 진행되고 있었다. 대대적인 보수가 아니라 부분적인 보수공사였다. 캘빈 쿨리지가 공사 현장을 둘러보았다. 다락방으로 갔다. 건축가와 건설업자가 이곳 저곳을 유심히 조사하고 있었다. 지붕 서까래와 대들보를 점검하고 있었다. 나무들이 검게 그을어 있었다. 1814년 영국군이 질러 놓은 불에 탄 것이다.

건축가는 이 부분을 지목하면서 "교체해야 한다"고 주장했다. 교체하는 데에는 모두들 합의했다. 그러나 한 가지 고민거리가 있었다. 다른 나무로 교체할 것인지 아니면 강철 들보로 교체할 것인지 결정해야 했다.

쿨리지가 검게 탄 나무들을 직접 관찰했다. 그리고는 건축가와 건설업자에게 거리낌 없이 답변을 던졌다. "좋소, 강철 들보로 교체하시오. 그리고 청구서는 영국 왕에게 보내시오(All right, put in the steel beams and send the bill to the King of England)."33)

쿨리지는 좋게 말하면 검소하고 삐딱하게 보면 지나치게 인색한 대통령이었다. 당연히 검게 탄 나무 들보를 다른 나무로 교체하라고 지시할 것을 건축가와 건설업자는 예상했었다. 그러나 쿨리지의 답변은 비싼 강철 들보로의 교체였다. 처음 이 말을 들은 건축가와 건설업자는 눈이 휘둥그레졌다.

하지만 어리벙벙했던 순간은 이내 웃음으로 이어졌다. 비용을 영국 왕에게 보내라는 말 때문이었다. 영국군이 불을 질러 생긴 것이니 영국 왕이 책임을 져야 한다는 것이었다. 영국 왕에게 청구서를 보낼 상황도 아니었고, 보낸들 영국 왕이 비용을 물어줄 일도 아님을 익히 잘 알고 있었기 때문에 쿨리지의 이 말이 웃음을 자아낸 것이다.

* * *

모자 장사 존 톰슨 __토머스 제퍼슨

제퍼슨은 미국 독립선언문 작성자다. 일종의 공문서는 많은 사람들이 그 내용에 관심을 표명한다. 중요한 문서일수록 그 관심도가 높다. 미국이 대영제국으로부터 독립하려는 선언문이니 미국인들의 관심의 정도를 가히 짐작할 수 있다.

이렇게 썼으면, 저렇게 고쳤으면 하는 주문이 직접, 간접으로 접수된다. 문장의 달인으로 알려진 제퍼슨에게도 예외는 아니었다. 제퍼슨은 독립선언문을 잘 써야 한다는 부담감을 가졌다. 당연했다. 그러나 주위의 훈수에 이리저리 끌려 다니는 것은 원치 않았다.

대륙의회의 소장파에 속한 제퍼슨은 버지니아 주 헌법을 작성했다는 명성으로 독립선언문 초안을 작성할 위원회에 배속됐다. 나이 많은 의원들이 '애송이' 제퍼슨을 못마땅해 했다. 그러나 고참 벤자민 프랭클린이 제퍼슨을 지지했다. 프랭클린은 독립선언문 준비 작업에 시시콜콜 시비거는 사람들에게 모자 장사에 얽힌 일화를 소개했다.

날품팔이 인쇄업자 밑에서 일을 배우던 직원이 있었다. 오래 같이 일했지만 이 직원도 세월이 흘러 자기 사업을 하고 싶어 했다. 결국 가게를 오픈하기로 했다. 그는 자신의 가게를 잘 알리기 위해 멋들어진 간판을 구상했다. 간판에 "존 톰슨, 모자상이 모자를 만들어 현찰이 준비된 사람에게 판다(John Thompson, Hatter, makes and sells hats for ready money)"고 쓰려 했다. 그리고 이 문구를 친구들에게 보여주고 조언을 부탁했다.

한 친구는 한참 궁리하더니 "Hatter"를 없애라고 했다. 모자를 파는 가게이니 굳이 중복된 표현을 쓸 필요가 없다고 했다. 이 단어는 문구에서 삭제됐다. 다른 친구가 들여다보았다. "makes"란 단어가 별 의미가 없다고 했다. 물건의 품질이 좋으면 사람들이 어련히 알아서 살까, 누가 만들었다는 식의 문구는 거추장스러울 뿐이라고 했다. 이 단어도 제거됐다. 또 다른 친구는 "for ready money"는 간판 자리만 축내는 것이라고 했다. 돈이 없는 사람은 당연히 모자를 살 수 없으니 그럴 법도 했다. 그리고 당시엔 크레딧 카드를 사용하지 않았으니 말이다. 그래서 이 세 단어가 빠졌다.

이제 남은 것은 "John Thompson, sell hats"였다. 그 다음 친구가 보더니 "왜 모자를 판다는 말을 넣었느냐, 아무렴 사람들이 자네가 그저 모자를 공짜로 준다고 오해라도 할까보아서냐?"고 했다. 판다는 말을 하지 않아도 비즈니스라는 것을 다 안다는 것이었다. 맞는 말이다. 그래서 "sell hats"도 없어졌다. 그 대신 간판에 모자를 그려 넣기로 했다. 모자 가게를 새로 차린 주인은 집에 돌아왔다. 간판 문구를 보니 남은 것은 "John Thompson"뿐이었다.34)

친구 한 사람 한 사람의 조언을 들어보면 그럴 듯하다. 그러나 이들의 말에 따르다 보니 결국 간판에 쓸 문구 초안은 '뼈다귀'만 남게 됐다. 귀를 열어 주위의 조언을 듣는 것은 필요하지만 나름대로 중심을 잡고 조언을 들어야 한다는 것이다. 제퍼슨은 프랭클린이 소개한 일화를 즐겼다. 종종 지적되는 여론정치의 허점을 제대로 짚었다.

* * *

둥근 지구, 평평한 지구 __린든 B. 존슨

대공황 때부터 전해 내려온 한 구직자의 이야기를 존슨은 즐겼다. 한 청년이 일자리를 구하려고 혈안이 돼 있었다. 거의 절망적인 상황이었다. 이 청년은 텍사스 힐 카운티 교육구 교사가 되기 위해 구직 신청서를 냈다. 면접 당일 이 청년은 교육위원회 위원들 앞에서 말을 조리 있게 잘했다. 지식도 풍부했고 학생들을 가르칠 만한 도의적인 덕목도 갖추었다. 교육위원들은 흡족했다.

그런데 교육위원들이 한 가지 민감한 질문을 던졌다. 교육위원들 가운데 논란이 일고 있는 '지리(Geography)'에 관한 것이었다. 지구가 둥글다고 가르칠 텐가 아니면 평평하다고 가르칠 텐가 하는 게 물음이었다. 이 청년은 "둘 다 가르칠 수 있습니다" 하고 답했다(I can teach it either way).35)

엉터리 질문에 이상한 답변 같지만, 어찌 보면 쾌도난마(快刀亂麻)의 명쾌한 답변이다. 적어도 일자리를 구하려는 이 청년의 입장에서는 그렇다. 어느 한쪽을 선택했다면 면접을 통과하기 어려웠을 게다. 존슨이 이 이야기를 자주 입에 올린 것은 이 청년의 객관성에 주목했기 때문이다.

물론 지구가 둥글다는 것은 삼척동자도 다 아는 진리이다. 하지만 이 스토리의 초점은 현재 논란이 되고 있는 특정한 이슈에 대한 객관적인 태도이다. 국정 수행에도 찬반이 갈리게 마련이다. 이럴 때 가능하면 어느 일방에 치우치지 않고 정책을 수립하고 집행하겠다는 존슨의 통치 방향을 대변하는 스토리다.

* * *

뜯지 않은 편지 __존 타일러

전임 해리슨 대통령이 급서하자 백악관에 권력 공백이 생겼다. 부통령 타일러는 자신이 취해야 할 행동에 대해 곰곰이 생각했다. 형사재판에서 변호사 역할을 했던 타일러는 헌법을 뒤졌다. 읽고 또 읽었다. 그러나 대통령 사망 시 누가 그 자리를 이어받아야 하는지 분명하게 적혀 있지 않았다. 타일러는 자신이 대통령의 자리에 앉아야 한다는 유권해석을 내렸다. 나라의 안위를 위해 그렇게 해야겠다고 마음먹었다. 권력공백을 최소화하기 위해 부통령인 자신이 가능한 조속한 시일 내에 백악관 주인이 돼야한다고 믿었다. 그리고 결행했다.

그러나 타일러가 대통령자리에 착근하는 데는 반대가 여간 심하지 않았다. 펜실베이니아 출신 연방 하원의원인 존 매키언(J. McKeon)이 긴급 법안을 제출했다. 부통령은 대통령 대행으로 일하고, 그동안 의회에서 차기 대통령을 어떻게 뽑을 지에 대해 결정하자고 했다. 이 법안은 부결됐다. 하지만 상당수 의회지도자들은 타일러를 인정하길 거부했다. 일부 의회지도자들은 타일러에게 급전을 보냈다. 국가가 위기 상황에 처했다는 내용이었음에 틀림없다.

편지는 수신인을 '존 타일러 대통령 대행(Hon. John Tyler, Acting President)'이라고 칭했다. 대통령으로 부르지 않았다. 타일러는 이들이 보내온 급전을 개봉하지 않았다. 아무 대꾸 없이 대통령으로서 직무를 수행했다. 언론도 타일러를 맹공했다. 한 신문은 타일러를 'His Accidency'라고 표현했다. 그래도 타일러는 눈 하나 꿈쩍하지 않았다. 묵묵히 일만 했다. 타일러에게서 대통령의 권력을 빼앗으려는 사람들은 모두 실패하고 말았다. 결국 타일러는 반대를 이겨냈다.36)

대통령 사망 시 부통령이 그 자리를 승계한다는 미국정치 전통은 타일러 덕에 중심을 잡았다. 그의 단호한 행동이 미국 역사에 중요한 디딤돌이 됐다. 타일러의 고집은 정국 안정을 가져다주었다. 경우에 따라선 무모할 정도로 우직한 리더십이 나라에 득이 될 수도 있다는 점을 타일러가 보여주었다.

* * *

세 명만 봉급 인상 __캘빈 쿨리지

1917년 미국이 1차 세계대전에 참여하면서 외국인재산관리국을 창설했다. 적국이 소유하거나 통제하던 재산의 점유와 귀속 문제를 다루었다. 이와 관련한 '외국인 재산 법안(Alien Property Bill)'은 쿨리지 행정부가 다루었던 핫이슈 가운데 하나였다.

쿨리지는 외국인재산관리국이 맡고 있는 재산의 최종 분배와 관련해 당사국들이 협상을 하고 있다며 미국정부와 미국인은 채권국으로서, 독일정부와 독일인은 압류 당한 재산의 소유자이며 채무국으로서 이 협상에 관심을 갖고 있다고 했다.

쿨리지가 관계 부처에 이 법안에 대해 면밀한 검토를 지시한 것으로 알려지자 언론이 냄새를 맡고 달려들었다. 1928년 3월 9일 기자들의 등쌀에 못이긴 쿨리지는 하는 수 없이 회견을 하게 됐다. 재무부에서는 대통령 수중에 들어간 초안이 재무부 방안보다 질적으로 떨어진다고 시큰둥해 했다. 쿨리지는 아직 최종안을 보고 받지 못해 뭐라 똑 부러지게 기자의 질문에 답변하기 곤란하다며 양해를 구했다.

하지만 간과할 수 없는 사항이 초안에 들어 있었다고 부연 설명했다. '알맹이'를 찾던 기자가 "그게 무엇입니까?" 하고 캐물었다. 머뭇거리던 쿨리지는 "세 사람의 봉급이 올랐다는 점이네" 하고 답했다. 기자는 그 세 사람이 과연 누구냐고 되물었다. "두 사람은 연방 상원과 하원에서 이 법안 초안을 작성한 서기들이고 나머지 한 사람은 재무부 관계자라네"라고 했다.

연방하원 세입위원회에 밀접한 연계가 있는 사람들은 중요한 법안이 세입위원회를 거쳐 갈 때면 은근슬쩍 자신들의 봉급을 인상하는 버릇이 있다고 쿨리지는 꼬집었다. 외국인 재산 법안도 그 중요성에 비추어 당연히 몇 사람의 봉급을 올려놓았던 것이라고 못마땅한 듯 말했다. 대어(大魚)가 나타났는데 기회를 놓칠 리 없다는 것이다. 이 순간 기자와 쿨리지의 대화내용을 받아 적던 기자가 웃음을 터뜨렸다. 쿨리지도 같이 웃었다.

기자가 추가로 질문을 던졌다. "그렇다면 이 법안의 주목할 만한 다른 특징은 무엇입니까?" 쿨리지는 잠시 골똘히 생각하더니 자신 있게 답변했다. "바로 그것이 두드러진 특징이네(I think that is the outstanding feature)." 주목할 만한 특징은 다름 아니라, 법안과 관련해 자신들의 봉급을 슬쩍 인상시킨 세 사람의 '약삭빠름'이었다는 것이다. 기자와의 회견내용을 그대로 타이핑하는 데 열중하던 속기사의 귀에는 다시 한번 쿨리지와 기자의 큰 웃음소리가 들렸다.[37]

법안 초안은 아직 정제되지 않았고 여기저기 손질할 곳이 많았다. 그런 와중에도 틀이 잘 맞은 부분은 바로 관계자들의 '집단 이기주의'였다. '집단'이라고까지 할 것은 없지만 기회만 생기면 자신들의 눈앞의 이익만을 챙기려는 공직자들의 근시안적인 타성에 대한 질타였다.

경제사정이 나빠 서민들은 허리띠를 졸라매는데 혈세로 녹봉을 받는 국회의원들은 자신들의 봉급을 올려 빈축을 사는 경우가 있다. 별다른 반대 없이 의원 세비인상안은 의회를 통과한다. 다른 예산 관련 법안에는 인색하면서도 자신들의 주머니와 관계되는 상황에서는 너무도 너그럽다. 바늘처럼 뾰족한 쿨리지의 소신이 이런 공직자의 이기주의를 찔렀다.

* * *

기차 충돌 구경 _린든 B. 존슨

존슨이 예산실장을 비롯한 간부들을 백악관 이스트 룸으로 불러 모았다. 예산을 적정선에서 책정할 수 있도록 가급적 쥐어짤 것을 촉구했다. 방만한 예산으로는 정치적 역풍을 피할 수 없다는 판단에서다. 귀퉁이 쪽에 앉은 존슨이 회의 서두에 기차 충돌 스토리를 끄집어냈다. 이미 다른 정치인이 사용한 것인데 상황에 정확히 맞는다고 여겨 차용했다.

텍사스 한 마을에 철도 건설이 한창이었다. 이 마을에 사는 한 틴에이저가 철도가 자기 집 앞을 지나간다는 것을 알고는 공구를 들고 일자리를 구하려 나섰다. 건설현장의 십장은 지능검사를 해야 한다고 했다. 십장은 틴에이저에게 몇 가지 질문을 던졌다. 틴에이저는 대답했다.

십장은 "중요한 질문이 하나 남았는데 맞추면 취직될 것이다" 하고 말했다. "네가 집 앞에 서 있는데 바로 옆에 전기 스위치가 있다. 고개를 돌려보니 기차가 서쪽에서 동쪽으로 시속 60마일로 달리고 있었다. 그리고 바로 다른 기차가 동쪽에서 서쪽으로 같은 속도로 질주하고 있었다. 이때 무엇을 하겠는가?" 하고 물었다.

틴에이저의 답변은 엉뚱했다. "집에 들어가 동생을 데리고 나오겠습니다." 십장은 놀라면서 "도대체 왜 동생을 데리고 나온다고 하느냐?" 하고 되물었다. 틴에이저는 "제 동생이 아직 기차가 충돌하는 것을 보지 못했기 때문입니다(Because he's never seen a train wreck)"고 했다.[38]

전기 스위치를 꺼 선로를 바꾸어 정면충돌을 막아야 한다고 답할 줄 알았지만 틴에이저는 거리낌 없이 동생과 기차 충돌 구경을 할 참이었다. 기가 막히는 답변이었지만 존슨의 마음을 반영한 것이다. 예산실이 예산을 1,000억 달러 이하로 마련해 오지 않으면 자신도 일절 양보하지 않겠다며 소신을 굽히지 않았다. "너 죽고 나 죽자"식으로 나왔다. 자신의 결연함을 섬뜩한 기차 충돌 스토리로 포장했다.

* * *

'십계'와 '14개항 평화원칙' __우드로 윌슨

국민들 사이에 떠돌던 이야기다. 윌슨 대통령이 숨을 거두었다. 하늘나라로 갔다. 금으로 포장된 '새 예루살렘'이란 길을 가로질러 가던 중 모세를 만났다. "자네 윌슨이 아닌가?" 하고 모세가 물었다. 윌슨이 답했다. "그렇습니다만."

모세가 말을 이었다. "자네 안됐구먼!" 윌슨은 의아한 듯 "왜 그런 말씀을 하십니까?" 하고 되물었다. "자네 미국대통령 우드로 윌슨 맞지?" 하고 모세는 재확인했다. 윌슨도 긍정했다. "자네가 세계대전을 마무리하기 위해 14개항의 평화원칙을 발표하지 않았는가?" 윌슨은 다시 고개를 끄덕였다.

모세는 "자네가 고안한 14개항 평화원칙을 다른 사람들이 충실히 받아들이지 않고 그 가치를 깎아 내렸으니 어찌 유감스럽지 않은가?" 윌슨이 이 말을 듣고는 화답했다. "그런 문제라면, 모세께서 세상에 내려가 인간들이 십계명에 한 것을 보시는 게 좋을 것 같습니다(For the matter of that,

I should advise you to go back to the earth and see what they have done to your Ten Commandments).”39)

월슨이 사망하자 세상 사람들이 그의 이상주의적인 정책노선을 비아냥 거렸다. 하지만 이 스토리에서 월슨이 자신이 설정한 원칙에 얼마나 충실하려고 노력했는지 엿보인다. 세상 사람들이 십계명의 정신을 훼손한 것을 감안하면 자신의 평화원칙에 대한 세간의 폄훼는 견딜만하다는 것이다.

아울러 월슨은 모세의 십계명에 평화원칙을 견줄 정도로 자부심이 강했다. 잘못 수립된 정책을 수정하는 용단이 필요하지만, 자신이 옳다고 생각하는 정책을 흔들림 없이 추진하는 것도 지도자의 덕목이다.

* * *

짠물만 보호하는 헌법 _ 밀러드 필모어

필모어는 무역에 관심이 지대했다. 강과 항구를 개발하는 일이 중요하다고 여겼다. 큼직한 호수들을 활용해 상거래를 진작시켜야 한다고 믿었다. 지역 간 국가 간 거래를 활발히 하기 위해 강이나 항구를 개발해야 한다는 내용을 골자로 하는 프로그램에 존 타일러 대통령(1841~1845)이 거부권을 행사했을 때 필모어는 꽤 실망했다.

필모어는 “이처럼 훌륭한 호수들, 레이크 이어리, 레이크 온타리오, 레이크 휴런, 레이크 수피리어가 헌법의 보호를 받지 못하다니” 하고 한탄했다. 필모어는 계속 타는 속마음을 털어놓았다. “나는 헌법이 짠물에서만 사는 동물이 아니라고 믿었다. 헌법이 짠물뿐 아니라 염분 없는 물에서도 살 수 있다고 믿었는데(I believe the Constitution is not a saltwater animal … it can live as well in fresh as in salt water).”40)

해양무역에는 정성을 쏟으면서 강이나 호수 등을 이용한 상거래에는 시큰둥하다는 것이다. 염분이 가득한 바다만 신경을 써주는 게 아니라 염분 없는 호수도 배려해 줄 것으로 생각했다는 자조 섞인 말이다.

대통령의 거부권 행사로 인해 호수, 강 등을 개발할 프로그램이 무산된 데 대한 쓰라린 가슴을 재미있게 표현했다. 미국에는 빼어난 호수들이 많이 있어 이를 잘 이용하면 경제에 큰 이득을 줄 터인데 웬일인지 무관심한 정책으로 일관하고 있다는 지적이다.

* * *

만족한 암소 _허버트 후버

대공황을 타개하기 위해 골머리를 앓던 후버는 여러 가지 정책을 내놓았지만 신통한 결과가 가시화하지 않았다. 쿨리지 전 대통령과 회동했다. 후버는 쿨리지에게 왜 정책들이 효과를 띠지 못하지는 모르겠다고 불만을 털어놓았다. 그리고 여기저기서 자신의 정책에 대해서 비판을 하는지 이해할 수가 없다고 했다.

쿨리지는 후버의 볼멘소리에 "암소의 우리에 황소를 넣어준다고 바로 다음날 송아지가 생겨 들판을 뛰어놀지는 못하는 법일세"라고 했다. 그러자 후버가 질세라 "저도 압니다. 하지만 저는 만족해하는 암소들을 보고 싶습니다(No but I would expect to see contented cows)."41)

쿨리지의 충고는 백 번 맞는 말이다. 외로운 암소에게 짝을 지어주는 것은 아주 좋은 일이다. 대공황으로 허덕이는 미국 경제에 생기를 불어넣을 경기진작책을 집행하는 것은 바람직한 일이다. 그러나 아무리 좋은 정책이라도 처음부터 효과를 낼 것으로 기대할 수는 없다.

하지만 후버의 속은 타들어갔다. 정책의 즉각적인 효과는 그렇다고 해도 자신의 마음을 알아주지 않고 '칭얼대는' 비판자들이 야속했다. 정부가 나라와 국민을 위해 무진 애를 쓰고 있다는 점을 인정하고 기다려주어야 하지 않느냐는 것이었다. 그래서 아직 송아지를 낳지는 않았지만 일단 제 짝을 만나 '만족해 하는 암소'를 비유로 들었다.

* * *

만취 후 냉수 한잔 _린든 B. 존슨

존슨이 한 모임에 참석했다. 민주주의에 대해서 한마디 하고 싶었다. 청중이 쉽게, 그러면서도 가슴 깊이 공감할 수 있는 말을 하고 싶었다. 술을 좋아하는 사람에 얽힌 스토리를 끄집어냈다.

이 사람이 만취했다. 몸을 제대로 가누지 못할 정도로 흐느적거리면서 겨우 집에 당도했다. 그리고는 바로 곯아떨어졌다. 한참 시간이 흘렀다. 잠에서 깼다. 한밤중이었다. 목이 타들어가는 듯했다. 이 사람은 아내를 불렀다. 얼음을 넣은 시원한 냉수를 갖다달라고 했다. 아내는 시키는 대로 했다. 그런데 그저 아이스워터 한 잔이 아니라 주전자에 가득 담아왔다.

남편은 주전자를 받아들고는 벌컥벌컥 마셔댔다. 입이 바짝 말랐었는데 찬 물을 들이붓고 나니 살 것 같았다. 남편은 아내에게 "여보, 물맛이 참 좋은데, 아이들을 깨워 마시도록 하지(Honey, this is so good, go wake up the kids and give them some of it)" 하고 말했다.[42]

갈증 뒤 한바탕 속을 뻥 뚫어주는 해갈처럼 민주주의의 '맛'은 형언할 수 없을 정도로 대단하다는 점을 우회적으로 전했다. 동시에 실감나게. 딱딱한 민주주의 이론과 원칙을 몇 시간 동안 설명해 봐야 청중에겐 자장가에 지나지 않을 것이다. 간단하면서도 정수리를 찌르는 예리한 비유로 민주주의의 엑기스를 전달했다. 술 취한 사람을 주인공으로 등장시킨 점도 이색적이다.

작은 아들이 민주당 지지자 __토머스 제퍼슨

제퍼슨이 평소 친분이 있는 유잉 박사와 대화를 나눴다. 유잉 박사가 자신의 두 아들에 대해 말했다. 한 아들은 귀족적이고 다른 아들은 민주적이라고 구별해 설명했다. 제퍼슨은 흥미로운 듯 유잉 박사의 말을 경청했다.

잠시 후 제퍼슨이 질문을 던졌다. 민주적인 아들이 작은 아들 아니냐고 했다. 유잉 박사는 그렇다고 했다. 제퍼슨은 당연하다는 듯 "15세 소년이 민주당 지지자가 아니면 아무짝에도 쓸모없다(A boy of 15 who is not a democrat is good for nothing)"고 했다.43)

제퍼슨은 민주주의적인 사고방식을 갖고 있지 않으면 전도가 어둡다고 했다. 나이가 들면서 사람의 성향이 다소 보수적이고 권위주의적으로 기울게 마련이지만 15세, 아니 젊은 사람이 권위주의적인 태도를 보인다면 그 개인은 물론 사회 전체로 보아서도 마이너스라는 게 제퍼슨의 시각이었다. 두 아들의 성향을 나이를 기준으로 해서 맞춘 제퍼슨의 일화에 그의 정치적 색깔이 고스란히 배어 있다.

* * *

민주주의와 낚시 __허버트 후버

후버는 사생활을 어느 정도 지키고 싶어 했다. 만인이 빤히 지켜보고 있는 대통령이지만 여느 범인(凡人)과 다를 바 없었다. 프라이버시를 지킬 수 있는 방법은 두 가지였다. 하나는 기도이고 다른 하나는 낚시이다.

기도는 혼자 조용히 하는 것이니 그 시간만큼은 프라이버시가 완벽하게 보호된다. 그러나 기도를 일상적으로 하는 사람이면 몰라도 그렇지 않은 경우 프라이버시를 유지할 방편으로하는 기도의 일상화는 실천하기 어렵다. 남은 것은 낚시다. 낚시도 '물고기와의 고독한 투쟁'이니 괜찮은 방법이다. 경호원이 따라붙기는 하지만 그래도 '나만의 시간과 공간'을 확보하기엔 제격이다.

후버는 낚시 예찬론자였다. 낚싯대를 드리우고 물고기가 잡히길 기다리는 시간은 길수도 있고 짧을 수도 있다. 아무튼 기다리면서 마음의 평정을 즐길 수 있고 명상의 묘미를 만끽할 수 있다. 분노와 저주의 상태에서는 낚시를 할 수 없다. 이러한 상황에서는 '기다림의 미학'을 깨닫지 못하기 때문이다.

후버는 낚시꾼은 낙천적이어야 한다고 믿었다. 언제 어디에서 물고기가 얼마나 많이 잡힐지 모르면서 낚싯대를 물에 드리우고 하염없이 기다리는 경우가 종종 있으니 그렇다. 비관적인 사람은 당장 소득이 없으면 집어치우고 만다. 그러니 낚시를 할 자세가 아니다.

후버는 낙관적인 삶의 태도, 기다릴 줄 아는 태도로 무장한 낚시꾼들이 삼삼오오 모이면 긍정적인 에너지가 더 충만하게 된다고 보았다. 믿음, 소망, 사랑의 엑기스가 끊임없이 분출한다고 여겼다. 그리고 이러한 힘이 문명사회의 버팀목이 될 수 있다고 자신했다. 또 낚시를 할 때는 누구나 물고기와 1대 1의 싸움을 벌인다. 숙달된 낚시꾼이든 초보든 물고기 앞에선 공평하게 낚싯대를 드리우게 된다. 후버는 이 점을 부각시켰다. 민주주의에의 교훈으로 삼았다. "물고기 앞에서 만인은 평등하다(All men are created equal before fishes)."[44]

후버는 1776년 발표된 독립선언문의 둘째 단락 첫 문장에 들어 있는 "만인은 평등하다(all men are created equal)"는 부분을 낚시예찬에 원용했다. 누구나 잘 아는 독립선언문을 이용했다. 밋밋한 구절에 '물고기 앞에서(before fishes)'를 조미료로 첨가했다.

낚시꾼 개개인의 능력 차이는 있겠지만 일단 출발선은 동일하다. 특정인에게 환경이 유리하게 조성되지 않는다. 기회의 균등이란 점에서 민주주의적이다. 정계에서 물러나라고 주장할 때 "낚시나 하라"는 주문이 있다.

정치판에 남아 사회를 혼탁하게 하지 말고 조용히 자숙하라는 뜻이다. 그러니 소위 '낚시론'의 대상이 된 정치인은 발끈한다. "아직 나라를 위해 할 일이 태산인데 무슨 소리냐?"하며 뾰로통해진다. 그러나 후버의 '낚시론'을 생각하면 사고의 전환이 가능하다. 낚시가 정계를 떠나는 추방의 의미가 아니라 진정한 민주주의 정신을 배우는 교육의 장이 될 수 있다.

* * *

주머니에 손 넣은 정치인 _제럴드 R. 포드

도널드 존슨이라는 화가가 비공식적으로 포드의 초상화를 그렸다. 포드는 초상화를 물끄러미 쳐다보았다. 그림에 자신의 왼손이 바지 주머니에 들어가 있었다. 포드는 이렇게 말했다. "나는 재정문제에 있어서 보수적이라 정치인의 손이 주머니에 들어가 있는 걸 보는 것을 항상 즐긴다(As a fiscal conservative, I always enjoy seeing a politician with his hand in his own pocket)."45)

주머니에 손을 집어넣으면 주머니에 있는 돈을 보호하고 움켜쥐기 위함이라는 점을 간접 시사했다. 나라의 돈을 흥청망청 써 대는 정치인보다 어떻게든 절약해 요소요소에 적절히 사용해야 바른 정치인이라는 원론적인 얘기를 했다.

그런데 그림의 주인공은 포드 자신이다. 자신이 국가예산을 낭비하지 않고 효율적으로 사용할, 원칙에 충실한 정치인이라는 것을 화가가 그린 초상화에 빗대 넌지시 드러냈다. 화가의 그림을 긍정 평가하면서.

* * *

"진흙이 부족했어요"__에이브러햄 링컨

성직자는 성스럽고 성실하며 진실해야 한다는 게 링컨의 신념이었다. 링컨뿐 아니라 모든 사람의 바램이다. 그러나 모든 조직과 그 구성원이 그렇듯 시간이 흐르고 조직의 역사가 오래되고 정형화하면 매너리즘이 움트게 마련이다.

교회도 링컨의 눈에는 예외가 아니었다. 링컨은 설교 준비를 대충해서 강단에 임하는 성직자들이 내심 못마땅했다. 성직자라는 '망토'가 나태함을 감싸주지 못하고 그렇게 해서도 안 된다고 굳게 믿었다.

이런 터에 백악관으로 3명의 목사가 찾아왔다. 교계를 대표한 방문단이었다. 링컨은 이들을 정중하게 맞았다. 그러나 이들은 링컨에게 강한 어조로 요구할 무엇이 있었다. 작심하고 대통령을 만나러 온 것이다. 남북전쟁으로 나라가 시끄러울 때였다. 이들 목사는 군목 지명 시스템을 바꿔야 한다고 주장했다. 자신들의 입김이 종군목사 지명 과정에서 보다 강력하게 작용하길 바랐다.

링컨은 이들의 요구를 들어주지 않았다. 링컨은 성직자들이 본연의 임무에 충실할 것이지, 국가 정책을 놓고 이래라저래라 할 계제가 아니라고 여겼다. 링컨은 이들 목사를 똑바로 쳐다보고는 성직자들의 변화의 필요성을 비유로, 그러나 똑 부러지게 말했다.

일리노이 스프링필드의 부대에 갔다. 예정시간보다 조금 일찍 당도했다. 그래서 부대 울타리 근처에서 한가로이 주위를 둘러보았다. 딕(Dick)이란 이름을 가진 소년이 있었다. 딕은 부대 울타리에 몸을 기대고 무언가 하고 있었다. 링컨은 어느 날 딕이 발가락으로 열심히 진흙웅덩이를 파고 있는 것을 보았다.

링컨이 다가가, "지금 뭘 하는 거냐?" 하고 묻자, 딕은 "교회를 짓는 중이에요"라고 했다. 링컨이 어리둥절해 하며 "교회라고?" 하고 되물었더니, 딕은 "보면 모르겠어요? 여기는 계단이고 여기는 입구잖아요"라고 답했다. 딕은 "이것들은 예배당에서 신도들이 앉는 의자이고 이것은 목사님이 설교하는 강단이에요"하며 신나 했다.

그런데 갖출 것은 다 갖추었다 싶었는데 정작 중요한 목사가 없었다. 링컨이 딕에게 물었다. "왜 목사님을 만들지 않았니?" 딕은 씩 웃으면서 말했다. "진흙이 부족했어요(I hain't [= ain't] got mud enough!)."[46]

이 얘기에서 소년의 답변을, 목사를 빚을 진흙이 없었다는 뜻으로 해석하기 어렵다. 진흙 웅덩이를 파 들어가 교회 계단, 정문에 많은 벤치까지 만들었는데 사람 하나 빚을 진흙이 없었다는 것은 말이 되지 않는다.

순서를 잘못 정해 마지막에 목사를 빚으려다가 진흙이 동났다 해도 벤치 한두 개를 뭉갠 뒤 그 진흙으로 충분히 목사를 빚을 수 있었을 것이다. 애당초 소년은 진흙이 모자라서가 아니라 목사를 만들고 싶지 않았던 것이다.

도대체 성직자들의 매너리즘이 얼마나 퍼져있었으면 어린 소년까지 이런 태도였을까. 링컨이 만들어낸 얘기지만 그 정도로 성직자의 문제점이 사회에 널리 인식되고 있었으며 그만큼 심각했음을 지적한 것이다. 이 소년은 링컨의 또 다른 모습이었다. 소년에 자신의 감정을 이입한 것이다.

우스꽝스런 이야기를 빚어냈지만 죄(sin)를 반복하는 성직자들은 모두 가슴이 뜨끔할 얘기다. 자칫 '벌집'을 건드리는 얘기였지만, 성직자들의 각성을 촉구하는 대통령의 용기가 묻어 있다.

* * *

뚱뚱한 성직자 __존 F. 케네디

종교 문제에 케네디는 당당했다. 가톨릭교회에 맹종하거나 주눅이 들지 않았다는 것을 무신론자나 개신교 또는 다른 종교를 믿는 유권자들에게 보여주어야 했다. 하루는 케네디가 연회에 참석했다. 그의 옆에 가톨릭 신부가 앉았다. 신부는 뚱보였다.

케네디는 이 신부에 대해 반어법으로 한마디 던졌다. "계속된 단식과 기도의 효과를 보여주고 그 메시지를 우리에게 몸소 전달하는 야위고 금욕적인 성직자 중 한 분과 이 자리에 함께 앉아 있다는 것은 감화 받을만한 일입니다(It is an inspiration to be here with one of those lean, ascetic clerics who show the effect of constant fast and prayer and bring the message to us in the flesh)."47)

이 신부는 금식과 기도는 했을지 모르지만 야위지는 않았다. 언제 금식에 매진했는지 의아할 정도로 비만이었다. 케네디가 이 신부의 성직생활에 이의를 제기한 것은 아니었다. 오랜 검약과 금욕으로 살이 붙기 어렵다는 고정관념을 그대로 전한 것이다.

가톨릭교회를 대표해 연회에 참석한 신부에게는 불경스런 발언이었다. '자격미달 성직자'란 평가로 여겨질 만했다. 나아가 가톨릭교회가 본 궤도에서 이탈하고 있는 게 아니냐는 의구심의 적나라한 표출로도 비쳐질 수 있었다.

그러나 케네디의 발언에는 성직자에게 모멸감을 주려는 의도가 전혀 없었다. 케네디의 발언에 숨은 의도는 단 하나. 자신이 가톨릭 신자이지만 가톨릭교회와 성직자들에게 '꾸뻑 죽는' 지도자가 아니라는 것을 유권자들에게 확인시키려는 게 목적이었다.

금욕생활을 하고 단식을 자주 하는 사람은 뚱뚱할 리 없다는 일반론을 성직자에게도 적용해 본 것이다. 교회나 성직자도 사회를 관통하는 상식에서 자유롭지 않다는 자신의 신념을 유권자들에게 보여주고 인정받길 원했다. 교회가 정치에 부담을 주어서는 안 된다는 정교분리의 원칙에 충실하겠다는 암묵적 약속이기도 했다. 케네디는 가톨릭 신자라는 '부담'을 양념을 가미한 정공법으로 대응했다.

* * *

죽을 고비에서도 '정교분리' 생각 _조지 부시, 시니어

정교(政敎)분리는 미국의 수정헌법 1조에 명시돼 있다. 부시가 부통령으로 재직하던 시절 정치와 종교의 분리에 대한 원칙을 테스트 받았다. 1984년 9월 16일 NBC-TV의 '언론과의 만남(Meet the Press)'에 나왔다.

부시는 정치와 종교는 분명하게 분리되고 구획 정리돼야 한다는 입장을 피력했다. 정치에 도덕적 가치가 내재돼 있고 이러한 가치가 종교와 전혀 무관하지 않다는 점을 인정하면서도, 종교가 정치에 개입하거나 영향력을 행사한다면 긍정적인 측면보다 부정적인 결과가 많을 것이라고 했다.

3년 뒤 부시가 오하이오 개리슨에 있는 올드 크리메리 극장에서 2차 세계대전 경험에 대해 연설할 때였다. 이때도 부시는 정교분리 원칙에 대한 자신의 소신을 피력했다. 정교분리를 얼마나 가슴 깊이 간직하고 있는지 다음과 같이 설명했다.

"전투기 조종사로 참전했다가 적군의 포격에 격추돼 바다에 떨어지고 말았다. 노란색 구명고무보트에 몸을 의지한 채 망망대해에서 이리저리 떠다녔다. 나는 가족을 생각했다. 아버지와 어머니를 생각했다. 그리고 힘을 얻었다. 그리고 교회와 국가가 분리돼야 한다는 나의 신념을 생각했다(I thought of my faith, the separation of church and state)."[48]

조그만 구명고무보트에 의탁해 생사의 기로에 서 있는 상황에서 가족과 부모를 떠올리는 것은 당연하다. 인지상정이다. 다시는 보지 못할, 만나지 못할 지도 모른다는 생각에 가슴이 미어지고 억장이 무너지는 고통이 엄습한다. 아무도 없는 바다 가운데 둥둥 떠다니다 생을 마감하나싶어 참담한 심정이다. 아무 사심 없이 진실함이 드러나는 대목이다.

그런데 바로 이 장면에서 교회와 국가의 분리가 등장한다. 그만큼 자신의 믿음이 진솔하다는 것이다. 사실 부시가 이러한 생각을 했는지 100% 받아들이기는 어렵다. 상식적으로 볼 때, 죽느냐 사느냐의 기로에서 '정교분리가 어쩌고 …'하는 생각을 했다는 것은 '거짓'이다. 정교분리에 대한 자신의 신념이 이처럼 확실하니 믿어달라는 당부의 말 정도로 여기는 게 온당할 것이다. 아무튼 기발하기는 하다.

* * *

제3장
주변관리 리더십

가족·친인척
부하
청탁

가족 · 친인척

모의 군사재판 _시어도어 루스벨트

시어도어 루스벨트의 막내아들 퀸틴이 개구쟁이 친구들과 장난을 쳤다. 국무부-전쟁부-해군 건물 근처에 접근해 나무 밑에 자리 잡았다. 미리 준비해 간 거울로 햇빛을 반사해 건물의 유리창으로 보냈다. 건물 안에 있던 공무원들이 일을 못하겠다며 불평했다. 누구의 소행인지 밝혀내 처벌해야 한다고 아우성이었다. 항의가 루스벨트 대통령에 전달됐다.

루스벨트는 아이들에게 보내는 자신의 메시지를 개인비서인 아치 버트 대위에 쥐어 보냈다. 버트는 아이들에게 "건물 옥상에서 메시지가 전달될 것"이라고 말했다. 장난꾸러기 아이들은 기뻐했다. 아이들은 더 이상 장난을 하지 않는다는 조건으로, 정부가 자신들에게 무언가 제시할 것을 기대하고 건물 앞으로 나왔다.

잠시 후 옥상에서 한 남자가 나타났다. 성조기를 들고 나타난 이 남자는 메시지를 읽었다. "나무 밑에 숨은 녀석들 모두 이 건물에 대한 공격을 즉각 중단하라. 공무원들이 일을 못하고 정부업무가 방해받고 있다.

지체 말고 즉각 내게 출두하라." 겁먹은 소년들이 백악관에 줄지어 들어섰다. 루스벨트는 모의 군사재판을 실시했다. 모조리 유죄를 선고했다. 그리고 강력하게 훈계했다.[1]

'당근'을 기대하고 메시지를 기다리던 소년들은 대통령의 '채찍'에 소스라쳤다. 루스벨트는 장난꾸러기들을 재치 있게 소탕했다. 대통령의 아들이라고 해서 특별대우하지 않았다. 오히려 단단히 혼을 냈다. 훗날 퀸틴이 1차 대전에 참전해 프랑스 전선에서 20세의 꽃다운 나이에 사망하자 루스벨트는 크게 상심하다 이듬해 숨을 거두었다.

'대통령의 아들'이라는 말은 종종 부정적인 함의를 지닌다. 최고 권력자의 아들이라는 사실만으로 그 주변에는 온갖 비리가 횡행했다. 대통령의 가족과 친인척 관리를 못해 크고 잡은 잡음을 일으켰던 한국 근대사의 오점이 부끄럽게 다가온다.

* * *

멍청이 남자와 결혼할 확률 __토머스 제퍼슨

제퍼슨은 다방면에 박식했다. 특히 문화, 예술에 조예가 깊었다. 그래서 딸에게도 이를 강조했다. 빡빡한 스케줄을 만들어 딸에게 주고는 어김없이 지키도록 했다.

오전 8~10시 음악, 오전 10시~오후 1시 무용과 그림그리기를 하루씩 번갈아가며 하도록 했다. 오후 1~2시 무용을 한 날에는 이어 그림을 그리고, 그림을 그린 날엔 이어 편지를 쓰는 시간이다. 그리고 오후 3~4시는 프랑스어 공부, 오후 4~5시는 영어책 읽고 쓰기와 음악 연습. 특히 음악 연습은 잠자리에 들 때까지 계속해야 했다.

이상한 것은 당시 여자들이 커리어우먼으로 나서던 시절이 아니었다.

그러니 제퍼슨이 딸에게 이처럼 과도한 부담을 주면서까지 각종 '수업'을 받게 한 것은 지나쳐 보였다. 제퍼슨은 계산이 빨랐다. 머리가 좋기도 했지만 특히 셈이 빨랐다.

딸이 성장하는 시대에 남자들의 수준을 제퍼슨은 머릿속으로 측량했다. 결론은 이러했다. 딸이 멍청이와 결혼할 확률이 14분의 1로 나왔다. 낮은 확률은 아니었다. 만일에 대비해 딸이라도 똑똑해야 한다는 '딸 걱정'이 이처럼 타이트한 스케줄을 만들어낸 것이다.[2]

딸에 대한 지극 정성인지, 아니면 과도한 우려인지 단언하기 어렵다. 그러나 분명한 것은 딸이 대통령 아버지의 후광에 의지하지 않고 꿋꿋하게 살아가도록 자생력을 키워주었다는 점이다.

*　*　*

막내아들의 헌법적 권리 _윌리엄 H. 태프트

백악관 만찬시간이었다. 태프트의 가족과 초대받은 손님들이 식탁에 빙 둘러앉았다. 분위기는 화기애애했다. 가급적 정치적인 얘기를 삼갔다. 평범하고 진솔한 인간적인 대화를 나누었다. 반찬이 따로 없어도 만발한 '이야기 꽃'으로 저녁식사는 꿀맛이었다. 아무리 진수성찬이라도 소화제 없이 맘껏 즐길 수 있을 정도로 웃음거리가 줄을 이었다.

그러다 전혀 예상치 못한 일이 벌어지고 말았다. 식탁에 앉아 있던 태프트의 막내아들이 입을 열었다. 그러더니 아버지에게 불경스러운 발언을 했다. 정치적인 컬러가 들어 있었다. 아버지의 국정방향에 대한 비판적인 시각에서 나온 발언이었다. 만찬장에 갑자기 적막이 흘렀다. 모두들 태프트에게로 시선을 돌렸다. 태프트는 무언가 골똘히 생각에 잠겼다.

옆에 있던 영부인이 태프트에게 "막내를 벌주어야 하지 않을까요?" 하고 선수를 쳤다. 아들에게 벌을 주는 방향으로 가닥을 잡는 것이 숨도 쉴 수 없을 정도로 무거운 침묵보다 한결 나을 것이란 판단이었다.

고요하게 앉아 있던 태프트가 드디어 말문을 열었다. 만일 아들이 아버지에게 그런 말을 했다면 당연히 벌을 받아야 하겠지만, 아버지를 대통령으로 여기고 한 말이라면 벌을 받지 않아도 된다고 했다. 태프트는 "그것은 헌법에 보장된 권리(That is his constitutional privilege)"라고 했다.3)

장남도 아니고 막내아들이 저녁을 먹는 자리에서 대통령인 아버지의 정책에 대해 가시 돋친 비판을 가한다면 불호령이 떨어질 공산이 크다. "감히 어린놈이 아버지가 하는 나랏일에 대해 왈가왈부하다니"하며 나무랐을 것이다.

하지만 태프트는 헌법을 준수하고 민주주의를 존중해야 할 국가최고 통수권자로서의 위엄을 지켰다. '불경스런' 막내아들의 발언에 헌법적 권리라는 '갑옷'을 입혔다. 만찬장을 내리누르던 무거움과 어색함은 태프트의 절묘한 대응으로 순식간에 풀렸다.

* * *

양자택일 __시어도어 루스벨트

시어도어 루스벨트의 아내 에디스는 예의바르고 조용한 성품이었다. 대통령에 당선된 루스벨트가 아내, 자녀들과 함께 백악관으로 이사했다. 그의 자녀들은 아버지를 닮아 좋게 말하면 다이내믹했고 다른 표현으로 하면 너무 요란했다. 아이들이 한꺼번에 놀 때면 백악관이 떠나갈 듯 우당탕 소리가 났다. 백악관에 손님이 와 저녁식사를 할 때도 아이들이 식탁에 앉아 나이프와 스푼으로 식탁을 두드리기 일쑤였다.

아이들은 마치 언론에 기사거리를 제공해야 할 의무가 있는 것인 양

가십거리를 지속적으로 내놓았다. 당나귀를 엘리베이터에 태워 2층으로 올라가는가 하면 복도에서 롤러스케이트를 타기도 했다. 음식저장실에서 큰 쟁반을 가져다 계단을 타고 내려왔다. 고양이, 개, 새, 뱀, 쥐, 곰, 당나귀, 너구리, 오소리 등을 길렀다. 그리고 개구쟁이 친구들을 데리고 와 종이를 뭉친 뒤 역대 대통령들의 초상화에 던졌다.

자녀 가운데 앨리스가 맏딸이었다. 앨리스는 너무 예뻤다. 그러나 길들이기 쉽지 않은 말괄량이였다. 하도 장난이 심해 손님들도 혀를 내두를 정도였다. 루스벨트는 앨리스에 대해 이렇게 말했다. "대통령을 하든지, 앨리스를 길들이든 둘 중 하나밖에 못 하겠다(I can do one of two things. I can be President of the United States, or I can control Alice)."4)

아무리 앨리스가 말을 안 듣는다고 해도 대통령 직과 딸 길들이기를 동일선 상에 올려놓고 그 난해함을 저울질 하는 것은 지나쳤다. 물론 대통령이 된 사람도 '자식 농사'를 잘 못해 골치를 썩는 경우가 있다. 자식 기르기가 마음먹은 대로 되지 않는 법이니 루스벨트의 말을 글자 그대로 받아들일 수도 있다. 하지만 이 대목에서는 앨리스의 장난이 도를 지나쳐 손님들에게 실례를 범하자 루스벨트가 미리 나서서 가까이는 '손님들의 지적'을, 멀리는 '여론의 뭇매'를 맞으려 했던 것이다.

* * *

"대통령은 자식 없어야"_해리 S. 트루먼

트루먼이 컬럼비아 대학생들과 대화를 나눈 적이 있다. 학생들이 다양한 질문을 했다. 한 학생이 엉뚱한 질문을 던졌다. 대통령이 자식을 갖는 것이 좋은지 여부에 대한 것이었다. 트루먼은 잠시 하늘을 쳐다보았다. 트루먼은 얼굴에 살짝 미소를 띠었다.

그리고는 자식을 갖지 않는 게 나을 것이라고 했다. 물론 트루먼은 자식이 있었다. 대통령의 답변에 학생들이 서로의 얼굴을 쳐다보았다. 이유가 궁금하다는 눈치였다. 트루먼의 이유는 이러했다. "사람들이 대통령의 후손에게 갖는 기대치를 충족시키는 부담을 안고 살아야 하기 때문이다."5)

트루먼의 답변은 진심이 아니다. 사실 자녀, 후손의 문제를 짚은 것이라기보다 대통령 직에 대한 국민의 인식을 한 단계 올리고 싶은 내심의 발로이다. 개인주의 사회인 미국에서 설령 조상이 대통령이었다고 해서 후손들이 행동거지에 각별히 신경을 쓸 이유도 없다. 조상이 대통령이라고 해서 꼭 그 길을 따를 이유도 없다.

트루먼의 답변은 자녀들이 갖게 될 부담을 거론함으로써 역으로 대통령이 고결한 인품을 지녀야 하고 행동이 바라야 하며 능력이 출중하고 남을 위해 봉사해야 하는 중요한 인물이라는 점을 강조한 것이다.

* * *

동생 대타로 연설 _지미 카터

조지아 주지사 출신인 지미 카터는 워싱턴 정가에서 거의 '무명'이었다. "지미가 누구지?(Jimmy Who?)"라는 말이 유행할 정도였다. 카터는 자신의 지명도가 낮다는 점을 농담거리로 삼았다. 워싱턴 기자협회에서의 연설에서도 이러한 태도가 역력했다.

카터도 여느 대통령 당선자와 마찬가지로 취임식을 손꼽아 기다렸다. 영광스럽고 자랑스러운 자리이니 전혀 이상할 게 없었다. 군복무를 마무리 하는 시점에 장병들이 제대 날을 '어린이'처럼 학수고대하듯이 그 설렘은 형언하기 어렵다.

드디어 취임식이 거행됐다. 식이 끝나고 카터는 미리 대기시켜 놓은 리무진에 올랐다. 얼마를 갔다. 그리고 컨스티튜션 애비뉴에 도착할 즈음 리무진에서 내렸다. 카터 일행은 차도 위에서 걷기 시작했다. 환호하는 군중들에게 직접 답례하기 위해서였다. 카터는 자신의 취임을 환영하는 인파에 감동받았다. '촌뜨기' 취급당했던 자신이 이제야 세상 사람들이 다 아는 유명인사가 된 것 같은 마음에 너무 기뻤다.

그러나 카터는 "자신의 기쁨이 금방 깨졌다"고 했다. 군중 가운데 한 무리가 말하는 것을 듣고서 자신의 '무명' 꼬리가 아직 완전히 떨어지지 않았다는 것을 실감했다고 했다. 사람들은 이렇게 말했다. "저 사람이 빌리 형이다(There goes Billy's brother)." 남동생 빌리보다도 자신의 인지도가 낮았다는 것을 우스갯소리로 했다.

빌리가 구설수에 올랐다. 리비아 정부로부터 20만 달러를 받았다는 사실이 드러났다. 리비아가 카터 행정부에 로비를 하기 위해 대통령의 동생 빌리에게 돈을 준 것이란 루머가 퍼지면서 빌리는 물론 대통령까지 곤혹스런 처지에 놓이게 됐다.

미국 남부 출신 의원들 모임에 카터가 참석해 이 사안에 대한 자신의 입장을 밝혔다. 입장이라기보다 골치 아픈 이슈를 심각하지 않은 어투로 언급했다. 심각하게 다루어봐야 나을 게 없다는 판단이었다. 카터는 "동생 빌리가 1순위 연설자로 논의됐겠지만, 여러분이 빌리를 초청할 리 없어 이례적이지만 대통령인 내가 '대타'로 선정됐다(It is not often that a President comes as a substitute speaker)"고 했다. 카터는 빌리의 스캔들과 거리를 두려했다.

빌리는 형 지미가 백악관으로 가자 땅콩 농장을 돌보았다. 여기서 수입이 있었지만 그에 만족하지 않았다. 아랍 국가들로부터 로비자금을 받았다. 또 맥주를 광고해주면서 부수입을 챙겼다. 맥주깡통 꼭지로만 만든 특수 홍보용 옷을 입고 다녔다. 그리고 자신의 이름도 빌려주었다. 대통령의 동생이라는 유명세를 맥주회사가 돈을 주고 산 것이다. 대통령 동생의 처신이 방정맞다는 말이 나왔다. 카터는 동생 빌리에 대한 여론이 악화되자 "그는 국가경제에 일익을 담당하고 있다. 맥주업계가 정상화되도

록 했다"고 거들었다.6)

　대통령의 동생이라고 해서 맥주회사 홍보맨으로 일하면 안 된다는 '법'은 없다. 당당하게 열심히 일해서 돈을 버는데 누가 시비 걸 수 있겠는가. 대통령의 동생이 너무 튄다는 지적은 할 수 있지만 옳고 그름의 판정을 받을 일이 아니다.

　그래도 사람들이, 특히 워싱턴 정가에서 카터를 싫어하는 사람들이 목청을 높이는 것은 피할 수 없었다. 카터가 이러한 워싱턴의 메커니즘을 모릴 리 없었다. 동생 빌리에 대한 카터의 '해명'은 팔이 안으로 굽는다고 정색을 하고 동생을 두둔한 게 아니었다. 구설수에 오른 동생의 불찰을 너그럽게 이해해 달라는 소프트 터치의 당부였다.

* * *

부하

"내무장관엔 제격"__존 F. 케네디

　케네디 취임 후 아유브 칸 파키스탄 대통령이 미국을 방문했다. 케네디가 칸과 대화를 나누는 동안 옆에서 소리가 났다. 고개를 돌려보니 스튜어트 유달 내무장관이 칸 대통령의 딸과 이야기를 하고 있었다.

　그런데 유달 장관이 자랑하듯 '무용담'을 늘어놓는 것이었다. 파키스탄에 있는 산에 올라갔었다는 경험담을 거침없이 늘어놓았다. 그런데 유달이 등산했다는 산은 파키스탄에 있는 게 아니고 인접 아프가니스탄의 산이다. 유달이 잘못 알고 있었던 것이다.

　어찌 보면 가벼운 실수이기도 하지만 생각하기에 따라 중요한 실책으로 비쳐질 수도 있다. 미국의 장관이라는 사람이 자신이 등산한 곳이 어느 나라에 있는지조차 모르고 떠벌리는 모습이 정상들의 회동자리에서 오고 간 것은 분명 책잡힐 만한 일이었다.

　더욱이 제3국이면 몰라도 파키스탄과 아프가니스탄을 혼동한 것은 평소에 파키스탄을 가벼이 여긴 게 아니냐는 빈축을 살 수도 있는 것이었다. 파키스탄 국빈에게 호감을 사려다가 오히려 비난을 바가지로 쓸 만한 계제였다.

한미 정상회담 차 서울을 방문한 미국 대통령을 수행한 장관이 "한국에 있는 후지산을 등산한 적이 있는데 아주 인상적이었다"고 했다면 그 파장이 잔잔하지 만은 않았을 것이다. 국제적 망신이고 상대국에 대한 심각한 결례다.

케네디는 사태가 그리 가볍지 않다고 판단했다. 그래서 칸과의 대화를 잠시 중단하고 옆의 대화에 끼어들었다. "따님, 그래서 제가 유달을 내무장관에 임명한 것입니다(Madam, that is why I named Mr. Udall secretary of the Interior)."[7]

유달은 능력이 있지만 외국 사정에는 까막눈이라서 파키스탄과 아프가니스탄을 혼동하는 실수를 했다고 둘러댔다. 외국 사정에 해박해야 하는 국무장관은 곤란하고 내무장관이 제격이었다는 말이다. 칸 대통령의 딸은 케네디가 농담을 했다는 것을 모를 리 없지만, 외국에 대해 '무식한' 유달 때문에 순간 머쓱했던 분위기는 이내 반전됐다.

* * *

두 단어의 답변 __로널드 레이건

레이건 행정부에서 국방장관을 맡은 캐스퍼 와인버거가 곤경에 처했다. 와인버거가 레이건에게 보내기 위해 작성한 편지가 국방부를 통해 유출됐다. 대통령이 보기 전에 일반에 공개됐던 것이다. 대통령에 대한 '불경죄'를 저지른 데 그치지 않았다.

그 편지 내용은 매우 민감한 부분을 건드렸다. 제네바에서 고르바초프 소련공산당 서기장과 정상회담을 앞둔 시점에서 정상회담 논의 사항이 거론된 것이다. 레이건은 고르바초프와의 회담에서 군축문제를 논의할 예정이었다.

조지 슐츠 국무장관을 필두로 한 국무부의 협상파들은 레이건-고르바초프 정상회담에서 군축에 관한 주목할 만한 합의가 도출되길 바랐다. 그러나 와인버거 등 국방부 매파들은 군축에 반대했다.

특히 국방부가 추진해 온 전략방위구상을 온전히 유지하고 싶어 했다. 그래서 정상회담 전에 국방부, 또는 와인버거가 이 편지 내용을 사전에 언론에 흘렸다는 설이 유력하다. 레이건에게 무언의 '압력'을 행사할 목적이었는지 모른다.

아무튼 이 사건으로 미국 백악관은 물론 정가가 발칵 뒤집혔다. 언론은 연일 와인버거의 해직을 요구했다. 국가의 중대사를 무책임하게 흘리는 장관은 미국의 국익을 저해했기 때문에 더 이상 중책을 수행할 자격이 없다는 것이었다. 기자회견에서 한 기자가 레이건에게 물었다. "이번 물의를 빚은 와인버거 장관을 해임할 계획을 갖고 있습니까?"

레이건이 기자에게 되물었다. "두 단어로 답변할까요, 아니면 한 단어로 답변할까요?" 기자는 두 단어로 답변해줄 것을 요구했다. 기자는 레이건에게서 "Of course(당연히 해임하겠다)"라는 답변을 기대한 듯하다. 만일 한 단어로 답하라고 하면 레이건이 "No(해임하지 않겠다)"라고 할까봐 두 단어로 답하라고 한 것이다. 그러나 레이건은 기자의 '두 단어' 요구를 수용하면서 기자의 기대와 정반대의 답을 주었다. "Hell, no(절대로 해임하지 않겠다)"였다.[8] 중요한 미-소 정상회담을 코앞에 두고서 자신의 체면을 구겨버린 부하 와인버거에 대해 심기가 편하지는 않았을 텐데, 그래도 적어도 공개석상에서는 체면을 살려준 것이다.

* * *

새벽 3시에 계단 오르내리기 _제럴드 R. 포드

털이 노란 사냥개, 이름은 리버티(Liberty). 포드가 기르는 애견이었다. 백악관 1층에 개집이 있었다. 리버티가 곧 새끼를 낳게 돼 있었다. 포드 가족은 리버티를 3층의 방으로 옮겨놓고는 트레이너에게 주시하도록 했다. 어느 날 저녁 트레이너가 외출했다. 리버티를 잘 보도록 포드 가족에게 당부하고 떠났다.

문제는 없지만 만일 화장실에 가려고 하면 대통령의 얼굴을 핥을 것이라고 일러주었다. 새벽 3시께 포드가 잠에서 깼다. 얼굴에 축축한 것이 느껴져 단잠을 깼다. 리버티가 화장실을 써야 한다는 신호로 여기고 눈을 비비며 겉옷과 슬리퍼를 신고 엘리베이터를 탔다. 아래층으로 해서 밖으로 나가 리버티에게 시간을 주었다. 포드는 기다렸다. 잠시 후 리버티가 돌아왔다.

포드는 다시 3층 침실로 올라가려고 엘리베이터의 버튼을 눌렀다. 작동이 되지 않았다. 누군가 전원을 끊은 것이다. 포드는 리버티에게 "걸어 올라가자"고 했다. 왼쪽에 있는 문을 열고 2층으로 이어지는 계단을 이용했다. 숙소로 통하는 2층 문을 열려고 했으나 열리지 않았다.

3층까지 계단을 올라갔다. 3층 문도 잠겨 있었다. 포드는 리버티를 데리고 다시 1층으로 내려갔다. 1층 문도 어느새 잠겨버렸다. 1층에서 3층까지 여러 번 오르락내리락 했다. 아무 소용이 없었다. 대통령이 '자기 집'에서 오갈 데 없는 처량한 신세가 됐다.

하는 수 없이 포드는 벽을 쿵쿵 쳤다. 잠시 후 전등이 들어오고 경호원들이 들이닥쳤다. 자초지종을 들은 경호원들은 당황했다. 대통령에게 불편을 끼친 점을 송구스럽게 생각했다. 하지만 포드는 경호원들에게 별일 아니라며 너무 미안해할 것 없다고 했다. 포드는 "내가 잃은 것이라곤 단지 몇 분간의 잠(All I had missed was a few minutes' sleep)"이라고 했다.[9]

곤히 자는데 리버티 때문에 깨야 했다. 꿀잠을 망친 것도 화가 나는데 새벽에 계단에서 다리 운동을 했으니 심기가 여간 불편한 게 아니었을 것이다. 그래도 화를 내지 않았다. "다음부터는 이런 일이 없도록 정신 바짝 차려라" 하고 경호원들을 긴장시키지도 않았다. 그렇지 않아도 걱정으로 굳어있을 경호원들의 마음을 편안하게 해주었다.

* * *

클로버 한 접시 _빌 클린턴

성 패트릭스 데이는 아일랜드에 처음으로 기독교를 전파한 수호성인인 성 패트릭을 기념하는 날이다. 매년 3월 초, 중순 초봄을 알리는 시기에 퍼레이드를 하며 축제를 한다.

1996년 재선 캠페인을 준비하던 클린턴이 성 패트릭스 데이에 선물을 받았다. 아일랜드의 국장(國章)인 클로버를 한 접시 받았다. 클로버 접시를 본 클린턴의 눈이 커졌다. 옆에 있던 앨 고어 부통령을 한번 쳐다보았다.

클로버 선물이 두 가지 즐거움을 가져다주었다며 고맙다고 했다. 하나는 선거를 앞둔 상황에서 클로버 잎처럼 많은 유권자들의 지지를 얻을 것 같다는 느낌이 들어서 좋다고 했다. 그리고 또 하나는 "1년 중 오늘 하루 부통령보다 더 환경주의자가 됐다(This is the one day of the year when I am more green than the vice president)"고 했다.[10]

고어 부통령은 정치권은 물론 국민 모두가 알아주는 환경주의자다. 환경을 보호하는 정책을 입안하고 전력투구하는 드문 정치인이다. 환경문제가 인류의 생존과 번영에 직결돼 있는 '가까운 현안'이라고 역설한 정치인이다. 클린턴은 고어의 소신을 존중했다. 선물로 받은 클로버 접시는 온통 녹색으로 가득했다.

클린턴은 자신이 존중하면서도 감히 넘지 못하는 고어의 환경지킴이 정신을 슬쩍 건드렸다. 하루만이라도 고어보다 환경을 더 생각하는 날이라고 했다. 클로버의 녹색은 환경보호운동을 상징하는 색이기 때문이다. 이 말을 들을 고어의 입가에 미소가 머물렀다. 클로버 접시를 매개로 하여 대통령이 부통령을 추켜세운 것이다. 묵묵히 환경운동 '외길'을 가는 고어에 대해 평소에 갖고 있던 경의를 표시했다.

* * *

장군들에 위스키 한 통씩 __에이브러햄 링컨

1861년부터 1963년 중반까지 남북전쟁의 전황은 만족스럽지 않았다. 지지부진했다. 몇 차례 총사령관을 교체했지만 신통치 않았다. 병력도 남군보다 많고 병참도 우세했지만 성과를 거두지 못했다. 오히려 남군의 기세와 전략에 밀렸다. 그런데 예비역에서 소집돼 제21 일리노이 보병연대를 지휘하던 율리시스 그랜트(U. Grant) 대령을 장군으로 올려 중책을 맡기면서 전세가 북군에 유리하게 전개됐다.

그랜트 장군이 지휘봉을 잡으면서 지지부진하던 전황이 획기적인 전환을 이루었다. 미시시피강 협곡 제패 등 혁혁한 전공을 세운 그랜트는 1864년 3월 북군 총사령관이 됐고 2개월 뒤 남군에 대한 총공세를 펼쳤다. 이듬해 4월 12일 남군이 공식적으로 항복할 때까지 그랜트의 역할은 눈부셨다. 그랜트는 북군 총사령관을 거쳐 종전 후 민주당의 앤드루 존슨에 이어 1869년 제18대 대통령에 당선됐다.

그랜트 장군은 링컨이 가장 아끼던 군인이었다. 다른 지휘관들은 미덥지 않았지만 그랜트 장군만큼은 철썩같이 신뢰했다. 그런데 이런 그랜트 장군에 대해 험담을 늘어놓으며 교체할 것을 요구하는 사람들이 있었다. 그랜트 장군이 위스키를 너무 많이 마신다는 게 주된 이유였다.

링컨은 이들의 불만을 무마하기 위해 그랜트 장군을 변호하려 들지 않았다. "전투를 잘 지휘하니 술이 좀 과하더라도 이해해 달라" 또는 "전투만 잘하면 됐지 술 좀 마시면 어떤가" 하고 답변을 하지 않았다. 링컨은 오히려 적극적인 '공세'를 폈다. 그랜트 장군이 즐겨 마시는 위스키 상표를 알려달라고 했다. 그리고 링컨은 "내가 전쟁터에 있는 모든 장군들에게 그 위스키를 한 통씩 보내겠다(I would like to send a barrel of it to every one of my other generals)"고 했다. 이 스토리는 1863년 11월 26일자 뉴욕 헤럴드에 실렸다.

이 기사 내용의 진위에 대해 링컨은 "내가 그렇게 말하지는 않았지만 좋은 스토리"라고 했다. 링컨은 영국 왕 조지 3세와 당시 캐나다 주둔 영국군 사령관 울프(Wolfe) 장군에 관한 일화에서 그 연원을 찾았다. 울프 장군을 시기하는 사람들이 조지 3세에게 울프 장군이 미쳤다고 고하자, 조지 3세가 '미친' 울프 장군을 늑대(wolf)에 비유해 "나는 울프가 다른 사람들을 물었으면 한다"고 했다는 일화를 전했다.[11]

링컨이 전쟁터에 있는 지휘관에 음주를 권한 것은 아니다. 여러 지휘관에게 북군 총사령관 지휘봉을 맡겼으나 전과는 신통치 않았었다. 그런데 그랜트 장군에게 소임을 맡기자 전세(戰勢)가 달라졌다. 전투에서 승승장구하는 장군을 소환하면 전력에 엄청난 차질을 초래하게 된다.

수십 번, 아니 수백 번 격려를 해도 충분치 않을 그랜트 장군을 끌어내리려는 반대파들의 말을 링컨이 소극적으로 거절한 게 아니었다. 정신을 차리고 똑바로 들으라는 적극적 충고였다. 열심히 싸우는 장군에게 박수를 보내지는 못할망정 질시하고 깎아 내리려는 것은 온당치 않다는 것이다.

링컨이 원래 '술 권하는 대통령'은 아니지만 국가의 위기를 극복하는 데 필요하다면 얼마든지 권할 수 있다는 단호한 입장표명이다. 그만큼 승전이 중요했고 그랜트 장군이 이 목적을 가장 잘 수행했다는 점을 부각시키려 했다.

* * *

와인 한 상자 내기 _제임스 K. 포크

제임스 포크는 부하들을 다루는 데 각별히 신경을 썼다. 차기대권을 넘보려면 아예 짐을 싸라고 했다. 오로지 포크 행정부를 위해 일할 사람만 곁에 있으라고 주문했다. 멕시코와 전쟁을 치를 때 재커리 테일러(Z. Taylor) 장군과 윈필드 스캇(W. Scott) 장군이 전과(戰果)를 차기대권 야망에 이용할 심산으로 전투를 벌이고 있다고 보고 이들과 대판 격론을 벌이기도 했다. 장관들에게도 이 점을 분명히 못 박았다.

장관 가운데 제임스 뷰캐넌 국무장관을 백악관 회의에서 공개적으로 무안을 주기도 했다. 뷰캐넌이 외교문서를 작성해 대통령의 결재를 받으려 내어놓았다. 포크는 이 문서를 유심히 읽었다. 그러다 갑자기 멈췄다. 외교 의전 상 사용하기 곤란한 표현을 발견한 것이다. 적어도 포크는 그렇게 믿었다. 장관들이 모두 모인 자리에서 이 부분을 뷰캐넌에게 지적했다. 뷰캐넌은 전혀 하자가 없는 표현이라며 대통령이 잘못 알고 있다고 대꾸했다.

포크 대통령은 만일 뷰캐넌이 옳고 자신이 틀렸으면 샴페인 한 상자를 사겠다고 내기를 걸었다. 뷰캐넌도 이 내기에 동의했다. 뷰캐넌은 자신이 쓴 표현이 외교적으로 사용된 전례가 있다는 증거를 찾기 위해 일종의 교본을 뒤적였다. 그런데 아무리 찾아도 바로 그 표현을 발견할 수 없었다.

뷰캐넌은 두 손을 들고 말았다. 자신이 원하는 표현을 찾을 수 없다고 시인했다. 외교에 관한 한 '대가'라고 자신하던 뷰캐넌의 얼굴이 상기됐다. 그러나 하는 수 없이 대통령의 승리를 인정했다. 대통령이 내기에서 이겼으니 샴페인 한 상자를 즉각 대령하겠다고 말했다. 그러자 포크는 그저 농담한 것을 갖고 뭘 그러나 하며 없었던 일로 돌렸다.12)

"제대로 알지도 못하면서 장관들이 모인 자리에서 감히 대통령에게 대들다니!" 하고 테이블을 주먹으로 내려칠 수도 있는 상황이었다. 또 "다른 장관들도 앞으로 이처럼 막무가내로 행동을 하면 곤란하다" 하고 으름장을 놓을 수도 있었다. 하지만 포크는 그저 '샴페인 한 상자 내기'로

장관들의 기강을 바로 잡았다.

* * *

10,000이나 1이나 __에이브러햄 링컨

하루는 링컨이 전쟁부(War Department)를 방문했다. 갑자기 한 장교가 굉장히 바삐 지나치다가 링컨과 세게 부딪혔다. 자신이 대통령을 들이받은 것을 안 이 장교는 만 번(ten thousand) 사과한다고 했다. 과장법이다. 너무 미안해서 한 말이다. 그러자 링컨은 "사과는 한 번이면 족하네(One is enough)" 했다. 링컨은 이어 "우리 군인들이 모두 이처럼 저돌적이었으면 …(I wish the whole army would charge like that)" 했다.13)

이 장교의 사과는 단순한 수가 아니다. 너무 미안해 몸 둘 바를 모르겠다는 뜻이지만, 링컨이 그 수를 글자 그대로 해석해 '복수(ten thousand)'를 '단수(one)'로 전환했다. 그리고 어쩔 줄 몰라 하는 '가해자'의 마음을 헤아렸다. 그리고 한 마디 더 했다. 전쟁 중인 나라를 구하기 위해 뛰어 다니는 군인을 격려했다. 대통령과 충돌한 것이 문제될 게 뭐 있느냐는 것이다.

* * *

웨스트민스터 애비의 한복판 __프랭클린 D. 루스벨트

명령체계로 움직이는 대부분의 조직에서는 상명하복과 일사불란한 움직임이 요구된다. 특히 군대가 이러한 형태의 전형(典型)이다. 게다가 전쟁 중인 군대라면, 직무에 태만하거나 무능한 군인은 자칫 조직 전체를 파멸로까지 이끌 수 있는 '폭탄'이다.

루스벨트는 종종 군대조직의 생리를 이야기로 꾸몄다. 군대조직의 원칙을 강조하기 위해서가 아니라 아무리 실수를 용납할 수 없는 조직이라도 상관이 부하를 보듬고 지도하는 여유를 지녀야 한다는 점을 드러내기 위해서다.

1918년 여름 1차 대전 도중 미국의 구축함이 미국본토를 떠나 프랑스 해안을 향해 나아가고 있었다. 아일랜드 수로에서 약 200마일 떨어진 지점에 당도했다. 선장이 그의 부관을 불렀다. 정오에 배가 어디쯤 와 있는지 알아내라고 명령했다.

부관은 그동안 배운 실력을 발휘해 배의 현 위치를 파악하기 위해 큰 판 위에 수치를 써가며 고민했다. 10분이 지났다. 여전히 답변이 나오지 않자 선장이 부관에게 다가갔다. 아직도 부하는 머리를 긁적이고 있었다.

선장은 "자네가 측량한 수치를 토대로 내가 배의 위치를 잡아보겠다"고 했다. 부관은 머쓱해하며 자리를 떴다. 5분이 경과했다. 선장은 부관이 하려다 만 숙제를 풀었다. 부관을 불렀다. 부관이 방에 들어왔다.

지휘관은 부관에게 "자네 모자를 벗게" 했다. 부관은 "왜 그러십니까 선장님?" 하고 의아해 했다. 어리둥절해 하는 부관에게 선장은 "자네가 뽑아 놓은 수치를 종합해 보니 우리 배가 지금 웨스트민스터 애비 복판에 와 있는 것으로 나타났네(My boy, I find from your figures that we are now in the middle of Westminster Abbey)" 하고 말했다.[14]

웨스트민스터 애비는 런던에 있는 웨스트민스터 성당으로 이곳에서는 영국 역대 국왕의 대관식이 거행되거나 또는 유명인사들이 묻히는 곳이다. 그만큼 준엄한 곳이다. 그러니 배에 타고 있는 선장뿐 아니라 부관도 모자를 벗고 경의를 표해야 한다는 것이다. 물론 선장의 농담이다.

배가 웨스트민스터 애비에 있는 게 아니라 바다에 있지만 부관의 계산 착오로 웨스트민스터 애비 한가운데 있는 게 돼 버렸다. "부관, 이걸 계산이라고 했나. 우리가 육지에 있다는 게 말이나 되느냐 말야. 전시에 정신을 어디다 내놓고 있냐" 하고 꾸짖거나, 거친 선장 같으면 구두로 부관의 다리를 세게 걸어찰 상황이다.

루스벨트가 무능한 부하를 무조건 감싸고 보호하려는 '보스'를 두둔하려는 게 아니었다. 부하의 잘못을 직설적으로 지적하고 시정할 것을 지시하는 방법보다는 실수한 부하에게는 정신을 차리게 하고 능력이 부족한 부하에게는 더욱 열심히 실력을 키우도록 하는 자극요법을 쓴 것이다.

방향을 잘못 잡아 엉뚱한 곳으로 배를 가게 한 이 군인은 죽고 싶을 만큼 수치심에 휩싸여 고민하게 된다. 자신은 물론 배에 탄 모든 군인들의 생명을 앗아갈 뻔했다는 점을 모를 리 없다. 이럴 때 이 군인 앞에서 여유 있는 태도를 보여준 상관은 부하에게 헤아릴 수 없는 관용은 물론, 이를 악물고 자신의 과오를 보충하려는 '군인정신'을 불러일으킬 것이다. 부하의 부족함에 '원색적 질타' 대신 '관대한 자극'을 선호했다.

* * *

가려운 곳 긁는 워싱턴 __로널드 레이건

레이건의 보좌관 존 로저스는 레이건과 독대할 만한 위치에 있지 않았다. 낸시, 대통령 보좌관 마이클 디버와 종종 배석하는 정도였다. 그런데 갑자기 낸시와 디버가 자리에서 일어나 옆방으로 갔다. 새 가구를 들여놓고 어떻게 정돈할까 하고 '현장답사'를 하러 간 것이다. 레이건은 방을 꾸미는 일에 대해 전혀 관심을 보이지 않았다. 낸시가 디버와 동행한 것은 이 때문이었다. 디버의 자문을 구하려 한 것이다.

회의실에 대통령과 단 둘이 남게 된 로저스는 어떨 줄 몰라 했다. 좌불안석이었다. 레이건은 로저스가 긴장하는 것을 감지하고 그를 편안하게 해 주려 했다. 레이건은 벽에 걸려 있는 조지 워싱턴 대통령의 초상화를 가리켰다. 워싱턴은 오른 손을 외투 안에 살짝 집어넣고 있었다. 나폴레옹의 그림을 연상케 했다.

레이건이 로저스에게 물었다. "자네는 워싱턴 대통령이 손으로 무엇을 하고 있다고 생각하는가?" 대통령의 느닷없는 질문에 당황한 로저스는 "모르겠습니다" 하고 간단히 대답했다. 그러자 레이건은 "나는 워싱턴 대통령이 옷 속에 손을 집어넣어 가려운 곳을 긁는 것이라 생각하네(I bet he's in there scratching himself)"라고 했다.15) 레이건의 재담에 로저스는 가볍게 웃었고 얼굴에 가득했던 긴장은 이내 풀렸다.

* * *

새 시계냐 새 보좌관이냐 __윌리엄 매킨리

미국과 스페인 간의 전쟁은 매킨리의 온화한 성정(性情)을 뒤흔들었다. 매킨리가 중요한 직책 몇 자리에 대한 인선을 끝냈다. 발표직전까지 철저하게 보안을 유지하는 것은 보좌관들의 임무다. 그런데 정치적으로 미숙한 군무국장(軍務局長)이 그만 이를 언론에 공개하고 말았다. 물론 기자의 유혹에 넘어간 것이지만 결과는 동일했다.

매킨리는 안절부절 못하는 군무국장을 불러 문제점을 지적하고는, 가끔 야단을 치는 것은 나쁘지 않은 일이라고 보좌관에게 말했다. 풀이 죽어 고개를 축 떨구고 있는 보좌관에게 이렇게 덧붙였다. "우리 모두는 가끔 야단을 맞을 필요가 있네."

큰 잘못을 저지른 보좌관이 혼나는 것은 마땅한 일이지만 자신이 아끼는 보좌관만 너무 깔아뭉개는 상황이 되는 것 같아 기를 살려준 것이다. 누구나 가끔 혼나야 정신을 차리고 일을 잘 할 수 있다고 했다. 야단맞을 대상에 대통령 자신도 포함시켰다. 보좌관에게 너무 의기소침하지 말고 힘을 내라는 말이었다.

이 보좌관이 어느날 백악관 만찬에 참석해야 하는데 약속시간보다 늦게 도착했다. 대통령이 먼저 자리에 앉아 있는 데 만찬 장소에 들어섰다. 당황한 그는 시계가 늦게 가는 바람에 약속을 지키지 못해 죄송하다고 이유를 댔다. 보좌관을 쳐다보던 매킨리가 입을 열었다. 링컨 대통령에게도 비슷한 보좌관이 있었다고 했다. 약속시간에 지각을 하는 보좌관에게 링컨이 했던 말을 매킨리는 그대로 옮겼다. "그럼, 자네가 새 시계를 구하든지 아니면 내가 새 보좌관을 구하든지 해야겠네(Well, either you must get a new watch or I must get a new adjutant general)."16)

실수를 반복하면 해고시키겠다는 경고로 들릴 수 있지만 직설화법이 아니라 링컨의 일화를 되살려 충고했다. 주요 인사들이 참석한 만찬자리에서 보좌관의 면전에 독설을 퍼붓는 대신 교훈 담긴 과거사를 들려주었다. 이 보좌관이 새 시계를 샀든 사지 않았든 그 이후로는 약속시간을 엄수했을 것이다.

* * *

비서 말에 순응 _캘빈 쿨리지

쿨리지가 대통령에 당선된 뒤 백악관 남쪽 잔디에서 대통령과 기념촬영하기 위해 한 그룹이 도착했다. 인원이 상당히 많았다. 이 그룹은 대통령 비서 에버렛 샌더스로부터 사전에 주의사항을 들었다. 대통령과 사진만 찍는 것이므로 절대로 질문을 해서는 안 된다는 것이었다.

그런데 이 그룹의 대표가 이상한 얘기를 했다. 대통령이 그룹에게 짤막한 연설을 해줄 것이라고 들었다고 했다. 그래서 무척 기쁘고 영광스럽다고 했다. 비서 샌더스는 그럴 리 없다고 바로 받아쳤다. 연설은 절대 없을 것이라고 잘라 말했다. 그룹의 대표가 무언가 오해하고 있는 게 틀림없다고 덧붙였다.

그래도 샌더스는 마음이 놓이지 않았다. 신신당부했지만 방문자들이 대통령 앞에서 무슨 일을 저지를지 몰라 걱정이 됐다. 샌더스는 쿨리지에게 갔다. 방문자들에 대해 설명했다. 사진촬영만 하는 것이라고 누차 설명을 했지만 혹시 그들이 대통령에게 연설을 주문할 수도 있다는 점을 말했다. 연설을 하지 않기로 했는데 방문자들이 성가시게 연설해달라고 조른다면 비서가 제 역할을 충실히 하지 못해 대통령에게 누를 끼친 게 되니 만일의 '불상사'에 대해 이해를 구한 것이다.

염려하는 기색이 역력한 샌더스를 보고 쿨리지는 미소를 지으며 이렇게 말했다. "그들이 만일 이해하지 못하면, 당신이 한 말을 부연 설명하는 의미에서 아무 말도 하지 않겠소(If they have not understood, I will elaborate on what you have said by saying nothing)."17)

비서의 입장을 잘 헤아린 쿨리지는 샌더스를 안심시켰다. 사실 방문자들이 느닷없이 계획에 없는 연설요청을 한다고 해서 쿨리지가 당황해 하거나 불편해 할 일은 전혀 아니었다. 간단하게 한두 마디 인사말을 하면 그만이기 때문이다. 연설을 하고 안하고가 포인트가 아니다. 소임을 다하지 못할까 조바심 내는 비서의 마음을 다독이려는 쿨리지의 배려가 포인트다.

* * *

하느님의 재정자문가 _해리 S. 트루먼

트루먼이 1961년 12월 26일 재무장관에게 편지를 보냈다. 전화로 하지 않고 친필 서한을 보냈다. 전화로는 하기 곤란한, 그러나 반드시 해야 할 말이 있어 그렇게 했다. 편지는 이렇게 시작됐다.

"친애하는 장관께. 적자와 흑자에 대한 보고서를 나와 같은 일반인들
도 이해할 수 있도록 쉽게 작성해 주었으면 고맙겠소. 장관께서 하는 일
을 누구나 쉽게 이해하도록 하면 얼마나 좋겠소? 지금과 같이 보고서를
작성하면 하느님의 재정자문가(the financial advisor of God)도 미국의 재정
상태를 이해할 수 없을 거요"18)

"무슨 보고서를 이 따위로 써왔소?" "내가 경제전문가도 아닌데 이 걸
어떻게 이해하라고 도통 통계수치로 가득 채웠소?" "능력 있는 장관이라
면 어려운 내용을 남들이 알 수 있도록 만들어야 하는 것 아니오?" 등등.
무안을 주지 않았다. 전지전능한 신과, 그의 재정자문가를 등장시켜 점잖
게 문제를 지적했다.

* * *

요리 못하는 주방장에 후한 점수 __프랭클린 D. 루스벨트

루스벨트가 첫 취임한 1933년 3월 4일. 헨리에타 네스비트(H. Nesbitt)는
백악관을 처음 보았다. 그리고 "커다란 결혼축하 케이크 같다"는 게 대통
령이 일하는 곳에 대한 그녀의 첫 인상이었다. 다음 날 네스비트는 백악
관 가정부가 됐다. 당시 59세였다.

그 전에 단 한 번도 전문 가정부로 일한 경험이 없었지만 네스비트는
움츠러들지 않았다. 평생 주부로 일한 경험을 살려 조금 더 '큰 집'에서
일한다고 여겼다. 대공황과 2차 대전을 겪으면서 루스벨트 집권 내내 이
세상에서 가장 바쁘게 돌아가는 백악관의 가정부 역할을 할 줄은 꿈에도
생각하지 못했다.

네스비트는 뉴욕 하이드 공원 근처에 살았다. 루스벨트와 한 동네였다.

루스벨트가 뉴욕 주지사에 출마하면서 아내 일레나가 네스비트에게 간단한 식사를 부탁한 것이 인연이 됐다. 네스비트 부부는 루스벨트가 대통령에 당선된 후 백악관에 함께 들어갔다. 남편은 백악관 가계를, 아내는 청소 등 잡일을 맡았다.

남편이 세상을 떠나자 네스비트는 온갖 일을 도맡아 했다. 요리, 집기 구입, 백악관에서 일하는 사람들 관리 등등. 그야말로 집안의 대소사를 관장하는 위치에 올라갔다. 명사가 됐다. 언론에서 인터뷰를 요청해 응하기도 했다.

네스비트는 전문가가 아니었다. 묘한 인연으로 루스벨트와 맺어진 사이일 뿐이다. 음식을 둘러싼 잡음이 나오는 것은 당연했다. 루스벨트 부부는 물론이고, 백악관 방문객들도 그녀의 음식에 후한 점수를 주지 않았다. 음식의 질도 그저 그런데다가 메뉴가 꽤 단조로웠다.

급기야 뉴욕타임스가 네스비트의 메뉴에 대해 펜으로 일갈(一喝)했다. 소금에 절인 대구요리를 점심마다 나흘 연속 내온다면 누가 좋아하겠는가 하고 이 신문은 비꼬았다. 사실 뉴욕타임스의 지적이 나오기 바로 전 주 루스벨트도 간(肝)과 콩 요리를 그만 가져왔으면 하는 '희망사항'을 주방에 접수시켰다.

그러나 네스비트는 눈썹하나 까딱하지 않았다. 대통령이 격무에 시달려 입맛을 잃었다고 '변명'했다. 그리고 백악관도 일반 국민들과 마찬가지로 음식을 절약해야 한다고 한 술 더 떴다. 일레나는 네스비트를 두둔했다. 국민들은 어렵게 사는데 대통령만 값비싼 음식을 풍족하게 소비해서야 되겠느냐는 데 공감했다. 백악관이 절약의 모범을 보여야 한다는 것이다.

실제 네스비트에 대한 평판은 그다지 좋지 않았다. 음식에 관한 한 그러했다. 일반 가정집이라면 몰라도 백악관 메뉴를 담당하기엔 능력이 모자란다는 것이었다. 루스벨트처럼 온화하고, 부족한 사람을 보듬고 아낄 줄 아는 사람이 아니라면 당장에 '목'을 쳤을 것이다. 그러나 식단을 짜는 솜씨는 신통치 않아도 국민들이 얼마나 어렵게 살고 있고 지도자가 어떻게 살아야 하는지 몸소 실천해야 한다는 네스비트의 바른 자세에 후한 점수를 주었다. 1944년 루스벨트는 4선에 도전하면서 그 이유를 딸에게 말했다. "내가 네 번째 당선돼야 네스비트를 해고할 수 있지 않겠니(I want to be elected to a fourth term, so I can fire Mrs. Nesbitt)."[19]

겉으로는, 새 정부 출범과 함께 백악관 분위기 쇄신을 구실로 네스비트를 갈아치울 수 있다는 얘기다. 물론 루스벨트는 4선 도전에 성공했지만 딸에게 말한 것과 달리 네스비트를 해고하지 않았다. 루스벨트의 변심이었을까.

그는 애당초 네스비트를 백악관에서 내보낼 생각이 전혀 없었다. 비록 식단 구성 능력에는 문제가 있지만 대통령을 잘 보살피고 있다는 믿음을 갖고 있었다. 네스비트는 루스벨트의 뒤를 이은 해리 트루먼 대통령 취임 후 잠시 동안 하던 일을 계속했다. 그러다 영부인 마가렛 트루먼이 '자기 사람'을 들여오면서 백악관을 떠났다.

* * *

비밀누설 _린든 B. 존슨

린든 존슨 대통령이 15살 때 그의 아버지는 텍사스 오스틴의 시골 도로공사의 일부 구간을 하청 받아 일을 하고 있었다. 그런데 공사가 지연되고 있었다. 공사 책임자는 지방정부의 엔지니어였다. 존슨의 아버지는 현장에서 80마일 떨어진 오스틴에 사는 이 엔지니어가 공사지연을 알아채지 못하도록 각별히 신경을 썼다.

하루는 존슨의 아버지가 존슨에게 고장 난 트랙터를 고치기 위해 부품을 구입해 오라고 심부름을 시켰다. 존슨이 물건을 사러갔다가 우연히 빌딩에서 나오는 엔지니어와 마주쳤다. 엔지니어는 존슨을 알아보고 공사가 제대로 진행되고 있느냐고 물었다. 존슨은 지연되고 있다고 곧이곧대로 말했다. 다음날 엔지니어는 공사현장에 달려와 존슨의 아버지를 마구 공박했다.

엔지니어가 떠난 뒤 존슨의 아버지가 존슨에게 "어떻게 엔지니어가 공사지연 사실을 알게 됐느냐?" 하고 물었다. 존슨은 잠시 머뭇거리다가 전날 있었던 일을 솔직히 털어놓았다. 아버지는 존슨을 내려다보더니 "이제는 엔지니어에게 절대로 그런 얘기를 하지 말아라" 하고 일러주었다.

존슨이 대통령이 된 뒤 그의 보좌관 중에 누군가 자신의 재가를 받지 않고 정부 정책과 관련한 정보를 언론에 흘렸다. 존슨은 신문기사를 치켜들어 보이더니, "또 지방정부 엔지니어에게 얘기했군" 하고 말했다(I see you've been talking to the district engineer again).[20]

존슨은 어린 시절 본의 아니게 아버지를 곤경에 처하게 한 기억을 잊지 못했다. 그래서 자신이 믿는 사람의 언행으로 인해 유사한 상황에 빠지게 되면 '지방정부 엔지니어'를 언급하곤 했다. 순진했던 과거를 돌이키면서 대통령의 입장을 난처하게 한 보좌관의 부주의를 지적했다.

* * *

초급장교와 영감태기 _재커리 테일러

재커리 테일러와 그의 제1보병부대가 1836년 7월 14일 루이지애나의 텍사스 접경지역 요새로 이동명령을 받았다. 그런데 2주 후 이 명령이 번복됐다. 테일러 부대는 인디언들과 한창 전투를 벌이는 플로리다 격전지로 이동하라는 새로운 명령을 받았다. 테일러는 부대를 이끌고 탬파 베이를 출발해 포트 드레인의 임시본부로 갔다.

테일러는 부하장교 셋과 시원한 맥주 한 잔 하러 본부 근처에 있는 뉴먼스빌의 술집에 들렀다. 사실 테일러는 변경 개척자로서는 매우 절제하는 삶을 살았다. 평생 마신 위스키를 모아도 큰 병 하나를 채울까 말까할 정도라는 게 테일러 친구의 말이다.

아무튼 이때 술집 앞에 마차 한 대가 섰다. 한 젊은 장교가 내린 뒤 술집에 들어섰다. 웨스트포인트를 갓 졸업한 풋내기였다. 그는 부대에 신고하러 가는 중이었다. 복장은 멋들어졌다. 반면에 테일러는 막노동자의 복장이었다. 젊은 장교가 테일러에게 말을 걸었다. "노인장, 요즘 인디언들은 어떻소?" 테일러는 "장교님, 인디언들 때문에 골치가 아픕니다" 하고 대답했다. "그렇소?" 젊은 장교는 인디언들로 인해 고충을 겪고 있다는 얘기가 못마땅하다는 표정으로 "나는 육군장교인데 곧 인디언 문제를 처리하게 될거요"라고 했다.

젊은 장교는 "영감태기, 그리고 당신 친구들 모두 건배합시다" 하고 청했다. 테일러와 부하들은 그렇게 했다. 건배한 뒤 술집을 나왔다. 마차를 타고 어디론가 사라졌다. 술집에는 주인과 젊은 장교뿐이었다.

하루 이틀 뒤였다. 배속 부대에 당도한 젊은 장교가 부대장 앞에 섰다. 대령복장을 한 부대장을 본 이 장교는 깜짝 놀랐다. 이 부대장이 바로 자신이 '영감태기'라고 부른 테일러였다. 장교는 겁이 났다. 이제 죽었구나 하는 생각에 밤잠을 설쳤다. 동료에게 물었다. 그러자 동료들이 아무 걱정 말라고 했다. 테일러가 그런 일로 괘념할 사람이 아니니 그냥 잊어버리라고 했다.

그래도 이 장교는 그렇게 하지 못했다. 마음을 굳게 먹고 테일러 막사로 들어갔다. 그리고 사죄했다. 그러자 테일러는 조용히 말문을 열었다. 빙그레 미소 지으며, 젊은 장교에게 유익한 충고 한마디 하겠다고 했다. "처음 보는 사람을 옷으로 평가하지 말게(Never judge a stranger by his clothes)."[21]

"초급장교 주제에 상관을 몰라보고 그처럼 무례한 행동을 할 수 있는가"하며 완전군장으로 연병장에서 구보를 시켜도 할 말이 없는 상황이었다. 상관을 '영감태기'라고 부르며 거들먹거렸으니 어떤 벌을 내려도 군소리 못했을 것이다.

그러나 테일러는 벌을 주지 않았다. 부드러운 목소리로 앞길이 창창한 부하 장교에게 유익한 조언을 해 주었다. 의도적인지 불쑥 튀어나온 것인지는 알 수 없지만 결과적으로, "표지만 보고 책을 평가하지 말라(Never judge a book by its cover)"는 격언을 살짝 바꿔 잔잔한 감동을 주었다.

* * *

폭이 30cm인 건물 __에이브러햄 링컨

남북전쟁 당시 링컨의 북군 총사령관을 지낸 조지 매클렐런(G. McClellan) 장군이 있었다. 그는 무능하고 우유부단했다. 매클렐런은 대규모 병력으로 1862년 남부연합의 수도 리치먼드 공략을 시도했으나 남군 사령관 로버트 리(R. Lee)의 지략에 압도당해 우왕좌왕하다 1주일 만에 퇴각하고 말았다.

링컨은 매클렐런만 생각하면 가슴이 답답해지고 머리가 지끈거렸다. 두 차례나 총사령관 지휘봉을 맡겼는데 전투에 나가서는 별다른 성과를 거두지 못했다. 게다가 전황 파악도 엉터리였다. 그는 남군의 수가 120만 명 정도 되는 것으로 보고했다. 그 이유를 묻자, 전쟁터에서 북군의 지휘관 한 명에 꼭 서너 명이 덤벼들기 때문이라는 것이다. 북군이 40만 명 정도이니 남군의 추정치가 맞을 것이라고 장담했다.

한 지휘관이 전방의 피해상황을 링컨에게 보고했다. 이 지휘관은 전투에서 남군 수백 명을 죽였다고 자랑했다. 그리고 자신이 이끄는 부대는 사망, 부상, 포로병을 모두 합쳐 12명밖에 안 된다고 강조했다. 잃은 것은 적고 얻은 것은 많다고 대비시켰다. 자신의 전략이 적중한 덕이라고 은근히 과시했다. 링컨은 이 지휘관의 평소 태도로 보아 분명 과장된 전황보고임을 알았다. 링컨은 허풍쟁이 강연자의 얘기를 비유로 이 지휘관의 엉터리 보고를 꼬집었다.

통계 수치를 지나치게 과장하는 사람이 있었다. 통계를 자주 들먹이며 이야기를 풀어 가는 이 사람은 듣는 사람들을 오도했다. 이곳저곳을 두루 돌아다니며 자신의 경험담을 늘어놓았다. 그나마 불행 중 다행으로 이 사람은 바로 이러한 자신의 문제점을 잘 알고 있었다. 그래서 여행을 할 때 꼭 시종을 데리고 다녔다.

만일 잘못된 통계 수치를 말하거나 부풀려 말할 때 연단 뒤에 앉아 있다가 자신의 웃옷의 길게 늘어진 뒷자락을 힘차게 잡아당기거나 발을 건드리라고 지시했다. 옷이 뒤로 당겨지거나 발에 접촉감을 느끼면 무언가 잘못되고 있다는 것을 알도록 시종과 입을 맞춘 것이다.

이 사람은 만반의 준비를 갖추었다고 여겼다. 강연을 시작했다. 최근에 다녀온 유럽 여행담 보따리를 슬슬 풀었다. 유럽에서 높다란 빌딩을 방문했던 기억이 너무도 생생하다고 말문을 열었다. 청중의 귀와 눈이 쏠렸다. 연사는 빌딩의 길이가 1마일(2.4km), 높이는 0.5마일(1.6km)가 족히 될 거라고 했다.

이 말에 사라들은 입이 딱 벌어졌다. 순간, 연사의 옷자락이 세게 당겨졌다. 뒤에 앉아 있던 시종이 '경고'를 한 것이다. 하도 강하게 당기는 바람에 연사의 몸이 뒤로 넘어가려 했다. 그런데 마침 이때 청중 한 사람이, 그 빌딩의 앞 뒤 폭은 얼마나 되느냐고 외치듯 물었다. 연사는 자신이 과장한 것을 깨달았고 이를 상쇄할 필요성을 절박하게 느꼈다. 몸은 중심을 잃었고 마음은 평정을 잃었다. 연사는 답변했다. 1피트(약 30cm)밖에 안 된다고 했다(About a foot!)."[22]

연사의 표현대로 설계하면 이 빌딩은 도저히 땅 위에 설 수 없다. 정면에서 보면 가로, 세로가 2.4km, 1.6km의 거대한 건축물이지만 옆에서 보면 폭이 30cm밖에 안 된다. 정면에서 보았을 때 라스베가스의 대형 호텔보다 몇 배나 큰 빌딩인데 측면에 가서 보니 폭이 30cm밖에 안 된다고 상상해보면 얼마나 터무니없는 얘기인가를 알 수 있다.

연사는 유럽에서 본 빌딩의 웅장함에 도취해 그 규모를 지나치게 부풀리다가 잘못을 깨닫고는 이번에는 지나치게 축소해버리는 '이중 과장'의

우를 범한 것이다. 한 쪽 끝으로 올라간 시계추가 정반대 끝으로 내닫는 형국이다.

한번 잘못하면 수습하기가 힘들다. 멀리 전쟁터에 나가 있고 전황을 가능한 유리하게 보고하고 싶다고 해서 한번 거짓을 하다보면 또 다른 거짓을 하게 되며 사태는 주어 담을 수 없는 상황으로 치닫게 된다는 지적이다. 엉터리 강사의 비유의 핵심이다.

* * *

큰 오류 범한 초판 100부 주문 _프랭클린 D. 루스벨트

루스벨트가 독감으로 침대에 꼼짝 못하고 누워 있었다. 이때 워싱턴포스트가 루스벨트의 근황을 대서특필했다. 기사의 제목은 '여자와 동침한 루스벨트(Roosevelt in Bed with Coed).' 감기에 걸렸다는 뜻으로 'Roosevelt in Bed with Cold'라고 했어야 했는데 'cold'의 'l'을 'e'로 잘못 표기해 남녀공학의 여대생이란 뜻의 'coed'로 인쇄해버린 것이다.

고열로 침대에서 고생하는 대통령을 여자와 한 침대에 누워 있는 대통령으로 둔갑시켰다. 단순히 잘못 보도한 정도가 아니라 야릇한 분위기를 자아내는 타이틀이었다. 이 신문을 본 백악관은 발칵 뒤집혔다. 워싱턴포스트도 물론 오류를 바로 알아냈다. 그리고 정정했다.

백악관뿐 아니라 신문사도 난리가 났다. 루스벨트가 만일 "이번 기회에 손 좀 보자"는 심산이었다면 신문사는 곤욕을 치렀을 것이다. 향후 루스벨트 관련 정치기사에서도 펜촉이 무디어질 공산이 컸을 것이다. 루스벨트가 맘만 먹으면 이 일을 정치적으로 활용할 수도 있었을 것이다.

루스벨트가 워싱턴포스트에 전화를 걸었다. 벨이 울리자 수화기를 든 워싱턴포스트 관계자는 백악관 측에서 항의 및 정정 요구 전화를 건 줄 알았다. 그런데 무척 익숙한 목소리가 수화기에서 들려왔다. 루스벨트의 육성이었다.

"프랭클린 루스벨트입니다. 초판 100부를 원합니다 … 내 친구 모두에게 한 부씩 보내고 싶습니다(This is Frank Roosevelt. I'd like 100 copies of that first edition … I want to send it to all my friends)."23) 신문사는 대통령의 말을 따를 리 없었다. 잘못된 초판을 정정하고 이미 인쇄된 신문은 모조리 폐기 처분했다.

옛날 같으면 '임금을 욕보인 셈'이니 신문사 문을 닫아야 할지도 모를 일이다. "평소에 대통령을 얼마나 우습게 봤으면 이러한 실수가 나오느냐" "이런 망발을 어떻게 책임지겠느냐" "이러고도 정론지라고 할 수 있겠느냐"는 불호령이 떨어질 법도 했다.

하지만 루스벨트는 악의 없는 오류를 너그럽게 품었다. 잘못을 인정하고 있는 신문사에 호통을 치는 것보다 감싸 안는 게 '윗사람'의 도리라는 것을 알고 있었다. 이후 루스벨트에 대한 워싱턴포스트의 태도는 더 이상 부연설명이 필요 없다. '알아서 기는' 보도를 하진 않았지만 오류는 물론, 정부의 정책에 대한 기사에서도 균형감각을 잃지 않으려 애썼다.

* * *

남의 수송아지에 낙인 __시어도어 루스벨트

시어도어 루스벨트가 목장을 하던 시절 낙인을 찍지 않은 수송아지를 처리하는 문제에 직면했다. 루스벨트는 자신의 목장에서 일하는 카우보이들 가운데 가장 실력 있는 카우보이와 함께 넓은 방목 초원에서 한참 말을 달렸다.

낙인이 찍히지 않은 2년쯤 된 수송아지 한 마리가 어슬렁거리는 것을 발견했다. 잽싸게 밧줄로 올가미를 만들어 던졌다. 수송아지를 잡았다. 낙인을 찍기 위해 임시로 불을 피우고 쇠를 달궜다.

당시의 관행으로는 낙인이 없는 송아지는 그 송아지가 발견된 위치로 소유권이 결정됐다. 이 송아지가 루스벨트와 그의 카우보이에게 잡힌 곳은 루스벨트의 목장이 아니라 그레고르 랭(G. Lang)의 목장이었다. 루스벨트가 말을 너무 달려 랭의 땅으로 넘어간 것이다. 그런데 루스벨트의 카우보이가 시뻘겋게 달군 쇠를 수송아지의 몸에 댔다. 낙인이 서서히 찍히고 있었다.

루스벨트는 "이 수송아지는 랭의 것이니 랭의 낙인인 스코틀랜드 국화(國花) 엉겅퀴를 찍어야 한다"고 했다. 카우보이는 "괜찮습니다. 염려 마십시오. 제가 다 알아서 하겠습니다" 하고 안심시키려 했다. 카우보이는 "저는 언제나 주인의 낙인을 사용한다"면서 "제가 주인의 것으로 송아지에 낙인을 찍지 않았습니까?" 하고 루스벨트의 질문에 의아하다는 표정이었다.

그러자 루스벨트는 조용히 카우보이에게 말했다. "쇠를 놓고 목장으로 가서 근신하라. 나는 더 이상 네가 필요 없다"고 했다. 주인인 루스벨트에게 환심을 사려고 랭의 송아지에 루스벨트의 낙인을 찍은 카우보이는 칭찬을 예상했다가 호된 꾸지람을 듣자 당황했다. 결국 루스벨트는 카우보이를 해고했다.

해고 이유는 간단했다. "나를 위해 도둑질을 할 사람은 내게서도 도둑질을 할 것이다(A man who will steal *for* me will steal *from* me. You're fired)." 쫓겨난 카우보이는 다코다 주 황무지를 두루 돌며 자신이 당한 '수모'를 퍼뜨렸다. "루스벨트가 그럴 수 있느냐?"며 욕을 했다. 하지만 이 말을 들은 사람들은 카우보이를 동정하기보다 루스벨트의 정직함에 고개를 끄덕였다.[24]

자신을 위해서 일하면 무슨 짓을 해도 귀여워하고 감싸주려는 게 인지상정이다. 칭기즈칸은 두고두고 속을 썩인 적장(敵將)을 생포해 온 적장의 부하들에게 상을 내리기는커녕 참수형으로 다스렸다. 이들은 언젠가 자신의 목도 노릴 수 있으므로 믿을 수 없다는 게 처형 이유였다.

　루스벨트의 현명함은 '눈앞의 달콤한 사탕이 결국 몸에 좋지 않다'는 평범한 진리를 가르친다. 법을 어기면서까지 점수를 따려는 부하들의 빗나간 충성에 '역시 내 사람' 하며 끌어안을 게 아니다.

　　　　　* * *

청탁

여자 청소부 외면한 '공직자 후보' __윌리엄 매킨리

중요한 외교직책을 두고 두 후보가 경합을 벌이고 있었다. 매킨리는 누가 적임자인지를 두고 고심했다. 능력이 거의 비등해 용호상박(龍虎相搏)의 상황이었다. 매킨리는 선뜻 결정을 내리지 못했다. 그러다 무언가 갑자기 섬광처럼 번뜩 머리를 스쳐지나갔다. 시내 전차에서의 일이 떠올랐다.

수년 전 매킨리가 연방 하원의원일 때였다. 매킨리가 비바람이 매섭게 몰아치는 어느 날 밤 펜실베이니아 애비뉴에서 전차에 올랐다. 전차 뒷문 옆 자리에 앉았다. 잠시 후 한 여자 청소부가 무거운 물통을 들고 올라탔다. 하지만 빈자리가 없어 이 청소부는 전차 중간에 서 있었다.

그런데 이 청소부 바로 오른편 자리에 한 승객이 앉아 있었다. 이 승객은 청소부가 자기 앞으로 와 서 있자 신문을 넓게 펼치고는 모른 채했다. 이 광경을 본 매킨리가 뒷좌석에서 일어나 청소부에게 다가갔다. 뒷자리에 가서 앉으라며 양보했다. 신문에 얼굴을 파묻고 있던 승객은 이러한 일은 전혀 눈치 채지 못했다.

바로 이 승객이 바로 외교 중책을 달라고 한 두 후보 가운데 하나였다. 매킨리는 더 이상 고민하지 않았다. 인사 낙점의 이유는 간단명료했다. "그 후보는 작은 이기적 행동 때문에, 아니 작은 친절을 베풀지 않아 그의 평생 야망을 채울 수 있는 자리를 잃었다(This little act of selfishness, or rather this little omission of an act of consideration of others, had deprived him of that which would have crowned his ambition of perhaps a lifetime)."25)

버스나 지하철에서 노약자에게 자리를 양보하지 않으려 신문을 보는 척 하는 경우가 간혹 있다. 게다가 특별히 몸이 피곤한 경우가 아닌데도 이런 행동을 하곤 한다. 장래에 무엇을 바라서가 아니다. 평소에 작은 선행을 하면 언젠가는 좋은 일이 생길 수 있다. 반면에 평소 덕을 쌓지 못하면 나중에 부메랑이 되어 자신에게 돌아올 수 있다.

암투와 보복이 판치는 정치무대에서는 더욱 그렇다. 매킨리의 판정은 어설픈 인사 청탁자들을 재치 있게 물리쳤다. 공직을 수행할 사람이 주민의 어려움을 외면해서야 말이 되지 않는다.

* * *

손님에게 줄 선물 __에이브러햄 링컨

집무에 쉴 틈 없는 링컨에게 성가신 손님들이 자주 찾아왔다. 이 가운데 인사 청탁자가 상당수였다. 아플 때 인사 청탁 방문자는 불청객이다. 한 방문자와의 대화가 길어졌다. 중간에 대통령 주치의가 들어왔다. 링컨이 의사에게 손을 내보였다. 붉은 반점에 대해 걱정스레 물어보았다.

의사는 "천연두 아니면 유사 천연두"라고 진단했다. 링컨은 "손뿐 아니라 몸 전체에 이런 반점이 있다"며 전염되는 것이냐고 물었다. 의사는 매우 전염성이 강한 질환이라고 거들었다. 링컨과 의사의 대화를 듣고 있던 방문자는 자리에서 일어나며 가려했다.

링컨이 "왜 이렇게 서두르느냐?"고 묻자, 이 손님은 "대통령에게 안부 인사차 온 것이니 이제 그만 가야겠다. 다음에 다시 오겠다"며 방에서 나갔다. 그러자 링컨은 질병에도 좋은 점이 있다는 듯, "나는 이제 누구에게든 줄 게 있다(I now have something I can give everybody)"고 했다.26)

전염성 질환을 앓고 있으니 누구든 백악관에 와서 인사 청탁을 하면 바로 전염성 질환을 안겨줄 수 있다는 것이다. 한자리 달라고 떼쓰는 사람들은 많고, 자리는 한정돼 있으니 링컨으로서도 난감한 상황이 한두 번이 아니었을 것이다.

적성, 능력, 인품 등을 두루 보아야 하고 거기에 맞는 직책이 있어야 한다. 링컨에겐 골칫거리가 아닐 수 없었다. 다행히(?) 자신을 찾아오는 사람들 모두에게 줄 것(전염병)이 있으니 마음이 편안해진다는 '서늘해지는 유머'다.

하루는 필라델피아에서 방문객이 백악관에 왔다. 그는 제집 드나들다시피 백악관을 출입했다. 링컨을 붙잡고는 장황한 얘기를 늘어놓기 일쑤였다. 링컨이 숨 가쁜 일정을 맞추느라 정신이 없어도 아랑곳하지 않고 자신의 볼일에만 몰입했다.

링컨이 참다못해 꾀를 냈다. 이 방문자가 또 찾아왔다. 링컨이 집무실로 안내했다. 책장으로 가서는 그곳에 놓여 있던 병을 집어 들었다. 그리고 대머리 손님에게 전하며, 병에 든 물약을 써본 적이 있느냐고 물었다. 손님은 결코 써본 적이 없다고 답했다.

링컨은 손님에게 약을 줄 테니 한번 사용해 보라고 했다. 처음에 몇 번 발라보고 효과가 없더라도 꾹 참고 꾸준히 시도해보라는 조언을 덧붙였다. 8개월이나 10개월 간 지속적으로 사용해 본 뒤 다시 찾아오라고 했다. 링컨은 품질보증 차원에서 한마디 더 했다. "호박에 발라도 털이 자란다고 하네(They say it will make hair grow on a pumpkin)."27)

손님은 신기한 듯 링컨이 준 병을 들고 나갔다. 링컨의 귀찮은 손님 보내기 작전이 성공했다. 손님은 어벙한 상태에서 링컨의 수(手)에 말렸다. 별 알맹이 없는 얘기로 시간을 빼앗는, 반갑지 않은 손님을 기분 상하지 않게 되돌려 보냈다.

"국정에 정신없는데 쓸 데 없는 일로 시간을 뺐으면 되겠는가?" "바쁘니 다음에 오게" "중요한 일이 있을 때만 찾아오게" 등으로 칼로 무 자르듯 할 만 했다. 그래도 링컨은 그렇게 하지 않았다. 최고 권력자의 세심함이다.

* * *

우체국장의 임기보장 __벤저민 해리슨

인디애나 출신의 한 주민이 해리슨을 찾아왔다. 해리슨도 인디애나 출신이라 인사 청탁을 하려 했다. 이 주민은 "와바시 지역에 새 우체국장이 필요하다"고 주장했다. 해리슨은 그 이유를 물었다. "현직 우체국장이 민주당원이기 때문"이라는 게 이유였다. 해리슨은 "그것은 우체국장을 교체할 만한 명분이 되지 않는다"고 했다.

그러자 이 주민은 대통령 선거 기간 중에 민주당의 클리블랜드 대통령을 백악관에서 쫓아내기 위해 공화당원들이 얼마나 불철주야 뛰어다녔는지를 해리슨에게 상기시켰다. 그리고 이 주민은 "내 기억으로는, 클리블랜드가 낙선한 가장 큰 이유는 민주당원이었기 때문"이라고 덧붙였다.

해리슨이 잠시 생각에 잠겼다. 그럴 듯한 말이었다. 하지만 해리슨은 인디애나 주민에게 이렇게 말했다. "내 기억으로는, 클리블랜드는 임기를 마칠 수 있었소. 나는 우체국장도 임기를 채우도록 해야 한다고 생각하오 (If I remember correctly, Mr. Cleveland was permitted to serve out his term, and I guess that is privilege we shall have to grant your postmaster)."28)

선거에 진 클리블랜드에게도 임기가 보장됐는데, 선거에 출마하지도 않은 우체국장을 단순히 민주당원이라는 이유만으로 교체한다는 것은 옳지 않다는 것이다. 주민이 말한 "내 기억으로는"을 앵무새처럼 똑같이, 약간 코믹하게 받아 대화의 긴장감을 완화시켰다. 어수선한 선거 이후 정국을 틈타 한 자리 챙기려는 사람들의 입에 큼직한 재갈을 물렸다.

* * *

노조지도자에 카네이션 한 송이 __윌리엄 매킨리

윌리엄 매킨리는 공직을 얻으려는 사람들에게 매몰차게 하지 않았다. 자리를 내주지 못하더라도 그들의 실망을 자신의 일처럼 마음 아파했다. 매킨리는 종종 꽃을 활용했다. 매킨리는 단추 구멍에 꽂은 장식 꽃을 한 송이 빼내, 목적을 달성하지 못해 시무룩한 청탁자의 웃옷 접은 깃에 달아주곤 했다.

하루는 노조지도자가 찾아와 이런저런 요구사항을 늘어놓았다. 매킨리는 이를 들어주지 못해 유감스럽다고 했다. 그리고 노조지도자와 악수했다. 그가 떠나기 전, 결혼했느냐고 물었다. 노조지도자가 "그렇다"고 하자 매킨리는 자신의 외투에 단 카네이션을 빼 그에게 건넸다. "당신의 아내에게 이것을 주면서 안부를 전하고 행복하길 바란다고 해 주시오(Give this to your wife with my compliments and best wishes)."[29]

노조지도자는 당초의 목적은 전혀 달성하지 못했지만 매킨리의 동정과 호의에 탄복했다. 처음 원했던 것보다 더 큰 것을 얻었다며 흡족해 했다. 대통령이 자신의 아내를 위해 준 카네이션이 다른 어떤 것보다 값지다고 여겼다.

매킨리는 재치를 담은 꽃 한 송이로 눈에 핏발이 선 상대의 전의(戰意)

를 희석시키고 나아가 공감을 얻어냈다. 이 노조지도자와 꽃을 받은 그의
아내는 매킨리와 평생 친교를 나누는 사이가 됐다.

* * *

로비스트 때문에 닳아버린 카펫 _캘빈 쿨리지

일리노이 출신 연방 상원의원인 메딜 매코믹의 아내 루스가 쿨리지에
게 로비를 했다. 자신이 잘 아는 시카고에 사는 폴란드 계 인사가 연방판
사가 될 수 있도록 무진 애를 썼다. 루스는 로비의 일환으로 시카고에 자
리를 잡은 폴란드 계 인사들의 백악관 방문을 주선했다. 방문은 성사됐다.

대통령에게 무언의 압력을 행사하기 위해 비장한 마음으로 쿨리지를
만났다. 대통령 집무실로 이들이 안내됐다. 쿨리지는 방바닥을 빤히 다소
우울한 표정으로 쳐다보았다. 방문객들은 분위기가 이상하게 흘러가자
침묵으로 일관했다.

잠시 후 쿨리지가 입을 열었다. 바닥에 깔린 카펫이 아주 훌륭하다고
했다. 방문객들은 다소 긴장이 풀려 미소를 지으며 쿨리지의 카펫에 대한
평(評)에 고개를 끄덕였다. 쿨리지가 계속했다. "이 카펫은 새것이고 아주
비쌉니다." 방문객들의 표정이 더 밝아졌다. 차가웠던 공기가 어느새 훈
훈해졌다. 쿨리지가 말을 맺었다. "그녀가 여러분에게 판사 자리를 얻어
주려고 예전 카펫을 닳게 했지요(She wore out the old one, trying to get you
a judge)." 방문객들과의 인터뷰는 여기서 끝났다.[30]

루스가 얼마나 백악관을 자주 드나들었으면 카펫이 다 닳아버려 값비
싼 새 카펫을 들여놓아야만 했을까. 물론 쿨리지의 과장이다. 하지만 귀
찮은 인사 청탁자들의 말문을 막았다. "당신들의 성가신 로비 때문에 나
라의 예산이 축났습니다"하는 속마음을 부드럽게 표현했다. 방문객들을

뜨끔하게 했다.

* * *

'선수들'의 대화 __ 허버트 후버

허버트 후버가 퇴임 후 트루먼 대통령 재임 중일 때 한 위원회 위원장을 맡게 됐다. 당시 국무장관 딘 애치슨이 후버가 이끄는 위원회에서 함께 일하게 됐다. 후버와 애치슨은 월도프 타워스에 살고 있었다. 하루는 애치슨이 집을 나서는데 후버 전 대통령과 마주쳤다.

애치슨이 말했다. "대통령님, 만일 제가 대통령님과 함께 걷는 게 남들 눈에 뜨인다면, 제가 재정적으로나 사회적으로 지위가 올라갈 것입니다." 후버는 애치슨의 인사말에 답했다. "내가 할 수 있는 일이라면 무엇이든 하겠네. 그러나 돈을 꿔달라고 하진 말게(Anything I can do, short of a loan)."31)

전직이지만 대통령을 지낸 사람과 함께 움직이는 것은 여러 가지 득이 될 수 있다. 전직 대통령의 네트워크를 통해 재정 지원을 받을 수도 있고 사회적으로 '명사클럽'의 일원으로 인식될 수 있다. 물론 애치슨이 실제 이런 마음으로 한 말은 아닐 게다. 그저 전직 국가원수에 대한 예우의 인사말이었을 게다.

후버는 애치슨에게 다른 것은 몰라도 돈만은 언급하지 말라고 못을 박았다. 후버가 애치슨의 말을 진담으로 여기고 정색을 한 것은 아니다. 애치슨의 말을 그저 인사치레로 알아들었을 것이다. 이 대화는 '선수들끼리' 주고받은 농담이다. 그래도 후버의 재치가 한 수 위로 들린다.

* * *

1달러 지폐 뒷면에 회사 광고? __존 F. 케네디

워싱턴에서 활동하던 클라크 클리포드(C. Clifford)란 변호사가 있었다. 그는 잘 나가는 변호사였다. 트루먼, 케네디, 존슨, 카터 등 4명의 대통령의 자문역을 맡을 정도였다. 1928년부터 1943년까지 미주리 세인트루이스에서 변호사로 탄탄대로를 가던 클리포드는 해군에 들어갔다. 1944~1946년 해군장교를 지냈다. 1945년 트루먼 대통령을 수행해 베를린 근처에서 열린 포츠담 회담에 참석하기도 했다.

1946~1950년에는 제대해 백악관 특별보좌관으로 트루먼 대통령을 곁에서 보좌했다. 클리포드는 국가안보법을 기안했고 중앙정보국 창설을 위한 법안을 만드는 데 주도적인 역할을 했으며 1948년 이스라엘을 외교적으로 승인하도록 트루먼을 설득했다. 굵직굵직한 정책을 제안하고 관철시켰다.

1950년 공직에서 떠난 클리포드는 케네디 돕기에 나섰다. 케네디 집안에 대해 트루먼이 갖고 있던 반감을 약화시키는 데 클리포드의 공이 컸다. 케네디가 대통령에 당선 된 뒤엔 정권인수팀을 이끌었다. 1961년 대통령국제정보자문위원회에 지명됐고 2년 뒤 위원장이 됐다.

케네디가 피격되면서 대권을 이어받은 존슨은 하루가 지나기도 전에 클리포드에게 자문을 구했다. 1시간, 2시간, 3시간 … 회동이 끝나지 않자 영부인 버드 존슨이 들어와, "대통령이라도 식사는 해야 하지 않느냐"는 말에 일단 회의가 중단됐다.

그 정도로 클리포드에 대한 존슨의 의지가 적어도 처음엔 컸다. 존슨은 그에게 국방장관을 맡아달라고 했다. 그렇지만 베트남 전쟁을 둘러싸고는 존슨과 갈등을 빚기도 했다. 카터는 백악관 입성 후 클리포드를 백악관 보좌관에 임명했다. '촌 동네' 출신인 카터는 워싱턴 정계 재계의 '마당발'인 클리포드의 도움이 필요했던 것이다.

선거에서 승리한 뒤 케네디가 지지자들과 저녁모임을 가졌다. 케네디는 자신의 당선을 가능하게 해준 지원자들에게 진심으로 감사해 했다. 그러나 선거 후 민주당 후원자들 간에 논공행상이 불거져 나왔다. "이 자리를 달라", "저 자리를 달라", 아니면 "사업상 특혜를 달라"며 선거기간 중에 쏟은 노력만큼 무언가 보답을 해달라는 '아우성'으로 몹시 어수선했다.

지원자들의 당연한 요구였지만 케네디로서는 과도한 '제몫 챙기기'가 단합을 해치는 악재가 될 수 있다는 우려를 했다. 그렇다고 몸과 마음을 바쳐 자신을 도운 사람들을 외면하거나 나무랄 수도 없었다. 하지만 정권 출범 초기에는 단합이 가장 중요했다.

케네디는 당선의 일등공신인 클리포드를 거론해 정권의 일치단결을 도모했다. "클리포드가 바라는 것은 단 하나, 우리가 1달러 지폐 뒷면에 그의 법률회사를 광고하는 것이다(All he asked was that we advertise his law firm on the back of one-dollar bills)." 공개적으로 특정 직책을 요구한 사람이나, 속으로 "이 정도는 주겠지"하는 사람이나 케네디의 말에 웃음을 참을 수 없었다.32)

반세기동안 미국 정치에 지대한 영향을 미친 클리포드는 1998년 91세에 사망했다. 클리포드의 요구는 진담이 아니다. 실현 불가능한 요구는 그냥 웃자고 하는 소리다. '개국공신'이지만 케네디를 대통령으로 만든 자체에 보람을 느낄 뿐 더 이상 바라는 게 없다는 클리포드를 '논공행상 잠재우기'에 사용했다.

그러니 공헌도가 비슷하거나 낮은 다른 지원자들이 입을 뻥긋하기가 어려워진 것이다. "뭉쳐야 할 때 일신의 영달을 위해 이전투구를 일삼아서야 되겠느냐"는 험악한 질책 대신, 얼토당토하지 않은 '지폐 광고' 농담으로 소모적인 잡음을 제거하고 화합을 다졌다.

* * *

당나귀를 궁궐 점성가로 __에이브러햄 링컨

대통령은 대체로 능력 있는 사람들을 중요한 자리에 지명하려 한다. 그러나 대통령이 지명할 수 있는 자리는 제한돼 있는데 지원자는 훨씬 많은 법이다. 한 여성이 링컨에게 자신의 아들을 대령으로 승진시켜 달라고 요청했다.

이 여성은 자신의 할아버지가 1775년 북미 13개 주가 영국에 맞선 독립전쟁 때 렉싱턴 전투에서 싸웠고, 아버지는 1815년 뉴올리언즈 전투에 자원병으로 참여해 이 지역을 기습한 7,500여 명의 영국 정규군을 격퇴했으며, 남편은 1847년 미국-멕시코 전쟁 때 멕시코 북동부 몬터레이를 공격하다 전사했다고 말했다.

여성이 집안 내력을 드러낸 것은 일종의 압력이었다. 3대에 걸쳐 나라를 위해 몸을 바쳤으니 자신의 아들만큼은 대접을 받아야 하지 않느냐는 투였다. 링컨은 이 여성의 가족들이 나라에 바친 피와 땀을 인정했다.

그러나 그동안 나라를 위해 목숨을 초개와 같이 던졌으니 이젠 다른 사람들이 나라를 위해 온몸을 바칠 수 있도록 기회를 주자고 달랬다. 여성의 요구를 면전에서 거부한 셈이지만 자존심을 상하지 않게 했다.

특정 인물을 임명하면 영락없이 인사에 불만을 품은 사람들의 성토가 뒤따랐다. 그 사람이 무능하다느니, 자신이 더 유능하다느니 하는 식의 볼멘소리가 터져 나왔다. 한자리를 따내려고 달라붙는 수많은 사람들을 떼어놓는 게 링컨에게도 정권초기의 고민거리였다. 링컨은 왕과 농부에 얽힌 우화를 끄집어냈다. 한자리 달라고 아우성치는 사람들에게 자신의 속마음을 우화에 담아 전했다.

늙은 왕이 수행원들과 사냥에 나섰다. 얼마 안 가 농부를 만났다. 농부는 왕에게 곧 비가 올 것이라고 했다. 그러나 궁궐의 점성가는 비가 올 리가 없다고 자신했다. 왕은 행렬에게 전진 명령을 내렸다. 농부의 말을 무시한 것이다. 그러나 약 1시간을 가자 폭우가 쏟아지기 시작했다.

화가 난 왕은 점성가를 참수하라고 명령했다. 그리고 농부에게 신하를 보내 왕의 점성가가 돼 달라고 요청했다. 그러자 농부는 손을 저었다. 자신이 날씨를 예측하는 능력이 있는 게 아니라고 했다. 자신의 수탕나귀가 비가 올 것을 예견하고 귀를 뒤로 축 늘어뜨려 알았을 뿐이라고 말했다.

이 말을 들은 왕은 농부의 수탕나귀에게 궁궐의 점성가 역할을 맡기겠다고 했다. 그런데 왕은 얼마 후 자신의 결정이 일생일대의 실책이었음을 깨닫게 됐다. 전국에 있는 수탕나귀들이 저마다 한자리 달라고 했기 때문이었다(Every jackass in the country wanted an office).[33]

이 우화에는 집권이나 국정 수행에 기여한 사람들에게 합당한 자리를 마련해주려 해도 모두를 만족시킬 수 없는 현실의 한계가 그려져 있다. 또 특정한 직책을 수여할 때도 신중을 기해야 탈이 적다는 자각도 담겨 있다. 임금에게 비가 올 것을 알려준 수탕나귀는 그나마 간접적으로 기여를 했지만 다른 수탕나귀들은 설령 그러한 예지능력을 갖고 있다고 해도 임금의 사냥 행차와는 1%의 관계도 없다. 그런데도 "나도! 나도!"한 것이다.

권력의 핵심부에는 언제나 실오라기 같은 관련성만 있어도 어떻게든 연결 지어 '떡고물'을 챙기려는 사람들이 꼬이기 마련이다. 이 우화는 이를 받아들이지 않겠다는 링컨의 단호함을 내포했다. 혹, 가당치 않은 욕심을 내는 사람들이 있다면 일찌감치 마음을 비우라는 촉구의 메시지이기도 했다. 하지만 경거망동하면 공권력을 휘두르겠다는 불호령이 아니라, 재담을 활용해 메시지를 전했다.

* * *

두 손가락으로 촛불 끄기 _존 애덤스

한 남자가 애덤스를 찾아갔다. 이 남자는 자신이 겁 없는 담대한 성격이라고 자랑했다. 여론이 어떠한 공격을 가해온다고 해도 눈썹하나 까딱하지 않을 자신이 있다고 했다. 애덤스는 영국 왕 헨리 4세를 떠올렸다.

당시 군대에 자기 자랑에 도취한 병사가 있었다. 이 병사는 진급을 구걸했다. 여기저기 돌아다니며 '끈'을 잡아 한 계급 올라가려고 애를 썼다. 이 병사가 겉으로 드러낸 '무기'는 용기였다. 용기 있는 군인이니 당연히 진급시켜줄 만하지 않으냐 하며 허풍을 떨었다.

마침내 이 병사가 헨리 4세와 대면할 기회를 잡았다. 이 병사는 헨리 4세에게 "저는 두려움이 무엇인지 모릅니다. 저는 평생 두려움에 떨어본 적이 없습니다" 하고 말했다. 헨리 4세는 이 병사에게 정중하게 한마디 했다. "당신은 엄지와 다른 손가락으로 촛불을 끈 적이 없지 않소(You never attempted to snuff a candle with your thumb and finger)."[34]

그런 경험이 없다는 점을 들어 병사의 오만함을 꼬집었다. 두 손가락으로 촛불 하나 끄지도 못하면서 무슨 용기 운운할 수 있느냐고 반문했다. 대통령에게는 온갖 인사 청탁이 쇄도한다. 대통령에 직접 오는 경우도 있고 측근 실력자들을 통해 간접적으로 전달되는 경우도 있다. 자신의 능력과 성품에 몇 배를 부풀리는 게 상례이다. 애덤스는 아주 간단한 예를 들어 무분별한 인사 청탁의 위험성을 일러주었다.

* * *

정적에 표 던진 상이군인 __앤드루 잭슨

한 상이군인의 친구가 잭슨 대통령에게 간청했다. 이 상이군인은 독립 전쟁 때 나라를 위해 참전했고 최선을 다해 싸워 독립 쟁취의 기쁨을 맛보았으나 레이크 에리 전투에서 부상을 입어 그만 한 쪽 다리를 절단해야 했다.

전쟁이 끝나고 나라는 자유를 만끽하게 됐지만 이 상이군인은 정상적인 생활을 하기 어려웠고 입에 풀칠하기조차 여의치 않았다. 그러자 이 상이군인의 딱한 사정을 안 정부가 1815년 동네 우체국을 맡기게 되었다. 이 상이군인은 그 이후 줄곧 이 우체국에 조그마한 가게를 차려 가족을 부양했다.

그런데 자칫 논공행상으로 잭슨 지지자들에게 우체국 자리가 넘어갈 형국이었다. 서로 이 자리를 차지하려고 안달이 났다. 상이군인이 가족들의 생계를 위해 일을 해야 하는데 만일 우체국 자리를 잃으면 큰일이 날 것이라서 상이군인의 친구는 걱정이 태산이었다. 친구는 그의 딱한 사정을 헤아려 달라고 상이군인을 대신해 잭슨에게 부탁했다. 시골에 조그만 우체국을 계속 맡아 관리하도록 허락해 달라는 게 그의 간절한 소망이었다.

상이군인의 친구는 이렇게 희망사항을 대통령에게 말하고는 잠시 머뭇거렸다. 그리고는 다시 어렵게 말문을 열었다. 그는 솔직히 말한다면서, 이 상이군인이 지난 1824년과 1828년 대통령 선거에서 잭슨을 지지하지 않았다고 실토했다. 이 친구는 이런 사실을 털어놓았지만 만에 하나 잭슨의 심기를 건드려 상이군인 친구에게 불리하게 작용할까 염려하는 기색이 역력했다.

그러나 잭슨의 반응은 전혀 달랐다. 상이군인 얘기가 진솔하면서도 나라를 위하는 마음이 자랑스러웠다. 잭슨은 상이군인이 대통령 선거에서 자신의 라이벌을 지지했지만 대수롭게 여기지 않았다. "나는 하찮은 일에는 괘념치 않습니다. 그가 나라를 위해 싸우다 다리 하나를 잃었으니, 그것만으로도 나에게 지지표를 던진 것이나 진배없습니다(I don't care a bawbee, sir, if he lost a leg fighting for his country! That is vote enough for me, sir)"고 했다.35)

나라를 위해 몸을 바친 자랑스런 국민, 진정한 애국자에게 호구지책을 마련해 주는 것은 당연한 일이다. 상이군인의 어려운 사정을 전달한 친구의 얼굴에 화색이 돌았다. 일을 그르치면 어쩌나 했는데 대통령의 유머러스한 화답에 긴장이 풀렸다. 국익보다는 사리사욕에서 움튼 논공행상으로 나라를 어지럽히는 얄팍한 기회주의자들에게는 냉정하고 단호한 잭슨이었지만 상이군인에겐 따스했다.

* * *

제4장
정치가 리더십

언론

색소폰 불 때는 낼 숨만 _ 빌 클린턴

　빌 클린턴이 대통령 선거에 출마했을 때 사람들은 그를 아칸소 촌뜨기로 우습게 봤다. 특히 언론은 무명 클린턴에 차가운 시선을 보냈다. 뉴욕의 매스컴에 잘 보이는 게 선거에 중요한 변수가 될 것이란 것을 깨달은 클린턴은 가능한 부드럽고 정치적으로 매력적인 이미지로 자신이 비쳐지길 원했다.

　하루는 TV 토크쇼에 출연했다. 미국인의 영원한 우상인 엘비스 프레슬리가 노래 부르는 장면을 재연했다. 시청자들은 처음엔 클린턴의 '연기'가 마음에 착 달라붙지 않았지만 점차 가까이할 만한 정치인이란 인식을 갖게 됐다.

　당시 라디오 토크쇼 '아이머스 인 더 모닝(Imus In The Morning)' 사회자로 명성을 얻었던 돈 아이머스(D. Imus)는 클린턴을 무척 싫어했다. '반 클린턴'의 선봉이었다. 그는 클린턴은 '성깔 사나운 촌놈'이라고 불렀다. 클린턴은 아이머스의 쇼에 출연했다. 자신의 '적'에게 다가간 것이다.

아이머스는 클린턴의 성관계에 관련된 루머를 공개적으로 언급한 장본인이었다. 그러나 아이머스도 제 발로 스튜디오에 걸어들어 온 클린턴인지라 이 이슈는 거론하지 않았다. 이런저런 얘기를 하다 클린턴의 음악 세계에 대해 질문을 던졌다. 악기로 왜 색소폰을 선택했는지 궁금해했다. 클린턴은 얼굴에 가벼운 미소를 띠며 답했다. "숨을 들이마실 필요가 없습니다. 그저 내쉬면 됩니다(You don't have to inhale. You blow out)."[1]

숨을 들이마시는 것은 종종 마약을 하는 것에 비유된다. 코로 마약 가루를 흡입하기 때문이다. 클린턴도 젊은 시절 한때 마약에 손을 댔다는 것으로 인해 논란의 대상이 됐었으니 '흡입'의 의미는 여러 가지를 연상시킨다. "색소폰은 마약과 극과 극"이라는 의미를 담고 있다. 색소폰을 불 때는 낼 숨만 쉬어야 하니 마약은 엄두조차 내지 못한다는 것이다. 마약 논란으로 한바탕 곤욕을 치른 클린턴이 '아픈 경험'을 재치 있게 빗댄 것이다. 아이머스와의 인터뷰 이후 클린턴의 이미지는 개선되기 시작했다. 언론은 클린턴을 다시 볼 필요가 있다는 점을 강조했다. 클린턴이 '적을 친구로 만들라'는 병법의 기본을 실천한 성과였다.

＊ ＊ ＊

테이블에 쌓인 질문서 __캘빈 쿨리지

쿨리지는 매주 두 번, 화요일과 금요일 정례 기자회견을 가졌다. 쿨리지가 기자들에게 궁금한 게 있으면 뭐든지 물어보라고 했다. 그리고 질문할 사항을 회견 전에 서면으로 제출해주면 준비를 해 성실하게 답변하겠다고 했다. 질문서가 접수됐다. 쿨리지의 백악관에는 공보비서관이 없었다. 기자들은 쿨리지의 비서인 슬렘프에게 질문서를 제출했다.

쿨리지는 아이젠하워나 케네디 대통령처럼 기자회견 전에 철저한 리

허설을 하거나 질문 사항에 대한 예상답변 준비에 만전을 기하는 스타일이 아니었다. 평상심을 유지하면서 여유있게 임했다. 만일 사전에 철두철미한 준비를 해야만 했다면 쿨리지는 아예 기자회견 자체를 없앴을지도 모를 일이다.

쿨리지가 질문서를 죽 훑어보았다. 개중에는 평범한 것들도 있었고 다소 민감하게 여겨지지만 적절하게 답을 할 질문들도 있었다. 그런데 몇 가지 질문은 도저히 언급할 수 없는 것이었다. 어떤 질문이든 기탄없이 하라고 해 놓고 자신의 입맛대로 답변을 한다면 애당초 일절 하지 않겠다고 하는 것보다 못하다고 판단했다.

쿨리지가 기자들의 질문서를 들고 회견장에 들어섰다. 기다리던 기자들은 '전투태세'에 돌입했다. 수첩과 펜을 들고 한 마디도 놓치지 않을 자세를 취했다. 그런데 잠시 정적이 흘렀다. 쿨리지는 인사말만 하고는 침묵으로 회견 서두를 시작했다. 몇 초가 지났을까. 쿨리지에게서 눈과 귀를 한순간도 떼지 않고 주시하던 기자들은 희한한 광경을 목격하게 된다.

쿨리지는 여러 가지 색으로 된 질문서를 들고 나왔다. 기자들에게 다양한 컬러의 질문용지를 제공했기 때문에 기자들은 컬러만 보아도 자신의 질문서를 어림잡을 수 있었다. 쿨리지는 혼잣말로 아주 나직하게 질문서를 하나씩 읽고는 테이블 위에 흩뿌리듯 내려놓았다.

질문서는 한 장씩 쌓였다. 마지막 질문서도 마찬가지로 테이블 위에 놓이게 됐다. 손에 쥐고 있던 질문서를 모두 테이블 위에 던진 쿨리지는 고개를 들고 기자들을 빤히 쳐다보았다. 아무 말도 하지 않고. 잠시 침묵이 흘렀다.

기자들은 자신들의 질문서가 쿨리지의 손에서 미끄러지듯 테이블 위에 쌓이는 것을 보고는 의아해했다. 기자들은 쿨리지의 실수 또는 장난으로 간주했다. 하지만 이는 쿨리지의 '사전 공작'에 의한 행동이었다. 선별적으로 답변을 하니 아예 원천적으로 답변을 하지 않는 쪽으로 가닥을 잡은 것이다.

하지만 기자들에게 일구이언(一口二言)할 수도 없고 기자들과 척을 질

수도 없는 '작은 위기'를 돌파하기 위한 기발한 아이디어였다. 그래서 일부러 질문서를 하나 둘 손에서 놓았다. 마치 사전에 수차례 연습한 듯이 태연한 표정이었다. 그리고 능청스럽게 한마디 했다. "오늘은 질문 받은 게 없습니다(I have no questions today)."[2]

쿨리지는 고의로 질문서를 테이블 위에 뿌려놓고는 능청을 떨었다. 기자들은 의례 비수처럼 품었던 질문들을 쏟아내기 마련이다. 국가 기밀에 해당하는 사안에서부터 대통령 또는 측근과 관련해 시중에 떠도는 소문까지 꼬치꼬치 따지고 캐묻는다. 쿨리지로서는 종종 난처한 상황에 처했다. 기자들과 껄끄러운 관계를 만드는 게 정치인으로서 바람직하지 않다는 것을 알면서도, 기자들의 궁금증을 속 시원하게 풀어줄 수 없는 경우가 있었다.

반드시 국가기밀이 아니더라도 어떠한 답변을 하더라도 자신과 행정부에 마이너스가 될 게 분명한 이슈에서는 "노코멘트" 카드를 사용했다. 그렇다고 기자들이 "왜 손에 들고 있던 질문서를 떨어뜨리고는 질문 받은 게 없다고 실없는 얘기를 하십니까?" 하고 되받는 기자는 없었다. 난처한 상황을 유머러스하게 풀어가려는 쿨리지의 속뜻을 다들 알고 있었다. "오죽했으면 저럴까" 하고 눈감아 주었다.

* * *

기자들에게 온 전보 _해리 S. 트루먼

1949년 3월 6일 트루먼이 휴가차 플로리다 키웨스트에 도착했다. 당연히 수행기자단이 동행했다. 트루먼을 태운 비행기가 기자단이 탄 비행기보다 앞서 공항에 내렸다. 기자단 비행기가 무슨 일인지 연착했다. 트루먼의 장난기가 발동했다. 평소 기자들에게 질문공세만 받던 대통령은 롤

플레이를 바꿔보았다. 기자들에게 질문공세를 펴기로 했다. 자신이 기자인 것처럼. 비행기 문이 열리고 기자들이 뒤늦게 트랩을 내렸다. 미리 와 기다리던 트루먼은 기자들을 반가이 맞이했다. 그리고는 첫 마디가 "도대체 어디에 있었소?" 기자 한 명 한 명에게 모두 지난밤 몇 시에 잤기에 이렇게 늦었느냐고 반복해 물었다.

기자들은 어안이 벙벙해졌다. 트루먼은 공세의 고삐를 늦추지 않았다. 며칠이 지났다. 트루먼은 다시 기자들에게 물었다. "이곳에 머무는 동안 적어도 1주일에 한 번 아내에게 편지를 보낸 사람이 몇이나 되오?" 하고 추궁하듯 했다. 기자들 가운데 몇 사람이 손을 들었을 뿐이다. 회심의 미소를 머금은 트루먼이 이렇게 말했다. "내가 여러분의 근황을 궁금해하는 전보를 여러 개 갖고 있으니 내용을 체크해 보는 게 좋을 듯하오(You had better check up because I have had several telegrams wanting to know what these fellows are doing)."3)

까다로운 질문으로 종종 자신을 난처하게 한 기자들에게 보복차원에서 '기자 역'을 자청한 것은 아니다. 하지만 질문을 당하는 사람의 위치에 서게 함으로써 모든 질문에 속 시원하게 답변하기 어려운 대통령의 입장을 이해할 필요가 있다는 생각쯤은 한 것 같다.

* * *

시장경제 왜곡할 서명 _존 F. 케네디

동서고금을 막론하고 유명인사의 물품이나 서명은 소중하다. 돈으로 환산할 수 없는 가치 외에도 실제 환금성 가치도 있다. 유명 화가의 '유작'을 놓고 진품이니 가짜니 하는 논란이 간간이 불거져 나오는 것도 다 돈이 결부되기 때문이다.

예술가의 작품, 정신적 지도자의 글, 홈런 기록을 깬 야구공 등등 종류가 많고 그에 얽힌 사연도 가지각색이다. 평범한 사람들은 이들 물품을 고이 간직하고, 가보(家寶)로 대물림을 하기도 한다.

인기연예인들의 서명도 인기 품목이다. 대통령의 서명은 말할 것도 없다. 대통령이 친필로 서명한 것을 소유하는 것은 쉽지 않다. 직접 서명을 받았거나 서명한 것을 간접적으로 구했거나 상관없이 모두 특급 대우를 받게 된다.

대통령과 직접 또는 간접으로 평범하지 않은 관계임을 넌지시 과시하는 경우도 있다. 대통령의 서명도장이 찍힌 상장을 받아도 영예롭게 여기는데 친필 서명이 쓰여 있다면, 또 평소 존경하는 대통령이라면 감읍(感泣)한다고 흉볼 일도 아니다.

브로드웨이에서 문화, 연예 칼럼니스트로 유명했던 뉴욕포스트의 신디케이트 칼럼니스트 레오나드 리온스(L. Lyons)가 케네디에게 편지를 보냈다. 리온스는 대통령들의 서명이 들어 있는 사진들이 사상 유래 없는 상종가로 취급되고 있으며, 서명이 들어 있는 케네디 대통령의 사진들도 같은 대접을 받고 있다고 적었다. 워싱턴 175달러, 프랭클린 루스벨트 75달러, 그랜트 55달러, 케네디 65달러.

케네디가 이 편지를 읽은 뒤 리온스에게 답장을 띄웠다. 고무적인 편지 내용에 감사하다는 말로 답신의 서두를 장식한 뒤 몇 마디 인사말을 이어갔다. 그리고 케네디는 서명 사진이 사상 최고가로 인정되고 있다고 일러준 리온스에게, 고급정보를 전해 줘 고맙지만 답신에 자신의 서명을 해줄 수 없다며 이해를 구했다. "친애하는 레오나드에게, 편지 잘 보았습니다… 지금 거래가격이 그 정도로 비싸다는 것을 믿기가 어렵군요. 경기가 나빠지지 않도록 이 답신에는 서명하지 않겠습니다(Dear Leonard: I appreciate your letter… It is hard to believe that the going price is so high now. In order not to depress the market any further, I will not sign this letter)."[4]

서명을 남발하면 가치가 떨어질 것이기 때문에 이번에는 서명은 생략하겠다는 게 표면상 의미다. 서명한 편지나 사진이 한 장이라도 늘어나면 수요와 공급에 따라 가격이 형성되는 자본주의 시장경제를 왜곡할 수 있다는 과장된 반응처럼 보이지만, 케네디의 답신은 유머일 뿐이다.

칼럼니스트 리온스의 편지도 사실은 가볍게 읽으면서 미소 지으라는 것이었다. 여기에 케네디도 같은 무게로 응답한 것이다. "나의 서명이 그 정도로 값지다고 하니 이 답신에 서명을 하겠습니다"라고 하는 것보다 분명 한 단계 위다.

* * *

재탕 사절 _ 린든 B. 존슨

1956년 민주당 전당대회 직전, 린든 존슨 상원의원이 시사주간지 뉴스위크의 샘 셰퍼 기자의 사무실로 전화를 걸었다. 존슨은 자신의 정치적 계획에 대한 기사가 다른 민주당 의원의 입을 빌어 보도된 데 화가 나 전화를 했다.

"내가 전당대회에서 무슨 발표를 할 것인지 궁금했으면 내게 직접 물어볼 것이지, 왜 다른 정치인의 입을 빌어 나의 계획을 보도하는 거요?" 셰퍼 기자는 자신의 불찰을 인정하고는 "그렇다면 존슨의원은 이번 전당대회에서 무슨 발표를 할 예정인가요?" 하고 물었다. 그러자 존슨은 이렇게 말했다. "모르겠소(I don't know)."[5]

정치인과 기자는 공생관계에 있다. 정치인은 기자에게 기사거리를 주고 기자는 정치인에게 창구를 제공한다. 좋은 기삿거리든 시시한 기삿거리든, 정치인이 다가가려는 창구든 피하려는 창구든 아무튼 이러한 관계에 얽혀 있다.

존슨과 셰퍼 기자의 관계에는 이미 상당부분 균열이 생겼다. 기자가 존슨 대신 다른 사람을 통해 우회적으로 취재한 것은, 존슨이 관련정보를 제공하지 않을 것으로 여겼거나 아니면 셰퍼 기자와의 관계가 평소에 나빴기 때문일 것이다. 그러니 셰퍼가 취재방식에 대해 '잘못'을 인정하고 새롭게 존슨에게 '계획'을 물었다고 해서 화해국면으로 접어든 것은 아니다. 마지못해 그렇게 한 것일 뿐이다.

여기에서 존슨이 자신의 계획을 장황하게 늘어놓아 보았자 별 관심을 끌지 못했을 것이다. 이 상황에서 두 사람의 관계에 중요한 것은 '내용'이 아니다. 재탕해서 왈가왈부하는 것은 무의미하다는 게 존슨의 판단이었다. 모르겠다고 했다. 서로 감정이 격해질 팽팽한 분위기에서 김을 뺐다.

* * *

"우리 딸은 7살"__지미 카터

카터는 신앙심이 두터운 크리스천이다. 거듭난 침례교도인 그는 대통령 직을 수행하면서도 일요일에는 교회 주일학교에서 교사를 할 정도였다. 1979년 8월 박정희 대통령을 만났을 때 불교도인 박 대통령에게 예수를 믿으라고 권유하기도 했다.

필라델피아에서 일하는 흑인여의사는 카터와의 불편했던 기억을 잊지 않고 있다. 이 여의사는 카터가 병원에 와서 마치 축복하려는 듯 손을 어깨에 올려놓곤 했다고 술회했다. 어떤 때는 카터가 자신의 얼굴을 어린아이 얼굴 감싸듯 두 손으로 매만지기도 했다며, 카터가 메시아인 양 행동하는 데 거부감을 느꼈다고 했다.

이 여의사는 카터의 행동에 대한 자신의 개인감정은 우호적이지 않았지만, 어찌 됐든 대다수 흑인들은 이러한 카터를 순수하게 받아들였다고 했다. 워낙 카터가 청교도적이고 융통성 없는 도덕군자의 이미지를 갖고 있어 한번은 기자가 애매한 질문을 던졌다.

가정법을 사용했다. 만일 딸이 불륜을 저질렀다는 얘기를 듣는다면 기분이 어떻겠느냐는 것이었다. 카터는 주저 없이 너무나 충격을 받아 어찌할 바를 모를 것이라고 말했다. 그리고 이 말에 바로 이어 "딸이 7살밖에 안 됐다(She is only seven years old)"고 덧붙였다.6)

껄끄러운 기자의 질문에 솔직한 답변에서 그쳤다면 딱딱한 질의응답에 머물렀을 것이다. 아니, 오히려 기자의 질문이 '선'을 넘은 것으로 보고 발끈했을 수도 있다. 일어나지 않은 일을 가상으로 해서 물어보기에는 질문 내용이 지저분했기 때문이다.

그러나 카터는 딸이 어려서 그런 문제를 전혀 걱정하지도 생각하지도 않는다는 점을 넌지시 일러주었다. 기자의 질문이 부적절함을 '7살' 표현으로 적절히 받아넘겼다.

* * *

허니문 _빌 클린턴

빌 클린턴이 대통령이 되자마자 언론의 비판이 거세졌다. 보통 새 대통령이 취임하면 몇 달 동안은 밀월관계까지는 아니더라도 우호적인 관계가 조성되는 게 통례이다. 그런데 클린턴 행정부는 그렇지 못했다. 그래서 클린턴은 가끔 언론에 불편한 심기를 표출했다. 친구와 보좌관들에게 속마음을 털어놓기도 했다.

클린턴은 공식석상에서는 언론에 대한 불만을 드러내지 않았다. 마음의 평정을 유지하려고 애썼다. 그러나 한번은 쌓였던 게 터져 나왔다. 1993년 6월 클린턴이 연방대법원에 공석이 생기자 루스 긴즈버그를 대법관에 지명했다. 클린턴은 긴즈버그가 적임자임을 강조했다.

그런데 ABC 방송의 백악관 출입기자 브리트 흄(B. Hume)이 긴즈버그

인선과 관련해 클린턴이 왜 갈팡질팡하는 모습을 보였느냐는 질문을 쏘아붙였다. 클린턴은 발끈했다. 대법관 지명을 수락하는 긴즈버그의 연설이 끝나자마자 훔 기자의 질문이 나온 것이었다. 클린턴은 도대체 지금 이 순간 어떻게 그러한 질문을 할 수 있느냐며 이해할 수 없다는 반응을 보였다.

그러나 며칠 후 클린턴은 즉석 기자회견을 가졌다. 그리고 갓 결혼한 훔 기자를 향해 이렇게 말했다. "자네는 내가 진짜 화가 났는지 알지? 자네는 허니문을 즐기고 있지만 나는 그렇지 못하네!(You know what I'm really upset about? You got a honeymoon and I didn't!)." 훔 기자는 클린턴의 이 말을 듣고 밝게 미소지었다.[7]

취임 후 몇 달간 누렸어야 한다고 여겼던 언론과 새 행정부와의 훈훈한 관계가 형성되지 않자 클린턴이 '폭발'했지만 이내 자신의 거친 발언에 대해 사과했다.

말 그대로 사과한 것은 아니지만 즉석 기자회견을 마련해 유머를 섞은 말로 자신의 입장을 이해해 줄 것을 당부한 셈이다. 클린턴과 훔의 껄끄러웠던 관계는 언제 그랬냐는 듯 풀렸다. 행정부, 입법부, 사법부에 이어 '제4의 권부(權府)'로 불리는 언론과 대치하면서 국정을 원만하게 운영하기 어렵다는 점을 깨닫고 화해전술을 편 것이다.

언론이 어떻게 하든 상관 않고 '내 방식대로'를 고집할 수도 있다. 하지만 대의를 굽히지 않는 범위 내에서는 언론과 유연한 협력관계를 유지하는 게 낫다.

클린턴이 기자에게 고개를 숙인 것처럼 보이기도 하지만, 나랏일을 효율적으로 수행하는 데 필요한 일이라면 가끔 고개를 숙이고 양보하는 자세도 필요하다. 표면적으로 지는 게 반드시 지는 것은 아니다.

* * *

기자회견장에서 투표? __리처드 M. 닉슨

2005년 조지 부시 주니어의 병역문제와 관련한 잘못된 보도로 인해 CBS-TV 뉴스앵커에서 불명예 퇴진한 댄 래더(D. Rather)는 닉슨 대통령에게도 눈엣가시였다. 당시 백악관 출입기자였던 래더는 특유의 날카로운 질문으로 닉슨 행정부의 정책을 비판했다. 백악관 출입기자들 사이에서도 래더의 '반 닉슨' 태도는 널리 알려졌다.

하루는 기자회견이 열렸다. 래더가 질문했다. "대통령님, CBS 뉴스의 댄 래더입니다." 회견장이 술렁거렸다. 래더의 인기와 반정부 기질을 알고 있던 기자들이라 "이번에는 무슨 질문을 퍼부을까" 하고 관심을 보인 것이다. 구석에서는 작은 박수소리도 들렸다. 그러자 닉슨이 "당신 무슨 선거에 출마했습니까?" 하고 비꼬았다. 지지자들이 많은 것 같다는 말을 돌려서 했다. 회견장에서 웃음소리가 들렸다.

래더는 "아닙니다. 그러면 대통령님은 출마했습니까?" 하고 받아쳤다. 더 큰 웃음소리가 터져 나왔다. 동료 기자들에게서 박수 좀 받았기로 기자인 자신을 정치인 취급하는 것이 못마땅했던 래더의 반격이었다. 닉슨과 래더는 이처럼 '물고 물리는 사이'였다.

다른 회견 때였다. 래더가 일어섰다. "대통령님, 정중하게 제가 한 가지 질문을 드리겠습니다." 대통령에게 최대한 예우를 갖추어 질문을 던지겠다고 했다. 닉슨이 이 말을 듣고는 "매우 이례적이군요." 하고 씩 웃었다. 워터게이트로 온 나라가 시끄러웠다. 진실게임이 연일 언론에 대서특필되고 국론은 심각한 분열상을 보였다.

래더의 질문은 가차 없었다. "대통령님, 당신을 신뢰했던 사람들이 마지못해 이런 말을 합니다. 대통령님이 사임하거나 아니면 탄핵돼야 한다는 말입니다. 이런 얘기에 대해 어떻게 생각하시는지 말씀해 주실 수 있습니까?" 닉슨이 답했다. "이 방에서 표결에 부치지 않는 게 다행입니다 (Well, I'm glad we don't take the vote in this room)."8)

래더를 비롯해 기자들이 눈을 부라리고 워터게이트 스캔들을 물고 늘어지려는 것을 잘 알고 있는 터라 회견장 분위기는 '반 닉슨 정서'로 가득했다. 닉슨에 우호적이던 기자들도 닉슨을 적극적으로 비호하거나 두둔하기 어려운 국면이었다. 사태를 파악한 닉슨이 회견장에서의 표결이라는 아이디어를 끄집어냈다. 워터게이트 스캔들의 진위 공방이나 닉슨의 사퇴 또는 탄핵이 백악관 기자회견장에서 표결에 붙일 일도 아니고 그걸 요구하는 사람도 없었다. 래더의 질문 자체는 무척 당혹스러운 것이었지만, 주제와 무관한 아이디어로 본론을 슬쩍 피해갔다.

* * *

차에서 내리는 장면은 안 찍어 _프랭클린 D. 루스벨트

권력을 쥔 사람과 언론은 종종 사이가 틀어지게 마련이다. 민주주의 사회에서는 이러한 불협화음이 오히려 정상이다. 정언유착도 있지만 언론자유가 보장된 자유민주주의 사회에서는 언론이 권력층에 필요할 때마다 날카로운 메스를 가차 없이 들이대는 게 통례이고 또 그래야 한다. 권력을 잘못 사용하거나 남용하는 것을 예방하고 '단죄'하기 위해서다. 언론에 밉보인 정치인은 정치적으로 구석에 몰리거나 아예 정치생명이 끝나는 경우도 심심치 않게 있다. 정치인들이 언론과 우호적인 관계를 유지하려는 것은 바로 이러한 이유 때문이다.

루스벨트는 자신에게 비판적인 언론에 '이에는 이'로 대하지 않았다. 빙 둘러서 '잘 잘못'을 지적했다. 언론의 비판을 소중한 충고로 받아들이기도 했다. 모든 언론이 '친 루스벨트'는 아니었지만 비교적 많은 매체와 우호적인 관계를 유지했다. 루스벨트의 장애는 그래서 언론에 잘 나타나지 않았다.

핸디캡 당사자인 루스벨트는 영화조차도 자신을 다룰 때 차에서 내리는 장면을 넣지 않는다고 농(弄) 섞인 '푸념 아닌 푸념'을 했다(No movies of me getting out of the automobile, please, boys!). 이 장면을 찍었다간 세상 사람들이 자신의 장애를 알아차릴 것이고, 차에서 내리느라 쩔쩔매는 모습이 지구촌에 퍼질 것을 예상 못했을 리 없지만, 몸의 장애가 마음의 여유를 누를 수 없다는 것을 루스벨트는 확인시켰다.

1936년 필라델피아에서 수천 명이 모인 가운데 민주당 전당대회가 열렸다. 그런데 루스벨트가 연단에서 그만 넘어지고 말았다. 언론은 이 장면을 일절 보도하지 않았다. 대통령에 대한 예우차원이기도 했겠지만, 평소 루스벨트가 언론과 유지해온 돈독한 관계도 한몫했다는 후문이다.

루스벨트의 장애는 아주 잘 은닉됐다. 소련의 조셉 스탈린(J. Stalin)도 1943년 말 이란의 테헤란에서 열린 국제회의에 참석해 루스벨트를 만나면서 미국 대통령이 걷지 못하는 핸디캡이라는 것을 알았을 정도다. 저 멀리 아프리카의 조그만 나라의 지도자라면 혹 모를까, 세계를 이끄는 미국의 대통령이 다리를 쓰지 못하는 '기본적인 장애자'라는 사실을 테헤란 회의 전까지 까맣게 모르고 있었던 것이다.9)

* * *

'자발적 재갈' __드와이트 D. 아이젠하워

2차 대전이 한창이었다. 아이젠하워가 유럽전선 연합군 총사령관으로 활약할 때였다. 기자회견이 있었다. 회견장은 기자들로 입추에 여지가 없었다. 아이젠하워가 기자들에게, "다음 공격목표에 대해 모두들 궁금해하고 있다는 것을 잘 안다"면서 비밀작전 계획을 공개하겠다고 했다. 공격목표는 이탈리아, 공격시간은 7월이라고 했다. 패튼 장군이 이탈리아 남부 해안을 치고, 몽고메리 장군이 동부지역을 공격할 것이라고 밝혔다.

기자들은 당황한 표정이 역력했다. 연합군의 결정적인 작전계획을 아이젠하워가 소상히 공개한 것을 믿을 수 없다는 기색이었다. 한 기자가 물었다. "만일 우리 기자 중에 누구 한 사람이라도 이 기밀을 누설한다면 연합군에 치명타가 되지 않겠습니까?" 하고 염려했다.

아이젠하워는 고개를 끄덕이면서 "여러분의 기사 속에 조그마한 힌트라도 포함되면 독일정보원이 눈치 챌 것입니다"라고 했다. 아이젠하워는 이어 "그러나 여러분의 기사를 검열하지는 않겠습니다. 나는 이 문제를 여러분 각자의 책임감에 맡기겠습니다"라고 했다. 한 기자가 이 말을 듣고는 "와, 비열한 책략이다(Wow, what a dirty trick)"라고 탄식했다.[10]

이 비밀은 누설되지 않았다. 기자들의 양식을 믿고 비밀을 얘기한 아이젠하워의 예상대로 아무도 비밀을 누설하지 않았다. 기사에도 일말의 힌트가 새어나가지 않도록 각별히 신경을 썼다. 아이젠하워는 생색은 다 내고 비밀을 지켰다.

언론에는 그 중요한 비밀을 허심탄회하게 알려준 '친 언론 인사'가 됐다. 동시에 기자들의 입에 '자발적 재갈'을 물린 노련함을 보였다. 기자들의 난처한 질문공세에 대처하기 위해 발휘한 기지였다.

* * *

이유 있는 지각 _빌 클린턴

클린턴은 알아주는 지각생이었다. 학창 시절 얘기가 아니라 정치인으로서의 클린턴을 말한다. 대통령에 당선된 뒤 고향 아칸소 주 의사당에서 축하모임이 열렸다. 주의원 등 수백 명의 인사들이 모였다. 그런데 클린턴이 약속시간이 지났는데도 나타나지 않았다. 사람들은 모두 서서 기다렸다. 합창단은 참석한 하객들의 지루함을 달래기 위해 연속으로 노래를 불러댔다.

한 시간이 지나서야 클린턴이 어머니와 함께 모습을 드러냈다. 클린턴은 어머니로부터 핀잔을 들었다. 빨리 서두르지 않고 꾸물대다 이렇게 늦지 않았느냐는 질타였다. 대통령 당선자가 어머니에게서 혼쭐이 난 것이다. 많은 사람들을 장시간 기다리게 했으니 클린턴으로서는 유구무언이었다.

클린턴이 지각을 밥 먹듯 한 데는 이유가 있었다. 클린턴은 사람을 만나면 일단 그 만남에 집중했다. 첫 만남에서 시간이 지체되면 다음 약속장소에 제시간에 도착하지 못한다. 한 번 늦었으면 신속하게 다음 장소에 가야하는데 클린턴은 그렇게 하지 않았다. 연쇄 지연이 불가피했다. 악수를 하거나 대화를 할 때 시간을 고려해 적당히 줄이는 방식을 좋아하지 않았다. 일부에서는 클린턴의 이러한 태도를 '자기중심적'이라고 비난했다.

음식을 보면 절제할 줄 모르는 클린턴의 습관도 지각을 야기했다. 아침이나 점심 모임에서 자리에 앉으면 접시에 계속 가져온 빵과 과자를 모두 먹었다. 특히 상대와 정치적 이슈에 대해 대화를 할 때면 손에서 입으로 들어가는 음식은 완전 자동기계를 연상케 했다. 다른 사람들은 자리에서 일어나 담배도 피고 술도 마시는 등 변화를 주었지만 클린턴은 가져 온 음식을 남김없이 먹어치웠다. 한번은 클린턴의 '포식증'을 우려해 보좌관이 접시를 허락도 받지 않고 빼앗기도 했다. 다음 장소로 가야 하는데 "마냥 앉아 먹으면 어떻게 하느냐"는 말 대신 행동으로 옮겼던 것이다.

하지만 클린턴의 만성적인 지각이 반드시 부정적인 이유에서만 비롯된 것은 아니었다. 클린턴이 CNN 책임프로듀서 솔 레빈(S. Levine)을 포함한 취재진들과 디트로이트와 시카고 상공을 날고 있었다. 50인 석의 쌍발기였다. 기내에는 커피 머신이 뒤쪽에 있었다. 클린턴이 커피를 뽑으려 취재진들이 앉은 기내 뒤쪽으로 왔다. 이때 레빈이 클린턴에게 한 가지 질문을 간단히 던졌다. 클린턴이 제안한 도심투자은행 안건에 대한 것이었다. 클린턴은 기다렸다는 듯이 말문을 열었다.

이 계획은 UN이나 파키스탄에서 국제통화기금이 전개한 프로젝트에서 아이디어를 따왔다고 했다. 역사와 연원, 그리고 이 계획이 어떻게 작동할지에 대해 장광설을 늘어놓았다. 어느덧 비행기가 착륙했다. 사람들이 내리기 시작했다.

잠시 멈추더니 클린턴은 다시 설명을 재개했다. 기내에서 약 20분간 말하고 착륙 후에도 클린턴의 입은 닫히지 않았다. 클린턴은 자세하게 설명했다. 레빈이 알아듣지 못하는 내용이 대부분이었다. 특히 은행에 대해서 문외한인 레빈으로서는 도통 모르는 얘기였다. 간단히 말해도 되는 것을 너무 깊게 터치했다. 레빈이 알아듣든 말든 하고 싶은 얘기를 모두 쏟아냈다.

사람들이 모두 내렸다. 기내에는 클린턴, 레빈과 여비서 디 디(D. Dee)만이 남았다. 여비서는 레빈에게 눈치를 주었다. 빨리 상황을 끝내라는 것이었다. 마치 레빈이 말을 물고 늘어져 지체되고 있다는 표정이었다. 그러나 레빈은 대통령이 바로 앞에 있는 상황에서 "내 잘못이 아니다" 하고 말할 수 없었다. 잠시 후 상황은 종료됐다.

이 대화로 인해 다음 약속장소에 늦은 것은 분명했다. 과거를 회상한 레빈은 당시의 장면이 우스꽝스럽기도 해 미소를 머금었다. 하지만 레빈은 클린턴이 하나의 이슈에 대해 그처럼 소상히 파악하고 있으며 이에 대해 열정을 갖고 대했다는 점에 놀랐다고 했다.[11]

시간에 관한 한 '앞 뒤 가리지 못하는' 클린턴의 투자은행 설명이 언론인 레빈에게는 대통령에 대한 인식을 새롭게 하는 계기가 됐다. '열심히 하다보면 인정받게 된다'는 평범한 교훈이 오버랩 될 만하다. 클린턴이 자신의 습관적인 지각에 대해 변명하거나 둘러대진 않았지만, 클린턴이 자아낸 프로듀서 레빈과의 진지한 대화 장면을 떠올리면 '예의 없는 지각생' 꼬리표 대신 '이유 있는 지각생'이란 별명이 적합할 듯싶다. 적어도 이 상황에서만은 그러하다.

* * *

조간엔 우울, 석간엔 흡족 _ 존 F. 케네디

케네디 집권 시기에 달라스 모닝 뉴스(Dallas Morning News)는 보수적인 논조로 유명했다. 이에 맞서 달라스 타임스 헤럴드(Dallas Times Herald)는 진보적인 신문이었다. 전자는 조간이고 후자는 석간이었다. 하루는 백악관에서 오찬 모임이 있었다. 유력 언론사 대표들이 함께 한 이 모임에 이 두 신문의 발행인들도 동참했다.

달라스 모닝 뉴스의 발행인 E. 딜리가 케네디에게 무례한 발언을 했다. 지금 이 나라에는 말 위에서 다이내믹하게 달리는 강력한 지도자가 필요한데, 텍사스와 남서부 지역 주민들 상당수는 케네디가 자전거를 타고 있는 대통령으로 생각한다는 내용의 발언이었다. 케네디가 유약해 나라를 맡기기에 겁이 난다고 깎아 내렸다.

장내는 쥐 죽은 듯 고요해졌다. 달라스 모닝 뉴스 발행인의 혹평으로 분위기가 썰렁해지자 라이벌 신문인 달라스 타임스 헤럴드 발행인이 종이에 메모를 해 케네디에게 전했다. 달라스 모닝 뉴스 발행인의 발언은 개인적인 견해에 지나지 않으며 신문이나 달라스 주민들의 입장을 대변하는 것은 아니니 괘념치 말라는 것이었다.

달라스 모닝 뉴스 발행인의 말에 설익은 감을 먹은 듯 떨떠름해 하던 케네디는 달라스 타임스 헤럴드 발행인의 '위로의 메모'에 기분이 반전됐다. 이 메모를 전달한 사람에게 케네디는 간단한 답신을 적어 전달하게 했다. "달라스 주민들은 오후가 되면 기분이 좋아진다는 점을 나는 확신합니다(I am sure the people of Dallas must be glad when afternoon comes)."[12]

오전에는 기분이 다운돼 있다가도 오후가 되면 '업 된다'는 것이다. 오전에는 조간 달라스 모닝 뉴스를 보고 기분이 우울해지다가도 석간인 달라스 타임스 헤럴드를 받아보면 기분이 다시 좋아진다는 얘기다.

달라스 모닝 뉴스보다 달라스 타임스 헤럴드가 보다 정확하고 공정한 보도를 하기 때문이라는 전제를 하고 있다. 케네디의 지도력을 혹평한 달라스 모닝 뉴스의 '편향된' 시각과 달라스 타임스 헤럴드의 '균형 잡힌'

시각을 대비해 후자의 손을 들어주었다.

케네디의 평가가 두 신문에 대한 올바른 판단이라고 할 수는 없지만, 적어도 케네디에게는 자신의 리더십을 믿어준 달라스 타임스 헤럴드 발행인이 고마웠을 것이다. 케네디는 이 발행인의 메모 내용을 머리에서 꽈배기처럼 한번 뒤튼 뒤, 자신을 우습게 본 달라스 모닝 뉴스 발행인의 비판을 되받아쳤다.

* * *

"나는 죽지 않았다"___조지 부시, 시니어

기원전 335년 알렉산더 대왕이 아직 살아 있을 때였다. 그런데 고대 이집트의 나일강 상류에 자리 잡은 도시 테베에 그의 사망 소문이 퍼졌다. 알렉산더의 마케도니아 지배아래 놓였던 테베 시민들은 알렉산더가 죽었다는 소문에 "이때다"하며 봉기를 일으켰다. 그러나 소문은 사실과 달랐다. 화가 난 알렉산더가 2주일 만에 테베의 봉기를 무참히 진압했다. 알렉산더는 2년 뒤 사망했지만 테베 시민들은 경솔한 행동으로 인해 톡톡히 대가를 치렀다.

2001년 6월 텍사스의 라디오방송 KGEL-FM에서 케이트 크레이머와 토니 트위치가 음악프로그램 진행을 맡고 있었다. 당시 브리트니 스피어스(B. Spears)는 미국인들의 우상이 되다시피 인기몰이를 하던 가수였다. 헌데 이들 디스크자키들이 엄청난 말을 했다. 스피어스가 남자친구 저스틴 팀버레이크와 차를 타고 가다 사고로 죽었다고 마이크에 대고 발표를 했다. 팬들 사이에서 난리가 났다. 물론 스피어스는 죽지 않았다. 라디오방송 매니저는 이들을 해고했다. 엉터리 소문에 가볍게 입을 놀리다 일자리를 잃고 말았다.

1960년대 비틀스 멤버인 폴 매카트니(P. McCartney)가 자동차 사고로 숨졌다는 얘기에 세상이 발칵 뒤집히다시피 했다. 비틀스는 이를 숨기기 위해 매카트니를 빼닮은 가수를 찾아내 매카트니인 양 속였다는 소문도 돌았다. 팬들은 진위를 알아내기 위해 부산을 떨었다. 결국 이는 거짓으로 판명됐다. 아무튼 한순간 비틀스 팬들은 경악을 금치 못했다. 만일 매카트니가 죽었다는 게 사실이었다면 그의 대타로 노래를 부른 가수는 정말 실력 있는 사람이라는 뒷얘기도 나왔다.

미국작가 마크 트웨인(M. Twain)이 1897년 유럽에 살고 있을 때, 미국 신문에 그의 부고 기사가 실렸다. 이 소식은 다른 신문들에도 등장했다. 트웨인의 친척이 숨진 것이 잘못 전해진 것이다. 어찌 됐든 유럽에 있던 트웨인에게도 이 소식이 전해졌고 트웨인은 황당했다. 트웨인은 친구와 기사를 게재한 일간지 '이브닝 선(Evening Sun)' 등에 자신의 사망소식이 지나치게 과장됐다고 말했다. 트웨인은 이 해프닝이 있고 나서 13년 뒤인 1910년 숨졌다. 13년이나 더 살아야 할 사람을 죽은 사람으로 취급했으니 당사자의 심정은 답답했을 것이다. 그래도 트웨인은 차분하게 사실을 알렸다. 트웨인은 요란을 피우지 않고 정중하게 사실을 알렸다. 그러나 헛소문에 경솔한 행동을 한 언론은 쥐구멍을 찾느라 정신이 없었다.[13]

부시가 아이오와 비공식 인기투표에서 밥 도울, 패트 로버트 후보에 밀려 3위를 하자 언론이 "꼴좋다"는 투의 반응을 보였다. "부시의 정치생명이 끝났다"는 글도 심심치 않게 게재됐다. 그러자 부시는 "많은 내 지지자들이 에어쇼를 보러가고, 딸 성년 파티에 가고, 중요한 골프대회에 나갔다"고 농담으로 어물쩍 넘어갔다. 그러나 2월 16일 실시된 공화당 대선 후보 당내경선 진짜 투표에서 부시가 여유 있는 승리를 거뒀다. 밥 도울은 물론 잭 캠프, 패트 로버트, 알 헤이그 등 다른 군소후보들은 상대가 되지 않았다.

부시는 승리가 결정되자 연단에 올라 환호하는 지지자들에게 손을 흔들어 답례하며 마크 트웨인의 거짓 '부고 소식'을 떠올렸다. 멀쩡하게 살아 있는 사람을 '송장' 취급한 보도에 대한 트웨인의 절제된 유머를 그대로 인용했다. "나의 죽음에 대한 소식들은 지나치게 과장됐다(Reports of my death were greatly exaggerated)."14)

마크 트웨인은 미국인뿐 아니라 문학을 사랑하는 전 세계인들에게 사랑받은 작가다. 특히 많은 미국인들이 그를 존경했다. 부시가 언론에 대해 섭섭했던 마음을 트웨인의 말에 담아 담담하게 전달했다. 표현은 단순했지만 듣는 이에게는 상당한 의미로 와 닿았다. '반 부시' 대열에 앞장섰던 언론에게는 더 더욱 따갑게 느껴졌을 게다.

* * *

파킹 숄더 _프랭클린 D. 루스벨트

전쟁 중이라 미국도 비상체제에 돌입했다. 일반차량은 고속도로 사용이 금지됐다. 군용차량 전용도로가 됐다. 국민들의 불편이 이만저만이 아니었다. 불평이 여기저기서 쏟아져 나왔다. 언론이 이를 놓칠 리 없다. 대통령이 기자회견을 마련했다.

기자들은 별렀다는 듯이 대통령에게 국민의 원성을 전달했다. "대통령께서 국방정책의 일환으로 취한 일반 차량의 고속도로 사용금지 조치에 비상시 주차하는 고속도로의 갓길(파킹 숄더: Parking Shoulders)도 포함됩니까?" 하고 물었다.

국가비상사태라서 고속도로를 군대가 전용할 수 있도록 한 것이고 고속도로를 통제하면 도로 가장자리인 갓길도 통제되는 것은 상식이다. 고속도로에서 일반차량에게 일반차선은 막고 갓길만 열어놓는 것은 얼토당토않은 일이다. 물리적으로 가능하지도 않고 정책적으로도 말이 되지 않는 발상이다. 그런데 기자가 이러한 질문을 던진 것은 일반차량이 고속도로를 진입하지 못하게 하는 바람에 일상생활이 말이 아니라는 국민의 불만을 루스벨트에게 쏟아낸 것이다.

루스벨트는 "파킹 숄더라니요?" 하고 의아해 했다. 그러자 기자가 "군인들이 고속도로에서 지나갈 때 일반 국민들이 차를 세우고 볼 수 있는 고속도로 가장자리 말입니다" 하고 되받았다. 고속도로 일반차선은 사용하지 못하게 했지만 갓길이라도 사용할 수 있게 해 군인들을 격려해야 하지 않겠느냐는 것처럼 들린다.

갓길만 선별적으로 사용하는 것은 불가능하다는 점을 기자가 몰랐을 리 없다. 대통령을 곤혹스럽게 할 심산이었다. 그러나 루스벨트는 기자의 질문에 말려들지 않았다. "기자양반, 혹시 연인들이 껴안는 장소를 의미하는 것은 아니죠?(You don't mean necking places)."[15]

숄더(어깨)라는 단어를 곧이곧대로 해석해 연인들이 포옹하는 장면을 연상케 했다. 그리고 한 걸음 더 나아가 갓길을 연인들이 목을 휘감고 포옹할 장소로 둔갑시켰다. 전쟁 통에 한가로이 사랑타령 운운해서야 되겠느냐는 루스벨트의 '무언의 반문'이다.

기자들 사이에서 웃음이 폭발해 한참 동안 멈추지 않았다. 나라 사정을 이해할 만한 데도 시비를 거는 기자에게 한 방 먹였다. 넉살좋게 받아쳤다. 그리고 국민 모두가 불편하지만 역경을 함께 딛고 이겨내야 한다는 메시지를 '쿨 하게' 전달했다.

* * *

푸에르토리코의 공립학교 _캘빈 쿨리지

쿨리지가 기자들을 꺼린 것은 공지의 사실이다. 하도 심해 기자들이 모의를 했다. 한 번은 쿨리지가 회견에 참석하기로 했다. 마지못해 그렇게 결정했다. 기자들은 이번에도 쿨리지가 두루뭉수리 피해가지 않기 위해 미리 꾀를 냈다. 머리를 맞대 방도를 찾았다.

기자 전원이 동일한 질문을 하자고 합의했다. 그러면 아무리 쿨리지라고 해도 빠져나가지 못할 것이라고 확신했다. 기자들이 질문서에 적은 질문은 하나 같이 "1928년에도 재출마할 겁니까?"였다. 쿨리지가 질문서를 한 장 한 장 넘겼다. 아무 말 없이, 아무 표정도 없이.

잠시 후 쿨리지의 입이 어렵사리 열렸다. "여러분, 질문들 가운데 제가 오늘 대답하고 싶은 것은 푸에르토리코의 공립학교에 관한 질문 하나 뿐입니다(The only one of these questions I care to answer today is the one about public schools in Puerto Rico)."16) 그리고 쿨리지는 약 15분을 이 이슈로만 채웠다. 자료와 통계를 고루 섞어가면서 설명했다. 기자들은 혀를 내둘렀다. 다시는 쿨리지를 상대로 모의하지 않기로 결의했다.

기자들의 공모가 쿨리지에겐 먹히지 않았다. 미리 준비해간 이슈를 기자들이 듣든 말든 노래 부르듯 불러댔다. '무관의 제왕'들도 어쩌지 못한 고수였다. 너무나 엉뚱해 말문이 막힐 뿐이었다.

쿨리지의 '철판 두른 얼굴'은 흥미로운 상황을 연출한 것은 아니지만 기자들에게서 분노를 불러일으키지는 않았다. 기자들과의 만남을 좋아하지 않으면서도 노골적으로 티를 내지 않았다. 기자들이 꼼짝 못하도록 멱살을 잡자, 둘러치기로 한판승을 거둔 셈이다.

* * *

'안티' 여론

자신을 저주한 목사에게 ___앤드루 잭슨

1816년 10월 어느 일요일. 잭슨이 미 연방육군 남부군 사령관일 때였다. 감리교 선교사 피터 카트라이트가 내슈빌의 한 교회에서 설교하고 있었다. 잭슨이 교회에 들어갔다.

복도를 천천히 걸었다. 주위를 둘러보아도 빈자리가 없었다. 잭슨은 그냥 교회의 한 기둥에 몸을 기대어 섰다. 다른 선교사 브라더 맥이 잭슨이 온 것을 알아채고는 설교 중인 카트라이트의 코트 자락을 당겼다. 그리고 "잭슨 장군이 들어 왔다"고 속삭였다.

카트라이트는 이 말을 듣자마자 "누가 잭슨 장군입니까? 하느님의 품으로 돌아오지 않으면 저주받을 것입니다" 하고 성난 어조로 소리쳤다. 예배를 보던 신도들이 일제히 웃음을 터뜨렸다. 잭슨도 여기에 동참했다. 예배가 끝났다. 선교사 맥이 잭슨이 묵고 있는 호텔로 달려갔다. 카트라이트의 발언에 대해 대신 사과했다.

한 두 시간 후에 잭슨이 호텔 앞길에서 카트라이트와 마주쳤다. 잭슨은 손을 내밀어 악수를 청하면서, 카트라이트의 말에 감명 받았다고 했다. 그리고 카트라이트의 발언으로 화가 났을 것이라고 생각해 자신에게 사과하러 온 맥의 행동에 오히려 놀랐다고 덧붙였다.

잭슨은 계속해 "나는 카트라이트 목사에 화가 나기는커녕 아무도 두려워하지 않고 할 말을 하는 소신을 높이 평가한다고 맥에게 말했으며, 목사는 모든 사람을 사랑해야 하고, 언젠가 죽을 인간을 두려워해서는 안 된다고 했다"고 말했다.

그리고 잭슨은 맥에게 이런 말도 했다고 카트라이트에 알렸다. "만일 내게 카트라이트 목사처럼 소신 있고 두려움 없는 장교 수천 명과 잘 훈련된 육군이 있다면 영국을 점령할 수 있을 텐데!(If I had a few thousand such independent, fearless officers as you were, and a well drilled army, I could take old England!)."[17]

물 불 가리지 않는 잭슨이었다. '욱'하는 성격의 잭슨이었다. 너무 과격하다는 핀잔도 들은 잭슨이었다. 하지만 때론 참을성 있고 온화한 잭슨이기도 했다. 많은 신도들 앞에서 자신을 '저주'한 카트라이트 목사를 제대로 손 볼 수도 있는 상황이었다.

하지만 잭슨은 "성스러운 예배시간에 나를 욕보이다니..." 하고 달려들지 않았다. 자신을 모욕한 목사를 되레 두둔하고 그 소신과 용기를 칭찬했다. 콧대 높은 영국을 혼내줄 정도의 자질을 갖춘 미국인으로 치켜세웠다.

강공으로 나올 것으로 예상한 카트라이트는 잭슨의 의외의 부드러운 대응에 머쓱해졌다. 잭슨에 대해 부정적인 발언을 삼갈 수밖에 없게 됐다. '적'을 내편으로 끌어당긴 '소프트 리더십'이다.

* * *

일본군에 총 쏠 수 없던 이유 __프랭클린 D. 루스벨트

과달카날(Guadalcanal)은 남서태평양에 있는 솔로몬 제도에서 가장 큰 섬이다. 이 섬의 마카라콩부루 산은 2,477미터로 솔로몬 제도에서 가장 높다. 이 섬은 2차 대전 당시 미군과 일본군 간의 격전지였다. 1942년 7월 남서태평양의 전략요충지인 과달카날에 일본군이 진주했다. 일본군은 이 섬의 북부지역만을 요새화 했다.

사실 남부 해안은 해안선에 따라 길게 이어진 산호초 때문에 지형적으로 배가 상륙하기 어려웠기 때문에 굳이 공들여 요새를 만들 필요가 없었다. 이 지역 내륙평지와 산악을 중심무대로 삼은 일본군은 비행장을 건설하고 언덕 등 고지대에는 포를 설치했다. 당시 일본군은 8,400명 정도였다.

일본군이 과달카날을 점령하면서 오스트레일리아와 뉴질랜드의 안보가 위기에 처하게 됐다. 유럽에서 독일군 격퇴에 온 신경을 집중하던 미국은 더 이상 일본군의 진격을 방치할 수 없었다. 일본군이 섬에 상륙한 지 약 한 달 만인 8월 7일 미 해군과 해병대가 과달카날에 당도했다. 해군의 집중포화에 이어 해병대가 상륙작전을 펼쳤다.

전투는 3개월 간 계속됐다. 결국 해병대가 일본군의 비행장을 접수했다. 해병대는 육군 보병들이 섬에 안전하게 상륙할 수 있도록 해안선 6마일, 내륙으로 3마일 지점까지 해안교두보를 설치했다. 해병대는 피비린내 나는 전투를 치렀다. 일본군이라면 치를 떨었다.[18]

루스벨트는 이러한 참혹한 전쟁터를 무대로 다음과 같은 얘기를 지어냈다. 미군 해병대원이 과달카날에서 싸우다 귀가명령을 받았다. 그는 단 한 명의 일본군도 사살하지 못한 채 고향으로 돌아가야 할 처지인지라 무척 낙심했다. 그래서 이 해병대원은 상관에게 자신의 상황을 설명했다. 그러자 이 상관은 해병대원에게 "언덕 위에 올라가 히로히토는 지옥에나 떨어져라 하고 외치면 숨어 있던 일본군들이 나올 것이다" 하고 일러주었다. 그때 일본군을 죽이면 된다고 했다.

해병대원은 상관의 지시를 그대로 따랐다. 그러자 정글에서 일본군 한 명이 나오더니, "루스벨트는 지옥에 떨어져라" 하고 외쳐댔다. 해병대원은 이 말을 듣고는 그만 겨누던 총을 내려놓았다. 그토록 원하던 순간이 었는데도 일본군을 죽이지 않았다. "나는 공화당원을 죽일 수 없었다(I could not kill a Republican)"는 게 해병대원의 변(辯)이었다.[19)

이 해병대원은 민주당의 루스벨트를 혐오했다. 그래서 죽이려했던 일본군이 루스벨트를 저주하자 공화당원으로 간주해 살려준 것이다. 실제 해병대원이 자신에게 총구를 겨눈 적군보다 루스벨트를 더 싫어했을 리 없지만, 루스벨트는 '안티-루스벨트'를 이처럼 극한적인 모양으로 코믹 터치했다.

* * *

적군들의 구원 __에이브러햄 링컨

남북전쟁 당시 링컨 대통령이 쉬리글리 목사를 육군병원의 군목으로 지명했다. 상원 청문회를 앞두고 링컨은 의회 승인을 낙관했다. 링컨에게 연락이 왔다. 기독교연합회에서 젊은 사람들로 구성된 위원회가 링컨에게 쉬리글리 목사의 군목 지명을 철회할 것을 촉구했다.

링컨은 쉬리글리 목사가 의회 청문회에서 만족할 만한 발언을 해 지명한 것을 뿌듯하게 여기고 있었다. 그런데 기독교계 측에서 반발하고 나선 것이다. 링컨은 이유가 궁금했다. 위원회 대변인은 "쉬리글리 목사가 복음에 충실하지 않다"고 답했다.

링컨은 복음에 충실하지 않은 구체적인 사례를 들어보라고 했다. 위원회 대변인은 "쉬리글리 목사는 지옥에서 영원한 형벌이 있다는 것을 믿지 않는다"고 했다.

옆에 있던 위원회의 다른 멤버가 거들었다. "쉬리글리 목사는 우리의 적군도 결국에는 구원받을 것이라고 믿고 있다. 이런 사람을 군목으로 받아들일 수 없다"고 했다. 링컨이 잠시 생각에 잠겼다. 그리고 강한 어조로 말했다. "만일 천국에 가지는 못하더라도 이 세상에서 적군들이 구원받을 수 있는 길이 있다면, 그를 지명할 수 있는 것 아닙니까!(If... there be any way under heaven whereby the rebels can be saved, then let the man be appointed!)"[20]

링컨은 총칼을 겨누고 철천지원수로 싸우는 적군들이 죽어서 구원받아 천국에 들어갈 수 있다고 믿는 쉬리글리 목사에 대한 기독교계의 불만을 묘하게 무마했다. 링컨은 적군들이 죽어서 천국에 갈 수 있느냐 없느냐 하는 민감한 사안을 건드리지 않았다. 사후 문제는 종교의 영역에 내버려 두었다.

천국 대신 이 세상의 일을 부각시켰다. 적이라도 천국은 아니지만 이 세상에서 구원받을 수 있는 가능성은 부인할 수 없다. 구원은 다양한 형태로 나타날 수 있기 때문이다. 그리고 쉬리글리 목사의 '구원' 발언을 천국에서의 구원에 묶어두지 않고 이 세상에서의 구원으로 끌어내렸다.

적들이 세속적으로 일이 잘 풀려 "나보란 듯" 행복하게 살더라도 교계의 믿음대로 죽으면 반드시 지옥 불에 떨어질 수 있다는 가능성을 열어놓았다. 적군의 구원을 세속적 구원으로 해석하면 굳이 쉬리글리 목사의 지명을 철회할 필요도, 교계 측에서 반대할 이유도 없지 않느냐는 반문이다. 쉬리글리 목사는 결국 육군 병원 군목이 됐다.

링컨은 교계의 반발에 대해 까다로운 교리로 맞서지 않고 종교와 세상일을 절묘하게 분리함으로써 자신의 지명을 관철했다.

* * *

"트루먼과 똑 같구려" _해리 S. 트루먼

1953년 2월 트루먼이 하와이에 가는 길에 샌프란시스코에 들렀다. 트루먼은 이곳에서 대형 증기선을 타고 하와이로 갈 예정이었다. 샌프란시스코에서 증기 선박회사 사장인 조지 킬론(G. Killon)과 저녁식사를 하기로 됐다.

트루먼의 운전사가 킬론 집으로 달렸다. 마을은 제대로 찾았는데 집을 잘못 골랐다. 트루먼이 한 집 현관에서 초인종을 눌렀다. 이내 문이 열렸다. 트루먼의 표현대로라면 "영락없이 공화당원처럼 생긴 신사"가 나왔다.

트루먼은 "킬론이 이곳에 살지 않느냐?"고 물었다. 신사는 아니라고 답하고는 트루먼을 뚫어지게 쳐다보았다. 그리고는 "가만 있자, 당신의 감정이 상하지 않길 바라오. 그런데 당신 정말 해리 트루먼과 똑같이 생겼구려!" 이 말을 듣고 트루먼이 화답했다. "나도 당신의 감정이 상하지 않길 바라오. 그런데 내가 바로 해리 트루먼이오(I hope yours won't either, but I am Harry Truman)."[21]

물론 집주인이 모르고 한 말이었지만 당사자인 트루먼의 입장에서는 면전에서 심한 말을 들었다. 그래도 "내가 바로 당신이 그토록 미워하는 트루먼이오. 어쩌겠소?" 하고 따지지 않았다. 트루먼은 집주인이 쏜 화살을 그대로 되돌려 보냈을 뿐이다. 대통령 앞에서 대통령에 대한 생래적 거부감을 표시한 집주인의 표정이 어떻게 변했을까 짐작된다.

* * *

컵 절반의 우유 _앤드루 잭슨

1829년 12월 7일 앤드루 잭슨이 의회에서 첫 연두교서를 발표했다. 의원들은 물론 국민 모두가 비상한 관심을 갖고 있었다. 4년 전 존 퀸시 애덤스에게 패한 뒤 와신상담, 재기에 성공한 잭슨 행정부에 거는 기대와 우려가 교차했다.

민주당을 대표해 대선에 나와 당당히 백악관 입성에 성공한 잭슨은 자수성가형으로 '보통사람들'에게 희망의 상징으로 여겨졌다. 그러니 그의 정책을 밝히는 연두교서 내용에 이목이 집중되는 것은 당연했다.

잭슨은 전임 대통령들과 사뭇 달랐다. 귀족가문 출신도 아니고, 행정부 각료를 지내거나 정치적으로 전국적인 지명도가 있는 인물도 아니었다. 워싱턴의 바통을 이어받은 존 애덤스 대통령은 워싱턴 행정부에서 부통령을 지냈다. 3대 토머스 제퍼슨 대통령은 워싱턴 행정부의 초대 국무장관에 이어 부통령을 역임했다.

4대 제임스 매디슨 대통령은 제퍼슨 행정부아래에서 국무장관을, 5대 제임스 먼로 대통령은 매디슨 행정부에서 국무장관과 전쟁장관을 겸임했다. 6대 존 퀸시 애덤스 대통령은 먼로 행정부에서 국무장관으로 일했다.

하지만 7대 대통령 잭슨은 테네시 주 최고재판소 판사를 거쳐, 연방 자원군 소장, 연방 육군의 남부군 사령관으로 전장을 누볐고 정치경험은 플로리다 초대 주지사가 전부라 해도 과언이 아니다. 행정부에 이제 막 발을 담갔던 경험이 없는 정치 신예가 최고 권력자가 된 것이다. 잭슨의 입에 국민의 눈과 귀가 쏠리는 것은 당연했다.

잭슨의 연설은 여러 가지 정책구상을 담고 있었다. 그 중에서 백미는 '보통사람의 시대'임을 강조하는 대목이었다. "모든 공직은 국민의 복리를 위한 것이므로, 어느 누구도 다른 사람에 비해 공직에 대한 본질적인 우선권을 갖고 있지 않다"는 부분은 잭슨의 정치 청사진의 골간을 고스란히 투영했다. 잭슨은 연두교서 발표를 통해 자신의 정부가 '보통사람의 정부'로 자리 매김 하는데 전력투구할 것을 다짐했다.

연두교서 발표문을 1829년 12월 7일 의회에 전달했다. 다음날 잭슨은 오랜 친구인 로버트 암스트롱 장군을 만났다. 잭슨이 물었다. "이보게 친구, 어제 연두교서의 메시지에 대해 사람들이 무어라고 하던가?" 암스트

롱은 "사람들은 연설 내용이 일류라고 하던데. 그런데 연설을 자네가 썼다고 믿는 사람은 아무도 없더군" 하고 답했다. 잭슨은 온후한 어투로, "그래도 내가 그런 연설문을 쓸 수 있는 사람을 발탁한 것은 인정받을 만하지 않은가?(Well, don't I deserve just as much credit for picking out the man who could write it?)" 하고 말했다.22)

막역한 친구 암스트롱이 전달한 솔직한 민심이 대통령의 심기를 살짝 건드리려다 애덤스의 답변으로 수그러들고 말았다. 암스트롱이 전한 연두교서에 대한 민심은 잭슨에겐 칭찬이 절반, 비아냥거림이 절반이었다. 어차피 대통령이 직접 연설문을 작성하지 않는다는 것을 모두들 알고 있는 터라 사실은 잭슨을 폄훼하는 반응에 무게가 실렸던 것이다.

그러나 잭슨은 분노하지도, 실망하지도 않았다. 자신에 대한 '야박한 평가'조차도 긍정적으로 해석하는 여유를 드러냈다. 컵 절반을 채운 우유를 보고 '절반 밖에 없나'가 아니라 '절반이나 있네'로 밝게 보았다.

* * *

'그랜드'_프랭클린 D. 루스벨트

루스벨트를 비꼬듯 풍자한 만화가 있었다. 그런데 그는 바로 이 만화를 아주 좋아했다. 주말 휴양지인 메릴랜드 캐톡딘 힐스의 침실 문 바깥쪽에 걸어놓을 만큼 애착을 보였다. 이 만화는 1938년 11월 잡지 '에스콰이어'에 실린 것이다. 이 만화는 다음과 같은 장면을 묘사했다.

교외지역의 넓은 집이 배경에 나온다. 어린 소녀가 어머니에게로 막 뛰어간다. 어머니는 문간에 서 있다. 길가에 분필로 무언가 쓰고 있는 소년 윌프레드를 가리킨다. "엄마, 이것 봐! 윌프레드가 나쁜 말을 써 놓았어(Look, Mother — Wilfred wrote a bad word!)." 윌프레드가 이 집 앞 인도에

써 놓은 말은 '루스벨트(Roosevelt)'였다.23)

어린아이들이 싫어하는 단어가 루스벨트일 정도로 당시 그를 싫어하는 사람들이 많았고 그 정도가 심했다. 예전에 '문둥이'가 온다는 말에 울던 어린아이들이 뚝 그쳤다는 일화가 있다. 칭얼대는 아이들을 달래는 데 부모가 적절히 사용하던 말이다. 이처럼 대통령의 성(姓)인 '루스벨트'라는 단어가 일부 국민들 사이에서는 혐오의 대상, 가까이 하고 싶지 않은 대상으로 전락한 것이다.

자신을 이처럼 모욕한 만화를 루스벨트는 침실 문에 걸어놓고 애지중지했다. 바보가 아닌 다음에야 자신을 비꼬고 무시한 삽화가와 이 만화를 게재한 잡지에 대해 울화가 치밀 만 한데 화를 내기는커녕 하루에도 몇 번씩 접할 수 있는 장소에 걸어놓았다. 국민의 절대다수는 아닐지언정 대통령에 대한 비판을 겸허하게 받아들이고 국정 수행에 있어 보다 세심한 배려를 하려는 다짐으로 그렇게 했다.

잡지 '뉴요커'에 피터 아르노라는 삽화가가 시사풍자만화를 그렸다. 아르노를 일약 유명인사로 만든, 대통령을 꼬집은 이 만화의 내용은 이렇다. 여러 명의 귀족들이 자신들만의 특별한 클럽 회합이 열리는 곳에 모였다. 그리고 이들이 창문을 통해 밖에서 지나가는 다른 귀족에게 크게 소리쳐 부른다. "우리들은 지금 트랜스 럭스에 가서 뉴스영화를 한 편 보려는 데 자네도 같이 가자!"

트랜스 럭스는 당시 뉴스영화를 상영하는 곳으로 아주 인기 있는 곳이었다. 루스벨트에 대해 비판적으로 다룬 뉴스영화를 상영한다는 것을 시사했다. 영화를 보면서 루스벨트를 질근질근 '씹자'는 것이었다. 루스벨트의 공보비서가 머쓱해하며 대통령에게 이 만화를 건넸다. 루스벨트는 이 만화를 보고는 자신이 결재할 때 가장 극찬하는 표현인 '그랜드(Grand)'라고 만화 위에 썼다.24)

영화에도 청소년 관람가, 불가 등등 여러 등급이 있다. 또 영화비평가들은 영화를 시사회에서 감상하고 추천을 한다. 별 다섯 개 만점에 3개, 2개 등으로 추천의 강도를 표시한다. 루스벨트도 자신을 비판한 영화를 주제로 한 만화에 대해 평가를 내렸다. 자신에게 뭇매를 가했는데도 '미성년자 관람불가' 아니 '상영금지' 대신 정반대의 최고점수 '그랜드'를 주었다. '큰 정치인의 모습'이다.

* * *

제 욕 하는데 맞장구 __율리시스 그랜트

율리시스 그랜트가 사망하기 직전, 유언은 아니지만 자신에게 일어났던 잊지 못할 한 토막 이야기를 주치의 슈래디 박사에게 들려주었다. 몇 년 전 그랜트를 주빈(主賓)으로 하는 연회가 준비되고 있었다. 그랜트는 기꺼이 이 연회의 초대에 응했다.

연회 날이 되어 그랜트가 채비를 했다. 날이 꾸물꾸물해 우산을 가지고 떠났다. 그랜트의 예상대로 연회장에 가는 도중 비가 억수같이 쏟아졌다. 그랜트는 회심의 미소를 지으며 우산을 펴들었다. 그리고 천천히 걸었다. 그런데 한 행인이 우산 없이 비를 쫄딱 맞으며 걷고 있었다.

그랜트는 발길을 멈추고 그 행인에게 다가갔다. 마침 이 행인도 연회에 초대받아 가는 길이었다. 그래서 그랜트가 이 행인을 우산 속으로 끌어들였다. 낯선 행인은 그랜트에게 감사하다며 비를 피했다. 두 사람은 연회장까지 가는 동안 우산 속 연인처럼 도란도란 얘기를 나눴다.

이 행인은 말했다. "나는 그랜트라는 사람을 본 적이 없소. 그리고 오늘 연회에 가는 것은 그저 그가 어떤 사람인지 궁금하기 때문이오. 우리끼리 얘기지만, 나는 그랜트가 지나치게 과대평가되고 있다고 생각하오." 그랜트가 맞장구쳤다. "내 생각도 그렇소(That's my view also)."[25]

서로 모르는 두 사람(A, B)이 길을 가다가 A가 특정인에 대해 비판적인 발언을 했는데, 이 비판의 대상이 바로 옆에 같이 가는 B다. 물론 A는 자신이 비판한 대상이 B라는 것을 전혀 모른다. 이런 경우 B에게서 대체로 세 가지 반응이 나온다.

B는 "내가 바로 당신이 비난한 대상인데 왜 그런 엉터리 같은 말을 하시오"하며 정면으로 대들 수 있다. 또 B는 자신이 비판의 대상이란 사실을 드러내지 않은 채 "당신이 잘못 알고 있다. 그러한 비난은 그 사람에게 너무 불공평하다"고 변호할 수 있다. 마지막으로 억울하고 분통이 터질 것 같지만 아무 말 않고 조용히 듣고 속으로만 삭일 수도 있다. 그런데 그랜트의 반응은 이례적이다. 이 세 가지 범주에 들어가지 않는다. 자신을 비난하는 사람에게 신분을 밝히지 않으면서도 비난에 합세했다. 여유 없이는 불가능한 반응이었다.

* * *

'태양 무용론'_존 애덤스

시골에서 주민 2명이 티격태격하고 있었다. 무언가 의견이 상충되는 듯했다. 해와 달 중 어느 것이 사람에게 이로운가에 대한 논쟁이었다. 한 주민이 "달이 더 이롭다"고 했다. 칠흑 같은 밤에 어스름한 빛을 발하기 때문에 그나마 세상을 분별할 수 있다고 했다. 만일 달이 없다면 밤은 그야말로 아무 희망이 없는 암흑이었을 것이라는 주장이었다.

이 주민은 말을 이었다. 달과 달리 해는 그다지 쓸모가 없다고 했다. 달에 비해 그렇다고 했다. "해는 날이 밝을 때까지 세상에 빛을 주지 않다가 날이 밝아서야 우리에게 빛을 준다. 그런데 실제 날이 밝으면 해가 필요 없지 않은가" 하고 자신의 이론을 전개했다.[26]

애덤스는 에베즈너 게이 목사가 강론에서 소개한 이 얘기를 즐겨 인용했다. 해와 달의 상대적 유용성에 대한 논쟁이 이상한 궤변으로 흘러 본질을 흐렸다는 점을 적시한 내용이다. 해가 더 중요한가 아니면 달이 더 중요한가 하는 물음은 사람에 따라 다른 대답이 나올 수 있다. 개인의 직업, 취향, 철학, 종교 등 여러 가지 기준을 복합적으로 적용해 판단할 문제이다.

그러나 여기에서 애덤스가 짚고 넘어가려고 한 것은 대통령과 정치인에 대한 세간의 비판, 또는 대통령 무용론이다. 아무리 필요 없어 보이는 것이라도 그 본질을 냉정하게 다루지 않으면 잘못된 결론에 도달하게 된다는 것이다. '해 무용론'처럼.

* * *

생래적 거부감 __존 F. 케네디

공화당과 민주당은 앙숙이다. 양당 체제인 미국에서 공화, 민주의 양대 산맥은 국민을 두 갈래로 쪼개었다. 무소속이 있지만 극소수에 불과하다. 특정 후보의 정책과 리더십을 보고 표를 주는 유권자들도 있지만 대체로 당에 따라 후보를 지지한다.

공화당원들은 공화당 정치인의 큰 잘못에는 관대하지만 민주당 정치인의 작은 실수에는 벌떼같이 달려든다. '대역죄'를 저지른 양 몰아붙인다. 민주당원들의 태도도 마찬가지다. 안으로 굽는 팔의 전형적인 양상이 극명하게 드러난다.

케네디가 대통령에 당선되자 이에 못마땅해 하던 공화당원들은 케네디의 'K'만 나와도 거부감을 감추지 않았다. 정책의 장단점을 면밀히 따지기 전에 일단 반발하고 나섰다. 돈 많은 기업인들은 대다수 공화당 지지자들이다.

그런데 케네디 집권 아래서 사업이 더 번창한 기업인들도 적지 않았다.

케네디가 플로리다 주 탬파의 상공회의소에 참석했다. 케네디는 자신의 정책에 대해 기업인들이 지니고 있는 무조건적인 반감을 재무장관 딜런의 경험담을 들어 지적했다.

케네디 행정부가 기업 투자에 대해 세금혜택을 부여하는 법안을 의회에 제출했다. 딜런이 플로리다 행 비행기에 탔다. 마침 옆 좌석에 플로리다의 기업인이 앉아 있었다. 그와 세금혜택 안에 대해 대화를 나누었다. 딜런은 이 안이 경제에 긍정적으로 작용하게 되고 이 기업인에게도 보다 많은 수익을 올리게 할 것이란 점을 조목조목 설명했다.

사업가는 고개를 끄덕이며 깊은 인상을 받은 표정을 지었다. "민주당 정부는 반 기업정책을 편다"는 고정관념에서 벗어난 듯했다. 딜런은 흐뭇했다. 어느덧 비행기가 마이애미 공항에 착륙했다. 그러자 이 사업가가 딜런을 향해 돌아섰다. 그리고는 "그 법안에 대해 설명해주셔서 고맙습니다. 그런데 제가 왜 그 법안에 반대하는지 다시 한 번 말해주시겠습니까(I am very grateful to you for explaining the bill. Now tell me just once more why is it that I am against it?)."[27)]

딜런은 비행기 안에서 시종 법안에 대해 설명해 주었고 기업인이 그 내용에 동의하는 것으로 믿었다. 그런데 공항에 도착하자마자 '딴소리'를 한 것이다. 딜런의 말이 옳은 것 같은데 왠지 받아들이긴 싫다는 것이다. 딜런은 그에게서 뒤통수를 맞은 기분이었다.

아무리 논리적으로 법안의 골자를 있는 그대로 설명을 해도, 또 기업인이 이해하고 수긍하더라도 생래적인 반 민주당 의식이 이성적인 판단을 가로막았다고 딜런은 여겼다.

사업가는 막판에 가서 고정관념으로 회귀한 것이다. 어떤 이유든 민주당에 힘을 실어주기를 원치 않았다. 케네디는 '반 민주당' '반 케네디' 스테레오타입의 비현실성을 차분하게 전했다.

* * *

멕시코 '소년들'에 헌화 _해리 S. 트루먼

1947년 트루먼이 멕시코를 방문했다. 그곳에서 미국의 웨스트포인트 (육사)와 같은 차풀티펙 성곽을 찾아갔다. 100년 전 멕시코와 미국이 전쟁을 할 때 미군이 이 성을 공격하고 접수했다. 당시 마지막으로 남은 6명의 생도는 미군에 생포되기 전에 스스로 목숨을 끊었다.

이들의 죽음을 기리는 묘비 'The Boy Heroes'에 트루먼이 헌화했다. 트루먼의 정치적 제스처는 양국 관계를 사르르 녹였다. 멕시코 사람들은 미국 대통령이 헌화하는 모습에 앙금이 녹아내리는 느낌이었다. 묘비를 지키는 멕시코 사관생도들의 얼굴에 눈물이 흘렀다.

트루먼이 멕시코 방문을 마치고 돌아온 뒤 인터뷰를 했다. 트루먼은 멕시코 방문 전에 의전 전문가들에게 자문을 구했다고 했다. 멕시코 사관생도들 묘비에 헌화하는 게 바람직한 지 여부를 물었다고 했다. 한 자문가 그룹은, 헌화를 하지 않으면 멕시코 사람들이 분개할 것이라고 조언했다. 다른 자문가 그룹은, 만일 헌화를 하면 텍사스 주민들이 등을 돌릴 것이라고 경고했다.

트루먼은 첫 번째 자문가 그룹의 말을 들었다. 그리고 두 번째 자문가 그룹의 조언에는 이렇게 응수했다. "미국대통령이 멕시코 소년들에게 헌화한 것 가지고 삐질 정도로 어리석은 텍사스 주민이라면 나는 그의 지지가 필요 없다(Any Texan that's damn fool enough to be put out when a President of the United States pays tribute to a bunch of kids – I don't need his support)."[28]

트루먼은 멕시코 사관생도의 묘비명 'The Boy Heroes'의 'boy'를 어린 소년으로 직역해 'kid'로 바꿔 적절히 활용했다. 미국의 대통령이 죽은 멕시코 소년들에게 꽃을 바치기로서니 그것 가지고 분개하거나 이죽거리는 텍사스 사람이라면 상대하지 않겠다고 너스레를 떨었다. 텍사스에는 그처럼 속 좁은 사람은 없을 것이라는 반어법이다. 결국 한편으로는 멕시코 사람들에게서 환심을 샀고, 다른 한편으로는 텍사스 사람들의 반발에 쐐

기를 박았다.

* * *

화장실 들어갈 때와 나올 때 __프랭클린 D. 루스벨트

루스벨트가 1936년 재선 캠페인에서 이런 연설을 했다. 대공황이 어느 정도 극복되자 사회가 안정을 찾는가 싶더니 정적인 보수파 기업인들에게서 정부정책에 대한 비판이 제기됐다. 배은망덕이라는 생각이었지만 원색적이고 노골적인 표현 대신 우화를 이용해 일침을 가했다.

"1933년 여름 어느 날. 고급 비단으로 만든 모자를 쓴 멋진 노인이 선창 끝에서 그만 발을 헛디뎌 바닷물로 떨어졌다. 이 노인은 헤엄칠 줄 몰랐다. 이 노인의 한 친구가 선창 끝으로 내달려 다이빙했다. 노인을 구해냈다. 불행히도 비단 모자는 파도에 휩쓸려 망망대해 쪽으로 사라져 버렸다. 그래도 가까스로 목숨을 건진 이 노인은 친구에게 연거푸 사의를 표했다. 당연한 일이다. 노인은 자신의 친구가 생명의 은인이라며 극찬했다. 그로부터 3년이란 세월이 흘렀다. 이 노인이 느닷없이 자신을 구해준 친구를 비난하기 시작했다. 비단 모자를 물에서 꺼내오지 못했다는 게 이유였다(Today, three years later, the old gentleman is berating his friend because the silk hat was lost)."29)

보수파들의 공세는 수그러들지 않았다. 어떻게든 루스벨트 정부를 깎아 내리려 했다. 대공황을 극복한 데 대한 긍정적인 평가는 고사하고 트집 잡기에 혈안이 돼 있는 보수파에 대한 루스벨트의 우회적 공격은 계속됐다. 1936년 10월 14일 시카고 유세에서 루스벨트가 다시 포문을 열었다.

"치료를 요하는 사람들이 무리 지어 워싱턴으로 왔었다. 이들은 워싱턴을 위험한 관료조직으로 보지 않았다. 응급환자들을 다루는 병원으로 여겼다. 이들은 두 가지를 바랐다. 하나는 당장 통증을 가라앉힐 주사약이고 다른 하나는 질병을 치료할 치료과정이었다. 그들은 이 두 가지를 당장 내놓으라고 했다. 우리는 그것들을 주었다. 이제 대다수 환자들은 상태가 좋아졌다. 그런데 일부는 자신들을 치료해준 의사에게 목발을 집어던질 정도로 회복됐다(Some of them are even well enough to throw their crutches at the doctor)."30)

몇 년 전만 해도 대공황으로 시름시름하던 경제를 살려내고 사회 안정을 도모했는데 "수고했다" "고맙다"는 격려는 못할망정 자신에게 비난을 퍼붓는 대기업, 자본가들에 대해 루스벨트가 지어 보인 '쓴웃음'이다. '화장실 들어갈 때와 나올 때' 표변하는 사람의 얄팍함을 일깨웠다.

* * *

자중지란

스컹크 6마리에 '옐로카드' __에이브러햄 링컨

사이먼 카메론(S. Cameron)은 링컨 내각의 초대 전쟁장관이었다. 1860년 민주당 대선 후보 경선에 출마했으나 대권 야망을 이루지 못했다. 링컨이 대통령에 취임한 바로 다음 날인 1861년 3월 5일 전쟁장관에 임명했다. 그러나 카메론은 재임기간 내내 부패한 장관, 권력을 남용한 장관, 제 직무를 제대로 수행하지 못한 장관 등으로 찍혔다.

카메론은 링컨이 공식적으로 노예해방을 천명하기도 전에, 1861년 연례 보고서에서 연방정부가 필요한 경우 노예들을 무장시켜 정부와 헌법의 기초에 도전하는 무리들에 대항할 수 있다는 내용을 발표해 물의를 빚었다. 화근이 된 이 '노예해방'선포는 카메론의 후임 전쟁장관 에드윈 스탠튼(E. Stanton)이 작성했다. 카메론은 이 내용을 언론에 퍼뜨렸고 전국의 우체국에 발송하도록 했다. 아무튼 링컨은 성급한 노예해방 선포에 화들짝 놀랐고 서둘러 이 보고서 사본을 모두 수거하도록 지시했다.[31]

카메론은 돈 냄새를 맡는데 귀재였다. 돈이 있어 그곳에 갔고 그래서 돈을 모았다고 말하고 다닐 정도였다. 자신은 떳떳하다고 주장하지만 주변에서는 그렇게 보지 않았다. 링컨이 한 의원에게 카메론의 정직성에 대해 묻자 "나는 카메론이 벌겋게 달아오른 난로를 훔쳐 가지는 않을 것으로 믿는다(I do not believe that he would steal a red hot stove)"고 했다. 그 외에는 무엇이든지 눈독을 들이는 탐욕스러움을 우회적으로 표현했다. 카메론은 부정직하고 타락했으며 대통령에 누를 끼치는 무능한 장관이란 비판이 끊이지 않았다. 결국 카메론은 1862년 1월 15일 압력을 견디지 못해 사임했다.[32]

공화당은 여기에 만족하지 않았다. 상원지도부가 백악관으로 갔다. 추가 조치를 취해야 한다고 링컨에게 건의했다. 각료 가운데 6명을 더 해임시켜야 한다고 촉구했다. 이들 가운데 대다수는 공화당 대선 후보지명 경선에서 링컨과 경합을 벌였으며 아직도 정치적 야망을 가슴에 품고 있어 장관직을 제대로 수행하지 못하고 있다는 게 이유였다.

자신의 지지자들이 청하는 것이기에 링컨도 곤란했다. 그러나 링컨은 대대적인 숙청을 바라지 않았다. 정국불안을 원치 않았다. 아무리 같은 공화당 사람들의 조언이라고 해도 한꺼번에 장관을 대거 잘라내는 것은 대통령으로서 권위가 서지 않는 일이다. 의원들에게 휘둘리는 인상을 국민들에게 주게 된다. 그래서 링컨은 사이먼 장관의 목을 치는 것으로 뒤숭숭하던 정국을 바로 잡으려 했다.

그러나 하도 소위 '무능한 장관들'에 대한 원성이 자자해 정면 돌파로는 국면전환이 어렵다고 판단했다. 구렁이 담 넘어가듯 이 이슈를 비켜가는 것이 정공법보다 효과적이라고 판단했다. 링컨은 의원들의 요구를 묵묵히 들었다. 잠시 후 말문을 열었다. 대폭 개각을 요구하는 의원들의 말을 들으니 예전 스컹크 냄새 때문에 속을 썩였던 일리노이의 한 농부에 얽힌 얘기가 떠오른다며 운을 뗐다.

고요한 시골 농부의 집. 스컹크들이 밤마다 농가로 내려와 냄새를 피우는 바람에 농부의 아내가 잠을 이루지 못했다. 아내는 스컹크들을 제거하는 방도를 궁리하라고 농부에게 재촉했다. 달빛이 환한 어느 날 밤 농부는 샷건을 장전한 채 마당 한 구석에 몸을 웅크리고 스컹크들을 기다리고 있었다. 아내는 방안에서 일이 잘되기만 고대하고 있었다. 잠시 후 아내는 샷건이 발사되는 소리를 들었다.

곧 농부가 집으로 들어왔다. 아내가 모든 게 잘 됐느냐고 물었다. 농부는 장작더미에 몸을 숨기고 닭장 쪽으로 샷건을 조준하고 있다가 발사했다고 말했다. 밤잠을 설치케 했던 스컹크들을 모두 혼내주었다고 여긴 아내는 기뻐했다. 하지만 아내의 생각과 농부의 처지는 달랐다. 아내는 스컹크 문제를 종식시키기 위해 스컹크를 제거해야 한다는 입장이었으나 농부는 그렇게 하지 않았다.

농부가 말을 이었다. "오래지 않아 스컹크 한 마리가 아니라 일곱 마리가 내려오는 게 아닌가. 그래서 한 놈만 정 조준해 죽였지. 스컹크 한 놈의 냄새가 너무 지독해 나머지 여섯 마리는 도망가도록 내버려 두었네 (Before long there appeared not one skunk, but seven. I took aim, blazed away, killed one, and he raised such a fearful smell that I concluded it was best to let the other six go)."[33]

백악관에서 링컨을 귀찮게 하던 의원들은 이 얘기를 듣고는 웃음을 참지 못했다. 백악관을 떠난 뒤 다시는 각료 경질에 대해 언급하지 않았다. 링컨은 카메론 외에 6명의 장관을 교체하라는 공화당의원들의 요구에 난처했다.

링컨은 농부와 스컹크 스토리를 통해 분명한 메시지를 전했다. 적어도 지적당한 각료들에게는 "앞으로 똑바로 하지 않으면 더 이상 봐줄 수 없다"는 옐로카드를 꺼내 보인 것이다. 살려 보낸 여섯 마리의 스컹크들도 모두 냄새를 풍긴다는 점을 인정했으니 말이다.

* * *

'B'로 가득 채운 살생부 __존 F. 케네디

행정부와 집권여당 간에는 미묘한 기류가 흐른다. 민주체제에서는 마찰음이 종종 흘러나온다. 민주주의의 한 단면이기도 하다. 하지만 행정부와 당의 이견조율은 최고지도자에겐 골칫거리이다. 한국이나 미국이나 다를 바 없다. 집안싸움이 심해지면 권력누수 현상을 초래한다. 야당과 국민에게 '자중지란'을 보이는 인상을 주게 되면 정국운영에 차질이 생긴다.

케네디 행정부에는 유능한 보좌관들이 많았다. 체스터 보울스(C. Bowles)는 아시아, 아프리카, 라틴아메리카 문제에 대한 보좌역을 맡았다. 대통령 특사로 활동하기도 했다. 조지 볼(G. Ball)은 국무부 경제담당 부차관보, 데이빗 벨(D. Bell)은 정부 예산실장으로서 케네디를 보좌했다. 유엔평화유지 활동을 구축한 공로로 1950년 노벨평화상을 수상한 랄프 번치(R. Bunche)는 공식직함은 받지 않았지만 각종 현안에 대해 대통령을 자문했다. 아서 실베스터는 국방부 홍보담당 부차관보였다.

이들이 당내 비난의 타깃이 됐다. 대통령을 잘못 보필하고 있다는 것이었다. 특히 네바다 출신 연방하원의원 월터 배링(W. Baring)은 이들 측근에 대한 교체를 공개적으로 요구하고 나섰다. 민주당 의원의 공격은 케네디를 난처하게 했다.

1963년 5월 8일 케네디가 국무부 강당에서 기자회견을 가졌다. 한 기자가 물었다. "배링 의원이 대통령의 측근 보울스, 볼, 벨, 번치, 실베스터를 교체하면 나랏일을 더 잘 할 것이라고 말했습니다만…" 케네디가 "보좌관들의 업무수행이 다소 만족스럽지 못하더라도 이해합시다. 부족한 부분은 지속적으로 개선해 나가겠으니 당내 불협화음으로 비쳐지지 않았으면 합니다"정도로 답변했음 직하다.

하지만 케네디는 달랐다. 기자의 질문에 담긴 배링 의원의 요구에 한 발 물러섰다. 무서워서 후퇴한 게 아니라 언론에 민주당의 '집안싸움'으로 보도될 것을 우려했던 것이다. "예, 배링 의원은 B로 시작하는 단어를 좋아합니다. 나는 소위 그 살생부에 배링 의원을 포함하지 않겠습니다. 나는 배링 의원을 존경하고 있으며 그가 꼽은 신사들도 존경합니다(Yes, he has a fondness for alliteration and for "B's." And I would not add Congressman Baring to that list as I have a high regard for him and for the gentlemen that he named)."[34]

껄끄러운 질문에 케네디가 어떻게 답변할까 모두들 숨을 죽이고 있었다. 아마 배링 의원도, 표적이 된 당사자들도 지켜보고 있었을 것이다. 민주당이 서로 치고 받을 때가 아니라는 심중을 우회적으로 그러나 분명하게 전달했다. 칼날을 세운 배링 의원은 케네디의 미적지근한 답변에 실망했을지 모르지만 적어도 민주당의 내분을 부각시키지 않으려는 케네디의 '김 빼기 작전'은 효과를 거두었다.

* * *

'악마 편' 선언한 크리스천 __에이브러햄 링컨

남북전쟁 당시 링컨은 장관들로부터 종종 미온적인 지지 또는 적극적인 반대를 경험했다. 1862년 9월 각료회의에서 링컨이 노예해방선언문 초안을 읽었다. 링컨의 낭독이 끝나자 회의실은 정적에 휩싸였다. 잠시후 한 장관이 선언문에 토를 달았다. 전체적으로 잘 쓰였지만 표현에 어설픈 부분이 있어 수정이 불가피하다는 것이었다. 그러자 회의에 참석한 나머지 6명의 장관들도 나름대로 손볼 부분을 제시했다.

얼마 후 링컨이 각료회의를 다시 소집했다. 노예해방선언과 관련한 구체적인 행동강령을 논의했다. 노예해방을 위해 무엇을 언제 어떻게 해야 하는지에 대한 회의였다. 여기에서는 장관 6명이 링컨의 아이디어에 반대했다. 단 한 명의 장관만이 자신의 의견에 찬성하자 링컨은 자신과 그 장관이 다른 6명의 장관에 둘러싸여 처량한 신세가 됐음에 착잡했다.

그러나 대통령의 고매한 생각을 이해하지 못한다며 장관들을 질타하지 않았다. 또 자신에 동의한 장관을 추켜세우지도 않았다. 난감하지만 있을 수 있는 일이니 가능한 마음을 가벼이 하고 회의 분위기를 험악하게 끌고 가지 않으려고 했다. 중서부 지역의 한 교회 예배도중 일어난 것으로 전해지는 해프닝이 링컨의 머리를 스쳤다.

목사가 설교를 하고 있었다. 신도들은 엄숙한 자세로 눈을 똑바로 뜨고 귀를 종긋한 채 설교를 경청하고 있었다. 신도 중 한 사람이 술에 취해 있었다. 목사가 신도들에게 하나님의 편에 서는 사람들은 모두 일어나라고 말했다. 그래서 모두들 자리에서 일어났다. 진실한 신도임을 드러내 보였다. 그런데 이 술 취한 사람은 그대로 앉아 졸고 있었다.

다음에 목사가 이번에는 악마의 편에 있는 사람을 일어나라고 했다. 이때 술 취한 신도가 정신을 차렸다. 목사의 말소리에 잠에서 깬 것이다. 이 신도는 영문도 모른 채 자리에서 벌떡 일어섰다. 당연히 신도 중 유일하게 일어섰다. 침묵이 흘렀다. 교회에서 예배를 보던 사람이 스스로 하나님의 편이 아니라 악마의 편이라고 주장했으니 목사와 신도들 모두 얼마나 황당했을까.

얼떨결에 자리에서 일어났지만 도통 돌아가는 상황을 모르고 여전히 술에 취해 있던 이 신도는 선 채로 주위를 둘러보았다. 장내 기류가 심상치 않다는 것을 눈치 채고는 입을 열었다. "목사님, 목사님이 하신 질문을 정확히 이해하지는 못하지만 저는 이 세상 끝까지 목사님을 따를 것입니다. 그런데 지금은 목사님과 제가 수적으로 절대적으로 열세인 것 같군요 (I don't exactly understand the question but I'll stand by you, parson, to the last. But it seems to me that we're in a hopeless minority)."35)

술 취한 사람이 악마의 편에 서겠느냐는 질문에 일어선 것은 그렇다 치더라도, 설교하느라 강단에 서 있던 목사를 자신과 같은 그룹으로 뭉뚱 그려 목사를 악마의 편에 집어넣은 것은 분명 '사건'이었다. 하지만 몰라서 벌어진 일이니 그냥 웃고 넘어갈 뿐이었다. 극히 경건해야 할 예배당에 폭소가 터진 것은 당연했다. 설교는 다시 이어졌고 신도들은 예배를 뜻있게 마쳤다.

정당도 '파티' 연회도 '파티' __존 타일러

존 타일러 대통령은 '당(黨)의 지지를 받지 못하는 대통령(President without a party)'으로 불렸다. 소속당인 휘그당조차 등을 돌려 지지기반이 완전 붕괴되면서 타일러는 더 이상 대통령 직을 수행할 수 없는 지경에 이르렀다. 휘그당이 전폭적인 지지를 해도 야당의 반대로 중요한 정책이 발목을 잡히기 일쑤인데, 안으로 굽어야 할 팔이 밖으로 꺾이고 만 형국이다.

타일러와 휘그당의 내홍(內訌)이 얼마나 심각했는지 짐작이 간다. 타일러는 당에서 마련한 연방은행 재개, 도로 및 운하 건설 등 주요 프로그램을 거부했다. 당 지도부는 타일러를 '배은망덕한 인간'으로 간주했다. 당이 밀어주어 대통령이 됐는데 당이 마련한 프로그램을 사사건건 거부하니 그럴 만도 했다.

급기야 일이 터졌다. 취임 첫 해인 1841년 9월 11일, 대니얼 웹스터 국무장관을 제외한 전 장관이 더 이상 일을 같이 못하겠다며 일괄 사표를 제출했다. '당의 지지를 받지 못하는 대통령'이란 꼬리표는 임기 내내 붙어 다녔다.

타일러는 아내가 먼저 세상을 떠나자 퇴임 한 해 전인 1844년 30살 연하의 줄리아와 재혼했다. 우여곡절이 많았지만 타일러 부부는 1845년 2월 22일 백악관에서 이임 기념파티를 준비했다. 상류사회 인사들로 구성된 파티였다. 2,000명에게 초대장을 보냈다. 파티 장에는 1,000여 개의 촛불이 켜졌다. 그 이전까지 백악관은 썰렁했지만 이임 기념파티로 백악관이 모처럼 사람 사는 곳 같았다. 비록 몇 시간이었지만 웃음소리도 들렸고 참석자들의 얼굴에 미소가 가득했다.

타일러 대통령을 마지막 떠나보내는 자리는 화기애애했다. 백악관의 분위기 변화에 모두들 흥겨워했다. 손님 가운데 한 사람이 타일러에게 다가가 "오늘 파티는 이례적이고 참 멋집니다" 하고 축하했다. "이때다" 싶었는지 타일러가 맞장구쳤다. "맞아, 이젠 그들도 나보고 '파티의 지지를 받지 못하는 대통령'이라고 말할 수 없을 거야!(Yes, they cannot say now that I am a 'President without a party'!)."[36)]

당(party)의 지지를 전혀 받지 못하는 대통령이란 비난을 엉뚱하게 맞받았다. 이날 백악관 연회(party)가 자신의 정치적 지지기반인양 의기양양했다. 정당과 연회, 의원들과 연회참석자들이 엄연히 다르다는 것을 알면서도 모른 척했다. "내가 파티(party)의 지지를 받지 못하는 대통령이라고?" 반문하듯 시치미를 뚝 뗐다. 4년 재임 기간 중 겪었던 수모에 대해 앙갚음을 하려 하지 않고, 비수처럼 가슴 깊이 간직하려 하지도 않고, '다사다난했던 추억' 정도로 여기고 툴툴 털어 버렸다.

* * *

자꾸 등장하는 유태인 셋 __에이브러햄 링컨

1861년 남북전쟁이 발발하고 얼마 안 돼 태듀스 스티븐스(T. Stevens), 찰스 서머(C. Summer), 헨리 윌슨(H. Wilson) 등 연방 상원의원 3명이 백악관으로 들이닥쳤다. 이들은 공화당 내 실력자들이었다. 이들은 공화당 급진파로 불렸다. 링컨이 남북전쟁을 치를 때 밝힌 목표는 연방의 재건이었다.

그러나 이들 급진파들은 노예해방선언도 전쟁목표에 포함시켜 공식화해야 한다고 주장했다. 이들 의원들은 노예해방선언을 발표해야 한다고 링컨에게 직언(直言)했다. 전쟁 초기에 전황이 지지부진한 것은 노예제 폐지를 공개적으로 천명하지 않은 데 이유가 있다고 강조했다. 하루 속히 노예제 폐지를 천명할 것을 촉구했다. 아울러 흑인들을 징병하는 방안도 적극 권고했다.

링컨은 당시 노예해방선언을 발표할 준비가 돼 있지 않았다. 그렇다고 이러한 압력을 극복할 묘수도 없었다. 마음의 준비는 돼 있지 않았고 그렇다고 당 내 실력자들의 요구를 묵살할 상황도 아니었다. 링컨으로서는 일단 상원의원들의 심기를 누그러뜨리는 게 상책이라고 생각했다. 처마 밑에 들어가 일단 소나기를 피하자는 전략이었다.

자신의 주장이 옳다고 공세적으로 나서기보다는 참호 속에 몸을 숨겨 집중포화를 비켜 가는 방어적 자세를 취했다. 링컨은 수업시간에 성경을 읽으라는 교사의 지시에 어쩔 줄 몰라 한 '불쌍한' 학생의 스토리로 자신의 심경을 드러냈다.

버드라는 이름의 초등학생이 있었다. 버드는 또래에 비해 몸집이 작고 읽기를 잘 못했다. 수업시간에 교사가 학생들에게 성경 구약의 다니엘서 3장을 차례대로 읽으라고 지시했다. 버드의 몫은 12절이었다. 이 절에는 세 명의 유태인이 등장한다. 사드락(Shadrach), 메삭(Meshach), 아베느고(Abednego). 이 세 사람의 이름은 다니엘서 3장의 12절을 시작으로, 13, 14, 16, 19, 20, 22, 23, 26(두 번), 28, 29, 30절에 모두 13번 등장한다.

성경에 따르면, 이들은 금으로 만든 신상(神像)에 경배하고 절하라는 느부갓네살 왕의 어명을 어겨 체포됐으나 끝내 우상숭배를 하지 않겠다고 버티다 화형에 처해졌다. 그러나 하느님의 도움으로 이들의 머리카락 하나도 불에 타지 않자, 왕이 이들이 섬기는 하느님을 욕되게 하지 말라고 국민들에게 명령하고 이들 세 사람에게 높은 벼슬을 내렸다고 기록돼 있다.[37]

아무튼 버드는 유태인들의 이름을 제대로 발음하지 못했다. 우물우물했다. 얼굴이 벌겋게 상기되고 눈에 눈물이 맺히기 시작했다. 그러자 교사가 버드의 옆머리를 살짝 때렸다. 버드는 엉엉 울었다. 그리고는 옆으로 비켜섰다. 다른 학생이 버드가 중단한 구절을 이어갔다. 마지막 차례인 여학생이 구절을 읽었다. 버드는 울음을 그친 채 시무룩하게 교실 귀퉁이에 서 있었다. 학생들은 모두 한 차례씩 낭송을 했다.

잠시 후 다시 버드 순서가 됐다. 그런데 갑자기 천둥소리 같이 큰 울음소리가 교실을 울렸다. 교사도 깜짝 놀랐다. 버드가 느닷없이 다시 울음보를 터뜨렸다. 교사가 자초지종을 물었다. 아직 구절을 읽기 시작하지도 않았고 교사가 때려 망신을 준 것도 아닌데 왜 우느냐는 것이었다. "선생님 여기 보세요. 그들과 똑같은 세 사람이 다시 등장하고 있어요(Look there master, there comes them same damn three fellers again)."38)

버드는 자신이 읽어야 할 구절에 유태인 이름들이 다시 등장하자 기겁을 했다. 또 한 번 곤혹스러운 상황에 처하게 됐다는 절망감이 밀려들었다. 당황한 버드의 모습은 상원의원 3명의 방문을 받고 난처해 한 링컨의 모습과 흡사했다.

대통령은 한 나라의 최고 권력자다. 자신이 하고 싶다면 못할 것이 없을 정도의 막강한 힘을 갖는다. 그러나 아무리 파워가 세도 상식과 순리를 거스르면 나라의 조화와 화합이 깨진다. 독재까지는 아니라 해도 독선과 아집의 구렁텅이로 빠지고 만다. 대통령이라고 해서 항상 강할 필요는 없다. 때론 몸을 낮춰야 할 경우가 있다. 이럴 땐 자존심을 세우지 않고 예외 없이 나라의 안위를 먼저 생각할 일이다.

압력이나 장애물에 부드럽게 대하는 유연함이 요구되는 정국에서는 '외유내강 리더십'이 그만이다. 유약해 보이지만 강단 있고 실속 있는 리더십이다. 감정보다는 이성을 앞세운 리더십이다. 성급하게 대응하지 않고 침착하고 신중하게 맞서는 리더십이다. 길에 가로 쳐져 있는 철조망을 장비도 없이 무리하게 절단하려는 것보다 조금 불편하더라도 우회하는 리더십이다.

* * *

정적: 이슈

75세 은행가의 심장 __린든 B. 존슨

민주당 대통령은 공화당 의원들에게 물어 뜯긴다. 공화당 대통령도 마찬가지다. 존슨도 공화당 의원들에게 시달렸다. 존슨은 공화당이 서민들에게 별 관심이 없는 정당이라고 비난했다. 부자들만 싸고돌며 힘겹게 살아가는 수많은 서민들에겐 냉정하다고 꼬집었다. 존슨은 연설문 작성자 밥 하디스티에게서 들은 심장이식 수술 관련 스토리를 즐겼다. 서민들과 겉도는 공화당의 차가움을 지적할 때 사용했다.

한 노인이 심장이식 수술을 받아야 했다. 심장 세 개가 있었다. 이 가운데 하나를 선택할 수 있었다. 하나는 18세 운동선수의 것이고, 다른 하나는 19세 무용수의 것이고, 나머지 하나는 75세 은행가의 심장이었다. 노인 환자는 은행가의 정치 성향을 물었다. 은행가가 공화당원이라는 말을 듣고는 바로 그의 심장으로 이식수술을 받겠다고 했다.

수술은 성공적이었다. 나중에 사람들이 물었다. "젊은 사람들의 심장 대신 늙은 은행가의 심장을 택한 이유가 무엇입니까?" 노인은 답했다.

"나는 한 번도 사용되지 않은 심장을 원했소(I wanted a heart that I knew had never been used).39)

18세 운동선수나 19세 무용수의 심장은 지속적인 운동과 젊음 때문에 아주 강력한 파워를 갖고 있었다. 하지만 환자는 75세 은행가의 심장을 더 좋아했다. 아무리 젊은 심장이라도 한 번도 사용하지 않은 완전 새 심장보다는 못하다는 뜻이다.

그렇다면 어떻게 75세 은행가의 심장을 새 심장이라고 할 수 있을까? 75년간 쉬지 않고 움직여 지칠 대로 지친 심장인데 말이다. 그러나 환자는 은행가의 심장을 생물학적 심장이 아니라, 정서적 개념의 심장으로 해석했다. 공화당원은 이웃을 생각하는 따뜻한 마음이 없으므로 심장이 한 번도 작동하지 않아 새 것이나 마찬가지라는 의미였다.

* * *

피뢰침 처음 단 집 _에이브러햄 링컨

미국의 휘그당은 1834년께 결성됐다. 주로 미국의 독립전쟁을 강력히 지지한 사람들이 주축이 됐다. 영국의 제임스 2세로부터 시작된 가톨릭 왕위 계승을 의회가 저지할 수 있다는 믿음을 갖고 있던 영국 프로테스탄트 강경 그룹 'Whigamores'의 이름을 본 딴 것이다. 영국의 왕권에 반기를 든 당이다. 그리고 미국 휘그당은 철도, 운하, 도로 건설 등 국토개발에 진력했다.

앤드루 잭슨 대통령이 대통령 권한을 강화하면서 민주당의 골격을 세우자, 휘그당은 과거 영국의 왕권에 도전하듯 강력해진 대통령의 권한에 부정적인 입장을 취했다. 잭슨을 '킹 잭슨 1세'라고 부르며 성토하기도 했다. 1850년대 노예해방 문제로 국론이 분열됐을 때 공화당이 형성됐다.

공화당은 과거 휘그당원, 북부의 인도주의자, 기업가, 정치인 등이 주된 구성원이었다. 공화당이 휘그당의 거점인 도시지역에서 대체세력으로 부상했다. 휘그당은 1856년 대통령선거에서 마지막으로 후보를 내고 역사의 뒤안길로 들어섰다.

링컨이 1836년 일리노이 주 의회의원 재선을 노렸다. 스프링필드의 법원에서 합동 정견발표가 있었다. 양 당 후보 각각 7명씩 참석했다. 주민들은 이 발표회에 나와 자유롭게 발언할 수 있었다. 조지 포커(G. Forquer)라는 사람이 있었다. 포커는 링컨과 같은 휘그당이었다. 그런데 민주당의 앤드루 잭슨 대통령 집권 시기에 민주당의 유혹에 넘어갔다. 정부 고위직을 준다는 꾐에 그만 동지들을 등졌다.

포커는 후보는 아니었지만 링컨과 휘그당에 독설을 퍼부었다. 휘그당 고참들은 돈과 지위에 홀려 오래 몸담았던 당을 배신한 것도 모자라 '친정'을 모욕하는 포커에 대응하는 임무를 링컨에게 맡겼다. 포커는 민주당에서 두둑이 받은 돈으로 멋들어진 집을 샀다. 게다가 지붕 위에 피뢰침을 달았다. 번개가 치더라도 값진 집이 손상되지 않도록 한 것이다. 그런데 당시 피뢰침을 단 집은 포커의 집이 전국에서 처음이었다. 당연히 화제가 됐다. 링컨은 참을 수 없었다.

포커의 링컨에 대한 인신공격은 타는 불에 기름을 부었다. 포커는 링컨같이 젊은 사람이 정치를 해서는 안 된다며 애송이에게 주 의회를 맡겨서는 안 된다고 유권자들에게 호소했다. 세련되지 못하고 투박한 링컨의 외모와 옷맵시를 경멸하듯 비아냥거렸다. 이 말을 들은 링컨은 조용히 분을 삭이고 있었다. 그리고 자기 차례가 되자 자리에서 일어섰다. 포커의 언행이 얼마나 가볍고 비상식적인지 따졌다. 그러나 묘한 은유법을 사용했다. 언뜻 우습기도 하면서 동시에 진지해지는 표현이다.

링컨은 돈에 눈이 멀어 고락을 함께 한 정치적 동지들을 배신하느니 차라리 죽는 게 낫다고 운을 뗐다. "진노한 하나님께서 벌을 내릴까 두려워, 죄진 양심을 보호하기 위해 집에 피뢰침을 달아야만 한다고 느끼느니 차라리 지금 죽겠다(I would rather die now than... feel compelled to erect a lightning rod to protect a guilty conscience from an offended God)"[40]고 했다.

당시 유권자들은 링컨이 언급한 하나님의 노여움이란 구절을 무척 진지하게 받아들였다. 신앙심이 깊었던 유권자들은 링컨의 말에 공감했다. 이후 포커는 일리노이 정계에서 힘을 발휘하지 못했다. 링컨의 간결하면서도 정곡을 찌르는 말이 정적의 허를 찔렀다.

* * *

토끼 깜짝 쇼 __조지 부시, 시니어

1990년 뉴욕 출신 연방 상원의원 대니얼 모이니핸(D. Moynihan·민주당)이 감세안을 제출했다. 전통적으로 감세는 공화당의 단골메뉴인데 민주당 의원이 이 카드를 들고 나왔다. 민주당은 물론이고 공화당도 깜짝 놀랐다. 모이니핸 의원은 소셜 시큐리티(사회보장) 기금이 넘쳐나기 때문에 감세조치를 취하는 게 마땅하다고 주장했다. 1990년 미 정부는 700억 달러의 재정흑자를 기록했다.

공화당의 부시 시니어 대통령은 감세안에 반대했다. 공화당과 감세는 '바늘과 실'의 관계에 있는 것으로 인식돼 왔는데 부시는 이에 반대한 것이다. 부시는 베이비 붐 세대(baby boomer)가 은퇴할 때에 대비해 소셜 시큐리티 기금을 잘 관리해야 한다는 점을 고려했다. 자칫 모이니핸의 감세안에 동의했다간 정부의 살림살이가 어려워질 것으로 우려했다. 경솔하게 감세안에 따라갔다가 심각한 재정적자에 직면해 그 책임을 송두리째 떠안게 될 것을 우려했다.

부시는 백악관 기자회견을 통해 국민들에게 자신의 입장을 밝혔다. 감세안의 이면을 똑똑히 들여다볼 것을 당부했다. 마술사의 묘기에 비유했다. 모자에서 토끼를 꺼내는 마술을 연상시켰다. 모이니핸 의원의 감세안을 마술에 빗대 터무니없는, 비현실적인 행동이라고 지적했다. "한 손으로 모자에서 토끼 한 마리를 빼내려다가 다른 모자 속에 있는 25마리 토끼마저 당신에게 쏟아지게 하지 말라(Don't let that rabbit be pulled out of the hat by one hand and 25 other rabbits dumped on you in another)"고 했다.41)

모이니핸 의원의 감세안을, 깜짝쇼를 부리려다가 낭패를 보게 되는 '어설픈 마술'에 비유했다. 부시가 전 국민을 상대로 이런 말을 한 것은 한마디로 "속지 말라"는 것이었다. 어느 쪽 주장이 옳은 지는 정치적 판단이 개입되는 사안이지만, 부시의 메시지는 간결하고 분명했다.

* * *

신문 1면의 부음 소식 __프랭클린 D. 루스벨트

공화당의 '요새'인 부촌 웨체스터에서 한 주민이 직장에 가기 전에 매일 신문팔이 소년에게서 신문을 샀다. 그런데 이 주민은 신문 1면만 훑어보고는 신문을 다시 소년에게 되돌려주었다. 그리고 통근 열차에 올랐다.

궁금해 하던 소년은 며칠이 지난 뒤 작심하고 이 주민에게 물었다. 도대체 신문을 돈 주고 사놓고는 왜 1면만 보고 다시 돌려주느냐고 물었다. 그러자 이 주민은 "나는 부음기사에만 관심이 있다"고 했다.

신문팔이 소년은 "부음기사는 24면에 나오는데 아저씨는 신문의 뒤쪽은 보지 않고 1면만 보시지 않습니까?" 하고 되물었다. 그러자 이 공화당원은 "내가 관심을 갖고 있는 녀석의 부음기사는 1면에 실리게 된단 말야(Boy, the son of a bitch I'm interested in will be on page one)" 하고 알쏭달쏭한 말을 던지고 기차에 올랐다.42)

루스벨트 대통령이 사망했다는 기사는 다른 부음기사처럼 24면에 실리는 게 아니라 당연히 1면 머리기사로 나오게 돼 있다. 이 주민의 말은 루스벨트가 하루 빨리 세상을 떠야 정치를 그만두게 되고 자신이 싫어하는 정책들도 사라질 것이라는 의미를 내포하고 있었다. 그 많은 기사 가운데 오직 1면에 게재될 루스벨트 부음기사에만 흥미가 있다는 극단적인 '반 루스벨트 정서'를 응축했다. 그런데 루스벨트가 이 얘기를 아주 좋아했다.

* * *

가보 깨뜨린 세대 __허버트 후버

어머니와 어린 딸이 다정하게 대화했다. 이 집에 대대로 전해 내려온 소중한 단지가 있었다. 세대마다 물려받은 이 단지를 가보로 간직했다. 먼지가 앉으면 닦고 혹시 흠이라도 날까 조심스레 다루었다. 딸이 어머니에게 물었다. "엄마, 조상 대대로 물려내려 온 아름다운 단지 기억나지?" 어머니는 "그럼, 물론이지" 하고 덤덤하게 대답했다.

잠시 후 어머니가 되물었다. "그런데 그 단지는 왜, 무슨 일 있니?" 딸의 얼굴이 굳어졌다. 잠시 침묵이 흐르더니 딸이 힘들게 입을 열었다. "우리가 그 단지를 떨어뜨렸어(This generation dropped it)." 한 세대에서 다음 세대로 전해내려 온 것을 '우리(딸) 세대'의 잘못으로 깨뜨렸다는 자책이다.[43]

허버트 후버는 이 스토리를 화려한 구호만 내뱉고 실천하지 않는 정치인들의 거짓을 비판할 때 썼다. 입만 열면 미국의 정신, 미국의 가치, 미국의 전통을 운운하면서 실제 행동은 영 딴판인 정치인들을, 대대로 간직돼 온 단지를 깨뜨린 세대에 비유했다. 국민의 복리를 위해 행동하는 정치의 전통에 먹칠을 한 정치인들을, 가보를 깬 데 대해 안타까워하는 소녀와 대비시켰다.

선거 캠페인 도중에는 '간'이라도 내줄 것 같이 온갖 미사여구를 동원하지만 막상 당선이 되고 나면 언제 그랬느냐, 기억이 잘 나지 않는다며 '입을 싹 씻는' 정치인들에게 들으라고 한 말이다. 인기가 올라갈 만한 홍보성 정책을 마구 쏟아내고 집행 결과에 대해서는 묵묵부답인 용두사미 (龍頭蛇尾) 정치인들이 들어야 할 말이다.

＊ ＊ ＊

사형수의 마지막 5분 ＿드와이트 D. 아이젠하워

아이젠하워가 버지니아 스탠포드에서 연설할 기회가 있었다. 아이젠하워는 루이지애나의 한 사형수에 대한 얘기를 했다. 이 사형수는 곧 교수형에 처해질 운명이었다. 루이지애나 주법에 따르면 사형수들에게는 마지막으로 5분간 말할 기회가 주어진다.

세상을 떠나야 하는 순간에 남기고 싶은, 하고 싶은 말을 할 수 있게 했다. 이 사형수는 눈을 감은 채 잠시 골똘히 생각에 잠겼다. 그리고는 눈을 떴다. 할 말이 많을 것 같았지만, 정작 이 사형수는 뜻밖에 "할 말이 없소, 형을 집행하시오" 하고 말했다.

바로 이때 형 집행 장소에 참석했던 한 사람이 자리에서 일어났다. 사람들은 모두 이 사람을 쳐다보았다. 교수형에 처해질 사형수에 주목하던 눈과 귀가 모두 이 사람에게 집중됐다. 조용히 자신을 쳐다보는 사람들을 둘러보고는 형 집행관을 향해 이 사람은 이렇게 말했다. "그가 자신에게 주어진 5분을 사용하길 원하지 않으니, 내가 그 시간을 사용하게 해 주십시오. 나는 의회선거에 출마했습니다(If he doesn't want those five minutes, Mr. Sheriff, let me have them, because I am running for Congress)."44)

교수형 집행순간은 엄숙하고 슬프다. 법이 허용한 마지막 5분은 천금의 시간이나 마찬가지다. 너무 짧아 무엇을 말해야 할지 가슴이 답답해지는 시간이다. 이 시간을 사형수가 사용하길 거부했다고 해서 불쑥 나타나 자신이 대신 사용하겠다고 말하는 것은 몰염치하고 비인간적인 발언이다. 아이젠하워는 당선을 위해서라면 물불을 가리지 않는 정치인의 후안무치(厚顔無恥)를 이렇게 비꼬았다.

* * *

"나는 의회로 간다"_에이브러햄 링컨

1846년 링컨이 연방 하원의원 선거에 휘그당으로 출마했다. 경쟁자는 민주당의 피터 카트라이트(P. Cartwright)였다. 카트라이트는 감리교 선교사였다. 캠페인 도중 링컨이 카트라이트가 설교하는 예배에 참석했다. 설교를 마친 카트라이트는 "새 삶을 찾고 천국에 들어가길 원하는 사람들은 마음을 온전히 주님께 바친다는 뜻에서 일어나십시오"라고 했다.

여기저기서 사람들이 드문드문 일어섰다. 카트라이트가 다시 한 번 외쳤다. "지옥에 가고 싶지 않은 사람들은 모두 일어나십시오." 이번에는 한 사람만 빼고 모두 일어섰다. 자리에 그대로 앉아 있던 사람은 링컨뿐이었다. 카트라이트는 심각한 어조로 말했다.

카트라이트는 두 번이나 천국과 지옥에 대해 경고성 메시지를 전했는데도 일어서지 않은 링컨을 주목했다. 그리고 링컨을 지목해 "당신은 어디로 가려는 겁니까?" 하고 물었다. 천국으로 가고 싶어 하지 않고 오히려 지옥으로 가려는 것 아니냐는 물음이었다. 카트라이트는 링컨이 자리에 계속 앉아 있는 것을 못마땅해 했다. 그리고 링컨의 태도를 정치적으로 이용하려 했다.

링컨은 답했다. 예배에 참석한 것은 경건하게 설교를 듣기 위해서였다고 했다. 카트라이트의 질문이 종교적으로 매우 중요한 문제라는 데 동의하지만 설교자의 질문에 우르르 일어난 다른 신도들처럼 행동하고 싶지는 않다고 했다. 설교자의 질문이 다분히 선동적이란 지적이다. 천국과 지옥에 대한 이슈를 다루면서 유치원생 다루듯 신도들에게 일어나라 말라는 식의 이분법적이고 경박해 보이는 행동을 따라할 수 없었다는 것이다.

그리고 링컨은 카트라이트가 많은 신도가 모인 자리에서 자신이 어디로 갈 것인지에 대해 직접적으로 질문한 것에 대해 답을 주었다. 링컨은 카트라이트가 표적 질문을 한 것과 마찬가지로 단도직입적으로 답변을 주었다. "나는 의회로 갑니다(I am going to Congress)."45)

천국행 질문에 자리에서 일어서지 않고 그대로 앉아있었다고 해서 마치 지옥을 선호하는 것인 양 질문을 한 것은 설교자의 결례다. 믿음은 개인적인 일이고 설령 설교자의 말에 동의해도 자리에서 일어서고 싶지 않은 사람들도 있는 법이다. 예배 참석은 천국으로 가고 싶다는 공감을 전제로 한다. 설교자의 지시에 따라 민첩하게 행동하지 않았다고 해서 지옥으로 가고 싶다는 의미로 확대 해석하는 것은 지나치다. 신도들을 몰아붙이는 것은 '싸구려 설교'다.

카트라이트는 종교를 빌어 링컨을 정치적으로 궁지로 몰아넣으려 했다. 그러나 링컨은 말려들지 않았다. 방향을 완전히 틀었다. 유세를 열심히 해 의회에 입성하겠다는 세속적인 답변으로 카트라이트를 머쓱하게 했다. 유권자인 신도들은 카트라이트의 '거북한 질문'에 대한 링컨의 '경쾌한 답변'을 현장에서 들었다. 링컨이 연방 하원의원에 당선됐다.

* * *

'영광의 상처' __제임스 매디슨

1788년 제임스 매디슨이 연방 하원의원 선거에 출마했다. 라이벌은 제임스 먼로. 훗날 두 사람은 각각 4대와 5대 대통령이 됐다. '대통령 재목들'의 정치싸움이었으니 비록 연방 하원의원 선거전이었지만 그 격렬함은 가히 짐작이 간다.

토론회가 한 교회에서 열렸다. 예배를 마치고 두 후보가 교회 밖에 마련된 연단에 올라 연설을 했다. 교회 신도와 주민들이 귀를 기울였다. 눈이 펑펑 쏟아졌다. 그래도 청중은 모두 선 채로 두 후보의 연설을 열심히 경청했다.

청중은 매디슨과 먼로의 유세를 인내심을 갖고 지켜보았다. 두 후보의 논쟁이 하도 격해 자리에 편안하게 앉아서 듣는 것이 후보들에 대한 예의가 아닌 듯 동요 없이 서서 눈과 귀를 연단 쪽으로 집중시켰다. 날씨는 매서웠다. 열띤 유세가 마무리됐다.

매디슨은 말을 타고 밤늦은 시간까지 12마일을 달려 숙소에 도착했다. 코가 얼다시피 했다. 동상까지는 아니지만 장시간 찬바람을 맞으며 달려 코가 얼얼해졌다. 특히 코 왼쪽 부분은 빨갛다 못해 약간 시퍼렇게 멍든 것처럼 변했다.

숙소로 돌아 온 매디슨은 먼로와의 일전이 피만 흘리지 않았지 그야말로 혈투였다고 장광설을 늘어놓았다. 그리고 찬바람에 약간 상처를 입은 코 왼쪽 부위를 가리키며 "나라를 구하다 입은 부상의 흔적(a scar of a wound received in defence of the country)"이라고 했다.[46]

먼로와의 유세공방과는 전혀 관계없는 '코 문제'를 굳이 연결시킨 것은 몸에 이상이 생길 정도로 치열했다는 것을 알리고 싶어서였다. 동시에 매디슨은 먼로와의 경쟁을 가치 있는 추억으로 삼으려는 듯했다. 그리고 유세를 마치고 먼 길을 달려오느라 코가 거의 얼어붙는 고초를 겪었지만 그 모든 것이 조국을 위해 감내할 만한 가치가 있다고 여겼다.

나라의 장래를 위해 라이벌보다 자신이 하원에 입성해야 한다는, 그리고 당선되면 정치적 소견을 의정활동을 통해 실천에 옮기겠다는 충천한 의지를 드러냈다. 그래서 코에 생긴 상처를 '영광의 상처'로 자랑했다. 먼로와의 정치공방으로 긴장했던 캠페인 참모들의 굳은 얼굴과 차가운 날

씨마저도 한꺼번에 녹아 내렸다.

* * *

신이 낙점한 대선후보 __존 F. 케네디

1958년 민주당 대통령 후보 캠페인이 격해졌다. 케네디와 텍사스 상원 의원 린든 존슨, 미주리 상원의원 스튜어트 시밍턴 등 3명이 치열한 경합을 벌였다. 모든 선거가 그렇지만 처음엔 신사적으로 하겠다고 해놓고 캠페인 열기가 더해가면서 헐뜯기 빈도가 늘어났다. 언제 같은 민주당 동지였던가 싶을 정도로 분위기가 껄끄러워졌다. 이때 케네디가 유세 도중 청중들에게 꿈 얘기를 슬그머니 꺼냈다. 얼마 전에 꾼 '싱싱한 꿈'이라고 덧붙였다. 그 내용은 이렇다.

"나는 며칠 전 꿈을 꾸었다. 하느님께서 내 어깨에 손을 얹으시면서 말씀하셨다. '걱정 마라 케네디, 네가 1960년 민주당 대선 후보로 지명될 것이다. 그뿐 아니다. 너는 대통령에 당선될 것이다.' 나는 이 꿈 이야기를 스튜어트 시밍턴 의원에게 들려주었다. 그러자 그는 '우스운 일이군. 나도 똑같은 꿈을 꾸었는데.' 우리는 꿈 이야기를 린든 존슨 의원에게 해주었지. 그러자 존슨은 어이없다는 반응이었다. '그것 참 우습군. 내가 자네들처럼 어린 친구들을 대통령으로 선택했다는 것을 아무리 생각해도 기억해낼 수 없네(That's funny. For the life of me, I can't remember tapping either of you two boys for the job).'[47]

케네디는 존슨이 다소 과대망상의 사고를 갖고 있는 정치인이라고 여겼다. 케네디는 나이가 아홉 살 많다고 자신을 '구상유치'하게 보는 존슨을 내심 못 마땅해 했음직하다. 그렇다고 해서 같은 당 소속인데 노골적인 언사를 쓰기엔 부담이 적지 않았다.

그래서 꿈 얘기를 들어 우회적으로 존슨의 '고압적이고 거만한' 태도를 공격했다. 상대적으로 나이가 적다고 해서 깔보지 말라는 것이었다. 증오 어린 저주도, 서슬 퍼런 경고도, 흑색 비방도 아니었다. 민주당 대선 후보 케네디의 '존재의 무게'를 점잖게 더했다. 결코 만만하게 볼 경쟁상대가 아니라는 점을 희한하게 뒤섞었다.

* * *

탐욕스런 농부 _에이브러햄 링컨

1846~1848년. 미국과 멕시코가 전쟁을 치른 기간이다.[48] 국경을 맞댄 두 나라의 전쟁은 링컨의 집권 시기(1861~1865년)와는 겹치지 않았다. 그런데 이 전쟁은 링컨에게는 의미 있는 전쟁이었다. 1820년대 멕시코의 광활한 텍사스 지역에 미국 남부주민들이 정착하기 시작했다. 멕시코 정부는 이들에게 토지를 경작하도록 허락했다.

그러나 이주자가 늘어나자 금지조치가 내려졌다. 텍사스의 미국인들은 멕시코 정부의 조치에 반기를 들었고 이를 진압한 멕시코 정부군과 충돌이 빚어졌다. 일진일퇴의 공방 끝에 텍사스의 미국인들은 멕시코 정부군을 격퇴했다. 이곳은 약 10년 간 자치지역으로 유지됐다. 그러다 1845년 미연방에 편입됐다. 예상대로 멕시코는 미국과의 관계를 끊었다.

이 무렵 미국인들은 뉴멕시코와 캘리포니아 지역으로 속속 이주했다. 미국정부는 이 영토를 멕시코로부터 구입하려 했으나 거절당했다. 한편 미국 영토가 된 텍사스와 멕시코 경계를 놓고 또 한 차례 양국이 이견을 노출했다. 미국은 리오그란데 강이 경계라고 하는 반면 멕시코정부는 그보다 위쪽에 경계를 잡아야 한다고 주장했다. 옥신각신 하다 무력충돌이 벌어졌다.

1846년 미국이 선전포고를 했다. 미군이 뉴멕시코로 치고 들어갔다. 캘리포니아에 사는 미국인들은 멕시코 정부를 상대로 반란을 일으켰다. 양국의 교전이 본격화했다. 치열한 전투 끝에 멕시코가 백기를 들었다. 1848년 협상에 따라 현재 미국의 남서부 지역과 캘리포니아를 1,500만 달러에 팔았다.

미국-멕시코 전쟁은 노예제를 지지하는 남부지역의 영토 팽창 야욕이 불을 댕겼다는 게 링컨의 시각이었다. 남부 주민들이 영토를 확장해 노예제를 더욱 공고히 하겠다는 속셈을 드러낸 것이라고 링컨은 판단했다.

노예제를 철폐해야 한다고 굳게 믿었던 링컨으로서는 멕시코와의 전쟁은 어처구니없는 팽창주의적 폭력에 다름 아니었다. 미국-멕시코 전쟁의 논거를 공격하는 것은 곧, 남부의 노예제지지 및 확장 근거를 약화시키는 것이었다. 적어도 링컨에게는 그러했다.

링컨이 의회의 연단에 올라섰다. 멕시코와의 전쟁의 부당성을 지적하기 시작했다. 물론 이미 시작된 전쟁에 참가한 군인들을 위해 병참지원을 해야 한다는 데는 동의했다. 링컨은 이 전쟁이 다분히 공격적이라고 여겼다. 멕시코 땅을 넘본 것으로 믿었다. 이 전쟁을 합리화하려는 사람들의 논리가 박약함을 드러내려 했다.

링컨은 전쟁 찬성자들의 궤변이 일리노이에 사는 한 농부의 말을 상기시킨다고 했다. 링컨은 탐욕스러운 농부의 말을 빌었다. "나는 땅에 대한 욕심이 없다. 나는 그저 내 땅에 붙은 것을 원할 뿐이다(I ain't greedy 'bout [= about] land. I only want what jines [= joins] mine)."49)

이 비유로 링컨은 "백악관을 차지한 최초의 진짜 유머리스트"로 불리게 됐다.50) 링컨은 멕시코와의 전쟁이 결코 공격적이고 호전적인 행위가 아니라 그저 국경에 붙은 땅을 취하기 위한 행위였다며 전쟁을 지지했던 사람들을 탐욕스런 농부에 비유했다. "내 손, 내 발이 닿을 수 있는 가까운 곳은 모두 내 땅"이라는 억측을 정당화할 수 없음을 지적했다. 억지 논리로 떼쓰는 농부처럼 정당성 없는 전쟁에 몰입한 사람들을 우스꽝스럽게 만들어버렸다.

대통령 = 상원 서기? _제임스 A. 가필드

가필드가 백악관 주인으로 들어갔지만 그랜트 전 대통령의 위세는 여전했다. 상원에는 그의 '심복들'이 포진하고 있었다. 그랜트는 자기 사람들을 대거 중용하도록 압력을 넣었다. 하지만 가필드가 이를 수용하지 않았다. 새롭게 진용을 짜야 한다는 게 이유였다. 그러자 그랜트는 '지렁이의 등뼈도 없는 사람'이라고 쏘아붙였다. 상원에서도 가필드의 정책들에 반발이 거셌다.

한 상원의원은 가필드를 그랜트 후임이며 가필드 전임 대통령인 러더포드 헤이스와 대비시켰다. 헤이스는 비둘기인데 가필드는 고슴도치와 같다고 했다. 그러나 가필드는 기죽지 않았다. 자신의 정책에 반대하고 백악관을 쥐고 흔들려는 상원의원들에게 으르렁대지 않았다.

상원의원들의 강한 입김과 부당한 국정 간섭을 오히려 대통령이 나라의 최고통치자이며 상원의 꼭두각시가 아님을 일러줄 계기로 삼았다. "애당초 대통령이 정부의 수반인지 아니면 상원의 서기인지 알려지는 게 낫다(It had better be known in the outset whether the president is the head of the government, or the registering clerk of the Senate)."51)

아무리 가필드의 정책에 반기를 든 상원의원들이라도 대통령이 정부의 수반이라는 사실에는 이의를 달지 못한다. 그리고 대통령이 상원의 서기가 아니라는 사실도 엄연하다. 대통령의 헌법적 권리와 권위를 인정하라는 가필드의 호소는 거부할 수 없는 논리로 무장했다. 대통령을 '상원의 서기'에 견준 것 자체가 '강펀치'였다.

* * *

잡화점 소년과 단골 술손님 _ 에이브러햄 링컨

1858년 링컨이 일리노이 주 출신 연방 상원의원 스티븐 더글러스(S. Douglas)와 한판 승부를 벌이고 있었다. 더글러스는 자신의 자리를 빼앗으려는 링컨을 깔보았다. 1847년부터 연방 상원의원을 지낸 더글러스는 무명 링컨을 '범 무서운 줄 모르고 덤비는 하룻강아지'로 여겼다. 링컨-더글러스 토론은 노예제 폐지를 둘러싼 시각차로 전국적인 관심사가 됐다.

더글러스는 노예제 폐지 여부를 각 주가 결정해야 한다는 소위 인민주권론(Popular Sovereignty)을 내걸었다. 링컨이 주장하는 노예제 폐지는 결국 노예제를 버팀목으로 삼고 있는 남부의 세를 약화시키려는 정치적 술수라고 비난했다. 이에 대해 링컨은 더글러스의 인민주권론은 타협적이어서 근본적인 문제 해결이 되지 못한다며, 미국은 노예제를 폐지한 절반과 노예제를 존속한 절반으로 나뉘어 지탱될 수는 없다고 하는 입장이었다. 더글러스는 링컨을 과격한 노예폐지론자로 몰아붙였다.

같은 해 8월 21일부터 10월 15일까지 두 사람은 일리노이 주를 두루 돌며 7차례의 공개토론회를 가졌다. 한 번은 더글러스가 토론회에 모인 주민들에게 링컨과의 일화를 들려주었다.

링컨이 잡화점에서 일하며 자신에게 위스키를 팔던 것이 링컨과의 첫 대면이라고 했다. 조그만 가게에서 일하는 링컨의 '초라했던 모습'을 은근히 부각시키려 했다. 또 검소하고 성실한 시골 주민들에게 '링컨 = 술장사'란 이미지를 심으려 했다. 링컨은 눈 하나 깜짝하지 않았다. 오히려 좋은 기회를 잡은 듯 더글러스에 반격을 가했다.

링컨은 더글러스의 말이 옳다고 인정했다. 그리고 자신이 식료잡화점에서 일하면서 무명실, 초, 담배를 팔았다고 말했다. 때론 위스키도 팔았다고 했다. 그리고 더글러스가 위스키를 사간 단골이었다고 덧붙였다. 그리고 당시 더글러스와의 관계를 떠올리더니 말을 이었다.

"대부분 나는 카운터 한 쪽에 서서 카운터 반대쪽에 서 있는 더글러스에게 위스키를 팔았다. 나와 더글러스의 관계에서 달라진 게 있다면 나는 가게의 카운터를 떠났지만 더글러스는 아직도 카운터 반대쪽을 고수하고 있다는 점이다(Many a time have I stood on one side of the counter and sold whiskey to Mr. Douglas on the other side, but the difference between us now is this: I have left my side of the counter, but Mr. Douglas still sticks to his as tenaciously as ever)"52)

링컨은 식료품 잡화점에서 떠나 사회적으로 정치적으로 성장했지만 더글러스는 여전히 위스키를 끊지 못하고 있다는 것을 시사했다. 또 더글러스가 상대의 어려웠던 시절을 '정치적 카드'로 재탕, 3탕하려는 저급한 정치인이라는 점을 은근한 화법으로 더했다.

조그만 구멍가게에서 술이나 팔던 '촌놈' 링컨이 자신을 가소롭게 여기며 뻐기던 더글러스의 말문을 막았다. 선거에서는 링컨이 더글러스에게 아깝게 졌지만 노예제라는 핫이슈를 집중적으로 다룬 토론회 덕에 링컨은 전국적인 인물이 됐다. 그리고 2년 뒤 대통령 선거에 출마하는 디딤돌이 됐다. 대통령 선거에서는 더글러스의 코를 납작하게 만들었다.

* * *

단식 인디언에게 귀리를 __제임스 A. 가필드

대통령에 취임한 지 반년도 안 돼 가필드는 비극의 주인공이 됐다. 1881년 7월 2일 워싱턴 DC 기차역에서 열차에 오르려고 준비하고 있다가 그만 정신질환자인 찰스 지투의 총에 맞아 쓰러졌다. 약 두 달 동안 부상과 사투를 벌이다 9월 19일 사망했다.

가필드는 임종의 자리에서도 유머를 잃지 않았다. 가필드는 글을 쓸 수 있는 종이판과 연필을 부탁했다. 그리고 종이판에 자신의 이름을 쓰고 라틴어로 몇 단어를 적었다. 'Strangulatus pro Republica'(tortured for the Republic). "나라를 위해 고문을 당했다"고 했다. 총탄에 목숨이 경각에 달했지만 나라를 위한 희생으로 해석했다.

병상에 누워 있던 가필드는 라임(Lime)을 탄 물과 곱게 빻은 귀리를 주식으로 했다. 영 입맛에 맞지 않았지만 하는 수 없었다. 몸이 아픈데다 음식까지 맛없는 것으로 배를 채워야 하는 곤혹스러운 상황이었다.

그런데 이때 감옥에 갇힌 인디언 족장이 단식을 하고 있다는 소식이 가필드에게 전해졌다. 가필드는 순간적으로 "굶어죽도록 내버려 둬라"고 했다. 몇 초가 지났다. 가필드가 보좌관에게 다시 지시했다. "오, 아닐세. 그에게 내 귀리를 가져다주게(Oh, no, send him my oatmeal)."[53]

가루로 만든 귀리를 물에 타서 먹는 것은 쓴 한약을 먹는 것처럼 괴롭다. 가필드가 인디언에게 자신의 귀리를 갖다 주라고 한 것은 단식으로 그냥 죽도록 내버려두는 것보다 더 가혹한 형벌이라고 하는 생각에서인지 모른다. 또는 자신에게 할당된 귀리를 인디언에게 줘버리면 자신이 먹지 않아도 된다는 얌체 같은 생각에서 일 수도 있다. '처참한' 상황에서 탈출하고픈 가필드의 '몸부림'이었는지도 모른다. 여러 가지 이유가 조금씩 뒤섞여 있는지도 알 수 없다. 아무튼 생(生)과 사(死)를 오가는 심각한 처지에서 '귀리'라는 소재를 들고 나온 가필드의 아이디어가 재미있다.

* * *

고수의 묘수 __프랭클린 D. 루스벨트

1934년 12월 8일 워싱턴 DC의 그리디론(Gridiron) 클럽에서 모임이 있었다. 루스벨트 대통령과 그의 친구이자 정적인 헨리 멘켄(H. Mencken)이 연설을 하기로 돼 있었다. 멘켄은 미국의 니체라 불릴 정도로 신랄하게 냉정한 언론인이자 사회비평가였다. 20세기 초 미국에서 가장 영향력 있던 '글쟁이'였다. 그리디론 모임에 신문기자들이 대거 자리했다. 멘켄이 먼저 마이크를 잡았다. 간단한 연설이었지만 루스벨트의 뉴딜(New Deal) 정책의 문제점을 조목조목 열거했다.

루스벨트 순서가 됐다. 루스벨트는 자신의 정책을 정면 비판한 멘켄을 오랜 친구라고만 말하고 기자들에게 입에 담기 어려운 험한 말을 뱉어냈다. "기자들은 모두 어리석고 거만하다"고 했다. "대학입학 시험에도 통과할 실력이 되지 않는다"고도 했다. 멘켄의 얼굴이 점점 붉어졌다. 언론인이 가득한 자리는 얼음물을 끼얹은 듯 조용했다.

그러나 언론인들은 점차 루스벨트가 말하는 내용에 얽힌 사연을 간파하기 시작했다. 언론을 무참히 공격한 것은 루스벨트지만 그는 그저 얼마 전 언론을 맹폭격한 멘켄의 글 '미국의 언론(Journalism in America)'을 그대로 인용한 것이다. 언론인들은 얼굴이 완전히 시뻘게진 멘켄을 재미있다는 표정으로 쳐다보았다. 연설을 마친 루스벨트는 미소를 머금으며 휠체어를 뒤로 빼 여유 있게 연회장에서 나갔다.54)

언론인 모임에서 루스벨트의 연설은 정치생명이 끝날 것을 각오하지 않고서는 할 수 없는 행동이었다. 뒤에서 욕해도 면전에서는 부드럽게, 우호적인 제스처를 보이는 게 정치인의 속성이다. 하지만 루스벨트는 할 말 안 할 말 가리지 않고 퍼부었다.

그런데 자신은 입만 빌려준 것이었고 실제 그 내용은 모두 멘켄의 글이었다. 자신의 정책을 비난한 정적에 대한 '걸쭉한 답례'였다. '눈에는 눈, 이에는 이'로 오가는 보통 정치판에서는 보기 힘든 '고수(高手)의 묘수(妙手)'였다.

* * *

코담배 냄새에 행복감 _마틴 V. 뷰런

마틴 뷰런은 잭슨 행정부에서 부통령을 지냈다. 미국의 부통령은 연방 상원의장을 겸임한다. 민주당의 뷰런이 상원을 관장할 때 야당인 휘그당 리더인 헨리 클레이 의원이 뷰런을 종종 코너로 몰곤 했다.

잭슨 행정부는 당시 연방은행이 정부기금을 운용하지 못하도록 했다. 클레이 의원은 뷰런 부통령에게 이 문제를 잭슨 대통령과 논의하도록 촉구했다. 잭슨의 정책이 미국 경제에 장기적으로 부정적인 영향을 미칠 것이므로 조속히 합당한 조치를 취할 것을 요구했다.

클레이 의원은 경제에 미칠 부작용을 낱낱이 집어가면서 잭슨 행정부의 정책수정을 위해 뷰런이 매개 역할을 해야 한다고 강조했다. 클레이 의원이 연설하는 동안 뷰런은 진지하게 경청했다. 클레이 의원의 발언 하나 하나를 곱씹는 듯 열중했다. 상원의원들은 과연 뷰런이 클레이 의원의 요청에 어떻게 반응할 지 궁금해 했다.

클레이 의원이 연설을 마치고 연단에서 내려와 자리로 돌아가 앉았다. 상원의원들이 눈이 온통 뷰런 의장에게 쏠렸다. 미동도 않던 뷰런이 움직이기 시작했다. 의사봉을 내려놓았다. 그리고 상원의원 가운데 한 사람에게 의장직을 대신하라고 부탁했다. 이때만 해도 의원들은 뷰런이 연단으로 갈 것으로 예상했다.

그런데 뷰런은 연단 쪽으로 몸을 돌리지 않고 복도 쪽으로 터벅터벅 걸어 내려가 클레이 의원의 좌석 있는 곳으로 다가갔다. 뷰런이 클레이 면전에 당도했다. 그리고 "클레이 의원, 그 훌륭한 코담배를 조금 빌릴 수 있을까요?(Mr. Clay, may I borrow a pinch of your excellent snuff?)"했다. 뜻밖의 질문에 약간 당황한 클레이는 고개를 끄덕이고는 코담배 상자를 뷰런에게 건넸다. 뷰런은 코담배 상자에서 소량의 코담배를 꺼내 냄새를 맡았다. 얼굴에는 행복감이 찾아들었다. 뷰런은 클레이에게 목례를 하고는 감사하다고 말했다. 그리고는 조용히 회의장을 나갔다.[55]

"뭐 저런 사람이 다 있어" "대단하군" "역시, 뷰런 답다" 등등. 의원들은 삼삼오오 웅성댔다. 일부는 황당한 표정이었고 일부는 뷰런의 넉살에 혀를 내둘렀다. 반대파 의원들은 뷰런이 잭슨 행정부의 부통령으로서 대통령의 정책을 변호하느라 진땀을 뺄 것으로 예상했다.

그러나 뷰런은 무책임하게 보일지라도 궁색한 변명이나 어줍지 않은 논리보다는 그저 침묵하는 게 나을 것이라고 여긴 모양이다. 무소불위(無所不爲) 잭슨 대통령의 결정에 대해 토를 달지 않고 무색무취(無色無臭)로 일관했다. 잘잘못에 대한 평가를 제쳐둔다면, 뷰런의 행동은 서슬 퍼런 회의장을 '단막 희극의 무대'로 바꿔놓았다.

* * *

속눈썹에 낀 이(泥) __에이브러햄 링컨

남북전쟁이 터진 이듬해인 1862년 링컨은 '태평양 철도건설 법안'을 추진해 의회를 통과시켰다. 비전 있는 민간자본가들과 유능한 엔지니어들이 정부의 지원 아래 펼친 거대한 사업이었다. 센트럴 퍼시픽 레일로드 (Central Pacific Railroad)와 유니온 퍼시픽 레일로드(Union Pacific Railroad)라는 두 개의 민간회사가 공사를 맡았다.

CP(Central Pacific)는 새크라멘토에서 출발해 네브라스카를 향해 철로를 놓았다. UP(Union Pacific)는 오마하를 시발로 해 새크라멘토 쪽으로 진행했다. CP와 UP로 나뉘는 태평양 철도 건설은 1896년 완공될 때까지 인력 및 재원 확보, 혹한 등 온갖 장애물을 겪어야 했다. 네브라스카 오마하와 캘리포니아 새크라멘토를 연결되는 횡단철도는 중국, 아일랜드, 독일, 아프리카, 중남미 등 출신 노동자들의 피와 땀으로 완성했다.

CP와 UP가 1869년 5월 10일 유타의 프로몬토리에서 만나 공사를 마무리 지었다. 중국인들이 참여한 CP는 690마일, 아일랜드계가 주축이 된

UP는 1,086마일로 총 1,776마일의 대역사였다. 남북전쟁이 미국의 남과 북을 하나로 엮었다면, 횡단철도는 서부와 동부를 하나로 묶는 역할을 했다. 경제활동을 활발하게 한 것은 물론 주민들의 생활에도 커다란 편의를 도모했다.[56]

링컨이 지지한 대륙횡단철도 건설계획에 민주당 의원들이 거세게 반발했다. 나라 재정이 바닥난다는 게 반대 이유였다. 의회가 소란스러웠다. 링컨은 답답했다. 국가의 백년대계 차원에서 사소한 당파싸움을 삼가고 똘똘 뭉쳐야 한다는 생각이었는데 민주당이 시비를 거는 현실이 갑갑했다. 민주당의 반대 의견이 진실을 똑바로 보지 못한데서 비롯됐다는 것을 일깨우려 했다.

링컨은 인디애나의 독신 노인의 얘기를 떠올렸다. 노인을 자신의 정책에 반대하는 정적에 비유했다. 링컨은 일리노이 주 의회 소장파 의원이었을 때도, 정부 개발계획을 재정적자 심화란 이유로 반대하던 의원들에게 들려주어 지지를 유도하기도 했다.

이 노인은 매사에 쓸 데 없이 요란법석을 떠는 성격의 소유자였다. 그는 형과 함께 살고 있었다. 하루는 이 노인이 사냥에 나섰다. 노인의 형은 뒤뜰 방향에서 총소리가 나자 무슨 일이 일어났는지 궁금해 밖으로 뛰어나갔다. 형은 동생이 나무 위를 향해 아주 빠르게 계속해서 총을 발사하는 것을 보았다. 헌데 형 눈에는 별다른 물체가 띄지 않았다.

동생에게 도대체 무엇을 잡으려 하느냐고 물었다. 동생은 다람쥐가 나무 위에 있다며 연거푸 방아쇠를 당겼다. 형은 무언가 잘못됐다고 판단하고 동생을 유심히 훑어보았다. 동생의 속눈썹에 커다란 이(泥)가 기어가고 있는 게 아닌가. 그저 이가 눈을 어른거리고 있는 것인데 이를 다람쥐로 착각하고 애꿎은 총알만 낭비하고 있었던 것이다.[57]

링컨은 대륙횡단철도 건설에 반대하는 사람들을, 속눈썹에서 눈을 가린 이를 나무 위의 다람쥐로 착각한 채 총을 쏘아댄 노인과 동일시했다. 초반에 신경이 곤두서는 분위기였던 의사당이 한바탕 웃음바다가 됐다. 링컨의 철도 건설계획에 반대하던 민주당 의원들은 속이 부글부글 끓었겠지만 겉으로는 꿀 먹은 벙어리처럼 할 말을 잃었다. 어리석은 노인의 이야기로 링컨은 정적에게 예리한 '송곳 펀치'를 날린 셈이 됐다. 전성기 때 무하마드 알리가 나비처럼 가볍게 링 가장자리를 빙빙 돌다 기회를 포착해 상대에게 매서운 속사포를 날리듯.

* * *

성난 애견 '페일라'__프랭클린 D. 루스벨트

1944년 4선에 도전한 루스벨트의 대선 캠페인. 공화당은 대공황이 민주당 책임이라고 대대적인 선전을 했다. 이와 함께 공화당이 퍼뜨린 '음해성 루머'가 떠올랐다. "루스벨트가 알래스카 알류산열도에 있는 개를 집으로 데려오기 위해 납세자가 낸 혈세 수백만 달러를 낭비했다"는 것이다.

루스벨트는 막강한 트럭노조 모임에 참석해 4선 도전을 공식화했다. 이 자리에서 그는 공화당의 '허무맹랑한 모략'에 공개적으로 경고장을 냈다. 위협적이기까지 했다. 그러나 서슬 퍼런 분위기는 아니었다. 이 경고가 듣는 사람들의 웃음보를 건드렸으니 말이다.

"공화당 지도부는 나와, 내 아내, 내 아들들을 공격하는 데에 만족하지 못합니다. 그래서 그들은 내 작은 개까지 공격하고 있습니다. 물론 나와 내 가족은 이들의 공격에 대해 분개하지 않습니다. 그러나 내 애견 페일라는 다릅니다. 페일라는 분개하고 있습니다. 아시다시피, 페일라는 스코틀랜드 산(産)입니다. 평소엔 순하지만 한번 화나면 물불 안 가리는 성질이 있습니다. 페일라는 예전의 페일라가 아닙니다(Fala … has not been the same dog since)."[58]

공화당으로부터 억울하게 공격을 당해 으르렁거리고 있다는 것이다.

루스벨트 자신이 공화당의 공세에 강력한 반격 채비를 갖추고 있다는 메시지를 희화적으로 던졌다.

* * *

정적: 관계

25%만 반대 _프랭클린 D. 루스벨트

루스벨트 집권 시기에 초강력 '안티-루스벨트' 정치인이 있었다. 극 보수주의자인 노스 다코다 주 출신 제럴드 나이(G. Nye) 상원의원이 그였다. 루스벨트가 처음으로 나이 의원을 만났다. 나이 의원은 루스벨트를 향해 "나는 당신에 대해 사사건건 반대해 왔소. 금융, 경제, 맥주관련 정책에서도 나는 100% 반대표를 던졌소"라고 했다. 자신의 의정활동에 대해 거침없이 말했다.

루스벨트는 자신의 주요 정책이 의회를 통과하지 못하도록 방해한 이 정적(政敵)의 행동과 말에 골이 날 만했다. 그러나 대통령은 적어도 겉으로는 화를 내지 않았다. 뾰로통한 표정을 짓지도 않았다. 나이 의원이 자신과 전면전의 대상이 아님을 일러주었다. "나이 의원, 당신은 나의 정책 가운데 25%만 반대했소. 사실 민주당이 제안한 법안 가운데는 당신뿐 아니라 나도 좋아하지 않은 것들이 더러 있었소(No Senator, you were only twenty five percent against me. There were some things in those bills that neither of us liked)."59)

나이 의원이 스스로 인정한 100% 반대가 아니라 그 4분의 1밖에 안 된다는 수치상의 비교는 무의미하다. 나이 의원이 루스벨트를 '완전 거부의 대상'으로 여기고 있는 데 대한 불편함을 덜어주기 위함이었다. 정치적 견해가 다르더라도 미리 선을 그어 서로를 적대시할 필요는 없지 않느냐는 대통령의 완곡한 당부이기도 하다. 생각이 다른 부분이 있지만 같은 곳도 있으니 경쟁할 땐 하더라도 협조하고 대화할 땐 그렇게 하자는 부탁이다.

루스벨트와 회동 한 뒤 나이 의원은 대통령이 멋있는 사람이라고 평하고 이번 회동에 무척 고무됐다고 했다. 적어도 루스벨트와 나이 의원과는 정치적으로 얼마든지 대화가 가능하게 된 것이다. 반대를 위한 반대가 아니라 나라와 국민을 위한 건설적인 논쟁 말이다.

* * *

라이벌에 '주연' 양보 __캘빈 쿨리지

매사추세츠 주에 헨리 캐보트 로지(H. Lodge)라는 막강한 연방 상원의원이 있었다. 하버드 대학을 졸업하고 모교 법대를 나와 변호사 생활을 했다. 다시 학업에 몰두해 하버드대에서 수여하는 역사학·정치학 박사학위를 받았다. 그리고 하버드대에서 강의도 했다.

그후 주 의회를 통해 정계에 입문했고 연방 하원, 연방 상원, 공화당의장을 지냈다. 연방 상원 외교분과위원장이었을 때는 베르사유 평화조약 등 우드로 윌슨 행정부의 정책을 강력 비판했다. 유엔의 전신인 국제연맹(League of Nations)에 미국이 가입하는 것도 반대했다.60)

로지는 쿨리지보다 2기 선임인 민주당의 윌슨 대통령을 정적으로 삼아 싸웠다. 나이도 쿨리지보다 22살이 많았다. 그러니 쿨리지가 우습게 보일 만도 했다. 친분도 거의 없다시피 했다. 쿨리지를 알 필요가 있을 때만 접촉했다. 그야말로 형식적인 관계였다. 4년마다 열리는 공화당 전당대회가 열렸다. 쿨리지가 대선 후보 지명을 노리고 있었다.

로지는 쿨리지를 애송이로 취급했다. 또 그를 인간적으로 멸시했다. 두 집이 같이 사는 주택인 듀플렉스에 사는 사람을 공화당 대통령 후보로 지명하는 것은 말도 안 된다고 펄펄 뛰었다. 매사추세츠는 절대로 쿨리지를 지지하지 않을 것이라고 자신했다.

1920년 쿨리지가 부통령에 선출된 뒤 얼마 지나서 매사추세츠 남동부 해안 도시 플리머스에서 열리는 행사에서 연설할 기회가 있었다. 1620년부터 주민이 정착해 무역으로 성장한 플리머스의 '300년 역사'를 기념하는 의미 있는 축제였다. 여기에 로지 상원의원이 참석했다.

로지 의원은 영향력이 막강한 것뿐 아니라 거만하기로 이름이 나 있었다. 로지가 먼저 마이크를 잡았다. 그는 청중들에게 말했다. 299주년 기념 행사에 참석했을 때는 장황하게 연설을 하지 않았기 때문에 이날 행사에서는 플리머스의 역사적 중요성에 대해서 자세하게 말을 하겠다고 토를 달았다. 그의 약속대로 연설은 길게 늘어졌다.

이제 쿨리지의 순서가 됐다. 쿨리지는 로지 의원과는 이날 행사에서 정반대의 '길'을 밟았다. 쿨리지는 자신이 로지 의원과 함께 전년도 행사에 참석했다고 운을 땐 뒤 당시 플리머스의 중요성에 대해 아낌없이 연설을 했다고 토를 달았다. 그리고 로지 의원을 의식하고는 "그와 달리, 그 주제에 대해 더 이상 할 말이 없다(Unlike him, I exhausted the subject)"고 했다.[61]

청중들 사이에서 폭소와 함께 박수가 터져 나왔다. 로지의 연설은 길었고 쿨리지의 연설은 짧았다. 로지의 연설은 구구절절 이어졌고 쿨리지의 연설은 핵심만을 집었다. 누구의 연설이 더 좋았고, 덜 좋았는지는 별로 중요하지 않다. 로지는 쿨리지를 깔보았고, 쿨리지는 애교부리는 성격이 아니었다. 두 사람이 가까워지기는 호랑이와 사자의 관계에서처럼 어려웠다.

플리머스 정착 300주년 기념식의 중요성을 감안할 때 쿨리지도 로지의 패턴을 이어받을 만했다. 그러나 쿨리지는 할 말은 지난번에 다했으니 이번에는 조용히 있겠다고 했다. 정작 할 이야기가 없거나 연설 자체가 싫어서는 아니었을 것이다. 로지를 주인공으로 세우려는 생각이었을 것이다.

중요한 행사에서 로지에게 무대를 내주고 자신을 '조연' 정도로 낮추었다. 청중은 쿨리지의 뜻을 헤아렸고 박수로 화답했다. 옆에 있던 로지가 쿨리지를 다시 본 것은 두말할 나위가 없다. 뜨악한 로지와의 관계를 개선하려는 쿨리지의 지혜였다.

* * *

말 안 듣는 아이들의 아버지 __윌리엄 H. 해리슨

루이스 윌리엄스(L. Williams)는 노스캐롤라이나 출신으로 1815년부터 20년 넘게 연방 하원의원을 지낸 유력 정치인이다. 1842년 사망할 때까지 의회를 누빈 14선의 관록을 자랑하던 인물이다. 세상을 떠나는 순간까지 의원 사무실에서 일을 했다. 하루는 해리슨 행정부의 한 장관이 윌리엄스 의원을 대통령에게 소개시켰다. "윌리엄스 의원은 하원에서 최고령이십니다. 대통령께서도 아시다시피 의회의 아버지(Father of the House of Representatives)로 불리는 분입니다."

해리슨이 윌리엄스 의원의 손을 잡고는 씩 웃었다. "의회의 아버지를 만나서 반갑습니다. 내가 알기엔 다루기 힘든 소년들이 있는 집의 아버지라서 더욱 반갑습니다(I am glad to see the Father of the House, and the more so because you have a very unruly set of boys to deal with, as I know)." 윌리엄스의 얼굴엔 온화한 미소가 퍼졌다. 옆에 서 있던 사람들은 해리슨의 농담

에 한바탕 크게 웃었다.[62]

해리슨은 68세의 고령에 대통령에 취임했다. 그러나 안타깝게도 그 해 폐렴으로 숨을 거두었다. 대통령 당선 후엔 나름대로 계획도 있었고 자신감도 있었다. 의회의 지지를 얻어낼 방안마련에 고민도 했다. 그러던 참에 윌리엄스를 만나게 됐다. 의원들의 '대부' 격인 윌리엄스의 지지는 국정운영에 상당한 원군(援軍)이 될 수 있다고 생각했다.

집(의회)의 아버지(최고령 다선의원)로서 다루기 힘든 아이들(의원들)을 통제하고 잘 다뤄주길 바라는 마음에서 더욱 반가웠을 것이다. 그래서 한편으로는 '집의 아버지'로서 윌리엄스의 권위를 치켜 세워주고, 다른 한편으론 '말 안 듣는 아이들의 아버지'로서 그가 해야 할 소임을 은근슬쩍 귀띔해 주었다.

* * *

도둑 겁먹은 집사 _그로버 클리블랜드

연방의회는 상원과 하원으로 갈린다. 하원은 클리블랜드에게 우호적이었다. 그런데 상원은 사사건건 트집을 잡고 발목을 잡았다. 상원에 대한 클리블랜드의 불편한 심기는 그렇게 조금씩 쌓여갔다. 상원과 입법 사안을 놓고 한바탕 격전이 벌어졌다. 며칠씩 공방을 벌였다. 클리블랜드는 피곤해 그만 곯아떨어졌다. 상원과 다툼을 벌이다보면 불규칙적으로 잠에 빠져들곤 했다.

잠시 후 집사가 들이닥쳤다. 놀란 토끼마냥 대통령을 깨웠다. 눈이 휘둥그레졌고 목소리는 다급했다. 이상한 소리를 들었다고 했다. "집(백악관)에 도둑이 든 것 같다"고 했다. 단잠에서 깬 클리블랜드는 집사의 얼굴을 보고는 이렇게 안심시켰다. "상원이라면 몰라도 하원에는 도둑이 있을 리 없네(In the Senate, maybe, but not in the House)."63)

백악관 집사가 말한 집(House)을 연방하원(House of Representatives)의 'House'로 바꿨다. 클리블랜드는 자신과 사이가 원만한 하원에 도둑들이 우글거릴 이유가 없다고 했다. 하원에는 정갈하고 깨끗하며 준법정신이 투철한 의원들만 있다는 뉘앙스를 풍겼다. 그러나 상원에는 혹 도둑들이 우글거릴지 모른다고 했다. 클리블랜드는 도둑을 겁낸 집사 이야기를 들어 자신에 협조적인 하원과 달리 하루가 멀다 하고 대드는 상원에 대한 불편한 심기를 은근히 드러냈다.

* * *

"반갑다 친구야!"__로널드 레이건

레이건과 팁 오닐(T. O'Neill) 연방하원의장은 오랜 친구다. 아일랜드 출신이란 점도 있지만 호탕한 성격이 비슷했다. 하지만 해가 뜨고 정치판이 열리면 서로 죽일 듯 으르렁거리는 사이였다. 공화당 대통령과 민주당 출신 하원의장이니 그럴 만도 했다. 오닐의 생일에 레이건이 그를 백악관으로 초대했다.

이 자리에는 레이건, 오닐, 그리고 레이건의 측근 참모 마이클 디버 세 명뿐이었다. 백악관 2층의 방에서 세 사람이 앉았다. 레이건과 오닐은 약 1시간 동안 이런저런 얘기를 늘어놓는가 하면 농담을 주고받으면서 즐거운 시간을 보냈다. 그리고는 팔짱을 낀 채 방을 나와 대통령 집무실로 들어갔다.

레이건이 샴페인을 가져오라고 시켰다. 디버는 레이건이 점심 식사를 한 뒤 샴페인을 주문하는 것을 한 번도 보지 못해 어리둥절해 했다. 레이건이 잔을 높이 들고는 건배를 했다. "팁, 만일 내가 천국행 티켓을 갖고 있고 자네가 갖고 있지 않다면 나는 내 티켓을 버리고 자네와 함께 지옥에 가겠네(Tip, if I had a ticket to heaven and you didn't have one, too, I would give mine away and go to hell with you)." 오닐은 이 말을 듣고는 "내 친구, 나의 오랜 친구"하며 잔을 들이켰다. 샴페인을 마시고 10분이 지났다. 두 '정치 거두'는 작별인사를 하고 헤어졌다.

그리고 다음 날 다시 정치공방이 시작됐다. 언제 우정을 나누었냐는 듯이 서로를 물어뜯었다. 그래도 이러한 분위기 속에서 미국의 체제는 굴러가고 있다. 이것이 바로 미국식이다.[64]

"반갑다, 친구야!"를 여러 차례 외치고 술잔을 기울였건만 그것도 그때뿐 정적의 숙명을 피할 수는 없었다. 하지만 정치적 소신이 다르다고 해서 우정을 나누지 못하는 것은 아니다. 정치는 정치고 우정은 우정이다. 공과 사를 구별하는 것은 정치꾼들에게는 불가능해 보이지만 정치가들에게는 얼마든지 가능한 일이다.

오닐과의 관계는 여러 가지 일화를 낳았다. 레이건이 힝클리에게 저격을 당한 지 4주가 지났다. 레이건이 오랜만에 기력을 회복해 의사당에 등장했다. 당시 연방의회는 민주당이 장악하고 있었다. 몸의 상태가 예전처럼 완전히 회복된 것은 아니었다. 게다가 정적들이 우글거리는 의사당 연단에 올랐으니 마음이 썩 편하지는 않았을 것이다. 연방 상원과 하원의원들이 모두 모였다. 미국을 움직이는 정치인들이 한자리에 모인 것이다. 사회자가 레이건을 소개하자 의원들은 모두 기립박수로 환영했다.

잠시 후 박수소리가 희미해지고 레이건이 목소리를 가다듬었다. 연설이 시작됐다. 일반적으로 생각하면, "그 동안 몸이 아파 만나보지 못해서 미안하다" "쾌유를 빌어준 의원들 모두에게 진심으로 감사드린다"는 인사말이 먼저 나오는 게 무난한 출발이다. 그러나 레이건의 연설 첫 문장은 저격의 섬뜩했던 장면을 재현하는 듯한 '긴장의 출발'이었다.

"여러분들은 내가 저격당하는 것을 다시 보여주길 원치는 않겠죠?(You wouldn't want to talk me into an encore, would you?)." 나이 많은 대통령이 저격을 당해 죽다 겨우 살아났는데 과연 누가 그 비극을 되풀이하라고 주문하겠는가. 유사한 농담을 하는 것조차 '비인간적'인 발언으로 비난받을 만하다. 병석에서 일어난 사람에게 다시 아파 병원에 누워있는 모습을 보여 달라는 사람은 아마 없을 것이다.

게다가 레이건은 총을 맞고 생사의 기로에 서 있었다. 정치적으로는 레이건을 '죽도록' 싫어하더라도 다행히 목숨을 건진 늙은 대통령에게 "저격 재연" 운운하면 몹쓸 사람이 된다. 아무도 생각 못한, 누구도 상상하지 못한 이슈를 화제 삼아 연설을 시작해 장내를 잠깐이나마 긴장시켰다. 그리고 금방 이 말이 농담임을 알아차린 의원들로부터 폭소를 자아내게 했다. 약 5초간 냉탕으로 갔다가 다시 온탕으로 옮기는 형국이다. 정적에 둘러 싸여 다소 험악해 보이는 분위기를 재치로 녹였다.

레이건의 분위기 녹이기는 멈추지 않았다. 연방 하원의장인 팁 오닐은 민주당 내 실력자였다. 이들은 정부재정, 세금, 외교정책, 사회복지, 환경 등 사회 현안에 대해 거의 정반대의 입장을 견지했다. 심하게 말하면 '견원지간'이었다. 정치적 입장이 다른 정치인들은 인간적으로도 멀어지고 서로 으르렁대기 일쑤다. 일반인들도 정치적 노선이 다르면 친해지기 어렵고 종종 얼굴을 붉히곤 하니 정치를 생업으로 삼는 사람들에게야 말할 나위도 없다. 추석 때 고향에 모인 자녀들에게 종교와 정치 얘기를 삼가라고 하는 노부모의 말씀이 괜한 당부가 아니다.

레이건이 농담을 잘하지만 오닐도 둘째가라면 서러워할 인물이다. 정치적 라이벌이면서 동시에 농담에서도 앞서거니 뒤서거니 했다. 레이건에 대한 오닐의 태도는 단호했다. "우리는 오후 6시 이후에나 친구가 될 수 있을 거요. 그 전에는 오로지 정치뿐이오." 정치적 공방에서 추호의 양보도 온정도 기대하지 말라는 경고였다. 하원이 관여하는 문제에 있어서는 레이건의 정책을 순순히 통과시키지 않을 것이라는 다짐이었다.

하지만 레이건은 파당적인 대립이 인간적인 우정까지 막기를 원치 않았다. 그래서는 안 된다고 믿었다. 레이건은 종종 오닐을 만났다. 그때마다 레이건은 오닐에게 미소 지으며 자신의 손목시계를 가리켰다. "팁 이것 보게. 내가 이 시계 바늘을 다시 맞추었네. 지금이 6시지." 아직 오후

6시가 되지 않았는데도 6시라고 우겼다. 아니, 우겼다기보다 6시 이후엔 정쟁을 떠나 우정을 나눌 수 있다는 오닐 하원의장의 말을 다시 끄집어내 대낮에 만나도 사이좋게 지내자는 레이건의 우회적인 유화 제스처였다. "네가 그렇게 나온다면 …" "싫으면 말고 …" 식의 냉전적 대립이 잦은 정치판에서 보기 드문 유머다.

레이건은 상대를 '무장해제'시키는 재주가 있었다. 1981년 대통령 취임식 날 의회에서 행사를 마친 레이건이 오닐의 방으로 들어갔다. 옷을 갈아입기 위해서였다. 방에는 손으로 정성스레 만든 멋진 오크 책상이 놓여 있었다. 넋 나간 사람처럼 책상을 쳐다보는 레이건에게 오닐은 그로버 클리블랜드 대통령이 재임 중 사용하던 것이라고 설명했다.

"그것 아주 재미있군. 내가 영화배우 시절 그로버 클리블랜드 역을 한 적이 있었지(That's very interesting. You know, I once played Grover Cleveland in the movies)." 실은 레이건이 영화 '위닝 시즌(Winning Season)'에서 맡았던 배역은 그로버 클리블랜드 대통령이 아니라 야구선수 그로버 클리블랜드 알렉산더였다. 레이건이 야구선수와 대통령을 혼동할 리 없었다. 두 사람이 이름(그로버)은 같지만 직업이 다르고 성(클리블랜드, 알렉산더)이 다른데 동일인물이라고 착각할 리 만무하다.

과거에 클리블랜드 대통령이 쓰던 것이고 자신도 대통령이니 백악관에 갖다놓는 게 제격이 아니냐는 뉘앙스를 풍긴다. 그러나 레이건이 이 책상이 탐나서 둘러댄 것은 아니다. 그저 격이 없는 즐거운 대화로 친교를 쌓아가자는 것이었다. 레이건 임기 말께 오닐이 레이건에게 한마디 했다. "정치생활 50년 동안 당신처럼 미국인에게 인기 있는 사람은 보질 못했네." 불독처럼 한번 물면 놓지 않는 정적 오닐도 레이건의 유머에는 인상을 찌푸리지 않았다.[65)]

* * *

"개자식이어서 미안하오" _존 F. 케네디

맥조지 번디(M. Bundy)는 하버드대 학장을 지낸 권위주의적인 인물이다. 그는 케네디의 친구였다. 번디는 케네디의 국가안보 담당 특별보좌관을 지내기도 했다. 둘은 막역한 사이였다. 서로 사담을 주고받을 정도로 친했다. 케네디는 번디에게서 들은 얘기를 종종 했다. 그저 친구의 경험담을 전하는 게 아니었다. 케네디의 태도, 특히 정적들이 자신에게 가하는 부당한 공세에 대한 심경을 우회적으로 드러내는 것이기도 했다.

번디가 학장이었을 때 찰스 셰링톤 하버드대 교수가 번디를 '개자식(Son of a Bitch)'라고 지칭했다. 학생들이 가득한 강의 도중에 말이다. 이 일이 번디의 귀에 들어갔다. 교수가 자신을 모욕하는 발언을 공개석상에서 한 사실을 안 번디 학장은 셰링톤 교수를 자신의 방으로 불렀다. 셰링톤 교수는 번디의 사무실에 들어가 번디 학장을 '개자식'이라고 부른 것을 사과했다. 그러자 번디 학장은 자신이 '개자식'이어서 미안하다고 셰링톤 교수에게 사과했다(Cherington apologized to Bundy for calling him a son of a bitch, and Bundy apologized to Cherington for being one).[66]

이 말을 들은 셰링톤 교수의 표정은 쉽게 상상할 수 있다. 쥐구멍을 찾는 모습이었을 게다. 인간성이나 정책이 아무리 마음에 안 들더라도 교수가 학장을 강의실에서 이렇게 부르는 것은 상아탑에서 용납하기 어렵다. 상아탑은 고사하고 일반 사회에서도 부드럽게 넘어가기 곤란한 욕설이다.

그런데 번디 학장은 '가해자'에게 윽박지르거나 호통을 치지 않았다. 가해자의 사죄를 넙죽 받아들이지도 않았다. 오히려 자신이 원인 제공자인 양 자책성 발언으로 대응했다. 그러나 자신을 깎아 내리면서 상대의 과오를 명명백백하게 밝혔다. 케네디는 자신에게 근거 없는 험담을 늘어놓는 정적들에게 이러한 방식으로 대할 것이란 점을 시사하고 있다.

* * *

물에 물 탄 듯, 술에 술 탄 듯_마틴 V. 뷰런

마틴 밴 뷰런은 물에 물 탄 듯, 술에 술 탄 듯한 이미지로 각인됐다. 대통령이 되기 전에도 그는 분명하게 자신의 입장을 밝히지 않았다. 얼버무리기는 뷰런의 트레이드마크가 되다시피 했다. 한 연방 상원의원이 뷰런을 '함정'에 빠뜨릴 수 있다고 장담했다. 누구나 믿고 있는 보편적 상식에 대해 뷰런에게 질문함으로써 그가 더 이상 얼버무리지 않게 할 자신이 있다고 했다.

이 상원의원이 뷰런에게 물었다. "해가 아침에 동쪽에서 뜬다고들 하는데 자네는 그걸 믿나?" 뷰런은 잠시 생각에 잠긴 듯했다. 상원의원의 질문에 답을 했다. 뷰런은 아침에 해가 동족에서 뜬다는 것이 일반적인 인식이라는 점을 이해한다고 토를 달고는, "나는 동이 틀 때까지 일어나지 않기 때문에 무어라 말 할 수 없네(As I sleep until after sunrise, I cannot speak from my own knowledge)."[67]

해가 뜨기 전에 일어나 있어야 해가 동쪽에서 뜨는지 확실하게 알 수 있는데, 동이 다 튼 뒤에야 일어나는 습관 때문에 해가 동쪽에서 떴는지 서쪽에서 떴는지 도무지 알 수 없다고 했다.

뷰런은 상원의원이 자신을 놀리려고 물음을 던졌다는 것을 알았을 것이다. 복잡하고 미묘한 정책적 발언도 아니고 답변에 따라서 그 파장이 심한 사안도 아니다. 누구나 믿고 있는 통념을 물었고 거기에 가볍게 합류하면 그만인 일이었다. 그러기에 상원의원도 이번만큼은 뷰런도 우물쭈물하지 않고 명확한 답변을 할 것이라고 확신했던 것이다.

그러나 상원의원의 예상은 빗나갔다. 뷰런은 이번에도 여전히 모호했다. 하지만 뷰런의 반응은 명쾌한 답변을 찾지 못해서라기보다 너무 뻔한 이슈로 자신을 '시험한' 상원의원에게 재치 있게 뒤통수를 친 것이다. 한 번 뒤집어 보면, 우문(愚問)에 현답(賢答)이었다.

* * *

워싱턴에 살면 커지는 머리 __제럴드 R. 포드

포드가 야당인 공화당 원내총무 시절 존슨 대통령으로부터 인신공격성 발언을 들었다. 1966년 총선에서 공화당이 승리했을 뿐 아니라 자신이 기치를 내건 '위대한 사회(Great Society)' 건설에 포드가 반대하자, 헬멧을 쓰지 않고 풋볼을 너무 오래 해 머리가 아둔하게 된 것 아니냐는 투였다. 그리고 존슨은 포드가 똑바로 걸으면서 동시에 껌을 씹지 못한다고 놀려댔다. 뇌손상으로 정상적인 행동을 하는 데 어려움이 있다는 비아냥거림이었다. 하지만 포드는 존슨 대통령의 거친 공격을 부드럽게 맞받았다. 존슨의 원색적인 발언에 개의치 않는 듯했다.

그러나 은근히 존슨에게 우회적으로 대들었다. 미시건 대학과 예일 법대를 톱클래스로 졸업했다는 사실을 간간히 사람들에게 주지시켰다. 1968년 3월 그리디론 클럽 연례모임에서 포드가 연설을 하기로 돼 있었다. 연설문을 준비하면서 포드는 오래된 헬멧을 찾아냈다. 1935년 시카고에서 열린 올스타 게임에 출전할 때 썼던 가죽 모자였다.

포드는 모임에 이 가죽 모자를 가져왔다. 연설 차례가 됐다. 호명이 있자 자리에서 일어났다. 그리고 모자를 쓰려고 했다. 그런데 머리에 잘 맞지 않았다. 모자의 귀 덮개가 귀에까지 내려가지 않았다. 작은 듯했다. 순간 포드의 입가에 의미심장한 미소가 흘렀다. "워싱턴에서는 머리들이 커지는 경향이 있다(Heads tend to swell in Washington)."[68]

정상적인 사람들도 워싱턴 정치판에 발을 들여놓으면 하도 골치 아픈 일이 많고 정상적인 생각으로는 일이 제대로 굴러가질 않아 머리가 커지기 십상이므로 자신도 머리가 부풀어 옛날 즐겨 쓰던 풋볼 가죽 모자가 맞지 않는다고 둘러댔다. 존슨이 지적한 대로 헬멧을 쓰지 않고 풋볼을 너무 오래 해서가 아니라 워싱턴의 풍토가 나빠 멀쩡한 사람도 그렇게 변한다는 것이다.

물론 워싱턴의 분위기를 무조건 부정적으로 몰아붙인 것은 아니다. 포드의 머리가 커졌다는 것도 아니다. 수십 년이 지나 다소 오그라든 가죽 모자를 들고 나와, 대통령인 존슨이 책임을 통감하기는커녕 자신을 비판한 데 대한 점잖은 지적이었다.

* * *

외교

외교관 못해 대신 대통령 출마 _존 F. 케네디

    드골 대통령 치하의 프랑스는 서방의 일원이고 강력한 반공국가였다. 하지만 드골은 미국이 비상사태가 아닌 경우에 유럽의 일에 간섭하는 것을 원치 않았다. 프랑스는 독자적으로 핵무기를 지녀야 하고 서유럽국가들을 대변해야만 한다고 드골은 믿고 있었다. 미국은 프랑스와 원만한 관계를 설정하는 게 여의치 않다고 여겼다. 드골이 개인적으로 거만하거나 권위주의적이어서 그런 게 아니라 그의 정책노선이 미국으로 하여금 불편함을 느끼게 한 것이다.

    케네디가 1961년 파리에 들렀다. 드골은 케네디를 따뜻하게 맞았다. 이는 케네디가 반가워서가 아니었다. 케네디가 상원의원이었을 당시 미국을 여러 차례 방문한 드골은 재클린 케네디를 만나보고 퍽 깊은 인상을 받았다. "만일 미국에서 프랑스로 가져오고 싶은 게 있다면 재클린 여사뿐"이라고 말할 정도였다.

    그래도 케네디는 적어도 겉으로는 섭섭해 하지 않았다. 드골과 약 두

시간 대화를 나눈 뒤 프랑스 기자들 앞에서 "나는 재클린 케네디를 파리에 모시고 왔습니다. 그리고 그렇게 한 것이 기쁩니다(I am the man who accompanied Jacqueline Kennedy to Paris, and I have enjoyed it)"라고 말했다.[69]

케네디가 드골과 점심 회동을 한 자리에서, 몇 년 전만 해도 사람들이 러시아어와 중국어를 배워야 한다고 야단들이었는데 미래를 내다본다면 역시 프랑스어와 영어를 배워야 한다고 했다. 그리고 프랑스 주재 미국대사관 직원들에게 "나는 파리에 있는 미국대사관에서 근무하고 싶어 했는데 여의치 않았다. 그래서 대통령 선거에 출마했다(I tried to be assigned to the embassy in Paris myself, and, unable to do so, I decided I would run for president)"고 했다.

프랑스 대사가 대통령보다 좋았는데 대사가 되지 못해 차선으로 대통령이 됐다는 것이다. 그저 하는 얘기지만 그래도 프랑스 국민이 듣기에는 기분 좋은 말이다. 이는 프랑스 주재 미국 대사관 직원들과 케네디가 비공식적으로 나눈 대화에서 나온 것이지만 금방 퍼져나갔다. 이 말을 전해 들은 드골이 흐뭇해하지 않을 수 없었다. 이 정도로 프랑스를 치켜세웠으니 말이다. 케네디의 프랑스 방문은 성공적이었다.

2차 대전이 한창이던 1943년 드골은 자유 프랑스 위원회를 알제리로 이전했다. 이름을 프랑스 국민 해방위원회로 바꿨다. 1944년 9월 드골은 파리해방 뒤 조국으로 돌아갔다. 이후 임시정부를 이끌었다. 그러다 1946년 사퇴하고 이듬해인 1947년 대중조직인 프랑스 공화국연합을 만들었다.

프랑스 공화국연합은 1951년 총선에서 120석을 확보함으로써 자리를 굳혔으나 내분으로 인해 1953년 드골이 이 조직을 떠났다. 드골은 '영예로운 소명' '화합' '구원' 등 3권의 회고록 집필에 전념했다. 그러다 1958년 알제리에서 쿠데타가 발생했다. 그 여파로 프랑스의 제4공화국이 흔들리자 정계에 복귀해 프랑스를 이끌었다.

사실 드골은 부드럽고 자상한 스타일의 정치인은 아니었다. 드골과 케네디가 발레 공연을 가게 됐다. 공연 중간 쉬는 시간에 기자들이 달라붙었다. 드골은 마지못해 자신과 케네디의 사진을 몇 커트 찍으라고 잠시 기회를 주더니 퉁명스러운 손짓으로 기자들을 물리쳤다. 기자들의 기분을 상하게 했다. "자기가 대통령이면 대통령이지, 기자들에게 이렇게 대할 수 있어?" 하고 불평할 만했다.

한 기자가 케네디에게 물었다. "대통령께서도 드골 대통령이 하듯이 사진기자들을 마음대로 통제하기를 원하십니까?" 드골 대통령을 은근히 비난하는 질문에 케네디는 다소 당혹해했다. 기자의 기분에 동조하는 답변을 했다간 드골의 반감을 살 것이기 때문이었다.

케네디의 답변은 이러했다. 드골이 권자에서 물러난 뒤 12년 만인 1958년 다시 프랑스 최고지도자에 오르게 된 것은 내전의 위기에 처한 프랑스를 구하라는 국민들의 부름에 대한 화답이었음을 암시했다. "제가 미국의 구원자로서 백악관으로 다시 부름을 받지는 않았다는 것을 여러분들이 아셔야 합니다(You must remember that I wasn't recalled to office as my country's savior)."[70]

기자들에 대한 드골의 안하무인 식 행동과 그에 대한 언론의 비난에 대해 드골의 심기를 건드리지 않으면서 기자들의 불만을 무마한 명답이다. 드골의 행동이 모범적인 것은 아니지만 프랑스 국민을 위해 바친 애국적 열정을 감안해 이해해달라는 것이다. 기자들은 물론 프랑스 국민들은 자국을 방문한 손님 케네디의 프랑스 역사와 국민에 대한 관심과 이해에 흡족했을 것이다. 또 케네디는 드골이 두 번 국가를 이끈 지도자라는 점을 부각시켰다. 자신을 낮추면서 상대적으로 드골을 띄웠다.

* * *

신도 없고 감자도 없다 _로널드 레이건

레이건 집권 시절 미국과 소련 사이에 체제 우위 논쟁이 뜨거웠다. 사실 미국이 더 요란했다. 공산주의의 폐해를 강조하는 데 대통령이 선봉에 섰다. 노골적이고 선정적인 묘사나 공격 대신 코믹하게 소련 체제의 답답함을 꼬집었다.

레이건이 들려준 이야기는 미국인과 소련인의 대화에서 시작됐다. 미국인이 말했다. "우리나라에서는 내가 백악관의 대통령 집무실에 들어가 책상을 주먹으로 치며 레이건 대통령에게 말할 수 있네. '나는 당신이 미국을 다스리는 방법을 좋아하지 않는다'고 말일세."

이 말을 듣고 있던 소련인이 "나도 할 수 있네" 하고 받았다. 미국인이 "뭐라고?"하며 놀라했다. 소련인은 말을 이었다. "나도 크렘린의 브레주네프 집무실에 들어가 책상을 치면서 브레주네프 대통령에게 말할 수 있네. '나는 레이건이 미국을 다스리는 방법을 좋아하지 않는다'고 말일세."

레이건의 공세는 계속됐다. 브레주네프가 소련의 대통령이 됐을 때 노모를 크렘린 궁으로 모셨다. 그리고 노모를 리무진에 태워 자신이 사는 모스크바의 고급 아파트로 안내했다. 크렘린 궁에서나 고급아파트에서나 노모는 아무 말도 하지 않았다. 이번에는 브레주네프가 노모를 헬기에 태워 모스크바 교외의 고즈넉한 별장에 갔다. 그래도 일언반구 하지 않았다.

그러자 브레주네프가 노모를 대통령전용기에 태워 흑해 연안으로 날아가더니 대리석으로 지은 화려하기 짝이 없는 대통령 별장을 구경시켰다. 눈이 휘둥그레져 이 별장을 둘러본 노모가 드디어 입을 열었다. 걱정스런 표정으로 아들에게 말했다. "레오니드, 공산당원들이 알면 어쩌지?(Leonid, what if the Communists find out?)."

서방 세계로 치면 장관급에 해당하는 소련공산당 인민위원이 집단농장을 시찰했다. 농부 가운데 한 사람을 잡고 물었다. 일이 잘 돌아가는지, 농부사이에 불평은 없는지 캐물었다. 그러자 농부는 "전혀 없습니다" 하고 시원하게 말했다. 인민위원은 "그렇다면 수확은 어떠한가?" 하고 주제를 바꾸었다. 농부는 "작황이 점점 개선되고 있습니다"라고 했다.

감자 수확은 잘 되느냐고 인민위원이 물었다. 그러자 농부는 "감자를 수확해 쌓으면 신의 발끝까지 이를 것"이라고 답했다. 신이라는 단어가 튀어나오자 인민위원은 "여기는 소련이다. 신은 없다"고 잘라 말했다. 농부도 재빨리 "그렇습니다. 감자도 없습니다" 하고 응수했다.[71]

위의 세 가지 스토리는 소련의 공산체제가 얼마나 비효율적이고 비생산적인지 극명하게 보여준다. 상대적으로 미국 체제의 우월성을 자연스럽게 부각시킨다. 모두 현실적으로 있을 수 없는 대화이다. 첫째, 소련 시민이 브레주네프 집무실에 들어가 책상을 치며 말하는 것 자체가 상상할 수 없는 일이다. 설령 미국을 비난하는 말이라도 말이다. 둘째, 아무리 공산당의 감시가 사회 곳곳에 뿌리를 내리고 있다손 치더라도 최고 권력자의 어머니가 그런 걱정을 하는 것은 비상식적이다. 셋째, 감자가 없다는 표현도 극단적이다. 레이건은 유들유들한 스토리로 체제 우위 논쟁을 대신했다.

* * *

빗자루와 양키 북군 __린든 B. 존슨

미국이 소련과 군사 경쟁을 벌이던 때였다. 존슨은 미사일 경쟁에서 뒤지지 않아야 한다고 믿었다. 비즈니스 리더들이 모인 자리에 참석한 존슨은 왜 국방에 많은 돈이 필요한지에 대해 설명하고 '큰 손'들을 설득할 참이었다. 남북전쟁에 얽힌 스토리를 골랐다. 진위는 확인되지 않았지만 종종 인용되던 얘기다.

1861년 텍사스 출신 청년이 북군에 맞서 참전했다. 이 청년은 걱정하는 가족과 마을 사람들에게 "곧 돌아올 테니 걱정 말라"고 호언장담 했다. "빗자루로 무장한 양키 놈들을 쓸어버리겠다"고 했다. 북군을 오합지졸로 여겼으니 조만간 귀향할 수 있다고 자신했다. 그러나 이 청년은 참전한 지 2년 만에 가족의 품으로 돌아왔다. 당초 약속보다 시간이 길어진 것도 안타까운데 전투에서 한쪽 다리까지 잃었다.

이웃들은 "도대체 무슨 일이 있었기에 이토록 늦게 돌아왔고 왜 다리를 잃었느냐?"하며 의아해 했다. 빗자루를 갖고 싸울 북군을 단숨에 날려버리겠다고 큰소리치지 않았느냐고 물었다. 이 청년은 말했다. "문제는 양키 놈들이 빗자루로 싸우지 않았다는 데 있습니다(The trouble was the dam yankees wouldn't fight with broomsticks)."72)

존슨은 싸워서 승리할 자신이 하늘을 찌른다 해도 상대를 제압할 무기가 없으면, 아무 소용없다는 점을 강조했다. 상대를 얕잡아보고 준비를 게을리 하면 큰 코 다친다는 것을 일깨우려 했다. 소련을 우습게보고 미사일 경쟁에 느긋하게 대처하다간 유사시 낭패를 볼 수 있다는 경고도 은근히 담았다. 소련과의 미사일 경쟁에서 우위를 점하는 것은 미국의 안위에 절대 필요하므로 이에 소요되는 예산마련에 협조해 줄 것을 부탁했다. 텍사스 청년의 스토리는 아무 생각 없이 들으면 그저 하나의 일화정도로 치부할 수 있지만, 곱씹어보면 머리카락이 곤두서는 내용이기도 하다.

* * *

소련군 원수의 할리우드 진출 __드와이트 D. 아이젠하워

2차 대전이 종식하자 스탈린이 아이젠하워를 소련으로 초대했다. 기차로 모스크바로 향하던 중 아이젠하워는 나치 독일에 의한 전쟁의 참화를 직접 목격하게 됐다. 모스크바에 도착해 스탈린을 만났다. 그는 무뚝뚝했다. 하지만 전쟁 영웅 주코프(Zhukov) 원수는 친근하고 서글서글했다.

아이젠하워는 레닌의 무덤 위에 올라섰다. 스탈린은 외국인에게는 처음으로 '영광스런' 기회를 주었다고 했다. 아이젠하워는 무려 5시간 동안 서서 붉은 레닌 광장에서 펼쳐지는 체조를 관람했다. 스탈린은 "이 체조가 전쟁의 사기를 진작시킵니다. 독일은 그래서는 안 되겠지만, 미국은 이러한 일을 더 해야 한다고 봅니다" 하고 의기양양했다.

이날 저녁 아이젠하워는 주코프 원수가 베를린을 점령하는 과정을 담은 영화를 보게 됐다. 주코프는 러시아를 공격한 히틀러 나치군을 스탈린그라드에서 무찌른 뒤 파죽지세(破竹之勢)로 베를린까지 밀어붙여 나치의 몰락에 기여한 소련군 사령관이었다.

이 영화를 관람한 뒤 아이젠하워가 말했다. "만일 소련에서 일자리를 잃는다 해도 당신은 분명 할리우드에서 일할 수 있을 겁니다(If you ever lose your job in the Soviet Union, you can surely get one in Hollywood!)" 이 말에 주코프는 너털웃음을 지었다. 그러나 스탈린은 근엄한 어조로 "주코프 원수는 결코 소련에서 일자리를 잃지 않을 겁니다" 하고 받았다.[73]

딱딱한 전쟁 체조를 5시간이나 서서 구경했다. 지겨운 데다가 스탈린이 심기까지 불편하게 했다. 주코프를 치켜세우며 자국의 전투적 용맹을 과시하고 미국에게 훈계했다. 전투에 있어서 만큼은 미국이 소련에 한 수 배워야한다는 뉘앙스에 아이젠하워가 넉살 좋게 받아쳤다. 전쟁영웅 주코프를 할리우드 액션 배우에의 적격자로 묘하게 둔갑시켰다.

* * *

미 대통령과 영국대사의 땅 싸움 _존 퀸시 애덤스

퀸시 애덤스가 컬럼비아 강 포구에 대한 소유권을 둘러싸고 미국주재 영국대사와 설전을 벌였다. 미 의회에서는 영국의 소유권 주장을 반박하는 논의가 활발했다. 영국대사는 발끈했다. 애덤스는 외국이 미국의 국내 정치에 대해 왈가왈부하는 것을 참을 수 없었다. "스코틀랜드 북동부지역의 셰틀랜드 군도를 미국 소유권이라고 주장해도 괜찮겠소?" 하고 받아쳤다.

영국대사는 "감히 영국의 땅에 대해 소유권을 주장하다니"하며 분개했다. 그러자 애덤스는 "당신이 미국의 컬럼비아 강 포구에 대해 이러쿵저러쿵 말하는 것과 뭐가 다르단 말이요" 하고 응수했다. 영국대사는 "우리가 강 포구에 대해 권리가 있다는 것을 모르오?" 하고 되물었다.

그러자 애덤스는 "인도도 영국 땅이고, 아프리카도 영국 땅이고..."하며 말을 이었다. 질세라 영국대사가 "달도 영국 땅이라고 하시지" 하고 비아냥거렸다. 애덤스는 "아니오. 영국이 달에 대해 독점적인 소유권을 주장한다는 말을 들어본 적이 없소. 하지만 사람이 살 수 있는 이 지구에는 영국이 소유권을 주장하지 않는 곳이 없지 않소(There is not a spot on this inhabitable globe that I affirm you do not claim)" 하고 쏘아붙였다. 분위기는 얼음장 같았지만 거드름을 피우는 영국대사에게 순발력을 발휘해 따끔한 맛을 보여주었다.[74]

* * *

케네디 당선의 일등공신 __존 F. 케네디

대통령에 당선된 케네디가 1961년 중반 오스트리아 빈에서 소련공산당 서기장 흐루시초프와 정상회담을 가졌다. 동서 냉전이 격화되지 않고 상호 우호적인 관계를 도출해내기 위한 만남이었다. 특히 '냉전의 현장'이랄 수 있는 베를린의 상황에 대한 논의도 진행됐다. 대통령이 된 지 몇 달밖에 되지 않은 케네디로서는 외교적 수완의 시험대이기도 했다. 이틀간의 양국 정상회담은 별 성과를 거두지 못하고 지지부진했다. 회담이 지루해지자 케네디가 분위기를 반전시키기 위해 흐루시초프에게 농담을 던졌다. 단초는 흐루시초프가 제공했다. 소련에 생포된 미국정찰기 U-2 조종사 프랜시스 파워스를 석방하라는 미 행정부의 요구를 묵살했기 때문에 케네디가 당선됐다고 거드름을 폈다.

파워스는 1960년 U-2 정찰기가 소련군에 의해 격추되면서 소련 교도소에서 10년간 수감될 처지에 놓였다. 그러나 1962년 파워스는 동서 베를린을 가르는 다리를 건너 서베를린으로 터벅터벅 걸어 넘어왔다. 동시에 러시아 스파이 루돌프 아벨은 이 다리를 건너 동베를린으로 향했다. 아벨은 미국 내 스파이 활동으로 30년 징역형을 선고받고 5년간 복역했다. 소련은 아벨의 존재를 부인하고 파워스 석방을 흐루시초프의 선처라고 주장했다. 실상은 양국이 첩보원들을 맞교환한 것이다. 아이젠하워 행정부 당시 닉슨은 부통령이었다. 흐루시초프는 만일 아이젠하워 행정부의 요구를 들어주었으면 닉슨 후보에게 득이 됐을 게 분명하니 케네디의 승리에 자신이 '일등공신'임을 은근히 과시했다.

그러나 케네디는 가볍게 미소 지으며 흐루시초프에게 화답했다. "그 얘기를 퍼뜨리지 마십시오. 당신이 닉슨보다 나를 더 좋아했다고 말하면 내가 귀국해 곤경에 처할 것입니다(Don't spread that story around. If you tell everybody that you like me better than Nixon, I'll be ruined at home)." 흐루시초프는 케네디의 재치 있는 농담에 회의장이 떠나가듯 큰 소리로 웃었다.[75]

흐루시초프에겐 그저 웃음거리였는지 모르지만, 미국 대통령으로서는 생각하기에 따라 미묘한 상황이기도 했다. 냉전시대의 라이벌 소련이 미국 대통령 선거에 영향력을 행사했다는 인식이 퍼지면 그리 간단한 일이 아니었다.

"소련이 민주당 후보를 이기게 하려고 일부러 미군 조종사를 석방하지 않았다"는 여론이 형성되면 신임 대통령의 이미지는 물론이고 국정 운영도 순탄치 않을 수 있는 일이다. 게다가 민주당보다 대 소련 강경 노선을 견지해 온 공화당이 이 문제를 물고 늘어질지 모르는 일이었다. 소련이 상대적으로 '다루기 쉬운' 민주당 후보에게 유리하도록 영향력을 행사했다는 점이 미국인에게 사실로 받아들여지면 케네디에겐 여간 부담스런 일이 아닐 수 없다.

흐루시초프의 자화자찬에 대한 케네디의 답변은 "미국은 대통령 선거

때마다 후보 간 치열한 경합이 벌어지고 공방이 과열되기 일쑤이지만, 미국 유권자들이 소련의 정치공작에 놀아날 만큼 어리석지 않으니 그런 생각은 꿈에서조차 하지 말라"는 단호한 메시지를 함축하고 있었다. 결국 케네디의 임기응변이 '휘발성 이슈'를 가볍게 넘겨버렸다.

* * *

손 안 대고 코풀기 __로널드 레이건

미하일 고르바초프 소련공산당 서기장이 레이건에게 전해 준 우스갯소리가 있다. 레이건은 이 얘기를 가끔 주위에 알려주었다. 고르바초프의 개방, 개혁 정책으로 소련 사회가 혼란의 과도기를 겪고 있었고 이런 와중에 소련 국민들의 불만이 고조되던 당시 상황을 그린 유머다.

식품점 앞에 손님들이 줄지어 서 있었다. 서로 앞으로 나가려고 밀고 밀리는 상황이었다. 새치기하려는 사람들도 있었다. 그야말로 장사진을 이루었다. 하루가 지났는데도 줄은 좀 채 줄어들지 않았다. 한 모스크바 주민이 울화가 치민다며 "이 모든 것이 고르바초프 탓이다" 하고 고함을 질렀다. 그는 "고프바초프를 죽이러 간다"며 사라졌다.

하루 뒤 그가 풀이 죽은 채 다시 식품점 앞에 왔다. 다른 주민이 "그래, 고르바초프를 죽였는가?" 하고 물었다. 그러자 고르바초프를 손보러 간다고 떠났던 주민은 "그 줄은 여기보다 2배나 길었네(That line was twice as long)."76)

고르바초프의 정책에 대한 국민의 반감이 얼마나 심했는지 보여주는 예이다. 식품점 줄이 길었지만 고르바초프를 죽이기 위해 모인 사람들의 줄이 훨씬 더 길 정도로 민심이반 현상이 심각했다는 것이다.

고르바초프가 개혁 개방 정책을 폈지만 소련은 여전히 미국의 라이벌이었다. 레이건은 경쟁국 소련의 문제점을 소련지도자 고르바초프의 입을 빌어 지적했다. 고르바초프와 소련국민의 심기를 건드리지 않으면서, 외교마찰을 유발하지 않으면서 미국의 우월성을 드러냈다.

* * *

제5장
평상심 리더십

국면 전환
스트레스

국면 전환

거센 풍랑 잠재운 예수 흉내 _앤드루 잭슨

"예수가 배에 오르자 제자들이 따라 올랐다. 그때 마침 바다에 거센 풍랑이 일어나 배가 물결에 뒤덮이게 되었는데 예수가 자고 있었다. 제자들이 곁에 가서 예수를 깨우며 '죽게 되었으니 살려달라'고 부르짖었다. 예수가 그들에게, '그렇게도 믿음이 없느냐, 왜 그렇게 겁이 많으냐'하며 일어나서 바람과 바다를 꾸짖자 사방이 아주 고요해졌다." 성경(마태오 복음 8장 23-27절, 원문의 존칭을 평칭으로 전환)에 기록된 내용이다. 예수가 거친 파도를 잠잠하게 만들자, 이 광경을 본 주위 사람들이 모두 놀랐다.

대통령 재선 이듬해인 1833년 여름, 잭슨이 오래된 증기선에 몸을 싣고 버지니아의 항구도시 노폭에 접한 체사피크 베이를 항해하고 있었다. 그런데 갑자기 파도가 거세졌다. 배는 낡았는데 물살이 너무 거칠었다. 나이 든 한 신사의 얼굴이 시퍼렇게 변했다. 배에 탄 노신사만 무서워한 것은 아니었다. 배에 탄 모든 승객이 파도에 뒤뚱대는 노후한 배를 걱정했다. 혹시 배가 뒤집히는 것은 아닐까 하고 안절부절못했다.

잭슨은 시저, 나폴레옹처럼 흔들림이 없었다. 담대함으로 뭉친 잭슨이 이 신사에게 다가갔다. 그리고 그를 안심시키기 위해 이렇게 말했다. "선생께서는 불안해하는군요. 예전에 저와 함께 배를 탄 적이 없는가 보군요 (You are uneasy, you never sailed with me before, I see)."[1]

뚱딴지같은 소리다. 자기와 함께 배를 탄 적이 있는지 여부와 거센 파도에 배가 전복될 것을 무서워하는 노신사의 두려움 사이에 무슨 상관관계가 있다고 그런 말을 했을까.

거센 풍랑에 배가 뒤집혀 수장될 것을 우려하는 제자들을 안심시킨 예수를 언급하며, 자신을 '동급'으로, 아니 동급은 아니더라도 대통령인 자신을 믿고 평정을 되찾으라는 것이었다. 성경 내용처럼 잭슨이 파도를 잠잠하게 했을 리는 만무하지만, 위기 상황에서 자신을 예수에 연계시켜 배에 탄 승객들의 동요를 어느 정도 가라앉혔다.

* * *

신의 시험 _ 빌 클린턴

1993년 9월 22일 클린턴이 연방 상하원 합동회의에 참석했다. 정부가 추진하는 의료개혁에 대해 연설할 예정이었다. 의사당은 박수로 시끄러웠다. 박수를 받으며 연단에 오른 클린턴은 연설문 자막이 뜨는 투명유리 자막을 보았다. 그런데 이게 웬일인가. 연설문이 몇 달 전에 했던 것이었다. 기계조작 실수로 과거 연설문이 다시 떠오른 것이다.

클린턴은 옆에 있던 앨 고어 부통령에게 이를 알렸다. 고어도 자막을 들여다 보았더니 역시 잘못되어서 백악관 공보담당보좌관인 조지 스테파노폴러스(G. Stephanopolus)에게 즉각 이 사실을 알렸다. 바른 연설문을 올리라고 지시했다. 스테파노폴러스가 바른 연설문을 올리려고 준비하는 동안 클린턴은 마냥 기다릴 수는 없는 상황이 됐다.

클린턴은 카메라를 보면서 미국이 처한 의료위기를 하나하나 짚었다. 너무도 자신 있게 막힘없이 연설을 하자 청중이나 시청자들은 클린턴이 '딴소리'를 하는 것인 줄 전혀 눈치채지 못했다. 하기야 평소 품고 있는 의료개혁의 당위성을 설명한 것이니 완전 딴소리는 아니었다. 하지만 연설문 내용과는 판이했다. 기술상 문제가 발생해 클린턴이 즉석연설을 하고 있다는 것을 알아차린 사람은 고어를 비롯해 일부 측근과, 클린턴의 아내 힐러리, 딸 첼시 정도였다.

마침내 모든 게 정상으로 돌아왔다. 이제 바른 연설문이 화면에 떴다. 클린턴은 단절 없이 바로 준비된 연설문을 읽기 시작했다. 클린턴의 재기로 모든 일이 불상사 없이 진행됐다. 연설이 끝난 뒤 한 보좌관이 클린턴에게 "처음 일이 잘못됐을 때 어떤 생각이 들었습니까?" 하고 물었다. 그러자 클린턴은 이렇게 답했다. "신이 나를 시험하고 있다는 생각이 들었네!(Well, I just thought, 'God, you're testing me!').")[2]

클린턴의 임기응변 화술은 유명하다. 그러다 보니 클린턴 정부에서는 이름을 날린 연설문 작성자가 없다. 케네디 대통령에게는 테드 소렌슨(T. Sorenson), 닉슨 대통령에게는 빌 새파이어(B. Safire), 카터 대통령에게는 제임스 펠로우스(J. Fallows), 레이건 대통령에게는 페기 누넌(P. Noonan)이 있었다. 그러나 클린턴 하면 딱히 떠오르는 이름이 없다. 클린턴이 다른 대통령들에 비해 연설문에 의지하는 정도가 약했다는 점을 말한다. 임기응변이 대단했기 때문이다.[3]

아무튼 일반 청중도 아니고 연방 상원과 하원의원들이 모두 모인 자리였다. 절반이 정적(政敵)이라고 보면 된다. 자칫 작은 실수도 확대 해석되고 과대 포장돼 비난거리로 둔갑할 소지가 다분한 자리였다. 게다가 집권 처음부터 야심적으로 추진한 의료개혁안을 여야 정치인들과 국민에게 알리고 지지를 호소하는 자리였다.

연설문이 스크린에 잘못 떠오른 것은 사소한 기술적 오류였지만 클린턴은 진땀이 났을 것이다. 그러나 보좌관들이 정신이 해이해졌다느니, 관계자를 문책해야겠다느니, 의료개혁을 망칠 뻔했다느니 하는 험한 말을 하지 않았다. '인간의 실수'를 '신의 시험'으로 돌려 이슈를 희석시켰다. 실수를 범한 관계자들이 클린턴의 넓은 아량에 고마워하고 더 열심히 일했을 것은 물어보나 마나이다.

* * *

세 가지 'SOB'__로널드 레이건

1986년 3월 어느 날 레이건이 기자회견을 했다. 회견이 끝날 무렵 기자들이 레이건에게 난처한 질문을 퍼부었다. 레이건은 보좌관을 향해 "개자식들(Sons of a Bitch!)"이라고 중얼거리며 기자들을 욕했다. 이상하게 여긴 기자들이 백악관 대변인 래리 스피크스에게 무슨 말이었느냐고 물었다.

스피크스는 정확히 기억이 나지는 않지만 아마 "날씨는 화창하고 여러분들은 모두 훌륭하다(It's sunny, and you're rich)"는 말일 것이라고 둘러댔다. 'son' 'bitch' 발음이 'sunny' 'rich'와 흡사한 점을 이용해 슬쩍 넘어가려 했다. 그러나 레이건의 말이 비디오테이프에 고스란히 잡혔다. 녹음 내용을 들은 기자들은 발끈했다. 기자들은 백악관 지하 기자실에서 'SOB (Sons of the Basement)'라고 적힌 티셔츠를 입은 채 무언의 시위를 벌였다.

며칠 후 레이건이 기자들과의 조찬회동에 나왔다. 앞면에 검정색으로 'SOB'라고 크게 적힌 노란색 티셔츠를 입었다. 그리고는 잠시 후 기자들이 보는 가운데 뒤로 돌아섰다. 기자들이 의아해했다. 기자들은 자신들의 항의에 레이건이 강수로 맞서는 게 아니냐는 생각을 했다. 그러나 예상은 빗나갔다. 레이건이 입은 티셔츠 뒤에는 이렇게 쓰여 있었다. 'Save Our Budget(재정적자를 해결합시다).'4)

당시 재정적자는 매우 중요한 이슈였다. 나라의 안위에 연결되는 문제에 대통령이 발 벗고 나서겠다는 의지의 천명으로 기자들은 받아들였다. 말다툼으로 인한 감정싸움에 머물지 않고 나라 걱정을 하자는 레이건의 호소에 공감했다. 기자들은 일제히 박수를 쳤다. 처음에 시작한 'SOB(개자식)' 때문에 화가 나 말을 바꿔 'SOB(지하실의 아이들)'로 대들었다가, 나라의 살림살이를 바로 잡자는 레이건의 'SOB'에 모두들 화를 풀었다. 위기를 극복하고 한걸음 더 나아가 화합을 이끌어냈다.

* * *

국무회의 도중 갑자기 "스톱"_에이브러햄 링컨

1862년 남북전쟁이 한창일 때다. 오하이오 주의 한 정치인이 백악관을 예방했다. 링컨과 함께 전황에 대해 논의하기 위해서 발걸음을 재촉해 대통령에게 간 것이다. 그런데 링컨은 그다지 심각한 태도를 보이지 않았다. 알맹이 없는 농담을 던질 뿐이었다. 이 정치인은 당황했다. 대통령이 어떻게 이러한 국가 위기상황에서 농담이나 할 수 있느냐는 표정이었다. 그리고 링컨에게 따지다시피 물었다.

링컨이 이 방문객의 심정을 모를 리 없었다. 링컨은 전쟁 이후 누구보다도 걱정을 많이 한 게 바로 자신이라고 말했다. 그리고 만일 농담을 하지 않으면 스트레스가 쌓여 죽고 말 것이라고 했다. 술고래에게 위스키가 반가운 손님이듯 유머가 삶에 활력을 불어넣어 준다는 게 링컨의 신조였다. 대통령이란 직책이 주는 중압감을 그때그때 벗어나기 위한 '명약'으로 여겼다.

국무회의가 백악관에서 열렸다. 국가의 나아갈 방향을 논의하는 진지한 자리였다. 참석자들은 입술을 굳게 다물고 자신이 관련된 이슈가 제기되면 굳은 표정으로 의견을 개진했다. 회의가 고조되고 극히 중요한 결단으로 치닫는 순간이었다.

이때 갑자기 링컨이 회의에 '스톱'을 걸었다. 그리고는 30분간 장관들과 시시콜콜한 주제로 농담을 했다. 일상적인 이슈와 평범한 표현으로 좌중을 웃게 만들었다. 이날 회의에 참석한 링컨의 막역한 친구인 윌리엄 시워드(W. Seward) 국무장관의 말대로 "바로 이러한 농담이 링컨을 살렸다."5) 단적으로 유머는 링컨에게 스트레스를 내뿜어준 탈출구였다.

* * *

'매카시-이즘'에서 '매카시-워즘'으로 __드와이트 D. 아이젠하워

위스콘신 출신 연방 상원의원 조셉 매카시(J. McCarthy)는 1950년 2월 웨스트 버지니아에서 열린 공화당 여성당원대회에서 미 국무부 내에 공산당원증을 갖고 있는 사람이 205명이나 된다는 충격적인 발언으로 반공 캠페인에 불을 지폈다. 냉전체제 아래에서 매카시에 반대하는 사람들은 여지없이 '빨갱이'로 낙인찍히고 말았다. 중세의 마녀사냥에 다름없었다. 온 나라가 '빨갱이 사냥'에 광분했다. 그러나 매카시가 빨갱이로 지목했던 사람들에 대한 혐의가 하나 둘 벗겨지면서 매카시의 광분한 캠페인의 열기가 식어갔다. 매카시즘에 대한 각성이 번지기 시작했다.

아이젠하워 대통령은 매카시 때문에 골치가 아팠다. 온건보수파인 아이젠하워는 매카시의 반공노선과 과격한 캠페인이 공화당 전체에 부메랑이 돼 돌아오고 있음을 직감했다. 백악관은 조용히 매카시의 입을 막을 계책을 마련해 은밀히 진행했다. 결국 아이젠하워의 '공작'이 성공을 거두어 1954년 12월 의회가 매카시 의원에 대한 견책 안을 통과시켰다. 이 투표 결과를 전해들은 아이젠하워는 앓던 이가 빠진 듯 후련해 했다. "매카시-이즘은 이제 매카시-워즘이다(McCarthyism is now McCarthywasm)."6)

매카시즘은 매카시 의원이 선봉에 서서 진두지휘하던 강력한 반공 캠페인이다. 매카시에 노선이나 이념을 뜻하는 'ism'이 첨가돼 매카시즘(McCarthy-ism)이란 단어가 생성됐다. 하지만 아이젠하워는 매카시즘을 매카시의 이념이나 노선보다는 현재를 뜻하는 'is'에 무게중심을 두었다. 그리고 더 이상 매카시즘은 활개칠 수 없다는 의미로 사용했다. 매카시즘은 현재의 이념이나 캠페인이 아니라 과거 'was'의 이념이나 캠페인이라고 했다. '매카시워즘(McCarthywasm)'이란 단어를 교묘하게 만들어 냈다. 'McCarthy-wasm'은 매카시의 노선이 이제는 기력을 잃은 과거의 이념일 뿐이라는 점을 강조했다.

실제 매카시의 기선을 제압하는데 주도적인 역할을 한 아이젠하워지만 겉으로는 이를 드러내지 않고 담담하게 반응했다. 국론분열을 막고 사회의 안정을 회복하기 위해 취한 특단조치의 성과에 요란을 떨지 않았다. 그저 'be' 동사의 현재형과 과거형을 갖고 '단어놀이'를 했을 뿐이다.

* * *

칼싸움 대신 마차경주 _제임스 먼로

선거에 의해 떳떳하게 권력을 쥔 먼로였지만 적대감을 노골적으로 표시하는 반대파들이 득실거렸다. 이러한 분위기에도 불구하고 한 가지는 먼로에게 크레딧으로 인정됐다. 형식이나 격식을 갖춤으로써 미국이 다른 나라로부터 존경을 받고 예우를 받게 된 덕이다. 특히 영국으로부터 인정을 받았다. 백악관은 존엄한 곳이다. 나라를 이끌어 가는 지도자가 머무는 곳이고 중요한 국사가 결정되는 곳이기 때문이다.

하지만 이런 백악관이라고 해서 절간처럼 고요하고 엄숙한 분위기를 유지하지는 못했다. 하루는 만찬모임이 있었다. 영국 대사와 프랑스 대사가 참석했다. 프랑스 대사는 영국 대사가 말을 할 때마다 엄지손가락을 물어뜯었다. 정말 물어뜯은 게 아니라 엄지손가락을 갖고 장난을 친 것이다.

자신의 말은 듣지 않고 딴 짓을 하는 프랑스 대사를 본 영국 대사가 따져 물었다. "내가 말하는데 엄지손가락을 물어뜯는 시늉을 하는 것은 날 보라고 하는 것 아니오?" 프랑스 대사는 기다렸다는 듯 "그렇소"라고 했다. 그래서 어떻게 하겠다는 것이냐는 표정이었다.

두 대사는 얼굴을 붉혔다. 더 이상 만찬을 즐길 상황이 아니었다. 두 사람은 포크와 나이프를 놓고 자리에서 일어섰다. 그리고는 밖으로 나갔다. 현관복도에서 두 사람은 서로를 뚫어지게 응시했다. 서로 칼을 빼들어 혈투를 벌일 참이었다. 먼로가 황급히 나와 이들을 말렸으나 속수무책이었다. 말리면 더 싸우려든다고 하듯 두 대사도 예외는 아니었다.

먼로가 순간적으로 기지를 발휘했다. 싸움을 하되 피를 흘리지 않도록 응급조치를 취했다. "이들을 위해 마차들을 가져오게(Bring carriages for both men)."[7] 영국 대사와 프랑스 대사는 맥이 빠졌는지 모르지만 어찌 됐든 유혈이 낭자한 사태는 피할 수 있었다. 칼날이 번뜩이는 긴장되는 상황에서 흥겨운 '마차 경주'를 제시했다.

* * *

30대 참모들을 90대로 교체 _빌 클린턴

1995년 방송기자협회 만찬에 클린턴이 참석했다. 당시 정부의 재정위기가 핫이슈였다. 클린턴은 기자들이 모인 자리에서 정부의 재정위기 해소 방안을 제시했다. 진짜 방안이 아니라 가짜방안이었다. 진짜 가짜를 따지기보다 그저 무거운 이슈를 가볍게 다루고 싶었던 클린턴의 머리에서 나온 것이다.

클린턴은 우선 고어 부통령의 기발한 제안을 수용하자고 했다. 백악관에 성탄트리를 사들여놓는 대신 장식만 구한 뒤 고어 부통령을 세워 성탄트리 삼아 걸어놓자고 했다.

두 번째는 기업후원금을 늘리자는 아이디어다. 2월 12일은 링컨 대통령의 생일이다. 이 날을 기념해 링컨-머큐리 데이로 하면 자동차 회사로부터 재정지원을 받을 수 있지 않겠느냐는 것이다.

셋째 구상은 몇 개 정부기관을 하나로 묶는 것이다. 알콜·담배·총기국, 어업국, 인터스테이트 트럭운송위원회 등 3개 기관을 '사내들의 국 (Department of Guys)'으로 통합하자는 것이다.

마지막 아이디어는 백악관 참모를 교체해 경비를 절약하는 방안이다. "우리는 30대의 백악관 참모 15명을 90대 노인 5명으로 교체해 경비를 줄일 수 있다(We could save money by ... consolidating White House staff by replacing fifteen thirty-year-olds with five ninety-year-olds)"고 했다.[8]

나이 30대 참모 15명의 나이를 합치면 450세 안팎이 나온다. 90대 노인 5명의 나이도 450세 안팎이다. 단순히 나이만 비교하면 젊은 참모 다수를 해고하고 늙은 참모 소수를 기용할 수 있다. 당연히 경비절감이 가능하다. 연방정부의 재정문제가 위험수위를 오르락내리락하는 상황에서 너무 우울한 얘기만 하지 말고 잠시나마 기분 전환을 위해 클린턴이 기발한 예산삭감 방안을 끄집어낸 것이다.

* * *

"지옥 안 가도 된다" _캘빈 쿨리지

쿨리지가 매사추세츠 주 상원의장이었을 때 두 상원의원이 격렬한 논쟁을 벌였다. 한 의원이 상대에게 지옥에나 가라고 악담을 했다. 이 말을 들은 상대 의원이 격분했다. 회의장을 나갔지만 분이 풀리지 않았다.

이 의원이 쿨리지에게 연락했다. 무언가 조치를 취해야 하는데 좋은 방법이 없는지 자문을 구했다. 쿨리지가 조언했다. "법전을 뒤져보았는데, 당신은 지옥에 갈 필요가 없소(I've looked up the law, Senator, and you don't have to go there)."9)

화가 머리끝까지 난 의원은 자신에게 험담을 퍼부은 의원에게 화풀이할 묘안을 찾고 있었다. 그런데 쿨리지는 자신에게 도움을 청한 의원에게 지옥에 갈 만한 이유가 전혀 없다고 했다. 동문서답이다. 쿨리지에게 자문을 구하려던 의원은 가슴이 터질 대목이다.

그러나 잠시 후 마음을 가라앉히고 생각해보니 더 이상 이 문제로 시끄럽게 싸울 일이 아니라는 것을 깨닫게 됐다. 진흙탕 싸움만 벌이게 될 터이니 이 상태로 덮어두고 잊는 게 낫다는 게 쿨리지의 유머에 담긴 속뜻이다. 시시비비를 가릴 사안이 있고, 가려봐야 쌍방이 상처만 입게 되는 경우가 있다. 후자의 경우엔 문제가 확대되지 않도록 하는 게 해법일 수 있다.

* * *

심복의 배신? __존 애덤스

존 애덤스는 대통령이 되기 전 외교사절로 유럽을 자주 방문했다. 프랑스, 네덜란드, 영국에서 외교사절로 일했다. 하루는 파리에서 만찬 모임이 있었다. 우아한 여성들이 여럿 있었다. 기품이 있고 미모가 빼어난 한 프랑스 여성이 애덤스에게 다가왔다. 애덤스의 이름을 갖고 해괴망측한 말을 했다.

이 여성은 애덤스(Adams)의 이름을 보고 아담(Adam)과 이브(Eve)의 직계 후손이 아니냐며 농담을 걸었다. 이 여성은 자신이 여태껏 궁금해 한게 있다면서 아담과 이브의 직계이니 애덤스가 풀어줄 것이라고 운을 뗐다. "이 세상 첫 커플인 아담과 이브가 함께 잠자리에 드는 것을 어떻게 알았을까요?" 하고 물었다.

질문을 한 이 여성은 사교계에서 우아하고 예의범절 바른 인물로 널리 알려져 있었다. 그래서 애덤스는 더욱 당혹스러웠다. 너무 당황해 얼굴이 벌겋게 달아올랐다. 만찬 모임에서 만난 여성에게서 이러한 도발적인 질문을 받았으니 당연했다.

정신을 가다듬은 애덤스는 통역사를 통해 이렇게 답했다. "우리 몸에는 전기나 자석의 힘이 흐르는데 한 쌍이 서로 근접하게 되면 바늘이 자석에 척 달라붙는 것처럼 서로 하나가 되는 것입니다." 이 여성은 그런 사실을 몰랐다면서 자신도 그러한 끌어당기는 힘에 의해 충격을 받았으면 행복하겠다고 했다.[10]

이 여성의 말은 농담치고는 점잖지 못하고 '위험수위'를 오르락내리락 하는 것이었다. 그래도 애덤스가 재치 있게 받아넘겨 자칫 불미스런 해프닝으로 번질 사안이 초기에 진화된 셈이다.

애덤스는 대통령이 된 뒤에도 여자문제로 곤혹스러운 상황에 처한 적이 있었다. 애덤스가 예쁜 영국 소녀 넷을 미국으로 데려와 정부(情婦)로 삼을 목적으로 찰스 핑크니(C. Pinckney) 장군을 쾌속 범선으로 영국에 보냈다는 소문이 확 퍼졌다. 네 명 중 두 명은 애덤스의 정부로, 나머지 두명은 핑크니 장군의 정부로 나누기로 미리 입을 맞추었다는 것이다.

그런데 이 소문이 진정되지 않고 더 확산되며 진실로 굳어질 지경에 이르렀다. 애덤스도 이 소문을 알게 됐다. 애덤스는 너무도 터무니없는 얘기라 일언반구 대꾸할 가치도 없다고 여기고 혼자 피식 웃고 말았다.

애덤스는 친구 윌리엄 튜더(W. Tudor)에게 이 소문에 대해 편지를 썼다. 맹세코 자신은 결백하다고 했다. 그리고 "만일 이 소문이 사실이라면 핑크니 장군이 나를 속이고 네 명을 모두 독차지한 것이겠지(If this be true,

General Pinckney has kept them all for himself and cheated me out of my two)."[11]

대통령의 스캔들이라 할 정도의 내용이다. 탄핵 감이다. 인신 밀매 아니면 인신 구속으로 다룰 만하다. 그러나 이는 거짓이다. 대통령이 이러한 파렴치한 일을 꾸밀 리가 없고, 설령 그랬다 하더라도 명령을 받은 장군이 대통령을 속이고 자신이 정부를 모두 취한다는 것은 허무맹랑한 발상이다.

아무튼 이는 애덤스를 싫어하는 사람들이 고의적으로 퍼뜨린 날조였다. 그래도 당사자인 애덤스로서는 불쾌한 일이다. 게다가 대통령에 대한 이러한 유형의 음해공작에 분개할 만하다. 그러나 애덤스는 성내지 않고 유머로 이 곤혹스러운 상황을 다루었다.

애덤스는 핑크니 장군을 철썩 같이 신임했다. 그러므로 '심복의 배신 = 소문의 진실'이란 등식을 상정해, 심복이 배신할 리 없으니 결국 소문이 진실일 수 없다는 점을 강조했다. 애덤스의 재치 있는 답변은 듣는 이로 하여금 "아, 헛소문이구나"하는 생각이 절로 들게 했다.

* * *

싫어하는 공화당 의원 넷 _ 해리 S. 트루먼

트루먼이 의회 리셉션에 참석해 민감한 발언을 했었다. 맘에 안 드는 공화당 의원 4명이 있다고 했다. 기자들이 이를 놓칠 리 없다. 기자들이 트루먼에게 이들 4명이 과연 누구냐고 물었다. 날카로운 질문에 트루먼이 당황해 할 것으로 여긴 기자들은 대통령의 입을 주시했다. 트루먼이 입을 열었다. "4명으로 제한하고 싶지 않군요(I wouldn't like to limit it to four)."[12]

직역하면, 싫어하는 공화당 의원이 4명을 넘는다는 의미다. 하지만 여기에선 몇 명인가가 중요한 게 아니다. 공화당 의원 4명을 거론했다간 정치적으로 한바탕 소동이 벌어질 게 뻔했다. 그렇다고 해서 자신이 한 말을 송두리째 부인하기도 힘들다.

국민이나 기자들은 정치인들에 대해 부정적인 인식을 갖고 있는 경우가 많다. 트루먼은 이러한 심리를 적절히 이용했다. 맘에 들지 않는 정치인이 어디 4명뿐이겠느냐는 답변으로 구렁이 담 넘어가듯 '위기'를 모면했다.

* * *

브리핑한 장군의 이름 _ 존 F. 케네디

케네디가 1960년 가을 대선 캠페인을 벌일 때 여론조사 추이를 지켜보는 것은 비단 캠페인 본부뿐만이 아니었다. 언론도 지대한 관심을 갖고 있었다. 한 기자가 케네디에게 물었다. "캘리포니아의 에드먼드 브라운 주지사가 오늘 상원의원님(케네디)의 당선 가능성에 대해 긍정적인 발언을 했습니다. 그러나 여론조사에 따르면 닉슨 후보가 앞서고 있는 것으로 나타났습니다. 어떻게 생각하십니까?"

브라운 주지사는 정확한 예측으로 유명했다. 케네디가 답했다. "나는 브라운 주지사를 믿습니다." 브라운 주지사가 아무리 전망을 잘 한다고 해도 유권자의 민심은 여론조사가 더 정확하다. 미국의 여론조사는 특히 그러하다. 그런데 케네디는 여론조사를 무시하고 브라운 주지사의 손을 들어주었다. "객관적인 현실을 인정하기보다 자신에게 유리한 쪽을 택했다"는 인상을 풍기지만 케네디는 심각해질 수 있는 상황을 가볍게 비켜갔다.

유사한 맥락의 일이 벌어졌다. 케네디가 1960년 9월 알래스카 주 앵커리지에 도착했다. 기자회견이 있었다. 한 기자가 물었다. "상원의원님 군사 정보에 대한 브리핑을 받도록 대통령으로부터 약속을 받으셨는데, 정

보 브리핑을 받으셨습니까?" "그렇습니다. 지난 목요일 아침 국방부 윌러
(Wheeler) 장군으로부터 브리핑을 받았습니다." "윌러 장군의 이름(First
Name)이 무엇입니까?" 기사에 윌러 장군의 전체 이름을 표기해야 하는
기자로서는 당연한 질문이었다. 예를 들어 성(姓)만 사용해 한국 국방부
의 김 장군, 이 장군이라고 신문에 표시할 수는 없는 노릇이니 말이다.
케네디가 말하길, "그는 내게 그 부분(이름)에 대해서는 브리핑을 하지 않
았습니다(He didn't brief me on that)."13)

국가의 안위에 직결되는 군사 정보를 브리핑 받는 대통령 후보가 브리
핑하는 장군의 이름을 기억하지 못하는 것은 '작은 결함'이 될 수 있다.
게다가 브리핑에 대해 기자들이 여기저기서 질문을 할 터이고 그에 대해
답변을 할 때 브리핑을 한 사람의 이름을 밝히는 것은 순서이다. 이름을
기억하지 못하는 것은 브리핑하는 사람이 아주 무성의했거나, 아니면 브
리핑 받는 사람이 무신경했거나 둘 중의 하나다.

브리핑을 무성의하게 했으면 공화당의 아이젠하워 정부가 케네디를
우습게 본 증거이니 케네디로서도 썩 드러내고 싶지 않은 일이다. 반면,
브리핑은 성실하게 했는데 케네디가 그의 이름을 기억하지 못한다면 대
통령 후보로서 지녀야 할 사려 깊음을 갖추지 못했다는 점을 보여주는
셈이다. 어느 하나 케네디로서는 이슈화해서 도움이 될 게 없다. 그래서
가볍게 터치하고 넘어갔다.

* * *

논란 제공 기여 __빌 클린턴

클린턴 하면 가장 먼저 머리에 떠오르는 것이 섹스 스캔들이다. 경제
도 좋았고 외교력도 인정받을 만하지만 이런 치적을 내리누른 것이 백악

관 인턴 모니카 르윈스키와의 불미스런 일이다. 탄핵으로까지 이어지는 창피한 일이었다. 이 스캔들을 연방 대배심에서 위증하고 공무집행을 방해한 혐의로 1998년 말 연방하원에 의해 탄핵받았다. 그러나 탄핵재판에서 상원이 무죄를 선언해 임기 도중 물러나는 불명예는 모면할 수 있었다. 이 스캔들이 중학교 교과서에는 대통령과 백악관 인턴 간의 개인적인 관계 정도로 표현돼 있다. 고등학교 교과서에는 부적절한 관계 등으로 기록돼 있다. 한바탕 소용돌이를 일으킨 사안이었다.

클린턴이 이와 관련한 질문을 받았다. "미래에 대해서 어떻게 생각하느냐"는 질문이었다. 역사에 어떤 대통령으로 기록될 것으로 보느냐는 것이었다. 이 질문을 던진 의중에는 스캔들로 인해 망신살이 뻗칠 것 같지 않느냐는 비아냥거림도 섞여 있었다. 이에 대해 언변 좋은 클린턴이 너스레를 떨었다. 대통령을 그만두고 야인이 되면 이력서에 이렇게 쓰겠다고 했다.

우선 이력서 첫 부분에는 "21세기로 연결되는 다리를 디자인하고, 건설하고 칠했다"고 쓸 것이라 했다. 이어 "부통령의 인터넷 창안을 감독했다"고 덧붙였다. 앨 고어 부통령이 인터넷 시대를 열기 위해 전문가들과 머리를 맞댄 것을 치켜세우며 자신도 슬쩍 올라가려는 발언이었다. 그리고 워싱턴 정가는 물론 전 세계를 떠들썩하게 했던 르윈스키와의 스캔들에 대해서는 "논란을 만들고, 끌어내고, 달구고, 유지했다(Generated, attracted, heightened, and maintained controversy)"고 적겠다고 했다.14)

사실 대통령으로서 체면을 완전히 구긴 사건이다. 그러나 낙천적인 클린턴은 이를 비극의 진앙으로 부둥켜안고 괴로운 나날을 보내거나 훗날 역사의 오점으로 남을 것에 전전긍긍하는 모습을 보이지 않았다. 르윈스키 스캔들로 활기찬 공방을 제공했다고 했다. 얼굴에 철판을 깐 뻔뻔함이다. 하지만 일면 느긋함이기도 하다.

* * *

가난한 사람 소송 건 부자 __에이브러햄 링컨

일리노이 주 스프링필드에 한 부자가 있었다. 이 부자는 가난한 한 주민에게 2달러 50센트를 받아내야 한다고 주장했다. 법원에 소송을 제기했다. 그리고 젊고 유능하다고 정평이 난 링컨에게 자신의 변호사로 일해달라고 부탁했다. 링컨은 이 부자의 제의를 받아들였다.

그러나 링컨은 조건을 제시했다. "변호사 수임료는 10달러이며 현금으로 즉시 지불하십시오(The fee would be $10, cash now)"라고 말했다. 부자는 흔쾌히 승낙했다. 링컨은 부자에게서 현금 10달러를 받아들고 가난한 피고에게 갔다. 그리고 부자에게 진 빚 2달러 50센트를 갚는 조건으로 피고에게 5달러를 주었다. 가난한 피고는 5달러를 받고 링컨의 말대로 2달러 50센트의 빚을 부자에게 갚았다. 이 사건은 합의에 의해 평화적으로 매듭지어졌다.[15]

링컨은 변호사로 일해 5달러를 벌었다. 가난한 피고는 2달러 50센트를 벌었다. 소송을 건 부자는 10달러를 쓰고 2달러 50센트를 받았으니 금전적으로만 따지면 7달러 50센트의 손해를 보았지만, 가난한 피고를 상대로 한 법정 싸움에서 이긴 셈이다. 링컨은 수임료를 벌고 소송을 원만하게 마무리지었고, 부자는 승소했으며, 가난한 피고는 '공돈'을 얻게 됐다. 결국 모두 승자가 됐다.

* * *

총알 피하는 것을 깜빡 __로널드 레이건

1981년 3월 21일 레이건 대통령 부부가 워싱턴DC의 포드 극장을 처음 방문했다. 유서 깊은 이 극장 기금모금 행사에 참석하기 위해서였다. 무대

위에는 대통령이 앉는, 대형 성조기가 드리워진 귀빈석 박스가 마련돼 있었다. 1865년 링컨 대통령이 암살당하던 바로 그날 그가 앉아 있던 바로 그 자리였다. 귀빈석 뒷문을 통해 뛰어들어온 존 부스가 링컨에게 총을 쏜 뒤 무대 위로 뛰어내리고는 놀란 관객이 보는 앞에서 도주한 장소다.

귀빈석을 올려다 본 레이건에게는 당시의 국가적 비극이 되살아났다. 링컨 시절보다 대통령에 대한 경호가 삼엄하지만 범인이 독하게 맘만 먹으면 얼마든지 대통령에게 총격을 가할 정도의 근거리에 접근할 수 있다는 생각이 레이건을 엄습했다. 마치 조만간 레이건에게 닥칠 비극의 전조인 듯.

이로부터 9일 후, 대통령 취임 69일째인 3월 30일. 레이건은 백악관에서 1마일 떨어진 워싱턴 힐튼 호텔에서 열리는 무역노조총회에서 연설할 예정이었다. 레이건은 파란색 양복으로 멋지게 단장했다. 백악관 집무실을 나오면서 레이건은 공식 석상에서 늘 차던 시계를 벗어놓고 잡일을 할 때 애용하던, 아내 낸시가 선물한 시계를 찼다. 왜 시계를 바꿔 찼는지 레이건 자신도 몰랐다.

어찌됐든 연설이 끝났다. 그런데 통상 있던 요란한 박수는 터지지 않았다. 의례적인 박수 정도였다. 골수 민주당원들이 많아 그런 모양이었다. 연설 뒤 레이건은 정문 대신 호텔 측면에 있는 출구를 이용했다. 사진기자와 TV카메라 등 취재진들을 통과했다. 그리고 막 차에 오르는 순간, 팡, 팡, 팡...! 레이건의 왼쪽 지점에서 수발의 총성이 울렸다.

레이건은 이날 방탄조끼를 입지 않았다. 아무리 레이건의 정적인 민주당원들이 자리를 하고 있다고 해도 저격까지는 상상도 하지 않았다. 그리고 행사장에서 호텔 밖 리무진까지 약 30보 정도밖에 안 되었다. 그 사이에 무슨 일이 일어날 것이라곤 생각지도 않았다. 보좌관들도 방탄조끼 착용을 권유하지 않았다. 모두들 안심하고 있었다.

그러던 차에 총성이 울린 것이다. 모두 6발이 굉음을 냈다. 일명 '새터데이 나잇(Saturday Night)'이라고 불리는 22구경 피스톨의 방아쇠를 당긴 범인은 존 힝클리. 영화 '택시 운전사(Taxi Driver)'를 보고 여배우 조디 포스터에 반해 그녀를 짝사랑했던 그는 지미 카터 대통령을 저격할 계획을 세웠다가 무산되자 카터를 이은 레이건으로 표적을 바꿨다. 여배우 포스터의 관심을 사기 위해서였다. 미국 대통령이 한 '정신병자'의 어처구니없는 도발에 쓰러진 것이다.

총성이 울리자마자 경호실장 제리 파가 잽싸게 레이건의 허리춤을 잡아 리무진 안으로 밀어 넣었다. 하도 우악스럽게 하는 바람에 레이건은 얼굴이 좌석의 팔걸이 부분에 짓찧었다. 그도 부족해 경호실장은 몸을 가누지 못하는 레이건의 등에 올라탔다. 허리 통증을 호소했으나 경호실장은 아랑곳하지 않고 운전사에게 "백악관으로 가자"고 했다.

잠시 후 뒷좌석 귀퉁이에 비스듬히 앉혀진 레이건은 말할 수 없는 통증에 고통스러워했다. 경호실장이 깔아뭉개는 바람에 허리통증으로 고통스러워한 것은 물론이고, 갑자기 걷잡을 수 없을 정도로 심하게 기침을 했다. 가슴에 댄 레이건의 손바닥에 붉은 피가 낭자했다. 경호실장이 자신을 깔고 앉으면서 갈비뼈가 부러졌고 이 뼈가 허파를 찔러 피가 나는 것으로 믿었다. 레이건이 피를 많이 흘리자 경호실장은 운전사에게 백악관 대신 조지 워싱턴 대학병원으로 방향을 틀라고 지시했다.

레이건의 손수건은 이미 피로 흥건했다. 그러자 경호실장이 자신의 손수건을 건네주었다. 레이건은 숨을 쉬려고 노력했지만 맘대로 되지 않았다. 드디어 리무진이 병원에 당도했다. 응급실 의사는 인공호흡기를 레이건에게 착용시켰다. 레이건은 응급실에 있을 때만해도 경호실장 때문에 병원신세를 지고 있다고 생각했다.

그러다 대통령 공보비서 제임스 브래디, 경호원 티모시 맥카시, 메트로폴리탄 경찰 토머스 델라핸티도 총상을 입었다는 것을 전해 듣고는 자신이 저격당했다는 것을 깨달았다. 레이건의 상처는 전적으로 힝클리가 쏜 총알 때문이었다. 경호실장의 과격한 행동 때문이 아니었다.

힝클리가 쏜 총알이 리무진 옆을 맞고 튕겨, 차를 타려던 레이건의 갈비뼈 끝 부분을 가격한 뒤 동전 뒤집히듯 허파 쪽으로 미끄러지다가 심장에서 1인치도 안 되는 지점에서 멈춘 것이다. 심장을 건드리지 않은 것은 참으로 불행 중 다행이었다.

그래도 상태는 위중했다. 레이건의 왼쪽 허파는 기능을 못했다. 출혈이 심했다. 맥박이 너무 약해 응급실 간호사들이 두 번이나 위치를 잡아내려 했으나 실패했다. 상황은 긴박하고 다급하게 돌아갔다. 국가최고통치자의 비상사태였다. 의사와 간호사들의 응급처치로 고비는 넘겼지만 고령의 대통령인지라 한순간도 마음을 놓을 수 없었다. 의사와 간호사들은 대통령의 상태를 수시로 점검하면서 조바심을 냈다. 영부인 낸시의 당시 심정은 어떠했을까. 눈앞이 캄캄했을 것이다.

수술실로 들어가기 전 레이건은 놀란 낸시의 얼굴을 보더니 "여보, 내가 그만 (총알을) 피하는 것을 잊었소(Honey, I forgot to duck)"라고 했다. 수술실로 들어가는 처량한 신세인데도, 총알을 잘 피했어야 했는데 그만 아깝게 실수하는 바람에 총알을 맞았다는 농담을 던졌다. 이 말은 그저 민첩하게 피하지 못했다는 정도의 유머가 아니다. 레이건이 이 순간 쓴 이 유머는 미국인 대다수가 친숙하게 기억하고 있는 유머.

희대의 복서인 잭 뎀프시(J. Dempsey)가 1926년 세계헤비급챔피언십 결전에서 상대인 진 터니(G. Tunney)에게 패한 뒤 자신의 아내에게 머쓱해하며 했던 말이다. 그 이후 이 말은 미국인들에게 관용구처럼 쓰였다. 레이건이 이 문장을 원용한 것은 낸시를 안심시키려는 의도였다. 농담을 할 정도이니 수술 결과를 걱정할 이유가 없다는 것이었다. 극도의 불안하고 위험한 상황에서 나오기 힘든 태도였다. 그러나 레이건의 여유가 불가능해 보이는 것을 가능하게 했다.

의사들이 수술준비에 들어갔다. 의사들이 레이건을 둘러쌌다. 레이건이 정신을 차렸다. 저격을 당했으니 몸이 말할 수 없이 아팠을 것이다. 또 자신을 쏜 힝클리에게 형언할 수 없는 분노를 느낄 만했다. 그리고 나랏일도 걱정이었을 게다. 자신이 예전처럼 다시 건강을 회복해 정무를 정상적으로 볼 수 있을지 염려되기도 했을 것이다. 한마디로 머리가 복잡했을 것이다.

그러나 레이건은 상식적으로 예상되는 반응을 보이지 않았다. 수술을 위해 집도한 의사들을 둘러본 레이건은 뚱딴지같은 말을 꺼냈다. "여러분들이 모두 공화당원들이란 것을 내게 확신시켜 주시오(Please assure me that you are all Republicans!)" 공화당원인 레이건이 공화당원이거나 공화당 지지자들에게는 안심하고 제 몸을 맡길 수 있다는 농담을 한 것이다.

혹, 의사들이 민주당원이거나 민주당 지지자들이라고 해서 수술을 거부하거나 수술대를 박차고 나가겠다는 뜻이 아니다. 공화당과 민주당은 정치적으로 라이벌이고 사사건건 시비가 붙는 정적이다. 대통령직을 수행하는 레이건에겐 한시도 잊을 수 없는 대립구도다. 하지만 레이건이 이러한 농담을 한 것은 자신이 비록 총에 맞았지만 정신적으로는 지극히 정상적이라는 것을 주위에 드러내, 의사는 물론 국민 모두를 안심시키고 싶어 했던 까닭이다.

레이건의 말이 떨어지자 의사들이 박장대소했다. 긴장의 도가니가 한순간에 희극무대처럼 흥이 넘쳤다. 이때 수술대 옆에 서 있던 한 간호사가 "대통령께서는 아주 잘하고 있습니다. 계속 잘해 주시기 바랍니다" 하고 맞장구쳤다. 빨리 쾌유해 국정을 잘 돌보길 바란다는 바램을 담고 있었다. 그러자 레이건은 이 말을 다시 받았다. "그렇다면 이러한 일이 여러 번 되풀이돼도 좋다는 것입니까?(You mean this may happen several times more?)"

일을 열심히 하다가 총에 맞았는데 계속 잘하려 했다간 제2, 제3의 힝클리에게 총을 맞지 않겠느냐는 것이다. 간호사의 질문에 '동문서답'처럼 들린다. 그러나 레이건이 간호사가 한 말의 앞 뒤 정황을 이해하지 못해서 그런 것이 아니다. 자신이 일을 잘한다는 간호사의 지지와 격려를 맘껏 즐기면서 감사의 마음을 전하는 동시에 자칫 딱딱하게 흐를 대화를 부드럽게 전환한 것이다.

수술은 무리 없이 끝났다. 마취가 풀리면서 정신이 돌아왔다. 보좌관이 레이건에게 밝은 표정으로 보고했다. "나라 일이 아무 탈 없이 잘 굴러가고 있습니다. 기쁘지 않으십니까?" 레이건이 즉각 반응했다. "도대체 자네는 무슨 근거로 내가 기뻐할 것이라고 생각하나?(What makes you think I'd be happy about that?)" 대통령이 저격됐는데도 국정이 순조롭게 관리되고 있다는 소식은 레이건에겐 분명 낭보다. 시름을 덜 수 있는 반가운 소식이다. 자신이 자리를 비우고 있는 상황에서 국가 중대사가 어긋나기라도 한다면 큰일이니 그럴 만도 했다.16)

그러나 레이건은 겉으로는 정반대의 반응을 보였다. 자신이 백악관에 없는 동안 모든 일이 착착 진행되고 있으니 자신의 존재가치가 무의미해졌다는 생각에서 그런 반응을 보인 것은 아니다. '있으나 마나한 대통령'이란 인상을 주지 않았을까 하는 '작은 마음'은 당연히 아니다.

숨 가쁘게 돌아가는 국제정세를 보좌관들이 차질 없이 해주어 고맙고 다행스러워 했을 게 틀림없다. 하지만 레이건은 자신이 '속 좁은 대통령'이란 인상이 풍길 수 있는 농담을 거침없이 했다. 그런 오해를 살 걱정을 전혀 하지 않았기 때문이다. 자신감의 발로였다.

* * *

두 대학 고루 지지 _존 F. 케네디

케네디가 아일랜드를 방문했다. 두 명문 라이벌 대학으로부터 명예박사학위를 받기로 돼 있었다. 하나는 트리니티(Trinity) 대학, 다른 하나는 내셔널(National) 대학이었다. 트리니티 대학은 오래된 개신교 대학이다. 내셔널 대학은 가톨릭 문화를 가르치는 대학이다.

치열한 경쟁을 벌이고 있는 두 대학으로부터 명예박사학위를 수여하는 것은 자칫 문제를 야기할 소지가 있었다. 어느 한 쪽을 편애하는 듯한 인상을 주기라도 하면 다른 쪽으로부터 맹공을 당할 수 있는 처지에 놓였다.

아니나 다를까 케네디에게 질문이 쏟아졌다. 그 가운데 가장 민감한 질문은 이러했다. 만일 이듬해 트리니티와 내셔널의 친선 럭비경기가 벌어지면 어느 대학팀을 응원할 것인가 하는 것이었다. 케네디는 거리낌 없이 답했다. "트리니티 팀을 위해 환호하고 내셔널 팀을 위해 기도할 것입니다(I will cheer for Trinity and pray for National)."[17]

어느 대학 쪽도 케네디에게 돌을 던질 수 없는 절묘한 답변이었다. 두 대학 모두가 선전하도록 기원하겠다는 데 어떻게 케네디에게 불평을 늘어놓을 수 있겠는가. 공정을 기하기 위해 어느 팀도 응원하지 않겠다거나, 아예 경기를 관전하지 않겠다거나 하는 답변보다 진취적이고 긍정적이다. 케네디다운 기발한 발상이다.

* * *

팔자소관 _제임스 뷰캐넌

뷰캐넌 대통령 말기인 1860년 2월 여성 몇 명이 백악관을 방문했다. 이들의 방문 목적은 뷰캐넌 대통령에게 경의를 표하기 위해서였다. 이 여성들은 백악관을 세세히 둘러보았다. 그리고 대통령의 집을 떠날 참이었다.

이때 방문객 가운데 한 여성이 마중 나온 뷰캐넌에게 물었다. "우리가 이곳을 구석구석 세심하게 본 결과 백악관이 아주 멋지게 정돈됐고 관리도 매우 잘 됐다고 봅니다." 그러나 바로 이어서 이 여성은 "딱 한 가지 결함이 있습니다" 하고 지적했다. 뷰캐넌은 "그 결함이 도대체 무엇입니까?" 하고 물었다.

그러자 이 여성은 "집에 안주인이 없는 것이지요"라고 답했다. 독신인 뷰캐넌 대통령의 신세를 언급한 것이다. 뷰캐넌은 싱글 대통령이었다. 아내와 사별한 것이 아니라 아예 결혼을 하지 않았다. 애인이 있었으나 애인의 집에서 반대가 심했고 애인이 세상을 뜨자, 그 충격으로 세월을 보냈고 결국 독신으로 살았다. 백악관을 방문한 여성들이 이를 안쓰럽게 여긴 것이다. 그러자 뷰캐넌이 가볍게 미소를 머금은 채 이렇게 말했다. "그것은 내 결함이 아니라 내 불운입니다(That, madam, is my misfortune, not my fault)."[18]

독신 생활을 자신의 결함 때문이 아니라 그저 타고난 팔자소관으로 돌렸다. 여자 문제와 독신 생활에 대해 구구절절 설명을 하기보다, '뜨거운 감자'처럼 피하려 했다. 여자들이 자신의 '여자문제'를 이슈로 삼는 것 자체가 껄끄러웠을 것이다. 그래서 자신의 의지와 관계없이 혼자 살게 됐다며 은근슬쩍 넘어갔다. 정면으로 다루기 싫은 주제를 살짝 비켜 갔다.

* * *

지각 면피용 서류바구니 __체스터 A. 아서

체스터 아서 대통령은 오전 10시께 집무실에 들어섰다. 정오까지 의원들을 맞았다. 화요일과 금요일엔 정오에 국무회의를 열었다. 수요일, 목요일, 토요일에는 약 한 시간가량 일반인들을 접견했다. 점심 이후 오후 4, 5시까지 다른 약속들을 이행했다. 오후 5시부터 7시 30분까지는 책을 읽거나, 쉬거나, 승마를 즐겼다. 그리고 저녁모임에 참석하기 위해 옷을 차려 입었다. 월요일과 일요일은 자신만의 시간을 만끽했다.

아서는 사람들과 사귀고 손님을 환대해 매너 좋은 대통령으로 불렸지만 정작 행동은 느리고 약속시간을 제대로 지키지 않았다. 그는 열심히 일하는 스타일은 아니었다. 또 각종 회의에 밥 먹듯 늦었다. 그러나 아서는 회의에 지각할 때마다 개인소지품을 넣는 바구니(property basket)를 가지고 다녔다. 이 바구니에는 서류가 가득했다. 자신이 이처럼 열심히 공무에 신경을 쓰고 있다는 것을 은근히 드러내려는 것이었다.

아서는 여느 대통령답지 않게 부지런하지 않았다. 아니 게을렀다. 유럽

왕실에 보내는 애도의 편지도 이미 국무부에서 다 써놓았음에도 불구하고 이를 결재하는 데 한 달이나 걸리기도 했다. 그래도 아서는 할 말이 있었던 모양이다. 그는 근무처와 집이 같아 지겹고 피곤하다고 했다.

아서에게 붙여진 문구가 있다. "오늘 할 일을 내일로 미루지 말라"는 격언이 무색했다. "아서 대통령은 '내일'로 미룰 수 있는 일은 절대 '오늘' 하지 않았다(President Arthur never did today what he could put off until tomorrow)."19)

뒤집어보면, 국정수행에 전념하고 있다는 것보다는 바빠서 약속시간에 늦었으니 이해해달라는 일종의 '면피용 카드'였다. 대통령이 서류 바구니를 들고 다니는 것은 분명 '오버'다. 우스꽝스럽기까지 하다. 그러나 또 어찌 보면 애교가 묻어 나온다. 약속에 늦어서 미안하다는 사과의 표시로 '서류 가득한 바구니'를 택한 것이다.

* * *

'1%의 오해'__존 F. 케네디

1960년 10월 중순, 대선 캠페인이 한창이었다. 초반에 케네디를 못마땅해 하던 트루먼 대통령이 케네디의 열렬한 후원자가 됐다. 트루먼이 지원 유세에 나섰다.

그리고 공화당원들에게 "꺼지시오(Go to hell)" 하고 고함쳤다. 논란의 소지가 있는 트루먼의 발언에 케네디 캠프가 놀랐다. 이처럼 막가는 식의 캠페인이 자칫 감표 요인으로 작용할까 우려했다.

케네디가 즉시 트루먼에게 전보를 쳤다. "존경하는 대통령께, 저는 대통령께서 저의 라이벌을 지지하는 유권자들이 가게 될 장소에 대해 언급하신 것을 유의하고 있습니다. 저는 대통령께서 하신 말씀에 담긴 깊은 열의에 동의하고 있습니다만, 우리 측에서 종교를 이슈로 삼지 않도록 노력하는 것이 중요하다고 생각합니다(… it is important that our side try to refrain from raising the religious issue)."[20]

트루먼이 한 "Go to hell"은 "지옥에나 떨어져라"라는 극단적인 직설화법이 아니었다. 닉슨을 지지하는 공화당원과 그 지지자들을 경멸하듯 거친 말을 내뱉긴 했지만, '지옥'이라는 단어를 곧이곧대로 해석할 필요는 없는 상황이었다. 그러나 케네디는 가뜩이나 종교 이슈가 대선 가도에 놓인 지뢰였기 때문에 각별히 신경을 쓰고 있었다.

종교적 냄새만 풍겨도 멀리하고 싶었던 당시였다. 그래서 케네디는 트루먼의 'hell'발언을 '지옥'으로 직역해 종교적으로 색칠한 뒤 트루먼에게 주의를 준 것이다.

종교 이슈가 민감한 만큼 1%의 오해도 받아서는 안 된다는 당부이기도 했다. 트루먼의 '오버'를 핫이슈인 종교의 카테고리에 포함시켜, 자신을 돕는 트루먼의 기분을 상하지 않으면서 신중한 캠페인 지원을 부탁한 것이다.

* * *

스트레스

개표도중 취침 __벤저민 해리슨

　1888년 11월 대선. 인디애나 주 출신 연방 상원의원인 벤저민 해리슨이 공화당 후보로 나섰다. 상대는 현직 대통령인 민주당의 클리블랜드였다. 투표가 끝나 개표 결과가 조금씩 흘러나왔다. 해리슨이 참모들과 함께 개표 결과를 지켜보았다. 그런데 뉴욕의 상황이 불리하게 돌아가고 있었다. 참모들은 은근히 걱정하기 시작했다.

　그런데 해리슨은 전혀 염려하는 기색을 보이지 않았다. 참모들은 이상하다는 표정이었다. 해리슨은 참모들에게 힘을 내라며 사기를 진작시켰다. 죽고 사는 문제도 아닌데 뭘 그렇게 조바심을 내느냐는 것이었다. 텃밭인 인디애나에서만 승리하면 된다는 식이었다. 낙선하면 고향에서 지내면 된다고 했다. 밤 11시가 다가오자 인디애나에서의 승리가 확실시됐다. 해리슨은 "우리 주에서 승리했으니 나는 그만 자야겠네" 하고 자리를 떴다.

　해리슨의 친구가 자정에 전화를 해 축하하려 했으나 해리슨이 이미 잠자리에 들어 연락이 닿지 않았다. 다음날 아침 이 친구가 해리슨에게 "어 젯밤에는 왜 그렇게 일찍 잠자리에 들었나?" 하고 물었다. 해리슨은 이렇게 설명했다. "내가 패했다면 밤을 꼬박 샌들 달라질 게 없지 않겠나. 반면, 내가 당선된다면 다음날 얼마나 할 일이 많았겠는가. 그래서 밤에 푹 쉬는 게 상책이라고 생각한 걸세(Well, I knew that my staying up would not change the result if I were defeated, while if elected I had a hard day ahead of me. So I thought a night's rest was best in any event)."21)

손에 땀을 쥐게 하는 긴박한 상황에서는 보기 드문 행동이다. 일생 일대 빅 이벤트의 한복판에서 잠을 자야만 한다는 말은 고대 그리스의 소피스트(sophist)들이 즐겨 하던 궤변 같기도 하다. "어쩌면 저렇게 태연할 수 있을까? 하는 생각이 들게 한다. 하지만 해리슨의 말에는 진인사대천명(盡人事待天命)의 마음가짐이 스며 있었다.

* * *

가장 무게 나가는 방문자들 _에이브러햄 링컨

뉴저지에 한 의원이 링컨을 찾아 거드름을 피웠다. 어깨에 힘이 잔뜩 들어갔다. 뉴저지 주에서 2명을 데리고 링컨을 방문했다. 이들은 스스로 뉴저지 주의 영향력 있는 인물들의 대표라고 했다. 뉴저지 의원은 자신이 대동한 두 방문자가 뉴저지에서 가장 비중 있는(the weightiest) 인물임을 거듭 강조했다. 이들은 전쟁을 승리로 이끄는 수단과 방법을 제시했다.

사업가 가운데 주도적인 인물이 링컨에게 국정운영, 특히 전쟁수행의 전략과 전술에 대해 훈수를 두었다. 한참의 시간이 흐르고 이들이 모두 돌아갔다. 링컨이 혼잣말로 한마디 했다. "그들이 뉴저지를 떠났을 때 주한 쪽 땅이 갸우뚱하지 않았는지 궁금하군(I wonder that end of the State didn't tip up when they got off it)."22)

초등학교 운동장 시소놀이에서 한 사람이 갑자기 일어나면 다른 쪽이 엉덩방아를 찧는 것과 같은 메커니즘을 활용했다. 뉴저지에서 자칭 가장 비중 있는 인사들(the weightiest men)이 모두 고향을 떠나 백악관에 와 있으니 뉴저지가 흔들흔들 요동치지 않느냐는 비상식적인 물음이다.

유력 인사들이 백악관에 왔다고 해서 뉴저지 땅이 어떻게 되는 것은 물론 아니다. 링컨은 가장 비중 있는 사람들(the weightiest men)을 체중이 무거운(weighty) 사람들로 취급했다. 링컨에게 정치 훈수를 둔답시고 우르르 백악관으로 몰려 온 성가신 사람들 앞에서 선보인 '꽈배기 유머'다.

* * *

새벽잠 _러더퍼드 B. 헤이스

러더퍼드 헤이스는 정치인보다는 군인으로 불리기를 더 좋아했다. 오하이오 주지사를 연임하고 대통령에 당선됐지만 주지사나 대통령보다는 장군이란 칭호를 더 자랑스럽게 여겼다. 전투에서 용맹하고 혁혁한 공을 세워 전임 대통령인 그랜트 장군이 헤이스를 무척 아꼈다. 정치인보다는 군인을 더 선호해서 그랬는지 모를 일이지만, 헤이스는 대통령이 되는 과정에서 큰 홍역을 치렀다.

민주당의 새뮤얼 틸던(S. Tilden) 후보와의 경합에서 소란이 벌어졌다. 개표 결과에 대한 시비가 붙었다. 선거관리위원회가 간여했고, 특별선거위원회까지 구성돼 개표 논란을 잠재우려 했다. 결국, 전체 득표수는 틸던이 조금 많았지만 선거인단 득표에서 헤이스가 앞선 것으로 최종 판정이 나왔다. 민주당은 이를 부정선거라고 몰아붙였다. 아무튼 정국 혼란을 우려한 민주당이 개운치 않은 승복을 했지만 진심으로 새 정부를 인정하지는 않았다.

민주당은 헤이스의 이름 러더포드(Rutherford)의 뒷부분에 사기꾼이라는 뜻의 프로드(fraud)를 첨가해 러더프로드(Rutherfraud) 대통령이라고 비꼬았다. 헤이스는 대통령에 당선됐지만 반발이 만만치 않았다. 살해협박 편지가 쏟아져 들어왔다. 실제 헤이스가 집에서 저녁을 먹고 있을 때 누군가 밖에서 총을 쏘기도 했다. 헤이스 가족이 1877년 3월 1일 워싱턴으로 향했다. 취임식을 위해서다. 이때만 해도 헤이스는 민주당 사람들이 자신의 대통령 취임을 인정할 지 반신반의했다.

일단 행차는 준비됐다. 일행은 오하이오 콜럼버스를 출발해 워싱턴에로의 장도에 올랐다. 이때 헤이스 지지 군중이 모였다. 마음 굳게 먹고 잘 가라고 환송했다. 헤이스는 열렬한 지지자들의 환송에 가슴이 뭉클했다. 워싱턴의 불안정한 상황과 껄끄러운 장애물들을 생각하면 골치가 아팠다. 그래도 헤이스는 여유를 보였다. 아마, 워싱턴에 도착하자마자 다시 고향으로 돌아올지 모르겠다고 했다. 우여곡절 끝에 잡은 대권인데 이렇게 심약한 소리를 할 수 있겠는가 하는 생각이 들 수도 있지만, 이는 어려운 상황을 부드럽게 넘어가기 위한 스트레스 퇴치법이었다.

3월 2일 새벽 헤이스의 일행이 펜실베이니아 해리스버그에 도착했다. 마침 전보가 왔다. 민주당이 더 이상 헤이스의 대통령 당선에 시비를 걸지 않겠다고 공식 발표한 내용이었다. 헤이스와 동행한 수행원들은 환호했다. 헤이스는 잠자코 있었다. 그리고는 이렇게 화답했다. "이보게들, 승객들 깨겠네(Boys, boys... you'll waken the passengers)."[23]

헤이스라고 어찌 기쁘지 않았겠는가. 누구보다 더 환성을 터뜨렸어야 했다. 또 그렇게 하고 싶었을 게다. 하지만 헤이스는 차분했다. 아직 새벽이라 잠자고 있는 가족들이 시끄러워 깰까 염려된다는 말로 기쁨을 대신했다. 깨서는 안 될 승객에 자신도 포함한 듯하다. "피곤한데 새벽잠 좀 자자"하는 뉘앙스가 풍긴다. 헤이스는 앞으로 다루어야 할 숙제가 산적하고 있다는 현실을 직시하고 있었다. 일희일비하지 않겠다는 마음가짐을 드러냈다.

넘어진 켄터키 소년 __에이브러햄 링컨

링컨은 1858년 일리노이 주 연방 상원의원 선거에 출마했다. 라이벌은
스티븐 더글러스(S. Douglas)였다. 선거캠페인에 혼신의 열의를 쏟았다. 그
러나 결과는 참담했다. 더글러스에게 패하고 말았다. 주위에서 링컨에게
'패장의 한마디'를 요청했다. 혹자는 링컨의 아픈 가슴을 다시 후비려는
의도로 물어보기도 했다. 링컨은 자신의 심경을 이렇게 토로했다. 켄터키
에 사는 한 소년을 자신의 처지에 비유했다.

이 소년은 마음에 품고 있던 소녀를 만나러 가기 위해 마구 달렸다. 그
런데 정신없이 뛰다가 그만 돌부리에 채여 고꾸라졌다. 심하게 다쳤다.
팔, 다리, 발, 얼굴 등 온몸이 쑤셨다. 하지만 소년은 눈물을 보일 수 없었
다. 울기에는 너무 컸기 때문이다. 그렇다고 아무 일 없었다는 듯이 웃을
수도 없었다. 너무 아팠기 때문이다. "울기에는 너무 컸고, 웃기에는 너무
아팠다(He was too big to cry, and far badly hurt to laugh)."[24]

공을 들이면 들일수록 실망도 큰 법이다. 하루 24시간을 캠페인에 투
자한 후보들은 결과에 남다른 감회를 갖게 된다. 단순한 희비의 교차가
아니라 경우에 따라서는 땅이 꺼지는 허탈함을 맛보기도 한다. 링컨의 마
음도 그랬을 것이다. 유머감각이 뛰어난 링컨이기에 이 정도 비유로 자신
의 공허한 심사를 달랬는지 모른다. 켄터키 소년에 감정이입을 해 자신의
슬픔을 중화시켰다.

* * *

대선후보 결정에 태연 __그로버 클리블랜드

그로버 클리블랜드는 일 중독자라고 해도 지나치지 않을 정도로 억척

스러웠다. 자신의 몸을 축내면서 남을 위해 매진했다고들 했다. 뉴욕 주지사 시절 클리블랜드의 근면함은 다소 과장하자면 세상이 다 알 정도였다. "하루 종일 집무실에 틀어박혀 그곳에서 먹고 일하고, 또 먹고 일하고, 그리고 일하고 먹고 지냈다"는 말이 돌 정도였다. 하루는 집무실에서 몇 시간 동안 쉬지 않고 일을 하고 있었다. 그야말로 기계적으로 일하는 사무직원 같았다.

새벽 1시 45분. 축포가 한 차례 터졌다. 보좌관들이 방문을 열고 뛰어 들어왔다. 민주당이 시카고 전당대회에서 클리블랜드를 대통령 후보로 결정했다는 낭보를 들고 왔다. 클리블랜드의 보좌역인 판스워스 장군이 두 손을 치켜 올리며 "축포소리가 들리지 않습니까?" 하고 말했다. 그러자 옆에 있던 라몬트 대령이 "그렇습니다" 하고 거들었다. 클리블랜드는 무언가 골똘히 생각하면서 "그렇게들 생각하는가?" 하고 시큰둥해 했다. 그러더니 다시 책상 위의 서류로 눈을 옮겼다. "어쨌든 우리는 이 일이나 끝내세(Well, anyhow, we'll finish up this work)."[25]

주지사가 대통령 후보로 선택되는 것은 개인적으로 영광이 아닐 수 없다. 게다가 경합이 치열하면 치열할수록 승리의 기쁨은 배가된다. 후보 결정 사실을 전해 듣고 보인 클리블랜드의 반응은 그가 얼마나 맡은 일에 열심이었는지를 단적으로 드러냈다.

지도자도 사람인지라 기쁠 때 기뻐하고 슬플 때 슬퍼하는 게 전혀 이상할 것은 없다. 하지만 순간적인 감정대로 움직이지 않고 그 기복이 심하지 않도록 조절하는 능력도 때에 따라서는 필요하다. 중대사가 넘쳐나는 백악관 주인의 경우 더욱 그러하다.

* * *

게티스버그 연설과 사형수 _에이브러햄 링컨

게티스버그 연설이 있는 날이었다. 링컨이 기차시간에 늦었다. 역사적인 연설을 해야 할 날에 늑장을 부렸다. 워낙 중요한 연설이라서 언변이 뛰어난 링컨도 다소 긴장이 되었다. 착착 출발 준비를 해야 하는데 무언가 골똘히 생각하는 모습이었다.

참모들이 링컨에게 '지각'을 알렸다. 서두르라고 했다. 꾸물거리다간 기차를 놓칠 수도 있다고 '경고'했다. 링컨은 호들갑을 떠는 참모들을 진정시켰다. 서두르지 말고 차분히 얘기를 들어보라고 했다. 링컨은 참모들을 앉힌 후 사형수 얘기를 꺼냈다.

말 도둑이 사형에 처해지게 됐다. 사형집행 장소로 이르는 길은 인산인해를 이루었다. 형 집행을 보려는 구경꾼들로 발 디딜 틈이 없을 정도였다. 사람들이 너무 많이 몰려 사형수를 이송하던 마차가 더 이상 앞으로 나아갈 수 없었다.

구경꾼들은 막무가내였다. 화가 난 사형수가 마차 밖으로 얼굴을 내밀더니 큰 소리로 고함을 쳤다. "왜들 이렇게 서두르는 게요? 내가 그 곳에 도착할 때까지는 볼거리도 없는데 말이요(What's your hurry? There ain't going to be any fun till I get there!)."26)

이날 연설의 중요성을 링컨은 잘 알고 있었다. 그만큼 어깨가 무거웠다. 형장으로 끌려가는 사형수에 견주었다. 참담해서가 아니라 연설에 집중될 이목을 고려하면 그렇다는 것이다. 연설하기 전까지는 신나는 일이 없으니 서두를 이유가 없다고 했다. 형 집행 전에는 주목할 만한 일이 없다는 사형수의 외침과 같은 맥락이다. 링컨은 중대사를 앞둔 긴장을 '사형수의 심사'로 풀려 했다.

* * *

전임자 그늘 벗어나기 _해리 S. 트루먼

해리 트루먼은 프랭클린 루스벨트 대통령이 러닝메이트로 지목하자 극구 사양할 정도로 부통령직에 관심이 없었다. 루스벨트가 하도 강력하게 밀어붙이는 바람에 마지못해 러닝메이트를 수락해 부통령이 됐지만 대통령에 대한 꿈은 없었다. 적어도 드러난 면면으로는 그렇다.

그런데 루스벨트의 사망소식을 듣고 대권을 이어가야 한다는 현실에 당혹해 했다. 사실 루스벨트의 그늘은 너무 컸다. 그의 사후에도 사람들은 트루먼을 대통령으로 여기지 않았다. 트루먼을 전적으로 무시해서라기보다 '대통령=루스벨트'란 등식에 익숙했기 때문이었을 게다.

대통령 자리를 물려받은 직후 트루먼이 친구이자 전 상무장관인 제스 존스에게 연락을 했다. 존 스나이더를 연방정부의 융자와 국채 문제를 전담하는 연방대부청장으로 지명하고 상원의 승인을 받기 위해 안건을 제출했다고 했다. 존스는 "대통령이 사망하기 전에 지명을 했느냐?" 하고 물었다. 트루먼은 존스의 물음에 답했다. "아니오, 대통령이 지금 결정했소(No-he made it just now)."27)

트루먼은 자신이 대통령이고 자신이 결정한 스나이더 지명에 대한 존스의 발언에 몹시 화가 났다. 엄연히 현직대통령이 결정을 내린 것인데 전직 대통령의 결정여부를 묻는 것 자체가 모욕이었다. 존스가 언급한 '대통령'은 루스벨트였다. 이에 대해 트루먼이 'No'라고 한 것은 루스벨트의 결정이 아니라는 뜻이다.

그리고 결정을 한 대통령('he = President')은 바로 현재 백악관 주인이 자신임을 분명히 했다. 존스가 말한 '대통령'을 삼인칭 단수 'he'로 받아 마치 동일인물인 것처럼 다루었다. 그러나 존스의 '대통령'은 루스벨트를 칭한 반면, 트루먼의 'he'는 바로 자신을 가리켰다. "존스, 당신이 대통령인 나를 그렇게 무시해도 되는 거요?" 하고 따지는 대신, 간략한 어법으로 상대에 대한 불만을 드러냈다.

* * *

'선거대학 중퇴생' __리처드 M. 닉슨

1960년 11월 8일 대통령 선거에서 닉슨이 케네디에게 '간발의 차이'로 고배를 마셨다. 닉슨으로서는 통탄할 일이었다. 캠페인 기간 내내 무진 고생을 한 뒤 얻은 패배에 넋이 나갈 정도로 허탈할 만했다. 선거만 생각하면 땅을 칠 노릇이었다. 감내하기엔 너무도 충격이 컸다.

그런데 닉슨은 '비극' 속에서 자그마한 유머거리를 뽑아냈다. 닉슨은 케네디에게 패한 자신을 '선거대학의 중퇴생(a dropout from the Electoral College)'으로 묘사했다. 그리고 '중퇴' 이유를 "토론에서 낙제를 했기 때문(because I flunked debating)"이라고 설명했다.28)

미국 대통령 선거는 국민의 직접선거로 뽑지 않는다. 국민은 선거인단 (electoral college)을 뽑고 이들이 대통령을 선출하는 형식을 취한다. 선거인 단은 각 주별로 승자가 독식한다. 예를 들어 텍사스에서 닉슨과 케네디가 결전을 벌였다고 해도 결과적으로 승자인 케네디가 선거인단 24명을 모조리 거둬간다. 이 경우 닉슨이 텍사스에서 얻은 유권자의 표는 사표(死票)가 되고 만다. 그러므로 미국 전체 유권자 득표수가 많아도 '죽은 표'가 많은 후보는 실제 선거인단 확보 수에서는 밀리는 경우가 발생한다.

닉슨은 선거에서 3,410만 8,157표(49.6%)를 얻었고 케네디는 3,390만 2,681표(49.3%)를 획득했다. 한국의 대선결과라면 당연히 닉슨이 대통령이 돼야 한다. 그러나 미국에서는 꼭 그렇지 않다. 선거인단을 누가 더 많이 확보했느냐가 관건이다. 닉슨은 유권자 득표에서는 이겼지만 선거인단 확보는 219명으로, 이보다 84명 많은 303명을 꿰찬 케네디에 뒤졌다.29)

닉슨은 선거인단을 '선거 대학(Electoral College)'으로 돌려 말했다. 선거만 전문으로 연구하고 가르치는 가상의 대학을 만들어냈다. 자신을 바로 이 대학의 중퇴생으로 비유했다. 그리고 중퇴한 게 다름 아니라 '토론에서의 낙제' 탓으로 돌렸다. 케네디와의 TV토론을 '토론 강좌'에 빗대었고, 토론에서 점수를 잃은 것을 '낙제'에 견주었다. 선거에 져 '쓸개즙'을 마시는 고통 속에서도 적어도 겉으로는 평상심을 잃지 않으려 했다.

* * *

"존 웨인과도 했는데…"_로널드 레이건

1980년 대선 레이스가 막바지에 도달했다. 클리블랜드에서 현직 대통령인 카터와 도전자 레이건이 TV 토론회에서 맞붙었다. 레이건으로서는 전국의 유권자들의 이목이 집중된 이 토론회에서 카터를 제압해야 했다.

아무리 레이건이 카메라 앞에서 자연스러운 분위기를 연출하는 영화배우 출신이라고 하지만 공식석상에 한결 익숙한 현직 대통령을 압도하는 것은 결코 간단한 일이 아니었다. 그러나 레이건은 예상대로 무난하게 토론회를 마쳤다. 토론회를 찍는 TV카메라를 영화촬영 카메라로 간주하고 가능한 편안한 자세를 취했다.

레이건은 카메라를 정면으로 뚫어지게 쳐다보면서 정견을 발표했다. 부드러운 목소리로 차근차근 자신의 비전을 제시했다. 상대 후보를 비하하거나 멸시하는 발언은 자제했다. 긍정적인 국정 운영 청사진을 내놓았다. 한마디로 자신감에 차 있었다.

토론회가 끝난 뒤 기자들이, 혹시 토론회 도중 떨리거나 초조한 순간이 없었느냐고 물었다. 현직 대통령과 대결을 했으니 그렇지 않았겠느냐는 것이었다. 그러자 레이건이 답했다. "전혀 그렇지 않았습니다. 나는 존웨인과도 한 무대에 선 적이 있습니다(No, not at all. I've been on the same stage with John Wayne)."30)

존 웨인은 서부영화의 '큰 별'로 누구도 넘볼 수 없는 영역을 구축한 배우였다. 존 웨인과 같은 영화에서 촬영을 한 경험이 있는데 카터 대통령쯤이야 그리 긴장할 대상이 아니라는 뜻이다. 그러나 굳이 카터를 깎아

내린 말은 아니다.

자신이 존경하고 어려워한 존 웨인 같은 배우와 같은 무대에 선 경험이 자신감을 불어넣어주었기 때문에, 아무리 버거운 자리라도 당황하거나 움츠러들지 않고 소신껏 자신의 입장을 밝힐 수 있다는 것이다. 레이건은 워싱턴 정가에 익숙하지 않은 '변두리 정치인'으로 취급하는 분위기가 있다는 것을 알고, 존 웨인의 이름을 슬쩍 빌렸다.

* * *

분노의 편지 __에이브러햄 링컨

전쟁장관 스탠튼은 링컨에게 푸념을 늘어놓았다. 한 육군소장이 자신의 인사를 정실인사(情實人事)라고 원색적인 표현으로 비판을 했다며 원통해 했다. 링컨은 "당신도 아주 강한 표현으로 상대를 공격하시오." 하고 조언했다. 스탠튼이 링컨의 말대로 자신의 격한 감정을 고스란히 드러내 편지를 썼다.

링컨이 이 편지를 보고는 아주 잘 썼다고 했다. 전쟁장관을 모욕한 육군 소장을 뜨끔하게 할 만하다고 했다. 그러자 스탠튼은 편지를 접은 뒤 봉투에 넣었다. 링컨이 뭐 하려고 그러는지 물었다. 스탠튼은 이를 소장에게 보낼 참이었다. 링컨은 그래서는 안 된다고 했다. 그냥 난로에 넣어 버리라고 했다.

링컨은 자신도 화가 날 때 편지를 쓴다고 했다. 자신에게 험담을 한 사람을 대상으로 편지를 쓰면서 할 말 못할 말을 적나라하게 담는 과정에서 기분도 풀린다고 했다. 링컨은 스탠튼을 향해 "편지를 난로에 넣고 불에 태우시오(Put it in the stove! Now burn it!)." 하고 일러주었다.[31]

분노 조절을 위한 테크닉 전수다. 터질 것 같은 울화를 편지에 쏟아내는 과정에서 타는 가슴이 다소 진화된다. 이를 반복함으로써 분노는 가라 앉고 평상심을 회복할 수 있다는 노하우를 전해주었다. 전쟁장관과 육군 소장은 일종의 상하관계다. 부하의 원색적 비난에 멱살을 잡거나 유사한 방법으로 대응하면 주위에는 이전투구로 비쳐진다. '강자'라고 해서 '약 자'에게 분노를 함부로 표출해서는 안 된다는 '강자의 도리'를 전했다.

* * *

카우보이 식 대응 __해리 S. 트루먼

1950년 11월 1일 밤 푸에르토리코 국적을 가진 2명이 트루먼의 목숨을 노렸다. 총기로 무장한 이들은 워싱턴 DC의 블레어 하우스를 공격했다. 당시 트루먼이 그곳에 있었다. 범인들은 모두 27발의 총을 쐈다.

범인 중 토리솔라는 경비원 레슬리 코펠트 이병이 쏜 총에 머리를 맞아 숨졌다. 코펠트는 토리솔라의 총에 가슴과 위에 각각 한발씩 총상을 입고 잠시 후 숨을 거뒀다. 다른 범인 코라조는 블레어 하우스 동쪽을 맡은 경 비원들의 총격에 생포됐다. 대 혼란이었다.

다음날 기자들이 자초지종을 물었다. 트루먼은 "대통령은 이러한 일들 을 예견해야만 한다."고 말했다. 기자들은 얄궂게 계속 질문을 했다. 만일 대통령을 살해하려던 범인을 대통령이 바로 앞에 맞닥뜨리면 어떻게 하겠 느냐는 것이었다. 대통령은 맨손이고 범인은 손에 총을 들고 있는 최악의 상황을 전제로 한 기자의 질문이었다. 트루먼은 거침없이 답변했다. "범인 의 손에서 총을 빼앗아 그의 목에 들이댄 뒤 방아쇠를 당기겠소(I would have taken the gun from him, shoved it up his gullet and pulled the trigger)."[32]

죽을 고비를 넘긴 대통령에게 불경스러운 질문이었다. 총을 갖고 있는 범인 앞에서 대통령이 무엇을 할 수 있겠는가? "이게 무슨 짓인가?" "당신이 원하는 것이 무엇인가?" "누가 시켰는가?" 등등. 대충 이런 맥락의 반응을 보일 것으로 짐작된다. 그러나 트루먼은 카우보이 식 응대를 했다. 총을 빼앗아 상대를 무력으로 가차 없이 제압하겠다는 것이다.

나이 많은 대통령이 젊은 범인에게서 총을 빼앗는 설정이 독특하다. 어이가 없어 그렇다. 총을 빼앗았으면 경비원들을 불러 범인의 신병을 확보하도록 지시하면 그만이지, 대통령이 굳이 손에 피를 묻힐 이유가 없다. 그런데 트루먼의 방식은 정반대였다. 즉결재판 식으로 현장에서 단죄하겠다고 했다. 예상 밖의 엉뚱한 대응이다. 트루먼이 실제 이렇게 나올 것이라 믿는 사람은 없을 것이다.

* * *

결혼 후 1년 지나야 축하 _토머스 제퍼슨

제퍼슨이 대통령에 당선됐다. 축하 만찬이 열렸다. 여기저기서 축하객이 참석했다. 흥분을 가라앉히기 어려운 자리였다. 당사자인 제퍼슨은 말할 것도 없고 참석한 인사들도 모두 경사에 들떠 있었다. 그야말로 축제 분위기였다. 덕담이 오가고 웃음이 그치지 않았다. 볼티모어에서 온 손님이 제퍼슨에게 다가갔다. 반갑게 인사하고는 대통령 당선을 진심으로 축하하며, 앞으로 즐거운 일만 있기를 바란다고 했다.

그러자 제퍼슨은 입가에 미소를 머금으며 화답했다. 축하해 주어서 고맙다거나, 이제부터 즐겁게 생활할 테니 잘 지켜보라는 말을 하지 않았다. 오히려 볼티모어 손님에게 '충고'를 했다. 결혼 문제에 관한 나의 소신을 잘 듣고 그대로 따라하는 게 좋을 것이라고 일러주었다. "나는 결혼식을 올린 뒤 1년이 지나기 전에는 신랑에게 축하한다는 말을 하지 않소 (I never congratulated a bridegroom till a year after the wedding)."[33]

결혼을 해도 깨지기 쉽고 깨지지 않더라도 각종 이견으로 부부 갈등이 심화되는 것을 수없이 보아온 제퍼슨의 답변은 현실적이었다. 결혼은 축하할 일이지만 결혼 후가 더욱 중요하다는 점을 강조한 것이다. 결혼을 예로 들면서 볼티모어 손님의 축하 인사를 유보적인 축하로 받았다.

대통령에 당선된 사실만으로도 충분히 축하받을 일이다. 그러나 제퍼슨은 이제부터 다가올 난관을 예상하고 있었다. 축제 분위기보다는 경각심을 갖고 대통령 직을 수행해 나가야 한다는 다짐이었다. 각오는 비장했지만 표현은 가벼운 결혼 이야기를 빌었다.

* * *

자기 연설에 박수 __로널드 레이건

유머의 귀재로 불리는 레이건도 어리벙벙할 때가 있었다. 멕시코를 방문했을 때의 일이다. 멕시코시티에서 유명인사들이 운집한 가운데 연설을 했다. 연설이 끝나자 사람들은 많았지만 왠지 박수는 군데군데에서 간간이 들릴 정도였다. 레이건은 색다른 반응에 다소 실망한 듯, 겸연쩍게 자리에 앉았다.

문제는 다음 순간이었다. 다음 연설자가 연단에 섰다. 그는 멕시코 정부 관리였다. 그는 스패니시로 쩌렁쩌렁하게 열변을 토했다. 연설 중간중간에 청중들로부터 우레와 같은 박수갈채를 받았다. 연설내용이 재미있는지 청중들이 폭소를 터뜨리기도 했다.

레이건 자신의 연설 말미에 보인 청중들의 반응과 멕시코 정부관리의 연설에 대한 반응이 천양지차라는 것을 알고는 머쓱해 했다. 당황한 기색을 보이지 않기 위해 멕시코 관리의 연설에 같이 박수를 보냈다. 태연한 척 했다. 그러자 옆에 있던 멕시코 주재 미국대사가 레이건에게 몸을 기울이더니 귓속말을 했다. "저라면 그렇게 하지 않았을 겁니다. 그는 지금 대통령의 연설을 통역하고 있습니다(I wouldn't do that if I were you; he's interpreting your speech)."34)

멕시코 정부관리는 레이건의 연설을 통역한 것이고 청중들이 요란하게 박수치고 배꼽을 잡은 것은 레이건의 연설 내용 때문이었다. 레이건의 영어 연설을 알아듣지 못한 청중들이 통역을 듣고는 박장대소한 것이다. 그것도 모르고 레이건이 자신의 연설에 박수를 친 것이다.

* * *

동그라미 몇 개_해리 S. 트루먼

1946년 트루먼이 플로리다 잭슨빌을 방문했다. 이곳에서 중요한 연설이 예정돼 있었다. 민주당 전국위원회 관계자들이 만반의 준비를 했다. 가능한 많은 주민들이 참석하도록 종용했다. 실제 수천 명이 모일 것으로 호언했다. 민주당 전국위원회 관계자들은 트루먼에게 열광적인 지지자들이 무수히 많이 모여들 것이라고 귀띔해 주었다.

트루먼은 보무도 당당히 연단에 올라섰다. 그런데 웬일인지 청중이 별로 없었다. 고작 200명이 될까 말까 할 정도였다. 트루먼은 맥이 쫙 빠졌다. 흥이 나질 않았다. 민주당 전국위원회 관계자들의 말과 달리 청중들의 반응도 미지근했다. 대통령의 스타일이 완전히 구겨졌다. 그렇다고 관계자들을 질책할 수도 없었고, 마이크에 대고 청중들에게 섭섭한 속내를 드러낼 수도 없었다. 물론 트루먼은 그렇게 하려 생각하지도 않았다.

트루먼이 싱거운 모임을 끝내고 돌아갔다. 딸 마가렛에게 이렇게 편지를 썼다. 행사를 준비한 민주당 전국위원회 관계자들이 너무 낙관적이었다고 지적했다. 행사에 얼마나 많은 주민이 참석할지에 대해 전혀 감을 잡지 못했다는 점을 꼬집었다. 그리고 트루먼은 청중이 2,000명 정도 모일 것이라고 한 행사관계자의 확언을 떠올렸다. 하지만 트루먼은 이내 행사를 그저 하나의 해프닝 정도로 넘겼다. "정치에서 동그라미 몇 개 붙이는 것은 쉬운 일이지(Zeroes are easy to put in politics)" 하고 웃어넘겼다.[35]

예상보다 10배나 적은 청중이라면 연설을 집어치우고 싶은 충동이 들 만하다. 게다가 국가의 최고 권력자가 연설하는 자리인데 200명은 너무했다. 그래도 트루먼은 민주당 전국위원회 관계자들의 '허풍'을 즉석에서 꾸짖지 않고, 행사 후에 딸에게 편지형식으로 전했다. 자신도 몸담고 있는 정치의 부정적인 측면을 드러내면서 행사 관계자들의 과장된 언행을 우회적으로 도려냈다.

* * *

옷 품평 _존 F. 케네디

클레어런스 딜런(C. Dillon)은 공화당원이다. 그는 투자은행가다. 그가 케네디와 손을 잡았다. 케네디 행정부에서 재무장관을 지냈다. 케네디와 국정을 논의하면서 느낀 딜런의 40년 뒤 회고가 잔잔한 화제를 낳았다.

딜런은 케네디의 유머감각에 매료되다시피 했다. 전혀 나올 수 없는 긴박한 상황에서도 케네디는 예고 없이 웃음을 선사했다. 박장대소가 아니더라도 상대를 조용히 미소짓게 했다. 지도자를 다시 한 번 생각하게 하는 감동을 주었다.

하루는 딜런이 중요한 국사를 논의하기 위해 백악관으로 향했다. 이런 상황에 대비해 백악관에는 비상구가 있다. 장관이나 이에 준하는 사람들이 대통령을 긴급 회동해야 할 때 사용하도록 마련된 문이다.

미리 정해진 게 아니라서 딜런은 대통령의 스케줄을 깨거나 무슨 방도를 찾아야 했다. 선약을 취소할 수는 없었다. 그래서 딜런은 하는 수 없이 약속과 약속 사이에 샌드위치 시간을 이용해 케네디와 만났다. 그야말로 앉을 시간도 없을 정도였다.

이런 상황이라면, "무슨 일인가?" "다음에 찬찬히 얘기하면 안 될까?" "시간이 없으니 요점만 간단히 얘기하게"라는 반응이 통상적이다. 그런데 케네디는 딜런을 빤히 쳐다보았다. 아무 말 없이 시선이 얼굴은 물론, 머리에서부터 허리까지 죽 이동했다. 잠시 침묵이 흘렀다. 1분 1초가 아쉬운 사정을 감안하면 꽤 오랜 시간이 흘렀다. 잠시 후 케네디의 입술이 떨어졌다. "줄무늬 위에 줄무늬, 또 그 위에 줄무늬로군. 이건 아닌데!(Stripes on stripes on stripes! That's a 'no-no'!)"[36]

딜런은 이날 줄무늬 와이셔츠를 입었다. 그 위에 줄무늬 넥타이를 맸다. 또 그 위에 줄무늬 양복을 입었다. 딜런의 옷맵시가 반드시 촌스럽거나 어색해서는 아니다. 케네디의 보좌관들과 각료들은 열심히 일했다. 농담에 신경쓸 여유가 없었다. 케네디의 주변은 빡빡하게 돌아갔다. 딜런도 마찬가지였다. 그러다 이날 자신에 대한 케네디의 '옷 품평'이 긴장을 풀어주었다. 케네디의 유머는 쉴 틈 없이 돌아가는 맞물린 톱니바퀴를 부드럽게 한 윤활유였다.

대통령만큼 바쁜 사람은 없을 듯싶다. 시간적으로만 빠듯한 게 아니라 짜인 일정의 순간순간마다 가벼이 할 수 없는 국가중대사를 다뤄야 한다. 눈코 뜰 새 없고 마음을 턱 놓을 수 없다. 긴장의 연속이다. 방심하거나 소홀히 다뤄 나라와 국민에 고초를 안겨주면 '역사의 죄인'이 될 수 있다. 정신을 바짝 차려 원만하게 일을 처리해 나라와 국민에게 결실을 안겨주면 '역사적 인물'이 된다.

촉각을 느슨하게 할 수 없고 눈에 힘을 뺄 수 없다. 잡담할 짬을 찾아내는 것 자체가 직무유기처럼 비쳐질 수 있다. 케네디의 발언에서 풍기는 망중한(忙中閑)은 이런 와중에서 불쑥 나왔다. 그래서 더 향기가 진하다.

* * *

악수의 예술 _제임스 K. 포크

포크는 체구가 작았다. 체구는 작았지만 백악관에 입성하면서부터 수많은 사람들과 악수를 해야만 했다. 만일 악수하는 것을 좋아한다면 자신만만하게 할 수 있지만, 악수하는 것을 꺼린다면 대통령으로서 치러야 할 '죄과'이다. 포크는 후자에 속했다. 악수가 부담스럽다고 대인기피 태도를 보인다면 해괴한 소문이 날 터이니 그럴 수도 없었다.

그래서 포크는 악수를 피할 수는 없지만 악수를 통해 기분이 상하거나 스트레스를 가급적 받지 않도록 꾀를 냈다. '비밀 전략'을 짰다. 다소 우스꽝스럽지만 포크에게는 대통령 직을 가능한 홀겁게 하기 위한 방편이었다. 이를 터득한 포크는 "하루 종일이라도 아무 불편함 없이 악수할 수 있다(I could shake hands during the whole day without suffering any bad effects from it)."고 했다. 포크의 비법은 이렇다.[37]

악수를 하기 위해 손을 내밀고 가만히 있고 상대방이 위 아래로 흔들거나, 대각선 방향으로 움직이거나, 아니면 아주 세계 손을 쥐면 여간 불편한 게 아니다. 그러므로 상대방보다 먼저 적극적으로 악수를 하는 게 좋다. 상대가 손을 흔들기 전에 먼저 흔들고, 상대가 손을 꽉 쥐기 전에 먼저 상대의 손을 힘차게 쥔다.

그런데 상황이 다소 까다로울 수도 있다. 저만치에서 우람한 체구의 사람이 다가온다면 어떻게 할 것인가. 상대가 손을 내밀 때 겁내지 말고 그의 손바닥이 아닌, 손가락만을 잡는다. 그것도 손가락 끝 부분을 위주로 해서 잡는다. 재빠르게 해야 한다. 그러면 상대는 포크의 손을 송두리째 잡을 수 없다. 상대의 큰 손에 푹 파묻혀 위압감을 느끼니 이런 방법으로 가볍게 접촉하면 전혀 불편함이 없다.

포크는 악수 비법을 일기에 자세히 적었다. 자신의 신체적 핸디캡을 재치 있게 극복했다. 포크는 '꼬마 잭슨'으로 불렸다. 잭슨 전 대통령이 든든한 후견인이었다기보다 잭슨의 꼭두각시라는 냉소였다. 대통령 유세 때 포크를 처음 본 유권자들이 "나폴레옹이 선거유세 나왔나?" 할 정도였다. 포크는 자그마한 손으로 많은 사람들과 악수했고 지지를 얻어 대통령에 당선됐다. 흥미로운 악수기법을 고안해 '작은 고추가 맵다'는 것을 입증했다.

* * *

팔레스타인 선교사 _ 캘빈 쿨리지

캘빈 쿨리가가 아내 그레이스와 처가(妻家)에서 숙식을 해결하던 때가 있었다. 대통령이 되기 전 일이다. 처가 동네에 스미스 칼리지의 한 교수가 살고 있었다. 바로 처가의 길 맞은 편 집이었다. 이 교수는 그레이스의 부모와 아주 친했다. 그레이스의 집을 제집 드나들 듯했다.

이 교수는 스미스 칼리지에서 교수를 하기 전 9년간 팔레스타인에서 선교사로 활동했었다. 그는 흥미로운 경험담을 자주 꺼냈다. 쿨리지의 장모는 이 교수의 스토리에 귀를 쫑긋했다. 보통 오후에 그레이스의 집에 오면 쿨리지의 장모와 저녁노을이 질 때까지 시끌벅적하게 수다 떨기 일쑤였다.

쿨리지는 이 교수를 탐탁히 여기지 않았다. 너무 자주 그리고 오래 남의 집에 머물렀기 때문이다. 이미 여러 번 들은 얘기를 들어줘야 하는 게 무척 피곤했다. 그래서 쿨리지는 이 교수가 오기만 하면 슬그머니 자리를 떴다.

어느 오후 쿨리지와 아내, 그리고 장인, 장모가 집 현관 앞에 앉아 담소를 나누고 있었다. 이 교수가 인사차 다가왔다. 쿨리지의 장모는 이 교수의 열렬한 팬이었다. 이 교수는 여느 때와 다름없이 장광설을 늘어놓기 시작했다. 쿨리지의 장모가 주목해주니 신이 절로 나는 듯했다. 시간 가는 줄 모르고 떠들었다. 팔레스타인에서의 선교 무용담은 끝날 줄 몰랐다. 쿨리지는 슬그머니 집으로 들어갔다. 해가 지고 어둠이 깔리기 시작할 때까지 교수의 '강의'는 이어졌다.

얘기가 끝없이 이어지자 쿨리지는 신문을 집어 들었다. 꼭 신문을 읽기 위해서라기보다 이 교수에 대한 장모의 얘기에서 멀어지고 싶었던 것이다. 신문이 얼굴을 반 이상 가리도록 들었다. 그리고 쿨리지는 나지막하게 중얼거렸다. "그 사람 이교도들에게 말하는 데 익숙해졌군(He's used to talking to the heathen)."[38]

팔레스타인의 회교도들을 상대로 기독교를 전파한 이 교수는 이교도들을 상대하는 데 이골이 날 정도였다. 그들의 문화와 언어는 물론 세세한 민족성까지 꿰뚫고 있었다. 문화와 언어가 같고 종교도 같은 길 건너 집 가족들을 다루는 것은 외국 선교에 비하면 '식은 죽 먹기'였다. 게다가 이웃집을 상대로 선교를 하는 것도 아니고, 순진한 이웃집 '청취자들'에게 자신의 무용담을 들려주기만 하면 되니 교수 입장에서는 물 만난 고기와 다를 바 없었다.

쿨리지가 사용한 '이교도'라는 단어에는 팔레스타인 주민뿐 아니라 처가에서 저녁식사를 하던 가족도 포함된다. 특히 쿨리지는 자신을 이교도에 비유했다. 팔레스타인 주민들이 선교사를 대하듯 쿨리지가 이 교수에 대해 갖고 있던 생각을 '이교도'의 낯설고 거북한 의미에 빗대었다.

팔레스타인 주민에게 나타난 선교사처럼, 초대하지 않았는데 찾아온 교수에 대한 불편한 심사를 나타냈다. 선교지에서 이교도들을 휘젓고 다닌 것처럼 처가를 안방 드나들 듯하는 이 교수를 냉소적으로 혼잣말로 중얼거린 것이다. 처가 식구들을 고려해 최소한의 예의를 갖추면서 '불청객'으로 인해 수북이 쌓인 스트레스를 독백으로 풀었다.

쿨리지가 대통령이 되기 전의 일화이지만, 대통령은 하루하루 엄청난 스트레스에 시달린다. 이를 그때그때 적절히 해소하지 않으면 나라의 최고지도자로서의 역할 수행에 지장을 초래할 수 있다. 국내외의 거창한 정책수행에서만 위기관리가 필요한 게 아니다. 지도자 개인의 스트레스 조절도 위기관리의 범주에 든다.

코미디언의 성대모사 _존 F. 케네디

성대모사가 일품이었던 코미디언 본 미더(V. Meader)는 케네디의 목소리를 똑같이 흉내내 일약 스타가 됐다. 미더는 뉴욕의 술집에서 노래를 부르고 코미디 연기를 하던 변두리 연예인이었다. 그가 스타덤에 오른 것은 1962년, 당시 27세였던 미더가 TV 신인탤런트 공모에서 케네디 대통령의 성대모사를 하면서부터였다. 케네디의 뉴잉글랜드 악센트를 그대로 뽑아내 세간의 관심을 모았다.

능력이 인정돼 발탁된 그는 그해 10월 22일 케네디 대통령 일가에 관련된 촌극 17편과 풍자 코미디 앨범 '퍼스트 패밀리(The First Family)'를 출시했다. 약 한 달 만에 250만 장이 팔렸다. '초고속 베스트셀러'란 명성이 기네스북에 오를 정도였다. 앨범부문 그래미상을 수상했고 이후에 총 750만 장이 팔렸다.

공화당원들은 케네디를 익살스럽게 풍자하는 것은 잘하는 일이라고 미더를 추켜세웠다. 민주당원들은 케네디의 육성을 가감 없이 흉내내는 게 별 문제 있느냐는 반응이었다. 미더의 앨범이 정치적인 의도에서 만들어진 게 아니니 그럴 만도 했다.

하지만 풍자의 당사자의 심기는 불편할 수 있다. 더욱이 그가 대통령일 경우엔 더욱 그럴 것이다. 대통령의 측근들은 이를 '공화당의 정치적 음해' 또는 '국가원수에 대한 불경죄'로 다루려 할 지 모른다.

케네디는 미더의 앨범에 대해, "혹시 기분이 나쁘지 않았느냐"는 질문을 받았다. 케네디는 "앨범을 들어보니 나보다는 내 동생 테디의 목소리를 더 닮았다. 그래서 테디가 화가 났다(I listened to Mr. Meader's record, but I thought it sounded more like Teddy [Kennedy] than it did me, so he's annoyed)."[39]

* * *

'집주인'의 의향 _존 애덤스

존 애덤스의 건강이 극도로 약화됐다. 주위에서 그의 건강상태에 대해 걱정들이 많았다. 노아 웹스터가 애덤스를 방문했다. 병상에 누워 있는 애덤스에게 다가가 조용하게 물었다. "요즘 건강이 어떻습니까?" 애덤스는 몸이 불편했지만 여유 있는 표정이었다. 애덤스는 웹스터에게 이렇게 답했다. "나는 지금 약하고 언제 무너질지 모르는 썩어가는 집에 살고 있소."

애덤스가 말을 이었다. "바람에 흔들거리더니만 그만 갑자기 태풍을 맞아 엉망이 되었소." 그러나 애덤스는 이 정도는 견딜 만하다는 표정이었다. 애덤스의 의중은 바람, 태풍보다 더 견디기 힘든 요소에서 드러났다. "그동안 살면서 배운 경험으로 볼 때 더욱 안타까운 것은 집 주인이 고장나고 파괴된 곳을 고쳐줄 의향이 없다는 것이요(What is worse, from all I can learn, the landlord does not intend to repair)."[40]

애덤스는 쇠약해진 자신의 몸을 낡고 오래돼 언제 어디서 붕괴될지 모를 집에 비유했다. 그리고 창문이 허술해 바람막이가 잘 되지 않아 스산한데다 태풍에게 한방 맞아 곳곳에 큰 상처를 입었다고 했다. 곳곳에 탈이 난 자신의 몸에 견주었다.

그러나 애덤스가 진정 강조하고 싶었던 대목은 '신체적 고장'이 아니었다. 집주인이 수리를 제대로 할 의향이 없다는 확신이 더 큰 이슈였다. 여기서 집주인(landlord)은 애덤스의 마음에는 신(lord)이었다. 집수리를 하지 않을 집주인처럼 신이 더 이상 애덤스의 몸을 '수리'하지 않을 것이란 점을 강조했다. 이를 두려워하고 원망하기보다 그저 자연의 순리, 신의 섭리를 담담하게 받아들였다. 어찌할 수 없는 일에 공연히 전전긍긍하며 스트레스 받을 필요 없다는 것이다. 불로초를 구하려 안달을 부린 진시황이 애덤스를 보고 무어라 했을까 궁금해진다.

* * *

사인 수집 꾼 _허버트 후버

한 어린이가 후버에게 편지를 보냈다. 이 어린이는 대통령에게 한 가지 부탁을 했다. 사인을 해 달라는 것이었다. 후버는 기꺼이 해 주었다. 후버가 수많은 사인 요청을 받으면서도 어린이의 요청대로 흔쾌히 사인을 해 준 이유는 순수함 때문이었다. 후버의 반응은 나름대로 근거가 있었다.

종종 여러 개의 사인을 요구하는 사람들도 있었다. 의아하게 여긴 후버가 한 사람에게 "사인이 하나면 되지 왜 여러 개가 필요한가?" 하고 물었다. 그러자 이 사람은 "베이브 루스의 사인을 얻으려면 대통령의 사인 두 개가 있어야 한다(It takes two of yours to get one of Babe Ruth's)."고 했다.41)

대통령의 사인이 홈런왕 베이브 루스의 사인의 절반 가치로 통용된다는 것이다. 후버로서는 기분 좋을 리 없었다. 하기야 경제난으로 허덕이는 국민이 부지기수였고 후버의 인기가 신통치 않았으니 그럴 만도 했다. 그래도 자신의 사인을 간직하기 위해서가 아니라 베이브 루스 사인을 구하기 위한 수단으로 사용하려는 사람들에게 화가 났다. 그렇지만 직설적인 표현이나 반응을 보이지 않았다.

지도자 주변에는 여러 종류의 사람들이 꼬인다. 이들 가운데 지도자를 존경하고 아끼는 사람들이 있고 지도자의 권력을 이용해 떡고물을 챙기려는 사람들이 있다. 사인을 요청한 어린이는 전자에 속하고 '전문 사인 수집 꾼'은 후자에 속한다. 후버는 전자에 대한 호감으로 후자에 대한 불만을 뒤덮었다.

* * *

"굿 이브닝, 미스터 프레지던트"_존 F. 케네디

21세기 미국 대통령은 세계에서 가장 지명도가 높고 영향력이 강한 인물이다. 소련과 대치하던 냉전시대에도 미국 대통령은 얼굴과 이름, 목소리까지 유명세를 톡톡히 치러야 했다. 유명인사라고 항상 좋은 것은 아니다. 파파라치가 거머리처럼 붙어 다니고, 일거수일투족을 감시하듯해 사생활 지키기는 그야말로 험한 투쟁이다. 개인도 그런데, 하물며 대통령의 경우는 두말할 여지도 없다.

운신이 불편한 것은 물론 자칫하면 자신만 간직하고 싶은 프라이버시도 백일하에 드러나기도 한다. 여간 짜증나는 일이 아니다. 법의 테두리 안에서 주위 눈치 안 보고 맘껏 행동하며 자유롭게 활보할 수 있는 평범한 시민으로 돌아가고 싶은 충동이 불끈불끈 솟아오른다. 케네디도 가끔 그런 마음이 들었을 것이다.

하루는 케네디가 성당엘 갔다. 가톨릭 신자인 그가 자신의 잘못을 뉘우치고 신부에게 고백하기 위해 성당에 간 것이다. 가톨릭 신자들은 자신이 범한 크고 작은 잘못에 대해 정기적 또는 비정기적으로 성당에 가서 신부에게 고백한다. 케네디도 이를 한 것이다.

그리고 고백은 아무에게도 말하고 싶지 않은 '나만의 비밀'을 신부에게 털어놓는 것이다. 신부가 이를 절대 다른 곳에 공개하지 않는다는 믿음을 전제로 한다. 또 고백할 때는 신부가 고백자의 얼굴을 보지 못한다. 장막이 가려지고 목소리로만 대화를 나눈다.

케네디가 일요일 성당에 가서 미사에 참여하고 나면 신부와 신도들 사이에 둘러싸이게 된다. 기념촬영에 응하느라 정신이 없을 지경이다. 그래도 대통령으로서 그 정도는 감수할 수 있고 그래야 마땅하다. 그러나 고백을 하는 시간만큼은 자신이 부각되지 않기를 케네디는 원했다.

어느 날 케네디가 고백을 했다. 신부가 자신을 알아보지 못할 것으로 여겼고 그러길 바랐다. 고백하는 좁은 칸막이 방에 들어간 케네디가 장막 저편에 가려져 있는 신부를 향해 인사를 하고 가톨릭의 의례상 고백하기 전에 하는 기본적인 기도와 진실맹세 등을 했다. 그러자 느닷없이 건너편에서 신부의 말이 들려왔다. "굿 이브닝, 미스터 프레지던트(Good evening, Mr. President)"42)

신부는 목소리만 듣고 고백소에 무릎 꿇고 앉아 기도하는 사람이 케네디라는 것을 음성으로 알아차린 것이다. '얼굴 없는 신부'에게 자신의 '치부'를 고백하려던 케네디로서는 이처럼 당혹스러운 상황이 없다. 깜깜한 극장에서 나체로 무대 위에 선 배우, 무대에만 환한 조명이 비추어지고 관객은 칠흑 같은 어둠이 깔려 있어 극장에 모인 사람들이 배우만을 뚫어지게 응시하는 광경과 흡사하다.

하지만 고백소에서의 에피소드는 실화가 아니다. 케네디가 지어낸 것이다. 막강한 권력을 소유하는 대통령이지만 그 이면에는 대통령이라는 신분이 한 개인의 운신을 옥죈다는 양면성을 토로한 것이다. 항상 사람들에 둘러싸여 환대 받는 자리지만 자신의 사생활조차도 지켜내기 힘든 자리이기도 하다는 점을 '비극'이 아니라 '희극'으로 소화해냈다.

* * *

집어던지려면 가까이에 __로널드 레이건

레이건은 쾌활하고 밝은 성격이다. 그러나 그도 때론 성을 내곤 했다. 방구석을 향해 연필이나 안경을 던지기도 했다. 그러나 레이건은 자신의 행동을 바로 긍정적인 방법으로 주워 담았다. 하루는 보좌관에게 말했다. 무엇인가 화가나 집어 던질 때는 수습책을 생각하면서 던지는 게 후회를 덜 하는 방법이라고 일러주었다.

레이건은 자신이 화가 났을 때 저지른 행동이 자신에게 불편을 끼쳤다는 점을 교훈으로 배웠다고 강조하면서 보좌관에게 이렇게 귀띔해 주었다. "만일 화가 나서 곤봉을 집어던질 생각이라면 바로 앞에 던지게, 그래야 멀리 가서 다시 주워오지 않아도 되지(If you're going to throw a club in anger, throw it in front of you so you won't have to go back and pick it up)."43)

* * *

"당신은 졌소"__캘빈 쿨리지

허버트 후버가 1928년 공화당 전당대회에서 대통령 후보로 지명되기 전 쿨리지 대통령에게 경의를 표하기 위해 위스콘신에 도착했다. 이곳에서 쿨리지가 휴가를 보내고 있었다.

사진기자들이 후버를 동행했다. 기자들이 쿨리지와 후버에게 사이좋게 나란히 앉으라고 했다. 사진을 찍을 참이었다. 현직 대통령과 공화당 대선 후보의 다정한 한때를 연출하려 했다.

쿨리지 대통령은 이러한 상황이 별로 내키지 않았다. 하지만 후버에게 도움이 될 것으로 여겨 응했다. 그런데 한 사진기자가 한술 더 떠 대화를 해야 사진이 자연스럽게 찍힌다고 주문했다. 대통령 후보인 후버보다 윗사람인 대통령 쿨리지가 협조를 약속하고는 후버에게 무언가 말을 걸었다.

그러나 후버는 쿨리지의 말을 못 들었는지 어리벙벙한 표정이었다. 말이 없는 쿨리지였지만 재치에 있어서는 누구에도 뒤지지 않는 그였다. 재빨리 '손바닥을 마주치지 않아서' 생긴 어색한 분위기를 풀기 위해 쿨리지가 기자들에게 양해를 구했다. "미안합니다만, 그의 입을 열 수가 없군요(I'm sorry, but I cannot make him talk)."44)

말하고 싶지 않은 사람으로 하여금 말을 하도록 하는 것은 어려운 일일뿐 아니라, 억지로 말을 해야 하는 당사자에게 적지 않은 부담과 불편함을 준다는 자신의 마음을 쿨리지는 '후버의 무반응'을 통해 드러냈다.

워싱턴 사교계에서 이름이 꽤 알려진 한 여성이 저녁파티에서 쿨리지 옆 좌석에 앉았다. 이 여성은 쿨리지가 말이 없는 사람이라는 것을 익히 알고 있었다. 쿨리지 옆에 앉은 것은 나름대로 이유가 있었다. 쿨리지의 입을 열면 이기는 내기를 친구들과 했던 것이다. 쿨리지에게서 세 단어 이상을 끄집어내야 이기는 게임이다. 적어도 세 단어는 말하게 할 수 있다고 자신 있게 내기를 한 것이다. 이 여성은 쿨리지에게 자초지종을 설명하고는 협조를 당부했다. 제발 자신에게 무언가 말을 해 달라고 부탁했다. 이 여성의 간청에 쿨리지가 말했다. "당신은 졌소(You lose)."[45]

여성의 간절한 부탁을 뿌리치지는 않았지만 쿨리지는 정말 조용히 있고 싶었다. 쿨리지는 입은 열었지만 단 두 단어만 말했다. 쿨리지가 입만 열면 적어도 세 단어는 말할 것으로 기대했던 이 여성은 예기치 않은 답변에 내기에 지고 말았다. 성가시게 하지 말아달라는 쿨리지의 웃기는 '항변'이다.

하루는 쿨리지가 대통령 전용요트 메이플라워(Mayflower) 호에 올랐다. 요트 안에는 유명인사들이 타고 있었다. 요트는 곧 부두를 떠날 채비였다. 카메라맨들이 순간순간을 놓치지 않기 위해 분주하게 움직였다. 카메라맨들은 쿨리지와 주요 인사들의 모임을 생생하게 사진에 담고싶어 했다. 그러려면 움직이는 자세가 필요했다. 가만히 서 있는 자세로는 살아 있는 현장감을 담을 수 없기 때문이었다.

한 카메라맨이 분위기를 띄워야겠다고 마음먹었다. "안녕하십니까?" "그동안 잘 지내셨습니까?" 등 인사말을 하든지 뭐든지 말을 하면서 악수도 나누고 미소도 지으라고 주문했다. 쿨리지는 카메라맨이 좋은 사진을 만들기 위해 애쓰는 모습을 보고는 한마디 했다. "저 친구, 여기 있는 사람들 모두에게서보다 내게서 더 많은 대화를 이끌어내는군(That man gets more conversation out of me than all Congress)."[46]

"안녕하십니까?" "그동안 잘 지내셨습니까?" 등 간단한 인사말은 말수 적은 쿨리지가 공식석상에서 종종 하는 말의 전부였다. 카메라맨이 요트에 타고 있는 사람들에게 대화를 주문하며 예로 든 것은 그저 예문에 불과했지만, 쿨리지는 이를 그냥 넘기지 않았다. 과장하면, 쿨리지는 자신이 하는 말의 전부라 할 수 있는 문장을 카메라맨이 집어냈으니 귀가 쫑긋할 만했다. 카메라맨이 별 생각 없이 던진 예문이 쿨리지의 재기(才氣)를 자극했다. 마치 자신이 분위기를 띄운 대화를 가장 많이 한 장본인 행세를 한 것이다.

* * *

제6장
신바람 리더십

분위기 띄우기
망가지기

분위기 띄우기

샴페인 코르크 마개 _제임스 매디슨

매디슨은 1794년 연방하원의원 시절 17살이나 적은 돌리 매디슨(D. Madison)과 결혼했다. 돌리는 전남편 존 토드와의 사이에 아들 하나를 두었다. 매디슨과 돌리의 결혼생활에 아이는 없었지만 금실은 좋았다.

전 남편과 사별한 아픔을 겪었지만 돌리는 남달리 밝은 성격의 소유자였다. 돌리는 엄격한 가정에서 자랐지만 천성이 활달했다. 성격이 워낙 쾌활하고 붙임성이 있어 사람들이 주위에 많았다. 매디슨의 정적들도 환대했다. 외국의 까다로운 귀빈들을 극진히 대접하고 거친 군인들도 잘 대해주었다. 손님접대만큼은 둘째가라면 서러워할 정도였다.

하루는 매디슨이 백악관에서 가까운 친지들을 초대해 저녁식사를 하려 했다. 돌리도 자리에 함께 있었다. 돌리가 샴페인을 터뜨리려고 병마개를 땄다. 그런데 조심스럽게 다루지 않아 코르크 마개가 공기총을 발사한 듯 "펑" 소리를 크게 내며 튀어나갔다. 실수였지만 마개가 너무 멀리 튀었다. 모두들 포물선을 그리며 날아간 마개에 눈을 돌렸다. 돌리는 당황했다. 귀빈들을 모시고 요란을 떨었다는 자책감에 미안해했다.

여기서 끝나지 않았다. 갑자기 빠져나간 코르크 마개는 병 안에 든 와인에게도 '추진력'을 제공했다. 와인도 마개에 못지않게 강렬한 파워로 병 밖으로 뿜어 나올 기세였다. 다행히 돌리가 잽싸게 사태를 수습해 와인이 쏟아지기 전에 잔에 부었다. 미리 준비된 잔 3개에 연속적으로 와인을 따랐다. 두 잔은 손님을 위해, 나머지 한 잔은 자신이 마실 생각이었다.

3잔을 모두 따른 뒤 돌리는 샴페인 병을 매디슨에게 건넸다. 그런데 매디슨은 잔에 가득 채우지 않고 절반만 따랐다. 한 손님이 와인을 맛보았다. 맛이 아주 독특하다고 품평했다. 그러자 매디슨이 말을 받아 만찬에 참석한 돌리의 여동생 루시에게 '주의'를 주었다. "많이 마시면 코르크 마개처럼 껑충 껑충 뛰게 될지 모릅니다(If you drink much of it, it will make you hop like the cork)."[1]

돌리의 '샴페인 따기'는 서툴렀다. 코르크 마개가 탄환처럼 방구석까지 날아가고 와인이 마구 넘치듯 할 때 화기애애하던 분위기는 일순간 조용해졌다. 손님들은 구석에 떨어진 코르크 마개와 돌리를 번갈아 쳐다보았다. 돌리의 '뛰는 행동'에 매디슨도 당혹해했다. 맥주병도 갑자기 따면 거품이 쏟아지게 마련인데 샴페인은 말할 것도 없다. 타임머신을 타고 과거로 돌아가지 않아도 당시의 현장을 어렵지 않게 상상할 수 있다. 외국 국빈을 모신 자리가 아니어서 그나마 다행이었지만 영부인의 행동으로서는 분명 거칠었다. 애교로 웃고 넘어갈 수도 있지만, "백악관 안주인이 샴페인 병 하나 제대로 따지 못하다니…" 하고 혀를 찰 수도 있는 상황이었다.

매디슨이 사태수습에 나섰다. 자신의 잔에 조금만 따르고 처제 루시에게 많이 마시지 말라고 조언했다. 많이 마셨다간 코르크 마개처럼 주책없이 튀게 될지도 모른다는 '경고'였다. 사실 경고라기보다 돌리의 실수를 둘러댄 것이었다.

* * *

30여 년 전 카우보이모자 __프랭클린 D. 루스벨트

1943년 루스벨트가 깜짝쇼를 준비했다. 연방 하원의장인 친구 샘 레이번의 생일파티를 은밀히 추진했다. 루스벨트는 비서에게 지시했다. 레이번과 그의 막역한 친구들을 백악관으로 초대하라고 했다. 그 이유는 일절 설명하지 말고 긴급한 일이 있으니 지체하지 말고 바로 백악관 회의실에 와 달라고 했다. 그리고 자세한 내용은 도착하면 알려주겠다고 덧붙였다.

레이번과 그의 친구들이 각각 황급히 백악관에 당도했다. 나라에 중대한 문제가 생긴 것은 아닌지 해서 모두들 긴장했다. 이때 루스벨트가 레이번의 얼굴을 빤히 쳐다보더니 "샘, 자네와 관련한 중요한 보고를 접했네. 이러한 일을 자네에게 말할 수밖에 없으니 유감이구먼!" 하고 말했다. 루스벨트는 표정 관리도 철저히 했다. 진짜 무슨 안 좋은 일이라도 생긴 것처럼.

이 말을 들은 레이번은 무척 당황한 기색이었다. 루스벨트는 계속했다. "그래서 말인데, 고심 끝에 자네와 친구들을 불러 모아 진상을 털어놓아야 한다는 결론을 내렸네. 물론 이 자리에는 공화당 민주당 의원들이 섞여 있지만 말이지." 이 순간 레이번이 무언가 말문을 열려는 눈치였다.

그러나 루스벨트는 기회를 주지 않았다. 한발 먼저 말을 이어갔다. 루스벨트는 소리 없이 묘한 미소를 지어 보였다. "샘, 내가 접한 (아주 심각한) 보고 내용은, 자네가 자꾸 나이가 들어간다는 것이네(My (very serious) report is, Sam, that you're just getting too old)." 레이번과 초대받은 손님들은 루스벨트가 레이번의 생일을 축하하기 위해 꾸민 것임을 깨달았다. 그리고는 모두들 박수를 치며 기뻐했다. 레이번의 생일을 축하하는 동시에 대통령의 배려에 감사를 표했다.

레이번은 루스벨트와 동갑내기다. 그래서 서로 더욱 가까웠다. 루스벨트는 레이번에게 카우보이모자를 선사했다. 레이번은 30여 년 전 의회에 입성할 때도 카우보이모자를 썼었다. 루스벨트는 모자를 건네며 "치수가 맞는지 한번 써보게. 하지만 나는 자네가 30여 년 전 쓰던 치수와 동일한

치수의 모자를 쓸 것으로 생각하네"라고 했다.2)

오래 전부터 레이번과 맺어 온 우정에 변함이 없을 것이란 루스벨트의 확신이었다. 레이번은 더없이 기뻐했다. 모자보다는 자신에 대해 베풀어준 대통령의 인간적인 따스함에 감동했다. 루스벨트는 작아 보이는 것에 즐거워할 줄 알았고 이러한 것으로 다른 사람들을 즐겁게 할 줄도 알았다.

* * *

넥타이에 카메라 초점 맞춘 PD _해리 S. 트루먼

트루먼이 퇴임 후 한 TV와 인터뷰를 했다. 주제는 재임 당시 한국전 참전에 대한 것이었다. 녹화과정에서 문제가 있어 부분적으로 다시 촬영을 하기로 했다. 옷을 단정하게 차려 입은 트루먼이 이번에는 넥타이를 다른 것으로 바꿔 매고 나왔다. 프로듀서는 트루먼의 새 넥타이에 카메라 앵글을 맞추도록 지시했다. 변화를 강조하기 위해서였다.

그러자 트루먼이 "스톱"을 걸었다. "도대체 넥타이를 교체한 것이 그토록 중요하단 말인가" 하고 물었다. 그리고 말을 이었다. 만일 넥타이 교체에 초점을 맞추면 미군의 한국전 참전 명분과 이유에 대해 설명을 듣던 시청자들이 넥타이 얘기를 할 것이고 동일한 인터뷰에서 대통령의 넥타이가 바뀐 사실에 대해 수군거릴 것이라고 했다. 무언가 백악관과 대통령에 문제가 있다는 얘기가 오갈 것을 트루먼은 우려했다. 트루먼은 정부가 심각한 곤경에 처할 것이라고 했다.3)

미국의 참전 이유를 귀담아 들어야 할 국민들이 넥타이 때문에 산만해지면 인터뷰 목적을 달성하지 못하는 것이다. 또 한편으론 넥타이를 바꿀 정도면 참전과 관련한 정책결정 과정에 분명 문제가 있을 것이란 오해를 낳을 수 있다. 얼마나 정책에 자신이 없으면 인터뷰 도중 넥타이를 교체하느냐고 할 지 모른다. 그러나 이는 트루먼의 발언을 순진하게 해석한 것이다. 트루먼은 그저 TV프로듀서의 '오버'에 '또 다른 오버'로 대응한 것이다.

* * *

"여기 있는 헬기 모두 내 것"_린든 B. 존슨

존슨이 대통령 전용 헬리콥터를 타기 위해 비행장에 도착했다. 헬기가 여러 대 있었다. 존슨이 무심코 한 헬기 쪽으로 향했다. 존슨을 수행하던 육군하사가 엉뚱한 방향으로 걸어가는 존슨을 잠시 쳐다보다가 바삐 따라갔다. 존슨이 타야 할 헬기 쪽으로 가지 않고 다른 쪽으로 가고 있었기 때문이다.

하사가 존슨을 제지하듯 "대통령께서는 이 헬기가 아니라 저쪽에 있는 헬기를 타셔야 합니다. 저 헬기가 대통령님의 헬기입니다."라고 했다. 존슨은 고개를 돌렸다. 당황한 하사를 보더니 싱글싱글 웃었다. 자신의 팔을 뻗어 하사의 어깨에 올려놓았다. 그리고 이렇게 말했다. "이보게, 여기 있는 헬기가 모두 내 것이네(Son, they're all my helicopters)."4)

분명 존슨은 실수를 한 것이다. 물론 그렇다고 비난받거나 수치스러운 실수나 과오를 저지른 것은 아니다. 머리를 긁적일 정도의 가벼운 착오였다. 실수를 지적하는 하사의 말에 "아 그런가, 내가 깜빡했군" 하면 그만이다. 그러나 존슨은 "모든 것이 내 것"이라는 우스개 소리로 이 짧은 순간에 하나의 일화를 일궈냈다. 잠시나마 하사와 수행원들의 표정이 밝아졌다.

* * *

"봉급은 더 많다" _리처드 M. 닉슨

리처드 닉슨은 스피로 애그뉴(S. Agnew) 부통령 때문에 골치가 아팠다. 뇌물과 탈세 혐의가 사실로 드러나자 애그뉴 부통령은 1973년 10월 더이상 공직에 남아 있을 수 없었다. 애그뉴가 사임하자 후임자 물색에 나선 닉슨은 공화당의 미시간 출신 연방 하원의원인 제럴드 포드를 선택했다.

닉슨은 추락한 정부의 이미지를 쇄신하기 위해 포드의 부통령 임명을 그럴듯하게 연출하고 싶었다. 1973년 10월 12일 백악관 이스트 룸에서 TV로 중계된 부통령 임명식에서 닉슨은 애그뉴의 후임에 포드가 적임임을 강조하고 정부의 면모를 일신하겠다고 다짐했다. 식이 끝난 뒤 샴페인 리셉션이 열렸다. 닉슨이 포드의 아내 베티(Betty)를 오른 팔로 감싸며 이제부터 부통령 부인이 되었으니 기쁘게 생활하길 바란다고 말했다.

그러자 베티는 닉슨을 바라보며 "축하인지 위로인지 모르겠군요."했다. 포드 부부는 애그뉴 부통령이 불명예 퇴진한 자리를 떠맡았으니 탐탁지 않았을 것이다. 적어도 포드의 아내 베티는 그랬다. 더럽혀진 이미지를 깨끗이 하려면 무진 애를 써야 하는 부담을 안고 있었으니 그럴 만도 했다. 잠시 어색한 분위기였다. 곧바로 나온 닉슨의 말은 분위기를 가볍게 바꿨다. "그래도 봉급은 더 많습니다(Oh, well, the pay is better)."[5]

베티는 닉슨이 포드에게 선사한 부통령 자리를 '뜨거운 감자'로 여겼다. 자칫 하다간 남편마저 더러운 오명에서 헤어나지 못할 것이란 우려가 역력했다. 사태를 간파한 닉슨은 "부통령이 얼마나 중요하고 멋진 자리인데 그런 걱정을 하느냐"고 밀어붙이지 않았다. "다른 사람은 하고 싶어서 안달인데 무슨 소리냐"고 퉁명스럽게 대하지도 않았다.

부통령 봉급이 연방 하원의원보다 많다는 점을 부각시켰다. 물론 닉슨이나 포드 부부는 봉급에 관심이 없었다. 포드 부통령 지명을 둘러싼 상황이 상황이니 만큼, 전혀 관심 없는 이슈를 거론해 '무거운 공기'를 환기시킨 것이다.

* * *

극장가는 날 _존 F. 케네디

1962년 10월 케네디 대통령이 쿠바 미사일 봉쇄 조치를 취한 뒤 며칠 간 미국은 소련과 일촉즉발의 위기를 겪었다.[6] 소련의 위험한 행동에 미국이 강경 대응을 고려하면서 빚어졌다. 세계는 핵전쟁이 일어나는 게 아닌가 하고 마음을 졸였다. 10월 22일 소련이 쿠바에 비밀리에 미사일 기지를 건설하고 있다는 정보가 케네디의 귀에 들어가면서 분쟁이 시작됐다. 본토 플로리다에서 90마일 지점에 있는 쿠바에서 소련이 꾸미고 있는 '불장난'에 백악관이 온통 어수선해졌다.

케네디는 미사일 기지를 공습하거나 아니면 쿠바에 진격하는 방안을 놓고 고심했다. 그러나 결국 다소 미온적인 쿠바 해상 봉쇄카드로 결정했다. 소련의 선박이 쿠바에 당도하지 못하도록 하는 동시에 소련에게 기존의 쿠바 미사일 기지를 폐쇄하고 무기를 옮겨가라는 통첩을 했다.

흐루시초프는 이에 대해 만일 미국이 공격해 오면 전술핵무기를 사용해도 좋다고 쿠바주둔 소련군 지휘부에 명령했다. 약 1주일간 초긴장 상태가 지속됐다. 다행히 흐루시초프가 사태 발생 1주일 만인 10월 28일 케네디의 최후통첩을 받아들여 소련 선박을 철수시키고 쿠바에 들여놓은 미사일을 제거하기로 했다.

당시의 긴박한 상황은 백악관에서 진행된 대화 내용, 특히 케네디의 발언에서 고스란히 전해진다. 1996년 10월 존 케네디 도서관이 1963년 10월 18일부터 29일까지의 생생한 회의상황을 녹음한 테이프를 일반에 공개했다. 이 테이프에는 케네디가 고뇌하는 모습, 참모들과 논의하는 것, 합참의장 등 수뇌부와 대화하는 내용 등이 수록돼 있다.[7]

1962년 10월 19일 케네디, "만일 미국이 쿠바의 미사일 기지를 공습하면 소련에 베를린을 접수하는 빌미를 제공하게 된다. 1956년 (영국과 프랑스가 이스라엘과 연합해) 수에즈운하 공격 시 소련이 헝가리를 침공한 것과 마찬가지로 그렇게 할 것이다. 유럽은 우리가 참을성 없이 무력행동을 해 베를린을 잃었다고 비난할 것이다." "쿠바를 공습하면 미사일을 무력화시킬 수는 있지만 이는 소련으로 하여금 베를린을 공략하게끔 유도할 것이고, 내게는 핵무기 사용 이외에는 대안이 없게 된다. 그러면 핵전쟁이다."

10월 23일 케네디, "우리가 하는 것은 끝을 모르는 게임에서 테이블에 카드를 제시하는 것이다." 예측불허의 소련과의 분쟁에 임하는 결연한 자세를 드러냈다. 소련선박 해상봉쇄 논의가 한창이었다. "소련선박에 올라 조사를 하는 과정에서 총격전이 벌어질 수도 있다." 회의 참석자들은 얼굴이 굳어졌다. 비장함마저 엿보였다. 이때 케네디가 말문을 열었다. "통제구역을 지나가는 소련 선박을 세우고 무력화시킨 뒤 미국 항구로 끌고와서 보니 유아식 밖에 없더라." 회의실은 언제 그랬냐는 듯 잠시나마 웃음소리로 진동했다. 로버트 맥나마라(R. McNamara) 국방장관이 케네디의 농담을 받아, 선박을 무조건 끌어오기 전에 샅샅이 뒤지겠다고 했다.

10월 24일 케네디, "우리가 10일 내 쿠바의 미사일 기지를 공습하면 쿠바에서도 미국 본토에 미사일을 쏠 것이다. 쿠바를 공격하기 전에 우리의 도시 주민들을 대피시킬 수 있을까?" 케네디의 동생인 로버트 케네디 법무장관, "소련의 위협에 대해 행동을 취하지 않으면 나중에 탄핵될 것입니다." 케네디, "나도 그렇게 생각한다." 절박한 상황이다.

10월 25일 케네디, "우리는 소련과 어떤 형태로든 일전을 치러야 할 것이다." 로버트 케네디, "쿠바의 미사일 기지를 선제공격해야 한다."

10월 26일 케네디는 쿠바 공격을 단행할 경우 카스트로 정권 이후 쿠바에 세울 민간정부 구상을 작성하라고 국무부에 지시했다. 이에 카스트로는 흐루시초프에게 전보를 띄워 미국이 쿠바를 침공하면 미국에 핵 공격을 가해줄 것을 부탁했다.

10월 27일 쿠바 상공을 정찰 중이던 U-2기가 격추돼 조종사가 사망했다. 케네디는 이에 대해 쿠바의 미사일 기지 공습을 참았다. 그러나 한 번 더 이런 일이 발생하면 용서하지 않을 것을 분명히 했다. 케네디, "우리는 내일 오후까지 유엔의 중재 노력을 지켜볼 것이다. 그리고 그 다음 날에는 쿠바의 미사일 기지에 대해서 무언가 해야 한다."

10월 28일 흐루시초프가 '라디오 모스크바'를 통해 미사일 철수를 약속했다. 소련은 터키에 있는 미국의 미사일을 철수하면 쿠바의 자국 미사일을 거둬가겠다고 했다가 이 조건을 철회한 것이다.

천만다행으로 냉전체제의 양 축인 두 나라는 무력 사용을 자제했다. 미국의 단호한 조치에 소련이 꼬리를 내렸다. 기 싸움에서 케네디가 이긴 것이다. 사태는 해피엔딩으로 마무리됐다. 양국이 파국의 길로 접어들기 일보직전에서 '마주보고 달리던 열차들'이 궤도를 수정했다. 사태가 해결된 뒤에도 경직된 분위기는 쉽사리 풀리지 않았다. 케네디는 "이번 주에는 봉급을 받을 만하군(I guess this is the week I earn my salary)" 하며 냉랭함으로 가득했던 백악관 회의실을 다소 훈훈하게 했다. 대통령 직을 화끈하게 수행했음을 은근히 드러낸 대목이다. 농담다운 농담이 대통령의 입에서 나온 것이다.

이어 케네디는 한 술 더 떴다. "오늘 밤 극장에 가야 되겠군(This is the night I should go to the theater)" 했다.8) 이 말의 뜻을 익히 알고 있는 각료들과 주요 참모들 가운데 일부는 처음 몇 초간은 어리둥절해 했고 다른 사람들은 바로 알아들었다. 곧이어 파안대소가 이어졌다. 케네디가 링컨의 이미지를 본 따 쿠바 미사일 위기 해소를 '역사적 순간'으로 격상시키는 고도의 머리 회전을 보였기 때문이다.

1861년 16대 대통령에 취임한 링컨은 그 해 4월 남북전쟁을 선포했다. 그리고 1864년 재선에 성공했으며 1865년 남군이 항복함으로써 노예해방을 이루었다. 1965년 4월 12일 남군이 백기를 들자 링컨은 마지막 연설에서 국민의 화합과 관용을 강조했다. 패자를 관대하게 대할 것을 호소했다. 그리고 이틀 뒤 14일 밤 링컨은 워싱턴DC에 있는 포드 극장에서 연극 '우리의 미국인 사촌(Our American Cousin)'을 관람했다. 이 자리에서 불행하게도 링컨이 피격돼 사망하지만, 나라의 명운을 가를 남북전쟁을 승리로 이끈 뒤 처음으로 마음 푹 놓고 쉬려던 것이었다.

케네디가 극장에 가야만 하겠다고 한 말도 큰일을 원만하게 매듭짓고 긴장을 풀려던 링컨의 행보에 연결시킨 것이다. 쿠바 미사일 위기 극복을 남북전쟁 종식에 견줄 수 있는지에 대해서는 이견이 있을 수 있지만, 쿠바 미사일 위기를 남북전쟁과 동일선상에 올려놓고 링컨의 당시 심경에 자신의 그것을 이입시켰다. 숨이 막힐 것 같았던 백악관 비상 회의실에 숨통이 트였다.

* * *

정강이 살 유감 __토머스 제퍼슨

제퍼슨이 버지니아의 레이븐스워스에 사는 친구 윌리엄 피츠휴의 집을 방문했다. 이때 피츠휴의 하인 한 명이 황급히 달려왔다. 다른 하인이 일을 하다 도끼에 찍혀 부상을 입었다고 알렸다. 피츠휴는 이 하인에게 즉각 의사를 데려오라고 지시했다. 제퍼슨은 돌아가는 상황이 무척 심각하다는 것을 감지했다. 의사가 도착하기 전에 하인이 출혈과다로 숨질지 모른다고 생각했다.

제퍼슨은 친구, 하인과 함께 부상당한 하인에게로 달려갔다. 제퍼슨은 과거 수술을 한 경험이 있다고 주위를 설득하면서 걸음을 재촉했다. 사고 현장에 당도하자 하인은 피를 흘리고 고통스러워했다. 정강이가 날카로운 도끼에 잘렸다. 살이 떨어져 나가기 일보직전이었다. 제퍼슨은 바늘과 명주실을 부탁했다. 신속하게 상처부위를 꿰맸다. 그런 다음 조심스레 상처 부위를 붕대로 감았다. 일단 응급조치는 끝났다.

제퍼슨은 부상당한 하인의 숙소에서 나와 친구와 본체로 걸어갔다. 하인의 생명에 지장은 없었지만 친구는 다친 하인을 걱정하고 안쓰러워했다. 제퍼슨은 신의 섭리는 현명하고 인간에게 유익하다고 믿고 감사하며 살아간다고 했다. 그런데 제퍼슨은 항상 한 가지 풀리지 않은 의문이 있다고 친구에게 말했다. 창조주가 인간을 만들 때 팔 다리 뼈의 뒤쪽에 살을 많이 붙게 한 점이었다. 실제 위험한 일들은 앞쪽에서 나타나는 경우가 대부분이므로 뼈를 보호하려면 앞쪽에 살을 많이 붙였어야 하지 않았느냐는 얘기다.

스튜어트 박사가 마침내 도착했다. 의사는 피츠휴에게 이번엔 제퍼슨이 또 무슨 이상한 소리를 했느냐고 물었다. 의사는 제퍼슨을 궤변이나 늘어놓고 남과 말다툼하길 좋아하는 사람으로 여겼다. 그러자 피츠휴는 피 흘리는 노예의 생명을 구해준 훌륭한 사람이라고 했다. 그리고 제퍼슨이 정강이 살의 위치와 신의 '비합리적'인 디자인에 의문을 제기했다고 덧붙였다. 의사는 알았다는 듯이 말을 받았다. "제퍼슨이 지상의 모든 것을 뒤집어 놓더니만 이젠 신과도 말다툼을 하는군(Jefferson, after turning upside down every thing on the earth, is now quarrelling with God Almighty himself!)."9)

창조주가 다리 뒤 정강이에 살을 붙여 하인이 도끼에 살이 깊게 파인 불상사가 발생했다고 안타까워했다. 마치 "정강이에 살이 없었더라면 도끼날이 비켜갔을 텐데…." 하는 창조주에 대한 불만 같다. 그러나 이는 진담이 아니다. 우울한 친구의 마음을 다독이려고 이해할 수 없는 '창조주의 마스터플랜'을 거론한 것이다.

* * *

누워서 말하는 게 더 쉬운 사람 _제임스 매디슨

1831년 매디슨은 80세였다. 임종 5년 전이다. 몸이 많이 쇠약해졌다. 이때 미국 건국의 아버지들 가운데 매디슨이 유일한 생존자였다.

벤자민 프랭클린(1790년 사망), 존 행콕(1793), 로저 셔먼(1793), 제임스 윌슨(1798), 조지 워싱턴(1799), 패트릭 헨리(1799), 알렉산더 해밀턴(1802),

새뮤얼 애덤스(1803), 토머스 페인(1809), 존 애덤스(1826), 토머스 제퍼슨 (1826), 존 재이(1829) 등 건국을 다진 사람들이 모두 세상을 떠났다.

당시 매디슨은 연방헌법에 서명한 마지막 인사였을 뿐 아니라 대륙의회와 버지니아 헌법협의회에 참가한 유일한 생존자였다.

매디슨은 만감이 교차하는 순간순간을 살고 있었다. 주마등처럼 지나가는 파란만장했던 '과거'를 잊을 수 없었다. 종종 매디슨은 "너무 오래 살았다"며 오로지 나라를 위해 생사고락을 같이 하고는 먼저 고인이 된 '동료'들을 떠올렸다. 매디슨은 "나에게 주어진 나날보다 더 오래 살고 있다"는 쓸쓸한 말도 서슴지 않았다.

기력이 매우 약해진 매디슨이 병석에 누웠다. 평소 가깝게 지내던 한 친구가 침대 옆에서 매디슨을 보살피고 있었다. 매디슨은 무언가 계속 말을 하려고 했다. 그러자 친구가 침대에 누어 있을 때는 말을 하지 않고 조용히 있는 것이 몸에 좋다고 당부했다. 그러자 매디슨은 씩 미소 지으며 "나는 항상 누워 있을 때 가장 편안하게 말한다(Oh! I always talk most easily when I lie)"고 했다.[10]

'약골 대통령'으로 알려진 매디슨은 의기충천해야 할 대통령 취임식에서도 피로한 기색이 역력해 주위에서 안쓰러워할 정도였다. 그런데 이젠 쥐어짤 기백도 없는, 병상에 드러누운 노인에 불과했다. 침대 옆에 있던 친구가 걱정하는 것은 당연했다. 전직 대통령 친구를 돌보는 진짜 우정의 조언이었다. 매디슨은 염려하는 친구를 보며, 평소에도 몸이 허약해 서서 말하는 것보다 앉거나 누워서 말하는 데 익숙하다는 자신의 '장기(長技)'를 상기시켰다.

* * *

웃음소리 나는 곳 _프랭클린 D. 루스벨트

루스벨트는 미국에 대공황이 휘몰아치던 암울한 시절에 대통령을 시작했다. 그리고 그의 임기는 미국이 외국에서 치른 가장 값비싼 전쟁 중에 막을 내렸다.

루스벨트로서는 그다지 웃을 만한 일이 없었다고 해도 과언이 아니다. 국민들도 우울한 시절을 보냈다. 역설적으로 이러한 답답한 시절이 웃음을 필요로 했고 즐거운 정치를 갈망하게 했다. 여기에 루스벨트는 백악관은 물론 국민 가가호호에 웃음을 선사하는 대통령이 됐다. 적어도 웃음에 의한 '대 국민 서비스'란 측면에서 보면 소임을 다 했다고 할 수 있다.[11]

백악관에서 우편물 관리책임자로 일해 온 아이어러 스미스(I. Smith)는 루스벨트 이전부터 여러 대통령들을 모셨다. 그는 여러 대통령들 가운데 루스벨트에게서 가장 강렬한 인상을 받았다고 했다. "루스벨트 대통령은 나를 볼 때마다 미소를 지었다. 마치 동전을 넣고 버튼을 누르면 미소 짓는 로봇처럼 말이다. 그리고 그의 미소는 등대에서 바다를 비추는 아주 밝은 빛과 같았다. 바다에 배가 나타나기만 하면 비추는 빛, 그 배가 어떤 것이든 상관없이 비추어주는 빛과 같았다."

루스벨트의 미소와 웃음은 그의 트레이드마크(trademark)가 돼버릴 정도였다. 1933년 어느 날 손님이 백악관에서 루스벨트를 찾고 있었다. 영부인 일레나(Eleanor)에게 "대통령이 어디 있습니까?" 하고 물었다. 일레나는 "웃음소리가 나는 곳에 계실 겁니다(Wherever you hear the laugh)"라고 일러주었다. 방문객은 일레나의 말대로 웃음소리가 나는 곳을 두리번거렸고 영락없이 그곳에서 루스벨트를 찾았다.[12]

* * *

노벨상 수상자들 _존 F. 케네디

노벨상 수상자는 해당분야의 정상에 오른 사람이다. 반드시 수치로 환산해 등급을 매기는 것은 무리지만 해당분야에서 1등이라고 하지 않더라도 정상의 그룹에 속한 인물임에는 틀림없다. 각 분야에서 정상급 명사들이 모이면 '배가 산으로 가는' 경우가 종종 있다. 저마다 너무 잘나서 남의 말을 듣고 따르기보다는 자신의 주장대로 밀고 나가려는 성향이 있다. 화합보다는 모래알이기 십상이다.

게다가 서로 다른 분야의 정상들이 만나면 서로 대화가 잘 되기 힘들다. 산 정상에 올라 다른 산 정상에 오른 사람을 식별해 교감을 나누기 어려운 것과 마찬가지다. 노벨상 수상자들의 모임은 모두 노벨상을 받았다는 점 외에는 너무 개성이 강하고 분야가 다르다. 물과 기름처럼 겉돌 수 있다. 분위기를 띄우려면 뭔가 '특단의 조치'가 요구된다.

케네디가 노벨상 수상자들을 백악관 만찬에 초대했다. 여기에는 미국인 수상자뿐 아니라 유럽 각국의 수상자들도 초대됐다. 케네디가 축하인사를 했다. "오늘 만찬은 재능이 탁월하고 박학다식한 분들이 참석한, 그동안 백악관이 마련한 자리 가운데 가장 특별한 모임입니다. 단, 토머스 제퍼슨이 이 자리에서 혼자 저녁을 먹을 때를 제외하면 말입니다(This is the most extraordinary collection of talent, of human knowledge, that has ever been gathered together at the White House-with the possible exception of when Thomas Jefferson dined alone)."[13]

경직된 만찬장 여기저기서 웃음소리가 터져 나왔다. 손님을 초대한 케네디의 연설이 노벨상 수상자들의 굳은 얼굴에 미소를 감돌게 했다. 독립선언서 주 기안자이며 종교자유법안을 작성한 3대 대통령 토머스 제퍼슨(1801~1809)은 미국인들에겐 '지적인 지도자'로 인식되고 있다. 미국 초기에 나라의 기반을 닦은 '건국의 아버지들(founding fathers)'에 속한다.

그렇다고 해도 세계의 노벨상 수상자들의 모임의 지적 농도를 제퍼슨이 혼자 밥을 먹는 순간의 지적 수준에 견주는 것은, 이들 노벨상 수상자들을 집단적으로 무시하는 처사로 들린다. 하지만 케네디가 이러한 비유를 든 것은 결코 제퍼슨을 추켜세우거나, 노벨상 수상자들을 깎아 내리려는 의도가 아니다. 사상가이며 정치인인 제퍼슨의 탁월함에 이의를 재기하기 어려운 것처럼 노벨상 수상자들의 빼어남에 시비를 걸 수는 없다. 서로를 존중하고 인정함으로써 동반상승의 효과를 내는 동시에 만찬 자리를 화기애애하게 만들었다.

* * *

주치의의 명령 __드와이트 D. 아이젠하워

아이젠하워가 1956년 조지아 주의 한 골프장에서 라운딩에 들어가기 전에 동행한 사람들에게 '오늘' 있게 될 일에 대해서 미리 귀띔해 주었다. 골프를 치면서 자신의 웃음소리를 많이 듣게 될 것이라고 했다. 이 말을 들은 사람들은 어리둥절해 했다. 아이젠하워가 무슨 말을 하는지 이해하지 못하는 눈치였다. 저마다 얼굴을 번갈아 쳐다볼 뿐이었다.

아이젠하워는 주치의의 '명령'을 언급했다. 골프를 치다가 공이 잘 맞지 않을 때 나쁜 욕을 하는 대신 웃지 않으면 다시는 골프를 치지 못하도록 '처방'을 내리겠다고 으름장을 놓았던 것이다. 골프가 뜻대로 되지 않더라도 웃으라는 의사의 조언을 따라야 한다는 것이다. 그리고 아이젠하워는 이렇게 말했다. "오늘 샷을 미스할 때마다 웃을 것일세. '허허허' 하고 말일세(Every time I miss a shot today, I'm going to go Ho-Ho-Ho).[14]

여기서 '허허허'는 진짜 즐겁고 재미있어 마음속에서 터져 나오는 웃음이 아니라 마지못해 내뱉는 웃음이다. 골프공이 제대로 맞아주지 않으면 화가 나는 게 인지상정이다. 이를 웃음으로 반전시키라니 내키지 않았다. 하지만 의사의 주문이니 거역할 수도 없는 노릇이다. 의사가 무서워서라기보다 대통령의 건강을 생각해서 한 조언이니 따질 수도 없다.

어쩔 수 없이 받아들이긴 하지만 '쓴 약'을 먹은 듯 입 안이 썼다. 그래서 '허허허'와 같은 냉소적인 웃음으로 받아넘겼다. 골프를 치다가 화를 내야 할 순간에 너털웃음을 웃는 '비정상적인 반응'을 보여 주의를 어리둥절케 하기 전에, 사전 정보를 재치있게 제공한 셈이다.

* * *

개와 키스 __조지 부시, 시니어

부시가 1989년 4월 뉴저지의 한 고등학교에서 교육개혁 프로젝트의 성과에 대해 연설을 했다. 부시는 아내 바바라를 가정교육의 모범으로 여겨서 이를 공개적으로도 말하곤 했다. 이날 연설에서도 바바라를 등장시켰다. 연설 전날 바바라가 건강검진을 받았는데 양호판정을 받아 기쁘다고 했다.

그러나 부시가 한 가지 덧붙이고 싶다며 말을 계속했다. "우리 주치의를 다시 한번 생각하게 됐다. 그는 바바라에게 '개와 키스해도 좋다'고 말했다. 나는 이게 무슨 뜻인지 모르겠다. 남편인 나와 키스하는 것은 몰라도 개와 입을 맞추는 것은 안 되는데 말이다(It's okay to kiss your husband, but don't kiss the dog)."

주치의가 말한 '개'가 남편인 부시를 지칭하는 것인지, 아니면 진짜 개를 말하는 것인지 갸우뚱할 만한 대목이지만, 개를 사랑하는 미국인들의 정서를 감안하면 의사가 말한 '개'는 부시를 뜻하는 것으로 보는 게 타당하다. 영부인에게 대통령과의 키스 운운하는 게 겸연쩍어 '개'에 견준 것이다. 그리고 부시가 주치의를 오해할 리가 없다. 자신이 '개'에 비유된 것을 알았지만 모른 척, "의사를 다시 보아야겠다"고 대꾸했다.15)

"감히 대통령을 개에 빗대다니" 하고 눈에 힘을 줄 만하지만 부시는 그렇게 하지 않았다. 의사의 농을 갖고 파르르 하지 않았다. 의사의 말에 악의가 없다는 것을 알았다. 다만 즐거운 장면에 찬 물을 끼얹지 않기 위해, 마치 의사의 말을 곡해한 것처럼 농담을 농담으로 되받았다.

* * *

전염성 __에이브러햄 링컨

링컨이 일리노이 주 스프링필드에서 변호사로 활동할 때였다. 변호사 생활 말기였다. 한 학생이 변호사 사무실에서 인턴을 하고 있었다. 이 학생이 하루는 링컨이 사무실에 온 사람들에게 재미있는 얘기를 해주고 있는 것을 목격했다. 사무실을 찾은 방문객은 껄껄 웃었다. 링컨의 화술에 배꼽을 잡았다. 링컨 자신도 크게 웃었다.

유머 가득한 스토리를 둘러싸고 폭소를 터뜨리는 것은 하등 이상하지 않다. 그런데 문제가 있었다. 링컨은 변호사 사무실에서 법률 서적과 문서를 볼 때 늘 앞에 의자를 놓고는 긴 두 다리를 쭉 뻗어 의자 위에 올려놓았다. 링컨이 가장 좋아하는 자세였다. 그러나 아무리 업무가 바쁘고, 일에 열중했다가도 누군가 자기를 찾아오면 금방 태도를 바꿔 유머를 늘어놓았다.

링컨은 이날 몇 시간 동안 사무실을 찾아 온 사람들에게 똑같은 얘기를 들려주었다. 세 번 반복했다. 상대방은 처음 듣는 얘기라 해도 말하는 링컨 자신은 여러 번 반복해서 하기가 지겨웠을 텐데 그런 기색이 없었다. 더욱이 이 얘기를 들은 사람들은 예외 없이 즐거워했더라도 링컨이 이들과 어울려 웃는다는 것은 실상 평범한 행동이 아니다. 그런데 링컨은 말할 때마다 방문자들과 함께 크게 웃었다. 마치 천진난만한 어린아이처럼. 옆에 있던 인턴 학생도 웃지 않을 수 없었다. 재탕, 3탕 때문이 아니라 링컨의 '해괴한' 행동 때문이었다.[16]

링컨의 웃음은 꾸민 것이 아니었다. 선거에 임박해서 유권자들과 만나 형식적인 악수를 나누고 틀에 박힌 대화를 반복하며 미소 짓는 후보들과는 달랐다. 침울해 보이는 링컨의 눈이 즐겁게 반짝였다. 그리고 웃음보가 터진 듯 파안대소했다. 가슴속에서 우러나온 즐거움의 분출이었다. 동일한 유머를 되풀이해도 그 진솔함에 듣는 이들도 빠져들고 하나가 됐다. 링컨의 유머에는 거부하기 힘든 그 무엇이 내재돼 있었다. 바로 전염성이다.

링컨의 유머는 독창적인 것과 다른 사람에게서 들어 전한 것이 있다. 약 15%만이 링컨에게 '지적 소유권'이 있다느니, 절반이 그렇다느니 하고 갑론을박이다. 경우에 따라서는 링컨이 결코 입에 담지 않은 말도 '링컨 발(發)'로 둔갑해버린다. 이는 정적들이 링컨을 음해하기 위해 종종 사용했다. 링컨에 불리한 영향을 미칠 발언을 '링컨의 것'으로 만들어 공격하기도 했다. 또 링컨 지지자들은 링컨에게 유리한 영향을 줄 발언들을 검증 없이 링컨이 한 것으로 기정사실화했다. 아무튼 40% 정도가 링컨의 고유한 유머라는 게 설득력 있는 주장으로 평가되고 있다.[17]

중요한 것은 링컨의 유머 가운데 어느 정도가 그의 창의적인 작품이냐가 아니라, 유머를 대하는 링컨의 자세다. 링컨에게는 유머가 자신의 것이든 아니든 그것은 그다지 중요하지 않았다. 말해서 신나고 들어서 즐거운 스토리라면 그 출처가 어디든 상관없었다. 스트레스를 날려 보내고 삶에 활력을 줄 얘기를 혼자만 움켜쥐려 하지 않았다. 링컨은 그저 그것을 가능한 많은 사람들에게 전하고 싶어 했다. 웃음과 기쁨을 나누려 했다.

링컨이 얼마나 농담을 좋아하는 지는 그에 대한 퀘이커 여성신도 2명의 대화내용에 담겨 있다. 이들은 링컨과 남부연합(Confederate States of America)을 통솔한 제퍼슨 데이비스(J. Davis)를 비교했다. 한 여성이 데이비스의 승리를 점쳤다. 그 이유는 데이비스가 기도를 열심히 하는 사람이기 때문이라는 것이었다. 그러자 다른 여성이 링컨도 기도한다며 이의를 제기했다. 그러자 앞의 여성은 링컨이 기도한다는 점에 동의했다. 하지만 이 여성은 "주님께서 링컨이 농담하는 것으로 여기실 것(Yes, but the Lord will think Abraham is joking)"이라고 했다. 링컨이 하도 농담을 즐겨 기도내용이 진실하지 않고 그저 장난삼아 하는 것으로 간주된다는 것이다.[18]

* * *

도서관 기증이냐 군대파견이냐 _존 F. 케네디

케네디 대통령은 피살되기 약 5주 전 메인 대학을 방문했다. 학생들에게 일장 연설을 했다. 명예박사학위를 받기로 돼 있었다. 케네디는 학교와 학생들에게 진심으로 감사의 뜻을 전하고 싶어했다.

"영국 왕 조지 1세는 1717년 케임브리지 대학에 아주 귀중한 도서관을 기증했다. 그리고 거의 동시에 옥스퍼드 대학에는 병력을 보냈다. 그 이유에 대해 왕은 이렇게 말했다. 두 대학의 여건을 고려해 나름대로 현명한 결정을 내렸다고 한다. 케임브리지 대학은 왕에게 충성심이 강하지만 학문적으로 좀 더 매진해야겠기에 도서관을 기증했고, 옥스퍼드 대학은 학문적으로는 우수하지만 왕에 대한 충성심이 부족해 군대를 보냈다고 했다(… one was a learned body in need of loyalty and the other was a loyal body in need of learning …)."

두 대학 모두 명문이지만 왕의 이러한 이분법적 구분은 차별이라는 측면보다는 흥미로운 표현이라고 하는 게 타당하다. 케네디는 이어 자신에게 학위를 수여하는 메인 대학에 심심한 사의를 표했다. "나는 오늘 무척 영광스럽습니다. 나라와 대통령에 대한 충성심이 강하고 학문적으로도 탁월한 이 대학에서 학위를 받게 됐으니 말입니다."[19]

연설을 듣고 있던 학생과 교직원들이 우레와 같은 박수를 케네디에게 보냈다. 나라와 대통령에 대한 충성심이 케임브리지보다 낮다고 할 수 없고, 학문적으로 옥스퍼드에 견줄 수 있다고 할 수 없는 상황이었지만 대통령이 치켜세우니 기분이 나쁠 리 없었다.

* * *

망가지기

수박씨 싸움 __해리 S. 트루먼

프랭클린 루스벨트 후임인 트루먼은 루스벨트와 달리 캐주얼했다. 1945년 트루먼이 백악관에 들어오고 얼마 되지 않아 백악관 직원들이 이를 알아차렸다. 하루는 트루먼 부부가 저녁을 먹고 있었다. 갑자기 트루먼이 영부인에게 수박씨를 날렸다. 수박을 먹고 남은 씨를 입에서 총알처럼 쏜 것이다.

영부인은 모욕을 참을 수 없었다. 질세라 영부인도 트루먼에게 수박씨를 날렸다. 트루먼은 영부인의 반격에 더욱 거센 공격으로 맞섰다. 식탁 주위 사방으로 수박씨가 날아다녔다. 옆에서 시중을 들던 집사는 수박씨를 치우려 했다가 그만 피해자가 되고 말았다. 트루먼의 공격대상은 영부인에 국한되지 않았다. 집사도 포함됐다. 주위에 있던 백악관 직원들은 이 '처절한 전투'를 흥미롭게 지켜보고만 있었다.[20]

주위에 '부하직원들'이 있었지만 허물없이 장난을 쳤다. 다소 경박스럽게 보이지만 트루먼은 이 정도로 소탈한 캐릭터였다. 권력을 쥐었을 때 어깨에 힘이 잔뜩 들어간 모양새보다는 거부감이 덜하다.

* * *

골탕 먹이기 _캘빈 쿨리지

미 재무부 산하 비밀검찰국(Secret Service)은 1865년 창설돼 대통령 경호 등을 전담한다. 외국의 국가원수가 미국을 방문할 때도 이 요원들이 경호를 맡는다. 이 요원 1명이 쿨리지의 최측근 경호원이 됐다. 경호원은 대통령을 항상 따라다니므로 대통령의 시시콜콜한 행동도 직접 관찰할 '특권'을 누린다.

하지만 대통령에 따라 곤혹스러운 상황에 빠지기도 한다. '무뚝뚝한 사나이' 쿨리지도 사실 장난기가 발동하면 누구 못지않았다. 같은 급이라면 꿀밤이라도 쥐어박고 싶어도 대통령이라 어쩌지 못하는 경우도 심심치 않았다.

쿨리지는 아침에 일어나면 링컨룸으로 연결되는 복도를 잠옷과 슬리퍼 차림으로 걷곤 했다. 그리고 창문을 통해 잔디밭에 경호원이 보초를 잘 서고 있는지 쳐다보았다. 만일 경호원이 없으면 전화를 걸어 경호원을 불렀다. 그저 일상적인 일이었다. 그런데 쿨리지는 '기분이 동한다' 싶으면 호출기의 버튼을 눌렀다.

때로는 집무실에서 비상벨을 울렸다. 경호원들은 혹시 대통령에게 무슨 변고가 있지나 않나 해서 쏜살 같이 집무실로 들이닥쳤다. 그러나 집무실은 평온했고 쿨리지의 표정도 평온했다. 아니 오히려 "놀랬지?"하는 표정이었다.

한번은 엘리베이터 작동 담당자에게 연락을 했다. 만반의 준비를 하라는 것이었다. 엘리베이터 담당자는 그렇게 했다. 그러나 쿨리지는 나타나지 않았다. 계단을 이용했던 것이다. 쿨리지가 엘리베이터 담당자의 뒤통수를 친 격이다.

백악관 동쪽 입구에 경비초소가 있다. 쿨리지는 이 초소에 혼자 몰래 들어가 몸을 숨겼다. 그리고 경호원에게 비상 신호를 보냈다. 대통령을 놓친 경호원은 안절부절하지 못했다. 사람 많은 놀이공원에 가서 어린 자녀를 잃어버린 부모의 심정 바로 그것이었다. 대통령을 찾아 부산하게 움직이며 진땀을 빼고 있는 경호원 앞으로 쿨리지가 쓱 모습을 드러냈다. 경호원은 장난친 대통령이 미웠지만 참을 수밖에 없었다.

며칠 후 쿨리지가 경호원이 필요해 호출했다. 그런데 경호원이 나타나지 않았다. 어딘가 빨리 가야 하는데 경호원 때문에 지체되고 있었다. 이번에는 쿨리지가 안달이 났다. 잠시 후 경비초소에서 경호원이 나왔다. 얼굴에는 여유 있는 미소가 배 있었다. 평소에 장난 핀 쿨리지에게 한방 먹인 셈이었다. 쿨리지도 아무 말 못했다. 두 사람은 웃고 말았다.

하루는 쿨리지가 백악관 집무실로 막 들어간다는 신호를 전달했다. 약한 수준의 비상이 걸렸다. 수행원, 경찰, 경호원은 물론 엘리베이터 작동을 맡은 사람과 요소요소에 안내인들이 채비를 완료했다. 쿨리지는 버튼을 누른 뒤 잠시 후 회심의 미소를 지었다. 자신이 버튼을 누르면 어떠한 상황이 벌어지는지 잘 알고 있었던 것이다. 그리고는 집무실로 가지 않고 옆길로 샜다. 웨스트 이그제큐티브 애비뉴(West Executive Avenue) 쪽으로 방향을 틀었다. 대통령을 기다리던 사람들은 나중에 자초지종을 알았지만 당시는 쿨리지에게 완전히 속아 넘어간 것이다.21)

쿨리지의 장난기는 게임에서 두더지가 튀어나오듯 솟아올랐다. '피해자'는 쿨리지의 '음모'를 전혀 의식하지 못한 채 당하고 만다. 백악관에서 저녁만찬이 예정돼 있었다. 초대받은 손님 가운데 판사인 찰스 휴즈(C. Hughes)가 포함돼 있었다. 휴즈는 자존심이 강한 사람이었다. 그의 턱수염은 유명했다.

쿨리지가 아침부터 부산을 떨었다. 백악관 이발사 존 메이즈(J. Mays)를 불렀다. 쿨리지는 표정 하나 변하지 않은 채 엄숙하게 집사에게 지시했다. 휴즈의 집에 가서 면도하고 머리 깎을 준비가 돼 있는지 물어보라고 했다.

이발사 메이즈는 바짝 긴장했다. 휴즈가 고분고분한 성격이 아닌데다 덥수룩한 턱수염을 끔찍이도 아끼고 다듬는다는 것을 알고 있었다. 칼을 들이댄다는 것은 상상조차 할 수 없었다. 메이즈는 고민에 빠졌다. 대통령은 휴즈의 턱수염을 싫어한 듯하고 그렇다고 휴즈가 턱수염을 면도할 리도 만무하다는 생각이 들었다. 진퇴양난의 처지였다.

그래서 쿨리지의 막역한 친구이자 핵심 자문역인 프랭크 스턴스(F. Stearns)에게 달려가 좋은 수가 없는지 상의했다. 스턴스는 이발사에게 대통령의 명령은 누구도 거역할 수 없는 행정 명령이라고 잘라 말했다.

이발사는 하는 수 없이 휴즈의 집으로 발걸음을 했다. 집에 당도해 문을 두드렸다. 집주인 휴즈가 나오면 어쩌나 하면서 노크했다. 그러다 보니 아주 살살 문을 두드리게 됐다. 그래서인지 주인이 문을 열지 않았다. 이발사는 휴즈의 집에 가서 문을 두드리라는 대통령의 명령은 따랐다. 문을 세게 노크하라는 내용은 없었으니 명령을 어긴 것은 아니었다. 그리고 휴즈가 소리가 작아서 듣지 못했는지 아니면 잡상인인 줄 알고 무시했는지는 알 수 없지만 이발사는 "휴" 하고 안도의 숨을 쉬었다.22)

왕조시대도 아닌 미국 사회에서 아무리 대통령이라고 해서 남의 수염까지 통제할 수는 없는 일이다. 더욱이 누구에게도 지려 하지 않는 판사 휴즈의 수염에 손을 댄다는 것은 필사의 결투를 부를 위험천만한 도전이다. 순진한 이발사가 대통령의 농담을 진담으로 여긴 데서 해프닝은 비롯됐다. 얼굴 주름 하나 움직이지 않고 하는 명령에 속은 이발사가 잠시나마 바짝 긴장한 것이다. 쿨리지가 이발사에게 악의적인 의도가 있어서는 물론 아니다. 직위상 하늘-땅 차이의 대통령과 이발사라도 동네 친구처럼 골탕 먹이는 장난을 할 수 있음을 보여주었다.

대통령이라고 항상 엄숙할 필요는 없다. 대통령도 과거엔 평범한 시민이었고 퇴임 후엔 또다시 평범한 시민의 자리로 돌아간다. 또 하는 일이 거창하고 권력이 막강한 재임 중이라도 얼마든지 주의의 사람들과 편안하게 친해질 수 있다.

쿨리지의 장난기는 "대통령은 가까이 하기 어렵다"는 인식의 벽을 허물었다. 대통령이란 '갑옷'을 항상 입고 있을 이유는 없다. 가끔 갑옷을 벗었다고 해서 대통령으로서의 위상에 흠집이 가는 것도 아니다.

* * *

연방보안관이 스탈린과 동격? __해리 S. 트루먼

1945년 7월 포츠담 회의에 참석하기 위해 트루먼 일행이 장도에 올랐다. 미국 대표단 일행에는 트루먼의 고향 친구인 프레드 캔필(F. Canfil)이 들어 있었다. 회담 하루 뒤 트루먼이 소련의 지도자 스탈린을 찾아갔다. 캔필이 동행했다. 트루먼은 "스탈린 원수, 캔필 원수를 소개하겠소(Marshal Stalin, I want you meet Marshal Canfil)"라고 했다.

트루먼은 자신이 캔필을 최근에 미주리 주의 연방법원 집행관(연방 보안관)으로 임명했다는 사실을 말하지 않았다. 트루먼이 스탈린에게 캔필을 소개하자 소련 대표단은 전원 캔필을 극진히 예우했다. 트루먼이 진실을 밝힌 것은 '최상의 대우'를 받은 뒤였다.

연방법원 집행관은 어찌 보면 법원 경호원이랄 수 있다. 그런데 직함이 '연방 마샬(Federal Marshal)'이다 보니 소련의 실질적 지도자인 스탈린의 직함 '원수(Marshal)'와 동일했다. 미국과 소련 양국의 직함 차이를 이용해 해프닝을 연출했다. 소련 대표단이 진상을 알고 난 뒤에 허탈해했지만 트루먼이 악의를 갖고 한 일이 아니라 아무 문제없이 넘어갔다.

* * *

구유가 출생지 _린든 B. 존슨

존슨은 자신이 링컨과 비슷한 어려운 환경에서 자랐다고 주장하길 좋아했다. 한번은 존슨이 친구들을 데리고 자신의 텍사스 목장 주변을 안내했다. 그리고 하도 낡아 금방 무너져 내릴 듯한 오두막집을 가리키며 자신이 태어난 곳이라고 했다.

나중에 친구들이 가자 존슨의 어머니가 물었다. "네가 태어난 곳은 이 오두막이 아니라 타운 근처에 있는 그럴 듯한 집이었단다. 지금은 허물어 없어졌지만." 존슨은 다 안다는 듯한 표정을 짓고는, "하지만 누구나 출생지는 있어야 하잖아요." 하고 어물쩍 넘어갔다.

한번은 과거 서독총리 루트비히 에르하르트(L. Erhard)가 존슨의 목장을 방문한 적이 있었다. 존슨이 얼마나 '뻥'을 치고 다녔는지 에르하르트가 "존슨 대통령, 저는 대통령께서 오두막집에서 태어났다고 들었습니다만" 할 정도였다. 그러자 존슨은 한 술 더 떴다. "아닙니다, 총리. 저는 구유에서 태어났습니다(No, Mr. Chancellor, I was born in a manger)."23)

쓰러져 가는 오두막도 성에 안 찼는지 예수가 태어난 말구유를 갖다 댔다. 출생지를 가능한 허름하고 보잘것없는 곳으로 묘사해 민심을 헤아릴 줄 아는 지도자란 점과 자수성가했다는 점을 극명하게 부각시키려는 정치성이 엿보이지만, 그래도 '높은 곳'보다는 '낮은 곳'을 선택한 재치는 서민들에겐 그다지 거부감을 주지는 않는다.

* * *

넘어지는 연기 _제럴드 R. 포드

포드는 만능 스포츠맨이었다. 대학의 풋볼선수였고 스키, 수영, 골프,

테니스 등 못하는 운동이 없었다. 또 그저 하는 게 아니라 모두 수준급이었다. 아마 미국 대통령으로서는 시어도어 루스벨트 이후 으뜸이라고 해도 손색이 없다. 하지만 대통령이 된 후 포드가 넘어지는 경우가 종종 있었다.

1975년 5월 오스트리아 잘츠부르크 공항에 도착했다. 트랩을 내리다가 포드의 아내 베티가 비틀거렸다. 왼손에 우산을 들고 있던 포드는 오른팔로 아내의 허리를 감아 중심을 잡아주었다. 그리고 다시 트랩을 내려갔다. 거의 막바지에 도달했다. 그런데 여기에서 그만 돌출부분에 발이 걸려 고꾸라질 뻔했다. 간신히 운동신경으로 넘어지지는 않았다. 이날 오후 영빈관까지 가다가 눈길에 두 번이나 미끄러졌다.

기자들은 포드가 미끄러지고 넘어지고 머리를 땅에 찧을 때마다 기사를 썼다. 포드가 넘어지지 않으면 이상하다는 듯 그 자체도 기사화했다. 포드의 공보비서는 기자들에게 불만을 표시했다. 포드가 건강하고 다이내믹한 대통령인데 그깟 실수를 뉴스거리로 다루는 언론을 못마땅해했다. 하지만 소용없었다. '토크쇼의 제왕' 조니 카슨이 포드를 익살스럽게 묘사했고, 코미디언 체비 체이스도 그랬다.24)

포드는 자신이 우스꽝스럽게 다루어지는 데 대해 심기가 편하지 않았다. 그래도 이를 유머로 극복했다. 1976년 3월 방송기자연례모임이 워싱턴에서 열렸다. 포드가 이 자리에 참석했다. 체이스도 나왔다. 풍악이 울렸다. 체이스가 호텔 무도장 연단 쪽으로 갔다. 몇 걸음 내딛다 그만 중심을 잃었다. 무도장에 대자로 엎어졌다. 머리가 연단에 부딪혔다. 간신히 몸을 추스린 체이스는 얼굴을 찡그리면서 "내가 왼 손에 들고 있던 포크를 좀 빼달라고 경호원에게 얘기했건만" 하고 남의 탓을 했다.

포드와 무도장에 있던 모든 사람들은 체이스의 모습에 웃음을 참지 못했다. 이번에 포드가 연단에 올라가는 차례였다. 자리에서 일어섰다. 그런데 식탁보가 옷과 뒤엉켰다. 물론 포드가 일부러 꾸민 행동이다. 뒤엉킨 척한 것이다. 주위 사람들도 이를 눈치챘다. 포드가 접시를 떨어뜨렸다. 식탁 위에 있던 접시와 쟁반들이 와르르 바닥에 나뒹굴었다. 포드는

연단에 올라갔다. 이번엔 손에 쥐고 있던 연설문을 실수인 척 바닥에 흩날렸다.[25]

　포드의 실수를 재미 삼던 체이스는 이날 정말 웃음거리가 됐다. 평소 체이스에게 놀림 당하던 포드는 이날 완벽한 연출로 체이스를 구했다. "그것 보게, 당신도 실수할 때가 있지 않은가." 하고 공박하지 않고, 체이스가 혼자 '바보'가 되지 않도록 자신도 몸을 던진 것이다. 누구든 실수를 할 수 있으니 사소한 일로 대통령을 조롱거리로 만들지 말아달라는 메시지였다.

* * *

'유격훈련' __시어도어 루스벨트

　주미 영국대사가 시어도어 루스벨트 대통령과 함께 처음으로 산책을 나갔다. 그저 가벼운 운동으로 여겼다. 그러나 산책을 마친 영국대사는 이날 산행을 잊지 못했다. 즐거운 추억이 아니라 다시는 되풀이하고 싶지 않은 산행이었다.

　"숲을 가로질러 오르고, 바위를 기어올랐다. 놀라운 속도로 이렇게 2시간 30분가량 강행군했다. 나중에는 내가 언덕을 오르다 지쳐 옴짝달싹 못했다. 그러자 루스벨트가 내 옷깃을 잡아채 끌어올렸다."

　M. 주세랑 주미 프랑스 대사도 당혹스러운 경험을 했다. 루스벨트 대통령이 오후 3시쯤 산책을 나가자고 해서 승낙했다. 프랑스 대사는 가까운 곳을 한번 둘러보고 오는 것으로 여겨 편안한 옷차림으로 동행했다. 그런데 루스벨트는 장거리 도보여행 차림이었다. 무릎 아래에서 졸라매는 니커 반바지, 두꺼운 부츠, 중절모로 '무장'했다.

　소걸음으로 산책을 할 줄 알았는데, 웬걸 순식간에 도시를 빠져 나왔다. 루스벨트는 외곽지역에 당도하자 길을 이용하지 않았다. 전투에서 '돌격 앞으로' 하듯 들판을 마구잡이로 밟아댔다. 프랑스 대사는 자존심에서 조금 천천히 가자고 하거나 그만 돌아가자는 말을 하지 않고 묵묵히 보폭을 맞추었다.

마침내 강둑에 도착했다. 강물은 세차고 깊었다. 프랑스 대사는 여기가 목표지점이라고 생각했다. 다시 돌아가기 전에 여기서 잠시 쉴 수 있겠구나 했다. 그러나 이는 오판이었다. 루스벨트는 옷을 벗기 시작했다. "옷을 입은 채로 들어가면 다 젖으니 여기서 옷을 벗읍시다(We had better strip, so as not to wet our things in the Creek)." 프랑스 대사는 고국의 명예를 걸고 이에 응해 헤엄쳤지만 가뿐한 산책을 예상했다가 유격훈련을 한 셈이었다.26)

루스벨트와의 산행은 상당수 사람들에겐 고행이었다. 하루는 루스벨트가 절친한 친구와 단둘이 등산을 갔다. 당연히 난(難)코스를 밟았다. 친구는 이제 좀 편안한 코스를 택했으면 했다. 그런데 상황은 엎친 데 겹친 격이었다.

등산을 하던 중 근처 채석장에서 폭발음이 들렸다. 크고 작은 바위조각들이 하늘로 튀더니 우박처럼 쏟아져 내렸다. 친구는 놀랐다. 그리고 빨리 다른 쪽으로 피하려 했다. 그런데 루스벨트는 바위조각에 아랑곳하지 않았다. 피하기는커녕 되레 바위조각이 많이 떨어지는 쪽에 흥미를 느꼈다. 위험천만인 지역으로 가자고 권유했다.

루스벨트는 정열적인 지도자였다. 탱크와 같은 저돌형 대통령이었다. 그가 사망하자 임종을 지켜본 한 아들이 프랑스 전선에 나가 있는 형제들에게 "사자가 돌아가셨다(The old lion is dead)"는 전보를 쳤다.27) 이 정도의 루스벨트인지라 산책이나 등산에서의 일화는 어느 정도 일맥상통한다. 바위조각들이 우수수 떨어지는 채석장 폭발지역으로 가자는 것은 동행자에겐 가슴이 철렁 내려앉는 '섬뜩한' 위트다.

* * *

능청 _해리 S. 트루먼

1948년 트루먼이 투표하기 위해 미주리 인디펜던스에 돌아갔다. 기자들이 대통령의 투표 현장을 취재하기 위해 뒤따랐다. 기자들이 캔자스 공항에 착륙했을 때 이미 트루먼은 착륙해 고향 집으로 떠난 뒤였다. 기자들은 중요한 장면을 놓칠까봐 지역 경찰에게 연락해 긴급호송을 당부했다. 경찰의 호위를 받은 기자들의 차량은 트루먼의 고향 집에 신속히 당도했다. 그런데 집에 트루먼이 없었다.

시간이 어느 정도 흐른 뒤 트루먼이 나타났다. 기자들은 "어떻게 된 일입니까?" 하고 궁금해했다. 트루먼은 "오는 길에 경찰이 차를 세우더니 갓길에 세우라고 하더군요, 아마 아주 중요한 사람들이 타운을 지나가는 모양이었습니다" 하고 말했다(Seems there were some pretty important people going through town).28)

트루먼은 기자들을 멋지게 따돌려놓고는 이렇게 능청을 떨었다. 기자들의 마음을 졸이게 해놓고는 넉살좋게 농담을 했다. 처음엔 대통령을 추격하느라 진땀을 뺐고, 중간엔 대통령을 놓쳤다 싶어 혈압을 올렸고, 나중엔 대통령의 신변에 혹시 무슨 일이 생겼나 싶어 마음 졸이던 기자들에게 홀연히 나타나 생뚱맞은 얘기를 늘어놓았지만 밉살스런 얘기는 아니다.

* * *

수다쟁이 봉쇄 작전 _린든 B. 존슨

존슨은 말하지 않고는 못 배기는 스타일이다. 텍사스 목장에 친구들을 불러다놓고는 여행 가이드를 자처했다. 한번은 손님 중에 댈러스 뉴스의 칼럼니스트인 앨런 더크워스(A. Duckworth)와 벌목사업가이며 은행가 에드 클라크(E. Clark)가 끼어 있었다.

이때는 존슨도 기를 펴지 못했다. 존슨이 생각했던 대로 일이 풀리지 않았다. 자동차 엔진 시동을 켜는 순간부터 클라크가 입을 열었다. 존슨은 언덕을 오르락내리락했다. 클라크가 말을 제대로 하지 못하게 할 심산이었다. 그러나 막을 수 없었다.

참다못한 존슨이 클라크에게 입을 그만 좀 닫으라고 했다. 그러나 클라크는 쉬지 않았다. "클라크 제발 입 좀 닥치게. 내가 더크워스에게 할 말이 있단 말야." 존슨은 폭발 직전이었다.

그래도 클라크는 존슨에게 전혀 귀를 기울이지 않았다. 존슨은 더 이상 참을 수 없었다. 하는 수 없이 더크워스의 허벅지를 움켜잡았다. "클라크가 입을 닥치지 않으면 당신이 귀를 막게!(If Clark won't stop talking, you quit listening to him!)."[29]

말하고 싶은 사람에게 계속 기회를 줄 수도 있었다. 하지만 도를 넘었던 모양이다. 여럿이 모인 자리에서 제 말만 늘어놓는 사람은 일종의 '악화'이다. '양화'들이 하나 둘 빠져나가기 십상이다. '악화'를 자제시키는 방법은 다양하지만 멱살을 잡고 맞붙는 방법이 있고, 여러 사람 앞에서 따끔한 충고를 하는 방법도 있다.

'악화'가 활개치는 토양을 제거하는 것도 한 방법이다. 전쟁에서 퇴각할 때 주둔하던 마을을 불태워 적군의 병참 보급을 곤란하게 하는 것도 이에 속한다. 러시아가 모스크바를 불태워 나폴레옹 군대를 내쫓은 것은 한 예다. 존슨은 이 중 '악화(클라크)'의 '토양(더크워스)'을 없애는 전략을 썼다.

* * *

제7장
다시 섬기는 리더십

퇴임
원로

퇴임

어깨 짐의 무게 __토머스 제퍼슨

토머스 제퍼슨은 3대 대통령이고, 4대 대통령은 제임스 매디슨이다. 4대 대통령 취임식을 앞둔 어느 날 저녁 만찬이 있었다. 떠나는 제퍼슨과 새로 부임할 매디슨이 함께 했다. 손님들도 여럿 있었다.

한 손님이 제퍼슨에게 다가가 말을 걸었다. 제퍼슨의 표정이 밝고 경쾌한 반면 매디슨의 얼굴은 굳어 있다고 비교했다. 마치 권자를 떠나는 사람이 매디슨이고 최고 권력을 움켜쥐게 될 사람이 제퍼슨처럼 여겨진다고 했다.

그러자 제퍼슨이 이렇게 말을 받았다. 자신의 기분이 날아갈 듯 행복하고 매디슨의 안색이 별로 좋아 보이지 않는 데는 그럴만한 이유가 있다고 했다. 제퍼슨은 의아해 하는 손님에게 그 이유를 댔다. "나는 짐을 어깨에서 내려놓았는데, 그는 짐을 어깨에 올려놓았습니다(I have got the burden off my shoulders, while he has now got it on his)."[1]

아무리 대통령의 직분이 무겁고 힘들다 해도 이를 모르는 사람은 없다.

또 대통령에 도전하는 사람치고 이 사실을 인식하지 못하고 출사표를 내는 후보도 없다. 힘들고 골치 아파도 권력의 정점에 서 보려고 무진 애를 쓰는 사람들이 많다. 수십 년 간 장기 집권한 왕이나 독재 권력자들도 권력을 자발적으로 놓으려고 하는 경우는 매우 드물다. 권력에 도취하는 인간의 속성 때문이다.

민주적인 절차에 의해 후임자에게 대통령 자리를 물려주더라도, 권력자에서 야인으로 돌아가는 순간에는 마음의 평정을 찾기가 쉽지 않은 법이다. 제퍼슨은 대통령직의 '짐'을 부각시켜 평온함을 유지했다.

* * *

'종'에서 '주인'으로 _제임스 K. 포크

포크는 재선을 바라지 않았다. 한 차례 더 대통령을 하기 위해 나서지 않겠다고 천명했다. 통상 권력자들은 자발적으로는 권력을 놓으려 하지 않는다. 하지만 포크는 쉬고 싶어 했다. 권력에 대한 미련도 없었다. 워싱턴을 떠나는 데 아쉬움을 보이지 않았다. 온 국민의 이목이 집중되고 있는 백악관에 더 이상 매력을 느끼지 못했다. 사사건건 시비를 거는 반대파들에게 진저리가 났다.

모든 것을 훌훌 털어버리고 평범한 자연인으로 돌아가길 원했다. 대통령 자리를 다른 사람에게 넘겨주고 싶었다. 백악관을 떠나는 포크의 발걸음은 너무도 가볍고 경쾌했다. "나는 조만간 종노릇을 그만두고 주인이 될 것이다(I will soon cease to be a servant and will become a sovereign)."[2]

대통령이 종은 아니다. 대통령 직무를 수행하는 게 종노릇은 당연히 아니다. 공직자를 공복(公僕)이라고 부르는 점을 살짝 이용해 대통령이란 자리가 얼마나 막중하고 그래서 피곤한 자리인지 강조한 것이다. 그리고 평범한 서민이 힘없는 존재가 아니라 부담 없이 자기 인생을 자유롭게 살아가는 존엄한 독립체라고 했다.

권력은 놓았지만 남의 간섭 받지 않고, 부당한 비난이나 공격을 받지 않으면서 스스로의 인생을 맘껏 즐길 수 있어 좋다고 했다. 대통령 재임 시와 퇴임 후를 '종'과 '주인'으로 대비시킨 것이 극단적이긴 하지만 그래도 기발하다.

* * *

하산하는 산악인 _캘빈 쿨리지

1929년 3월 허버트 후버가 백악관 주인으로 들어올 참이었다. 쿨리지는 부인 그레이스와 함께 새 주인에게 백악관을 물려주어야 했다. 그동안 생활하면서 받은 선물도 많고 이것저것 챙길 게 너무 많았다. 전임 워런 하딩 대통령이 재임 중 사망하면서 대권을 이어받은 쿨리지는 백악관으로 짐을 들여왔다. 재임기간 중 쿨리지 부부가 받은 선물만도 큰 박스 150개가 넘었다.

대통령들이 거쳐 가는 백악관이지만 쿨리지 대통령은 이곳에서 6년간 (1923~1929) 주인으로 살았다. 부통령 시절(1921~1923)까지 감안하면 '제2의 고향'이라 할만 했다. 게다가 최고 권력자의 위치에서 평범한 시민으로 돌아가는 상황이니 만감이 교차할 만했다.

민주적 정권교체에 의해, 그리고 임기를 무사히 마무리한 뒤, 아울러 같은 공화당원을 후임 대통령으로 맞았으니 그리 섭섭해 할 일은 아니지만, 어딘지 모르게 허전한 마음은 들 법하다. 사람의 마음이 말처럼 간단한 것은 아니다.

그러나 쿨리지는 명랑했다. 적어도 겉으로는 그랬다. 산의 정상에서 호령하다 밑으로 내려가야 하는 처지였다. 그러나 쿨리지는 옮겨야 할 산더미 같은 짐들을 꾸리면서 회한보다는 정상에서의 쾌감을 만끽해 일말의 미련도 없이 하산하는 산악인의 담담함을 보였다.

"백악관에 들어갈 때보다 나올 때가 한결 힘들군(I am having rather more trouble in getting out of the White House than I had getting in)." 백악관에 들어가는 게 나올 때보다 100배, 아니 1,000배 어렵다는 것은 삼척동자도 아는 일이다. 들어갈 때와 나올 때의 상황과 심경을 역설적으로 묘사했다. 짐을 꾸리는 쿨리지 부부를 돕는 주위 사람들이 쿨리지의 유머에 담긴 '떠나는 대통령의 여유'에 흐뭇해했다.

평범한 시민으로 돌아 온 쿨리지는 '과거의 고리'를 과감하게 끊었다. 쉽지 않은 일이다. 매사추세츠로 돌아 간 뒤 얼마 되지 않아 쿨리지는 내셔널 프레스 클럽에 가입했다. 가입신청서를 작성하고 연 회비를 첨부해 우송했다. 신청서에는 직업을 쓰는 공간이 있었다. 쿨리지는 당당하게 '은퇴(retired)'라고 적었다. 전직 대통령이라고 하지 않았다. 직업에 관계없이 누구든 더 이상 일을 하지 않을 경우 붙이는 게 '은퇴자'인데 쿨리지도 이 단어를 기꺼이 선택했다.

신청서는 한 가지를 더 물었다. 이 질문은 답을 하지 않아도 되는 것이었다. 현 상태에 대해 어떻게 생각하느냐 하는 물음이었다. 쿨리지는 여전히 거리낌이 없었다. 쿨리지는 "은퇴해서 기쁘다(glad of it)"고 했다. 백악관에서 휘두르던 권력을 잊고 은퇴한 소시민으로서 살아가는 삶을 의미 있게 살아가겠다는 자세였다.[3]

* * *

달력에 표시한 D-데이 __러더퍼드 B. 헤이스

러더퍼드 헤이스는 백악관을 떠나기 수개월 전부터 사람들을 만나면 유난히 기뻐했다. 마치 난파선에서 가까스로 빠져나와 무인도에서 수년간을 홀로 지낸 사람이 뭍을 그리워하듯 백악관을 뒤로 하고 평범한 세상 속으로 들어갈 것을 고대했다. 백악관을 방문하는 사람들은 헤이스로보터 "근심에서 해방"이라는 말을 반복적으로 듣곤 했다.

대통령이 퇴임을 남겨두고 헤이스처럼 들뜬 경우는 찾아보기 힘들다. 권력을 놓기도 어렵고 권력을 놓은 뒤에도 그 후유증이 일정기간 지속되게 마련인데 헤이스는 예외적이라고 할 정도였다. 헤이스는 퇴임하는 날을 달력에 표시한 뒤 D-20, D-19 하고 하루하루를 기록했다. 대통령 직을 그만두는 것을 속박에서 벗어나는 것에 비유했다. "자유인이 되어 기쁘다(I am glad to be a freed man)"고 했다.4)

아무도 그를 가두어놓지 않았다. 그런데 헤이스는 자유를 되찾은 상태로 묘사했다. 제대를 앞둔 병사가 말년에 달력에서 하루하루를 지워나가는 것과 같았다. 하지만 헤이스가 '대통령의 24시'를 노예의 생활로 여겼다는 것을 의미하지는 않는다. 대통령이 재임 말기에 겪을 수 있는 감정의 심한 기복을 견뎌내려는 전향적인 자세다.

* * *

허리띠 풀고 술 마실 기회 __프랭클린 피어스

프랭클린 피어스는 노예제도와 관련해 논란을 일으켰다. 쿠바를 획득해 새로운 노예 주로 만들자는 주장에 동조했다. 각 주는 주 헌법에서 노예문제를 결정하도록 규정하는 캔자스-네브래스카 법(Kansas-Nebraska Act)

을 지지했다. 이 법령은 캔자스 내에서 친(親)노예주의자들과 반(反)노예주의자들 간에 반목을 키웠다.

피어스 대통령은 친 노예주의자들의 편을 들었다. 피어스의 친 노예제 노선으로 인해 민주당이 1854년 총선에서 상당수 유권자들로부터 냉대를 받았다. 민주당은 선거 결과에 대한 원인 분석 결과, 대통령에게 그 책임을 돌렸다. 1856년 대통령 후보로 현직인 피어스 대통령을 지명하지 않았다.

민주당의 결정을 전해들은 피어스 대통령은 착잡했다. 현직 대통령이 자신의 정당으로부터 왕따 당한 것이다. 대통령으로서는 견디기 힘든 수모였다. 또 받아 삼키기에는 너무 쓴 약이었다. 하지만 민주당이 살기 위해서 다른 방도가 없다는 게 중론이었으니 피어스로서도 더 이상 떼를 부릴 형편이 아니었다.

"퇴임 후 무엇을 하면서 지낼 것이냐"는 질문에 피어스는 민주당의 결정에 불복한다는 뉘앙스를 풍기지 않았다. 한숨은 나왔지만, 대통령 후보 지명에서 탈락한 것을 엄연한 현실로 받아들였다. 떠나야 하는 마당에 투덜대는 것보다 무덤덤한 모습을 보이는 게 낫다 싶었다. "술 마시는 일 외에 할 게 있겠나(There's nothing left … but to get drunk)."5) 겨울 소나기를 흠뻑 맞고 남의 집 담에 기대서서 시린 손을 녹이려고 입김을 내뿜는 것처럼 딱한 처지를 차분하게 받아들였다.

* * *

호박 기르기 _체스터 A. 아서

아서는 백악관 시절 비교적 무난한 시간을 보냈다. 하지만 국민들에게서 뜨거운 지지를 얻지는 못했다. 많은 미국인들은 아서가 단임으로 정계를 떠나기를 기대했다. 아서는 당내 후보지명에서도 미지근한 지지만을 얻었다. 개혁파들은 아서의 정책에 별 흥미를 보이지 않았다. 공화당 내 보수파들은 아서를 변절자라고 비난했고 온건파들은 그가 보수적이라고 비난했다.

어찌 됐든 아서는 재선에 별 관심이 없었다. 아서는 신장질환인 '브라이트 병'을 앓고 있었다. 대통령 임기 마지막 몇 달 동안 건강이 계속 악화되고 있었다. 장래 정치적 계획에 대한 물음에 아서는 이렇게 답했다. "대통령이 퇴임 후 시골에 가서 커다란 호박 기르는 일 외에 달리 할 게 있겠습니까(Well, there doesn't seem anything else for an ex-President to do but to go into the country and raise big pumpkins)."[6]

사실 아서는 퇴임 후 시골로 내려가서 농사일을 하지 않고 뉴욕으로 갔다. 그리고 1년 뒤 56세에 병사했다. 아무튼 권력에서 손을 놓을 때를 알고 권력에서 멀어지는 것을 아쉬워하지 않는 자세는 특히 대통령에게는 필요하다. 국민이 등을 돌렸는데도 개의치 않고 장기집권이나 정권연장에만 골몰하는 정치인과는 거리가 멀다.

* * *

로터스 열매 _윌리엄 H. 태프트

1912년 말 치러진 대통령 선거에서 우드로 윌슨에게 패한 태프트는 고 별사에서 전직 대통령들에게 어떤 조치를 취해야 하는지에 대해 자신의 의견을 말했다. 정색을 하고 한 게 아니라 자신의 패배를 곱씹으며 했다. 약간 뒤틀린 고별사였다.

느물거리는 투로 태프트는 이런 제안을 했다. 전직 대통령들에게 마취약 클로로포름을 먹게 하자고 했다. 또 다른 방법을 제시했다. 그리스 신화에 나오는, 먹으면 황홀경에 빠져 세상사의 온갖 시름을 잊게 하는 열매를 맺는 전설적인 로터스(망우수, 忘憂樹)를 거론하면서 이 열매를 먹이자고 했다.

한마디로 속세의 일에서 자유롭게, 아니 속세의 일에 왈가왈부하지 않도록 하자는 것이다. 전직 대통령이 다시 나랏일에 감 놔라 배 놔라 할까 염려하는 국민들의 마음을 헤아려 그렇게 하자는 것이다. 그뿐 아니라 전직 대통령이 백악관에서 떠난 뒤 가족을 부양하는 문제, 역사에 어떻게 기록될지에 대한 걱정을 하지 않도록 하자고 했다. 국민들이 새로운 지도자와 새로운 체제에 잘 적응할 수 있도록 놓아두자는 제안이었다.

일부에서는 전직 대통령을 직무상 연방 상원의원으로 위촉하자는 제의도 있었다. 그러자 태프트는 미심쩍은 표정으로 고개를 저었다. "완전히 잊히길 원한다면 클로로포름이나 로터스 열매를 먹는 게 낫다. 한결 기분이 나아지고 질질 끌지 않아서 좋다(If I mean to go and disappear into oblivion, I prefer to go by the chloroform or lotus method. It's pleasanter and less drawn out)."[7]

인간에게 가장 두려운 것은 잊혀지는 것이다. 그래서 누구나 주위에 의해 기억되길 바란다. 캄캄한 블랙홀로 빨려 들어가는 상황을 견디지 못한다. 세상의 관심을 한 몸에 받던 대통령에겐 잊혀지는 것은 곧 죽음과 같다. 그러나 뒤집어보면 그렇기 때문에 떠날 사람은 떠나야 하고 대통령도 선거에서 패하면 미련을 버리고 모든 것을 놓아야 한다. 그래야 자신이 편하고 나라가 평안해진다.

목숨이 다하는 날까지 지역맹주로서 영향력을 행사하려는 정치인들이 나라의 안녕에 도움을 주지 못한다는 것은 역사가 입증했다. 태프트는 고별사에 비아냥거리는 투를 섞긴 하지만, 권력에 대한 미련을 버리는 지도자가 나라와 국민을 위하는 지도자라는 것을 들려주었다.

* * *

교수대 __드와이트 D. 아이젠하워

자신의 집을 남에게 내주고 싶은 사람은 없을 게다. 백악관 주인도 다를 바 없다. 새 주인이 정당한 방법과 절차에 의해 들어온다고 해도 선뜻 내주기는 심정적으로 간단하지 않다. 아이젠하워도 예외는 아니었다. 1960년부터 1961년까지 케네디 신임 대통령 취임준비에 백악관 안팎이 어수선했다. 백악관 정면 뜰에는 취임식 연단이 세워지고 있었다. 많은 인부들이 연일 공사장에서 땀을 흘렸다.

백악관 집무실에서 이를 지켜본 아이젠하워에게는 지난 재임기간이 주마등처럼 지나갔다. 만감이 교차했다. 백악관 새 주인을 위한 잔치준비에 옛 주인의 마음은 착잡하게 마련이다. 아이젠하워의 소회는 이러했다. "나는 자신이 처형될 교수대가 만들어지는 것을 보는 감옥의 죄수 같다 (I feel like the fellow in jail who is watching his own scaffold being built)."[8)]

아이젠하워는 백악관에 있는 자신을 교도소의 죄수에 비유했다. 백악관 앞뜰에 세워지고 있는 신임 대통령 취임식장을 자신이 올라가 처형될 교수대에 견주었다.

최고 권력자도 언젠가는 빈털터리로 권자에서 물러나야 한다는 엄연한 현실을 '문학적'으로 처리했다. "내가 좀 더 대통령을 하면서 그동안 해 오던 일을 마무리해야 할 텐데" 또는 "다음 대통령은 정말 백악관 주인이 될 자격이 부족한 인물인데"하는 표현을 하지 않았다. 자신을 처형될 죄수에 비유한 것이 비극적인 분위기를 뿜어내긴 하지만 이 조차도 '비극적 여유'라 하겠다.

* * *

원로

칼싸움 불사 __조지 워싱턴

워싱턴이 물러나고 존 애덤스가 뒤를 이었다. 워싱턴은 건강이 날로 악화됐다. 임종을 얼마 안 남겨둔 상황에서 이상한 얘기를 들었다. 국민들도 모르는 사람이 없을 정도였다. 애덤스에 관한 소문이었다. 그저 시시한 내용이 아니라 나라의 명운(命運)을 가를 수 있는 이슈였다.

애덤스는 말을 할 때도 목소리를 격조 높은 스타일로 했다. 또 영국의 왕실 분위기를 좋아했다고 미국인들에게 알려졌다. 왕조 시대의 군주처럼 행동한다는 비난을 받았다. 국민들 사이에는 애덤스가 아들을 영국 왕 조지 3세의 딸과 결혼시키고 나중에는 영국과 미국을 하나로 묶어버릴 것이라는 소문이 돌았다. 영국과의 독립전쟁으로 가까스로 주권을 찾은 미국인들로서는 탐탁지 않은 풍문이었다.

건강이 나빴던 워싱턴이 자초지종을 듣기 위해서 흰옷을 입고 애덤스를 찾아갔다. 그리고 애덤스에게 솔직하게 털어놓으라고 했다. 그리고 그러한 무모한 계획을 포기하라고 종용했다. 애덤스는 완강하게 버텼다. 워싱턴은 일단 자리를 떴다. 그러나 단념하지 않았다. 국가의 대사였기 때문이다.

얼마 후 워싱턴이 다시 애덤스를 찾아갔다. 이번에는 검은 옷을 입었다. 애덤스를 설득하려 했다. 그러나 성과를 거두지 못했다. 독립한지 얼마 됐다고 다시 영국과 합친단 말인가. 워싱턴은 가슴이 답답했지만 애덤스는 한 발짝도 물러서지 않았다. 두 번째 방문도 실패로 돌아갔다.

집에 와 고민하던 워싱턴은 비장한 결심을 했다. 다시 애덤스를 만나러 채비를 했다. 이번에는 흰옷도, 검은 옷도 입지 않았다. 옛날 영국군과 맞서 싸울 때 입던 '혁명군'의 제복을 입었다. 긴 칼을 옆구리에 찼다. 혁명군을 호령하며 전쟁터를 누비던 워싱턴의 모습이 재현됐다. 애덤스를 만났다. 애덤스는 워싱턴의 모습에 당황했다.

애덤스를 뚫어지게 쳐다본 워싱턴이 갑자기 허리에서 칼을 빼들었다. 그리고 애덤스에게 만일 나라를 망칠 '영국과의 합병계획'을 철회하지 않으면 칼이 가만히 있지 않을 것이라고 겁주었다. 방안에 긴장이 감돌았다. 자칫 전직 대통령이 현직 대통령을 칼로 살해하는 해괴한 일이 벌어질 수도 있는 형국이었다. 워싱턴의 단호함을 파악한 애덤스가 결국 꼬리를 내렸다. 애덤스는 영국과의 합병을 통해 미국 왕이 되려던 야심을 거두어들여야만 했다.9)

이 얘기의 진위는 분명하지 않다. 워싱턴이 과연 애덤스를 칼로 위협했을지 의문이다. 합병 문제를 놓고 워싱턴과 애덤스의 긴장관계가 다소 과장됐을 가능성이 있다. 이 얘기의 낱자 하나하나가 모두 그대로 벌어졌는지는 확인되지 않고 있지만 워싱턴이 퇴임 후에도 나랏일을 걱정하고 잘못돼 가는 상황을 바로 잡으려 했다는 점은 분명했다.

퇴임 후에도 개인적인 영향력을 행사하려는 염치없는 지도자들이 세계 도처에 있고 한국도 예외가 아니다. 물론 대통령은 퇴임 후에도 나라의 안정과 발전에 경륜을 보태야 한다. 자신의 권력을 연장하거나 뒤에서 조종하는 부끄러운 지도자가 아니라, 마음속 깊이 나라와 국민을 걱정하는 리더십이다. '한국의 워싱턴'을 떠올려본다. 진정한 원로가 아쉬워지는 대목이다.

* * *

평생 봉사 _존 퀸시 애덤스

퀸시 애덤스가 퇴임 한 이듬해인 1830년 주위에서 청이 들어왔다. 매사추세츠 주 플리머스 지역을 대표해 연방 하원의원 선거에 출마하라는 건의였다. 아무리 나라와 지역을 위한다고 해도 대통령을 지낸 사람이 과연 연방하원에 가서 정적들과 '치고 받고' 할 수 있을까 하고 고개를 젓는 사람들이 많았다.

그러나 애덤스는 일반인의 예상을 깼다. 선거에 출마했다. 대통령이 하원의원이 됐다고 해서 명예를 실추시키는 게 아니라고 여겼다. 국민을 위해 봉사한다면 조금도 거리낄 게 없다고 믿었다.

이때 애덤스의 나이 63세였다. 대통령으로서 격무에 시달리고 다시 하원의원직을 수행할 수 있겠는가 하고 주위에서 걱정했다. 애덤스는 체력이 허락할 때까지 봉직하겠다고 다짐했다. 눈이 멀어 글을 볼 수 없거나, 팔이 마비되거나 떨어져나가거나, 머리를 다쳐 뇌를 쓰지 못하는 상황이 오지 않는 한 지역을 대표해 연방의회에서 최선을 다하겠다는 결의를 다졌다.

몇 주간의 캠페인이 끝나고 선거 당일이 됐다. 애덤스가 당선됐다. 당선 사실에 애덤스는 고무됐다. 그의 당선 일성(一聲)이 나왔다. "지금까지 어떠한 선거당선이나 공직임명도 나를 이렇게 기쁘게 하지는 않았다(No election or appointment conferred upon me ever gave me so much pleasure)."10)

애덤스의 당선 소감을 글자 그대로 받아들일 수는 없다. 애덤스는 네덜란드 주재공사, 프로이센 주재공사, 매사추세츠 주 상원의원, 연방 상원의원, 먼로 행정부 때 국무장관에 이어 6대 대통령에 당선됐다. 민주적인 선거에 의해 미국인들의 지지를 받고 미국의 최고 권력자가 됐었다.

한 지역 주민의 지지가 아니라 전국 유권자의 지지를 받아 백악관에 입성했었다. 그 기쁨을 하원의원 당선과 견주는, 아니 하원의원 당선이 더 큰 기쁨을 준다는 말을 액면 그대로 믿기 어렵다. 대통령보다 영향력이 적고 다루는 업무의 영역이 제한된다 해도 주민을 위하고 나라를 위해 즐거운 마음으로 봉사하겠다는 일념을 "이보다 더한 기쁨은 없다"는 과장법으로 표현한 것이다.

"혹시 애덤스 대통령이 의정활동을 할 때 자존심이 상하거나, 하원의원을 시시하게 여겨 전심전력을 다하지 않는 게 아닐까?" 하는 의구심을 갖고 있던 사람들을 안심시켰다. 대통령은 '정치 사다리'의 정점이다. 그래서 퇴임 후 정계를 떠나는 게 통례다. 그러나 애덤스처럼 어떤 방식으로든 자신의 경륜을 국가와 국민을 위해 쏟는 것은 아름답다. 대통령 퇴임이 곧 인생의 막을 내리는 것은 아니다.

* * *

"전직, 전직, 전직, 전직!"＿조지 부시, 시니어

조지 부시, 시니어가 퇴임 후 1994년 백악관에 들른 적이 있다. 빌 클린턴이 백악관 주인이었을 때이다. 북미자유무역협정(NAFTA)을 밀어붙이기 위해 클린턴이 카터와 부시를 백악관으로 초대해 힘을 보태줄 것을 요청한 자리였다. 부시는 재선을 노리다가 클린턴에게 밀려 백악관에서 쫓겨났지만 클린턴에 대한 사감은 없었다.

오히려 부시는 클린턴이 취임사에서 부시의 공직생활을 '미국에 대한 반세기 동안의 봉사'로 추켜세우자 선거 패배의 분이 눈 녹듯 사라졌다.

부시는 그래서 클린턴의 지원사격 요청을 기꺼이 수락했다.

클린턴은 이날 모임에서 북미자유무역협정의 중요성을 역설했다. 연설이 끝나자 부시는 클린턴에게 박수를 보냈고 연설내용이 아주 좋았다고 평했다. 부시는 대통령 재임시절 귀족적이라는 이미지로 국민들에게 인식됐었다.

그러나 부시는 적어도 퇴임 후에는 이러한 이미지를 불식시키고 싶어했다. 북미자유무역협정 회동이 있은 지 며칠 뒤 중동에서 행사가 있어 부시가 참석했다. 이때 클린턴 행정부의 한 백악관 참모가 부시를 '대통령'으로 칭했다. 그러자 부시는 큰 소리로 "전직, 전직, 전직, 전직!(Ex, ex, ex, ex!)"이라고 외쳤다.[11]

한번 장관은 영원한 '장관님'이고, 한번 국회의원은 영원한 '의원님'인 경우가 종종 있다. 주변에서 예우 상 그렇게 불러준다. 그리고 그것이 미덕으로 여겨진다. 대통령이야 말할 것도 없다. 전직 대통령을 대통령이라고 불렀다고 해서 시비 걸 일은 아니다. 현직인지 전직인지 분간을 못해서 그런 것이 아니란 점을 익히 알고 있기 때문이다.

권력을 누리다가 하루아침에 손을 놓으면 줄줄 따라다니던 사람들도 하나둘 떨어져 나가는 게 권력의 속성이다. 그래서 사람은 힘을 잃어도 힘의 상징적인 '자리'를, 적어도 이름 만으로라도 가능한 오래 지니고 싶어 한다. 부시의 태도는 이러한 '속박'과 '굴레'에서 벗어나겠다는 마음가짐이다. 권력을 놓았으면 그와 관련된 모든 것을 깨끗이 정리할 필요가 있다는 분명한 현실인식이다. 부시가 '전직'이란 말을 반복적으로 사용한 것은 마음을 비운 자의 여유로움이다.

* * *

비문에 '대통령' 경력 제외 __토머스 제퍼슨

토머스 제퍼슨은 자신의 묘비명을 스스로 썼다. 세상에 자신이 어떤 사람이었는가를 제대로 알리고 싶었던 것이다. "독립선언문과 버지니아 종교자유법 작성자, 버지니아대학 설립자인 토머스 제퍼슨이 여기에 묻히다(Here was Buried Thomas Jefferson, Author of the Declaration of Independence, of the Statute of Virginia of Religious Freedom and Father of the University of Virginia)." 그리고 유족들에게 "단 한 단어도 첨가하지 말라(Not a word more)"고 했다.12)

제퍼슨은 자신의 대통령 경력을 묘비에 쓰지 않았다. 쓰고 싶지 않았나보다. 후대에 길이길이 전하고 싶지 않았던 모양이다. 대통령 병에 걸린 사람들과는 너무 판이하다.

* * *

결론

결론

'섬기는 리더십'은 국민에 대한 외경심으로 가득하다. '자기관리 리더십'은 뿌리 깊은 나무처럼 바람에 흔들리지 않는다. '주변관리 리더십'은 독야청청하다고 만사형통이 아님을 안다. '정치가 리더십'은 정치인의 끈적끈적한 막을 과감히 뚫고나온다. '평상심 리더십'은 파도가 쉴 없이 수면 위에서 요란을 떨어도 아랑곳 하지 않는 심해처럼 차분하다. '신바람 리더십'은 주위를 즐겁게 하면서 즐거워한다. '다시 섬기는 리더십'은 현직에서 떠날 때나 떠난 뒤 국민을 떠받드는 마음을 잃지 않는다.

섬기는 리더십은 파격, 겸양, 마음 읽기에서 나온다. 청와대 만찬장에서 애견이 실례를 했을 때, 당황한 집사보다 한발 먼저 달려가 "내 개 오줌은 내가"하며 헝겊으로 닦는 리더십이다. 청와대로 와야 할 전화가 혼선으로 인해 인근 가정집으로 연결됐을 때 직접 가정집에 전화해, 어쩔 줄 몰라 하는 주민에게 "청와대 전화를 잘 받아주면 우리도 귀하 전화를 잘 받아주겠다"고 한다.
여기자의 집요한 요청에 추운 강물 속에서 덜덜 떨면서도 인터뷰에 응한다. 삼엄한 경호를 받으며 차량이동 중 꼬마가 차창 밖에서 무례하게 "매롱"하자 똑같이 "매롱"으로 응수한다. 불난 호텔에서 안전규정을 따른 소방대원의 '명령'에 군소리 않고 따른다. 음악회에서 피아니스트 옆에 서서 기쁜 마음으로 악보를 한 장씩 넘겨준다.

섬기는 리더십은 대통령 당선 소감에 "이제부터 평판이 나빠질 것"이라는 문구를 넣지는 않더라도 그런 자세를 갖는다. 정점에 올라섰다고 해서 안하무인의 언행을 하지 않는다. 백척간두(百尺竿頭)에 홀로 서 있고 그 밑에 수많은 국민들이 버팀목을 잡아주고 있음을 본다. 국민을 두려워한다.

섬기는 리더십은 나라를 이만큼 키워놓은 세대들에 대해 감사할 줄 안다. 시대마다 상황이 다르게 마련이고 과거가 지금보다 더 열악했음에도 불구하고 맨주먹으로 오늘을 있게 했다는 것을 안다. 이념논쟁이 옛 세대의 노고를 깎아내리지 않도록 애쓴다. 세대 간 차이를 구실로 갈등을 부추기지 않는다. 어떻게든 불협화음을 앙상블로 재창조해 나간다.

섬기는 리더십은 함께 일할 장관, 국회의원들을 극진히 대접한다. 향응을 베풀어 환심을 사려하지 않고, 독선과 아집으로 제 갈 길만 가지 않는다. 한배를 탄 운명공동체란 인식으로 정중히 대한다. 정권다툼에 눈이 벌게지면 국민들이 고달프다는 것을 몸으로 느낀다. 하지만 아첨으로 눈과 귀가 가리지 않도록 신경을 쓴다. 점수 따려고 권력자 옆에서 알랑거리면서 부하들에게는 모질게 하는 사람이라면 가차 없이 책임을 묻는다. 국민을 백안시하고 권력의 중심만을 찾아 헤매는 무리들을 내친다. 반면, 아무리 힘없고 보잘 것 없어 보이는 사람들이라도 '나라의 뿌리'라는 마음으로 대한다.

'자기관리 리더십'은 신상의 약점이든 정치적 약점이든 약점을 전향적으로 극복한다. 소신을 잃지 않는다. 옹고집을 부리기보다는 옳다는 확신 아래서 움직인다. 뚱뚱하다고 놀리면 "대통령이 되려면 몸무게가 100킬로그램은 돼야 한다"고 받아넘긴다. 인상이 지도자감이 아니라고 수군대면 "세상에서 가장 인상이 험악한 사람으로 선발됐다"고 자신 없는 부분을 더 드러낸다. 학벌이 약하다고 업신여기면 인류의 조상인 아담도 손수 잎으로 몸을 가린 '기능공'이라고 자신 있게 말한다.

자기관리 리더십은 나이 많은 라이벌이 "50도 안 된 사람이 어떻게 '큰일'을 하겠는가"하고 비꼬면 토머스 제퍼슨이 43세에 독립선언문을 썼고, 조지 워싱턴이 42세에 독립군을 통솔했음을 상기시킨다. 반대로 나이 많은 게 정치적 장애로 일컬어지면 "나보다 어린 상대의 미숙함을 이슈화하지 않겠다"고 어른스럽게 대응한다. 정적이 사생활을 들추거나 근거 없는 루머를 펌프질해도 똑같이 대응하지 않는다. 진흙탕 싸움으로 빨려 들어 가지 않도록 "상대에게 음해 독점권을 부여하자"고 참모들에게 일러둔다. 그러나 강대국 정부관리의 오만함에는 그대로 갚아준다. 나라와 국민의 자존심에 조금이라도 상처가 가지 않도록 한다.

'주변관리 리더십'은 가족과 친인척 관리, 부하관리, 그리고 이들과 직간접으로 연루된 청탁관리에서 판가름 난다. 주변관리 리더십은 초등학교, 또는 중고교에 다니는 아들 딸이라도 대통령 아버지의 뒷심으로 왕자, 공주 행세하려들면 가차 없이 불호령을 내린다. 대통령 아버지를 둔 '죄'로 또래들보다 더 언행에 조심하도록 한다. 남들과 공평하게 경쟁하며 살아갈 수 있도록 자녀의 자생력을 키워준다. 아버지의 후광으로 직장에서 고속승진하거나 사업에서 특혜를 보거나 권력주변에서 맴돌려는 생각의 싹을 애초에 잘라버린다.

주변관리 리더십은 부하를 하인 부리듯 하지 않는다. 제왕적인 태도를 보이지 않는다. 부하의 전문성이나 재능을 공공연하게 드러내 추켜세운다. 부하의 잘못은 국정 최고 책임자인 자신이 지고, 부하의 공(功)은 기회 있을 때마다 밝혀준다. 대통령에게 다소 뻣뻣하더라도 오직 나라와 국민만을 위하는 충직한 부하는 기운을 북돋운다. 시기하는 세력의 음해에 바람막이가 돼 준다. 부하의 실수에 직설적 표현보다 우회적인 화법으로 대한다.

하지만 대통령의 환심을 사려고 거짓을 일삼거나 남에게 부당한 피해를 입히는 부하는 과감히 내친다. 환부를 도려내지 않으면 전체가 죽는다는 것을 직시한다. 주변관리 리더십은 약자에게 가혹하고 강자 앞에서 바짝 엎드리는 사람은 절대 공직에 발탁하지 않는다. 부풀려지고 번지레하게 포장된 청탁자의 능력에 '차가운 메스'를 가한다.

'정치가 리더십'은 언론과 '춤'을 출줄 안다. 젊은 시절 실수를 꼬투리 잡아 속을 후벼대도 "껄껄" 웃는다. 이 부분은 터무니없는 얘기이고 저 부분은 과장됐고 그 부분은 주관적인 해석이라고 구체적으로 분석하지 않는다. '어제의 나'와 '오늘의 나'를 총체적으로 구분한다. 경우에 따라서 답변하기 곤란한 질문에 맞닥뜨리더라도 뾰로통하게 반응하지 않는다. "너무 꼬치꼬치 캐묻지 말라"고 퉁명스럽게 나오지 않는다. 상세하게 설명할 수 없는 상황이라면 일단 미소로 때우는 유연함을 지닌다.

정치가 리더십은 안티 여론에 골내지 않는다. '컵과 절반의 우유'에서 지혜를 얻는다. 수그러들지 않는 안티 여론에 너무 옥죄이지 않는다. 반대 의견은 경청하되 이에 매몰돼 허우적대지 않는다. 대통령이 죽었으면 하고 제사를 지낼 정도로 반감을 갖고 있는 사람에게 신분을 감추고 다가가 "나도 그렇소"하고 맞장구친다. 요즘처럼 지도자의 얼굴이 TV나 신문지상을 통해 다 알려진 세상에서는 불가능한 일이지만 과거 왕조시대에서는 얼마든지 벌어질 수 있는 일이다. 아무튼 이런 마음으로 안티 여론을 대할 줄 안다.

정치가 리더십은 당정 갈등을 절묘하게 처리한다. 장관 발탁이나 경질과 관련한 당의 건실한 의견은 수렴하되 당의 마구잡이 입김에 휘둘리지 않는다. 나아가 입법, 정책 수립 및 집행 과정에서 야당의 볼멘소리에 귀를 크게 열어놓는다. 파당적 태도로는 국정 방향타의 중심을 잡기 어렵다는 것을 되뇐다.

정치가 리더십은 정적에 대한 흑색선전을 삼간다. 오로지 정책 대결로 유권자의 심판을 받는다. 정책이 실현 불가능하다는 것을 알면서도 당선을 위해, 또는 인기 만회를 위해 쉽게 내뱉지 않는다. 정책은 결국 역사의 준엄한 심판을 받는다는 점을 잊지 않는다. 라이벌에게 '주연' 자리를 양보하는 관대함으로 무장한다. 경우에 따라서 지는 게 진짜 지는 게 아니라는 평범한 진리를 간파한다.

해가 뜨고 정치판이 개장하면 눈을 부라리면서 티격태격하다가도 일과가 끝나면 우정을 나누는 친구가 된다. 정치와 종교가 분리되듯, 정치는 정치이고 우정은 우정이라는 자세를 견지한다. 정치 노선은 영 못마땅하지만 사람 자체는 얼마든지 좋아할 수 있다는 것을 솔선수범해 보여준다.

정치가 리더십은 외교력도 탁월하다. 정상회담을 하면 상대에게 적당한 수사를 쓴다. '말 한마디'로 '천 냥 빚'을 갚을 심산은 아니더라도 간혹 마음에 없는 얘기도 꺼낸다. 상대국의 심사가 틀어지는 발언은 가급적 입 밖에 꺼내지 않는다. 하더라도 한 바퀴 돌려서 한다. 외교에는 목적만큼이나 방법이 중요하다는 것을 누구보다 잘 안다.

'평상심 리더십'은 나라의 안위가 흔들리는 위기를 맞아도 허둥대지 않는다. 위기 대처와 위기관리 공부는 평소에 이미 다 해 당황할 일이 아니다. 풍랑만난 배의 선장이 우왕좌왕 하면 배에 탄 승객들은 죽을 맛이다. 위기에 팔짱만 끼고 나 몰라라 드러눕는 게 아니다. 전략 수립에 두뇌를 풀가동하면서도 석가의 고요함을 잃지 않는다. 정중동(靜中動)의 리더십이다.

평상심 리더십은 박빙의 개표 결과에 개의치 않고 잠을 청한다. 최선을 다하고 결과에 의연하게 대처한다. 당선됐다고 이리 뛰고 저리 뛰지 않는다. 패자와 패자를 지지한 국민들의 상심을 헤아린다. 선거 결과로 땅이 꺼지는 실망스러움이 몰려와도 여과 없이 토해내지 않는다. 깔때기로 받아 분노의 '큰 덩어리'를 솎아내고 여과기로 작은 분노의 '알갱이'마저 골라낸다. 화가 치밀어 도저히 참을 수 없는 지경이라면 상대에게 편지를 쓴 뒤 화롯불에 던져 태운다. '스트레스의 바다'에서 하루 24시간 헤엄쳐야 한다는 현실을, 스트레스가 자신의 건강은 물론 나라의 '건강'

과도 직결된다는 사실을 명심한다.

'신바람 리더십'은 경박하지 않으면서 분위기를 띄운다. 자신도 즐겁고 주위도 기쁘게 한다. 모두를 신나게 한다. 항상은 아니더라도 가끔 자청해서 엔터테이너가 된다. 연회석상에서 영부인의 예기치 않은 실수로 분위기가 썰렁해졌을 때 슬쩍 끼어들어 주의를 다른 데로 돌린다. 죽마고우를 집무실로 초대하고 다른 고위 인사들을 미리 오게 한 뒤 깜짝 생일잔치를 준비한다. 병상에 몸져누워 국정을 돌보기 위해 토의하고 지시하기 어려운 처량한 신세처럼 보여도 "누워서 말하는 게 더 쉽다"고 능청을 떤다.
골프공이 맞지 않으면 화가 나기 마련이고 대통령이 우울해지면 주변에 온통 '먹구름'이 낀다. 그래서 공을 미스 할 때마다 호쾌하게 웃는다. 제 정신이 아닌 것처럼 보여도 분위기가 가라앉지 않도록 '연기'한다. 문옆에 경호원들이 딱딱하게 서 있는 만찬시간에 밥을 먹다말고 갑자기 수박씨 던지기 싸움을 해 저녁 테이블에 흥을 돋운다. 하루 종일 같이 다니는 경호원을 고의로 따돌리며 술래잡기를 한다. 가는 곳마다 추적하는 기자들을 보기 좋게 떼어놓고, 길이 꽉 막혀 옴짝달싹 못했다고 둘러댄다. 연회장에서 바보처럼 넘어지는 시늉으로 장내를 웃음바다로 만든다.

'다시 섬기는 리더십'은 권력에 연연하지 않고 퇴임을 의연하게 맞는다. 무거운 짐을 벗었으니 홀가분한 마음을 갖는다. 권자에서 물러나기 전에 온갖 술수로 자기 사람을 요직에 채워 넣는다든가, 이권에 눈독을 들이지 않는다. 퇴임 후 '안전'을 위해 나라와 국민에게 해가 되는 기형적인 정치판을 만들려 하지도 않는다. 퇴임 후 나라 걱정보다는 지역맹주나 파벌의 우두머리로 행세하지 않는다. 후배 정치인들을 아끼는 마음에 홀로서기를 독려한다.
대통령은 국민의 공복이다. 나라의 주인인 국민의 눈치를 봐야 하고 국민을 섬겨야 한다. 대통령의 임무를 마치고 평범한 시민으로 돌아가는 것은 '종'에서 '주인'으로 자리바꿈 하는 것이다. 그러니 서글퍼하거나 안타까워할 이유가 전혀 없다. 가뿐해 하고 신나해야 한다. 반대로, 대통령이 되려는 것은 '종' 되기를 자청하는 것이다. 섬겨야 할 '주인'이 한 둘이 아니다. 수없이 많다. 주인도 그냥 주인이 아니라, 하늘같은 주인이다. 주인 행세하기 위해 대통령에 출마하거나, 주인에게 호령하는 대통령은 '역사의 오점'일 뿐이다.

미 주

:: 서론

1) Paul F. Boller, Jr., *Presidential Anecdotes,* rev. ed. (Oxford: Oxford University Press, 1996), p.80.

2) John Brummet, *Highwire: From the Backroads to the Beltway-The Education of Bill Clinton* (New York: Hyperion, 1994), pp.112-114.

3) James T. Flexner, *Gilbert Stuart: A Great Life in Brief* (New York: Alfred A. Knopf, 1955), pp.123-125.

4) Francis R. Bellamy, *The Private Life of George Washington* (New York: Thomas Y. Crowell, 1951), pp.53-54.

5) G.W.P. Custis, et al., *Memoirs of Washington* (Chicago: Donohue, 1859), pp.416-420.

6) Thomas A. Trollope, *What I Remember* (New York: Harper & Brothers, 1888), p.503. Edwin P. Hoyt, *John Quincy Adams* (Chicago: Reilly & Lee, 1963), p.17.

7) Arthur A. Sloane, *Humor in the White House: The Wit of Five American Presidents* (Jefferson: McFarland, 2001), p.109.

:: 제1장 |섬기는 리더십

1) Ron Nessen, *It Sure Looks Different from the Inside* (New York: A Playboy Press Book, 1978), p.xiv.

2) Webb Garrison, *A Treasury of White House Tales* (Nashiville: Rutledge Hill Press, 1996), pp.133-135.

3) B. S. McReynolds, *Presidential Blips: Dips, Flips, Lip, Pips, Quips, Rips, Slips, Tips and Zips* (University City: Book Publishing, 1998), p.207.

4) Edna M. Colman, *Seventy-Five Years of White House Gossip: From Washington to Lincoln.* (Garden City: Doubleday, 1925), pp.139-142.

5) Lewis and Faye Copeland(eds.), *10,000 Jokes, Toasts, and Stories* (New York: Doubleday, 1965), p.540.

6) George W. Pepper, *Philadelphia Lawyer: An Autobiography* (Philadelphia: Lippincott, 1944).

7) James Roosevelt and Sidney Shallett, *Affectionately, F.D.R.: A Son's Story of a Lonely Man* (New York: Harcourt, Brace, 1959), p.192; Grace Tully, *F.D.R., My Boss* (New York: Charles Scribner's Sons, 1949), p.2.

8) "Eugene List," *Keyboard Classics,* vol. 1, no. 4 (July / August 1981), pp.2-3.

9) Paul F. Boller, Jr., *Quotesmanship: The Use and Abuse of Quotations for Polemical and Other Purposes* (Dallas: Southern Methodist University Press, 1967), pp.412-413.

10) Gerald Gardner, *All The Presidents' Wits: The Power of Presidential Humor* (New York: Beech Tree Books / William Morrow, 1986), pp.113-114.

11) Lloyd P. Stryker, *Andrew Johnson: A Study in Courage* (New York: Macmillan, 1929), p.811.

12) Bob Dole, *Great Presidential Wit* (New York: Simon & Schuster, 2001), p.221.

13) Ulysses S. Grant, *Personal Memoirs,* E. B. Long(ed.) (Cleveland: World Publishing, 1952), p.48.

14) Merle Miller, *Plain Speaking: An Oral Biography of Harry S. Truman* (New York: Berkeley Publishing, 1974), pp.393-394.

15) "The magic of Reaganomics," *Newsweek,* December 26, 1988, p.40.

16) William E. Woodward, *George Washington: The Image and the Man* (New York: Boni & Liveright, 1926), p.266.

17) Charles A. Davis, *Letters of J. Downing, Major, Downingville Militia, Second Brigade, to His Old Friend, Mr. Dwight, of the New York Daily Advertiser* (New York: Harper, 1834), p.26.

18) Frank H. Severance(ed.), *Millard Fillmore Papers,* vol. 2 (New York: Kraus Reprint, 1970), p.483.

19) Edward E. Hale, *Memories of a Hundred Years,* vol. 1 (New York: Macmillan, 1902), p.174.

20) Alex Ayres, *The Wit and Wisdom of Harry S. Truman* (New York: A Meridian Book, 1998), pp.25-26.

21) Alex Ayres, *The Wit and Wisdom of John F. Kennedy* (New York: A Meridian Book, 1996), p.78.

22) Copeland, *op. cit.,* pp.1005-1006.

23) Barbara Holland, *Hail to the Chiefs: Presidential Mischief, Morals, & Malarkey from George W. to George W.* (New York: Berkeley Books, 2004), p.78.

24) Gardner, *op. cit.,* p.111.

25) Hamlin Garland, *Ulysses S. Grant: His Life and Character* (New York: Macmillan, 1920), pp.62-64.

26) McReynolds, *op. cit.,* p.24.

27) *Ibid.,* p.169.

28) Margaret Leech and Harry J. Brown, *The Garfield Orbit* (New York: Harper & Row, 1978), p.174.

29) Dwight D. Eisenhower, *At Ease: Stories I Tell to Friends* (Garden City: Doubleday, 1967), p.357.

30) Josephus Daniels, *The Life of Woodrow Wilson, 1856-1924* (S.I.: Will H. Johnston, 1924), pp.238-239.

31) <http://members.verizon.net/~vze4xwbv/martin.htm> (2005년 9월 27일 검색).

32) "A Hot Time for Heat Theories," *Boston Globe,* July 23, 1980.

33) Arthur D. Graeff, "Anecdotes Related in Pennsylvanian-German Almanacs," *The American-German Review,* vol. 6 (April 1940), pp.11-12.

34) Elizabeth F. Ellet, *The Court Circles of the Republic* (Philadelphia: Philadelphia Publishing, 1869), p.289.

35) Dole. *op. cit.,* p.178.

1) David McCullough, *The Path between the Seas: The Creation of the Panama Canal, 1870-1914* (New York: Simon and Schuster, 1977), p.446; Lewis Henry, *Humorous Anecdotes about Famous People* (Garden City: Halcyon House, 1948), pp.158-159.

2) Charles W. Thompson, *Presidents I've Known and Two Near Presidents* (Indianapolis: Bobbs-Merrill, 1929), pp.245-247.

3) Copeland, *op. cit.,* p.797.

4) McReynolds, *op. cit.,* p.115.

5) Copeland, *op. cit.,* p.552.

6) Arthur M. Schlesinger, Jr., *The Crisis of the Old Order, 1919-1933* (Boston: Houghton Mifflin, 1957), p.406.

7) Ayres, 1998, *op. cit.,* p.14.

8) Dole, *op. cit.,* pp.132-133.

9) James S. Jones, *The Life of Andrew Johnson* (Greeneville: East Tennessee Publishing, 1901), pp.27-28.

10) L. William Troxler(ed.), *Along Wit's Trail: The Humor and Wisdom of Ronald Reagan* (New York: Holt, Rinehart and Winston, 1984), pp.72-73.

11) Gardner, *op. cit.,* pp.213-214.

12) Michael K. Deaver and Mickey Herskowitz, *Behind the Scenes* (New York: Morrow, 1987), pp.75-76.

13) Gardner, *op. cit.,* pp.21-24.

14) Sloane, *op. cit.,* p.98.

15) Gardner, *op. cit.,* p.110.

16) Kenneth P. O'Donnell and David F. Powers, *Johnny, We Hardly Knew Ye* (Boston: Little, Brwon, 1970), p.173.

17) Gardner, *op. cit.,* p.211; Philip B. Kunhardt, Jr., Philip B. Kunhardt III and Philip W. Kunhardt, *The American President: The Human Drama of Our Nation's Highest Office* (New York: Riverhead Books, 1999), pp.196-201.

18) Dole, *op. cit.,* p.129.

19) "About Fort Knox Gold" <http://www.apfn.net/Doc-100_bankruptcy10.htm>, "Fort Knox Bullion Depository" <http://www.globalsecurity.org/military/facility/fort-knox-depositary.htm> (2005년 9월 13일 검색).

20) Sloane, *op. cit.,* p.101.

21) "Will Reagan's Outlook Outlast Reagan?" *New York Times,* January 1, 1989, p.10.

22) John S. Abbot and Russel H. Conwell, *Lives of the Presidents* (Portland: H. Hallett, 1882), p.53.

23) William A. White, *A Puritan in Babylon: The Story of Calvin Coolidge* (New York: Macmillan, 1940). p.65.

24) Freeman Hunt, *American Anecdotes: Original and Select,* vol. 1 (Boston: Putnam & Hunt, 1830), p.138.

25) William C. Hudson, *Random Recollections of an Old Political Reporter* (New York: Cupples & Leon, 1911), pp.184-190.

26) Dole, *op. cit.,* p.172.

27) Arthur S. Link, *Woodrow Wilson: A Brief Biography* (Chicago: Quadrangle Books, 1963), pp.32-33.

28) McReynold, *op. cit.,* p.232.

29) Philip S. Klein, *President James Buchanan, a Biography* (University Park: Pennsylvania State University Press, 1962), p.6.

30) Dole, *op. cit.,* p.203.

31) Joslyn Pine(ed.), *American Presidents' Wit and Wisdom: A Book of Quotations* (Mineola: Dover Publications, 2002), p.60.

32) Eleanor Roosevelt, *This I Remember* (New York: Harper & Brothers, 1949), pp.254-255.

33) McReynolds, *op. cit.,* p.179.

34) Paul M. Zall(ed.), *The Wit & Wisdom of the Founding Fathers* (Hopewell: The Ecco Press, 1996), pp.152-153.

35) Harry Provence, *Lyndon B. Johnson: A Biography* (New York: Fleet Publishing Corp., 1964), p.54.

36) Garrison, *op, cit.,* pp.171-173.

37) Howard H. Quint and Robert H. Ferrell(eds.), *The Talkative President: The Off-The-Record Press Conferences of Calvin Coolidge* (Amherst: The University of Massachusetts Press, 1964), p.16.

38) Gardner, *op, cit.,* pp.190-191.

39) James Schermerhorn, *Schermerhorn's Stories: 1500 Anecdotes from Forty Years of After Dinner Speaking* (New York: George Sully, 1928), p.367.

40) Dole, *op. cit.,* p.231.

41) McReynolds, *op. cit.,* p.146.

42) Gardner, *op. cit.,* p.186.

43) Zall, 1996, *op. cit.,* pp.139-140.

44) Dole, *op. cit.,* p.106.

45) McReynolds, *op. cit.,* p.141.

46) Francis B. Carpenter, *The Inner Life of Abraham Lincoln: Six Months at the White House* (New York: Hurd and Houghton, 1868), p.277.

47) Gardner, *op. cit.,* p.212.

48) The Editors of the New Republic, *Bushisms: President George Herbert Walker Bush, In His Own Words* (New York: Workman Publishing, 1992), p.41, p.85.

:: 제3장 │주변관리 리더십

1) Earle Looker, *The White House Gang* (New York: Fleming H. Revell, 1929), pp.137-145.

2) Dole, *op. cit.,* p.151.

3) McReynolds, *op. cit.,* p.153.

4) Holland, *op. cit.,* p.214.

5) Ayres, 1998, *op. cit.,* pp.35-36.

6) Gardner, *op. cit.,* pp.86-87, 90-91.

7) Ayres, 1996, *op. cit.,* p.192.

8) Sloane, *op. cit.,* p.162.

9) Gerald R. Ford, *A Time To Heal: The Autobiography of Gerald R. Ford* (New York: Harper & Row, 1979), p.317.

10) Dole, *op. cit.,* p.154.

11) David H. Bates, *Lincoln in the Telegraph Office: Recollections of the United States Military Telegraph during the Civil War* (New York: D. Appleton-Century, 1939), p.197.

12) Milo M. Quaife(ed.), *The Diary of James K. Polk,* vol. 3 (Chicago: A. C. McClurg, 1910), pp.97-99.

13) Boller, 1996, *op. cit.,* p.141.

14) Tully, *op. cit.,* p.5.

15) Sloane, *op. cit.,* p.162.

16) Dole, *op. cit.,* pp.173-174.

17) Edward C. Lathem(ed.), *Meet Calvin Coolidge: The Man Behind the Myth* (Brattleboro: The Stephen Greene Press, 1960), p.157.

18) Ayres, 1998, *op. cit.,* p.153.

19) Tully, *op. cit.,* p.115; Henrietta Nesbitt, *White House Diary* (Garden City: Doubleday, 1948).

20) Jack Valenti, *A Very Human President* (New York: Norton, 1975), pp.104-105.

21) Silas B. McKinley and Silas Bent, *Old Rough and Ready: The Life and Times of Zachary Taylor* (New York: The Vanguard Press, 1946), pp.91-92.

22) Wayne Whipple, *The Story-Life of Lincoln* (Philadelphia: The J. C. Winston, 1908), p.442.

23) Sloane, *op. cit.,* p.82.

24) Herman Hagedorn, *Roosevelt in the Bad Lands* (Boston: Houghton Mifflin, 1921), pp.255-256.

25) Bascom N. Timmons, *Portrait of an American: Charles G. Dawes* (New York: Henry Holt, 1953), p.80.

26) Benjamin P. Poore, *Perley's Reminiscences of Sixty Years in the National Metropolis,* vol. 2 (Philadelphia: Hubbard Brothers, 1886), pp.144-145.

27) *Ibid.,* p.136.

28) George S. Hilton, *The Funny Side of Politics* (New York: G. W. Dillingham, 1899), p.193.

29) Herman H. Kohlsaat, *From McKinley to Harding: Personal Recollections of Our Presidents* (New York: Charles Scribner's Sons, 1923), p.5.

30) Claude M. Fuess, *Calvin Coolidge: The Man from Vermont* (Boston: Little, Brown, 1940), p.477.

31) McReynolds, *op. cit.,* p.21.

32) "Clark Clifford, Key Adviser to Four President, Dies," *New York Times,* October 11, 1998.

33) Keith W. Jennison, *The Humorous Mr. Lincoln* (New York: Thomas Y. Crowell, 1965), p.80.

34) Zall, 1996, *op. cit.,* p.118.

35) Augustus C. Buell, *History of Andrew Jackson: Pioneer, Patriot, Soldier, Politician, President,* vol. 2 (New York: Charles Scribner's Sons, 1904), pp.212-214.

:: 제4장 | 정치가 리더십

1) Charles F. Allen and Jonathan Portis, *The Comeback Kid: The Life and Career of Bill Clinton* (New York: Carol Publishing, 1992), pp.242-243.

2) Quint and Ferrell, *op. cit.,* pp.v-vi, p.21.

3) Ayres, 1998, *op. cit.,* p.128.

4) Gardner, *op. cit.,* p.219.

5) Alfred Steinberg, *Sam Johnson's Boy: A Close-up of the President from Texas* (New York: Macmillan, 1968), p.436.

6) Kandy Stroud, *How Jimmy Won* (New York: Morrow, 1977), p.133; Bill Adler

(ed.), *The Wit and Wisdom of Jimmy Carter* (Secaucus: The Citadel Press, 1977), p.27.

7) Boller, 1996, *op. cit.,* p.381.

8) Gardner, *op. cit.,* pp.165-166.

9) Sloane, *op. cit.,* p.78.

10) Jules Archer, *Battlefield President: Dwight D. Eisenhower* (New York: J. Messner, 1967), p.79.

11) David Gallen, *Bill Clinton as They Know Him: An Oral Biography* (New York: Gallen Publishing, 1994), pp.134-138.

12) Sloane, *op. cit.,* p.114.

13) <http://www.who2.com/imnotdeadyet.html> (2006년 3월 10일 검색).

14) Jack W. Germond and Jules Witcover, *Whose Broad Stripes and Bright Stars?: The Trivial Pursuit of the Presidency, 1988* (New York: Warner Books, 1989), p.109; *New York Times,* February 17, 1988; Herbert S. Parmet, *George Bush: The Life of a Lone Star Yankee* (New York: Scribner, 1997), p.329.

15) John Gunther, *Roosevelt in Retrospect: A Profile in History* (New York: Harper & Brothers, 1950), p.69.

16) McReynolds, *op. cit.,* p.178.

17) James Parton, *Life of Andrew Jackson,* vol. 2 (New York: Mason Brothers, 1861), pp.339-341.

18) Samuel B. Griffith, *The Battle for Guadalcanal* (Philadelphia: J. B. Lippincott, 1963); Carl K. Hixon, *Guadalcanal: an American History* (Annapolis: Naval Institute Press, 1999).

19) M. S. Venkataramani(ed.), *The Sunny Side of FDR* (Athens: Ohio University Press, 1973), p.12.

20) Copeland, *op. cit.,* p.802.

21) Harry Truman, *Mr. Citizen* (New York: Bernard Geis Associates, 1960), p.63.

22) Poore, *op. cit.,* vol. 1, p.102. 연두교서는, Andrew Jackson, "First Annual Message to Congress," December 8, 1829, <http://www.teachingamericanhistory. org/library/index.asp?documentprint=604> (2005년 11월 14일 검색).

23) Robert E. Sherwood, *Roosevelt and Hopkins: An Intimate History* (New York: Harper & Brothers, 1948), p.204.

24) Sloane, *op. cit.,* p.76.

25) Horace Green, *General Grant's Last Stand, A Biography* (New York: Charles Scribner's Sons, 1936), p.297.

26) Zall, 1996, *op. cit.,* p.102.

27) Ayres, 1996, *op. cit.,* pp.18-19.

28) McReynolds, *op. cit.,* p.176.

29) James M. Burns, *Roosevelt: The Lion and the Fox* (New York: Hartcourt, Brace, 1956), p.235.

30) Leon A. Harris, *The Fine Art of Political Wit,* p.137.

31) Fletcher Pratt, *Stanton: Lincoln's Secretary of War* (New York: W. W. Norton, 1953), pp.132-133.

32) Michael Burlingame(ed.), *With Lincoln in the White House: Letters, Memoranda, and Other Writings of John G. Nicolay, 1860-1865* (Carbondale: Southern Illinois University Press, 2000), p.59, p.66.

33) Herbert J. Edwards and John E. Hankins, *Lincoln the Writer: The Development of His Literary Style* (Orono: University of Main Press, 1962), p.25.

34) Theodore C. Sorensen, *"Let the Word Go Forth": The Speeches, Statements, and Writings of John F. Kennedy* (New York: Delacorte Press, 1988), p.75.

35) Sloane, *op. cit.,* p.37.

36) Lyon G. Tyler, *The Letters and Times of the Tylers,* vol. 2 (Richmond: Whittet & Shepperson, 1885), p.361.

37) 『공동번역 성서』(대한성서공회, 1986), 다니엘서 3장.

38) Louis A. Warren, *Lincoln's Youth: Indiana Years, Seven to Twenty-one 1816-1830* (New York: Appleton · Century · Crofts, 1959), p.83.

39) Gardner, *op. cit.,* p.191.

40) William H. Herndon and Jesse W. Weik, *Herndon's Life of Lincoln* (Cleveland: World Publishing, 1949), p.138.

41) The Editors of the New Republic, *op. cit.,* p.76.

42) George E. Allen, *Presidents Who Have Known Me* (New York: Simon & Schuster, 1950), pp.238-239.

43) Eugene Lyons, *Herbert Hoover: A Biography* (Garden City: Doubleday, 1964), p.210.

44) McReynolds, *op. cit.,* p.217.

45) Jennison, *op. cit.,* pp.40-41.

46) Gaillard Hunt, *The Life of James Madison* (New York: Doubleday, 1902), p.165.

47) Alex J. Goldman, *The Quotable Kennedy* (New York: Belmont Books, 1965), p.136.

48) John S. D. Eisenhower, *So Far From God: The U.S. War with Mexico 1846-1848* (New York: Random House, 1989).

49) Anthony Gross, *Lincoln's Own Stories* (Garden City: Garden City Publishing, 1912), p.54.

50) Roy P. Basler(ed.), *Abraham Lincoln: His Speeches and Writings* (Cleveland: World Publishing, 1946), pp.xvii-xviii.

51) Pine, *op. cit.,* p.56.

52) Harris, *op. cit.,* p.98.

53) Dole, *op. cit.,* p.128.

54) Carl Bode, *Mencken* (Baltimore: The Johns Hopkins University Press, 1986), pp.310-311.

55) Shepard, *op. cit.,* pp.252-253.

56) John H. Williams, *A Great & Shining Road: The Epic Story of the Transcontinental Railroad* (New York: Times Books, 1988); Stephen E. Ambrose, *Nothing Like It in the World: The Men Who Built the Transcontinental Railroad, 1863-1869* (New York: Simon & Schuster, 2000).

57) Mark E. Neely, Jr., *The Abraham Lincoln Encyclopedia* (New York: McGraw-Hill Book, 1982), p.153.

58) Frank Freidel, *Franklin D. Roosevelt: A Rendezvous with Destiny* (Boston: Little, Brown, 1990), p.558.

59) Sloane, *op. cit.,* p.81.

60) John A. Garraty, *Henry Cabot Lodge: A Biography* (New York: Alfred A. Knopf, 1953).

61) White, *op. cit.,* p.232n.

62) Ellet, *op. cit.,* p.287.

63) Dole, *op. cit.,* p.206.

64) Deaver and Herskowitz, *op. cit.,* pp.211-212.

65) Sloane, *op. cit.,* ff. 135, 139, 145.

66) Ayres, 1996, *op. cit.,* p.18.

67) Denis T. Lynch, *An Epoch and a Man: Martin Van Buren and His Times* (New York: Horace Liveright, 1929), p.299.

68) Ford, *op. cit.,* p.84.

69) Hugh Sidey, *John F. Kennedy, President* (New York: Atheneum, 1964), p.188.

70) Ayres, 1996, *op. cit.,* p.46.

71) Troxler, *op. cit.,* pp.47-49.

72) Gardner, *op. cit.,* pp.188-189.

73) Archer, *op. cit.,* p.115.

74) Dole, *op. cit.,* p.197.

75) O'Donnell and Powers, *op. cit.,* pp.340-341.

76) Dole, *op. cit.,* p.44.

:: 제5장 | 평상심 리더십

1) Parton, *op. cit.,* vol. 3, pp.492-493.

2) *Time,* October 4, 1993, p.31.

3) Benjamin R. Barber, *The Truth of Power: Intellectual Affairs in the Clinton White House* (New York: W. W. Norton, 2001), pp.109-111.

4) "The Presidency," *Time,* March 7, 1986, p.28; "An Expletive from Reagan," *New York Times,* March 1, 1986, p.5.

5) P. M. Zall, "Abe Lincoln Laughing," in Gabor S. Boritt(ed.), *The Historian's Lincoln: Pseudohistory, Psychohistory, and History* (Urbana: University of Illinois Press, 1988), pp.3-18.

6) Dole, *op. cit.,* pp.161-162.

7) *Ibid.,* p.185.

8) *Ibid.,* p.155.

9) John H. McKee, *Coolidge Wit and Wisdom* (New York: Frederick A. Stokes, 1933), p.149.

10) L. H. Butterfield(ed.), *Diary and Autobiography of John Adams* (Cambridge: The Belknap Press of Harvard University Press, 1961), vol. 4, pp.36-37.

11) Page Smith, *John Adams,* vol. 2 (Garden City: Doubleday, 1962), p.1034.

12) Ayres, 1998, *op. cit.,* p.xx.

13) Bill Adler(ed.), *The Kennedy Wit* (New York: The Citadel Press, 1964), p.11.

14) Holland, *op. cit.,* p.367.

15) McReynold, *op. cit.,* p.226.

16) Deaver and Herskowitz, *op. cit.,* pp.15-32. "Reagan Out of Surgery," Fort Worth Star-Telegram, March 31, 1981, p.A2. "Ronald Reagan, Assassination Attempt," <http://www.ronaldreagan.com/march30.html> (2005년 8월 23일 검색).

17) McReynolds, *op. cit.,* pp.146-147.

18) Louis A. Gobright, *Recollection of Men and Things at Washington, during the Third of a Century* (Philadelphia: Claxton, Remsen & Haffelfinger, 1869), p.184.

19) Thomas C. Reeves, *Gentleman Boss: The Life of Chester Alan Arthur* (New York: Alfred A. Knopf, 1975), p.273; George F. Howe, *Chester A. Arthur: A Quarter-Century of Machine Politics* (New York: Dodd, Mead, 1934), pp.173-174.

20) Goldman, *op. cit.,* p.138.

21) Henry L. Stoddard, *As I Knew Them: Presidents and Politics from Grant to Coolidge* (New York: Harper & Brothers, 1927), pp.172-173.

22) Gross, *op. cit.,* p.82.

23) Harry Barnard, *Rutherford B. Hayes and His America* (Indianapolis: Bobbs-Merrill, 1954), pp.402-403.

24) Alex Ayres, *The Wit and Wisdom of Abraham Lincoln* (New York: A Meridian Book, 1992), p.55.

25) Robert McElroy, *Grover Cleveland: The Man and the Statesman,* vol. 1 (New York: Harper & Brothers, 1923), p.84. Allan Nevins, *Grover Cleveland: A Study in Courage* (New York: Dobb, Mead, 1962), pp.126-128.

26) Ayres, 1992, *op. cit.,* pp.100-101.

27) Alfred Steinberg, *The Man from Missouri* (New York: G. P. Putnam's Sons, 1962), p.13.

28) Gardner, *op. cit.,* p.157.

29) "U.S. Presidential Election, 1960," <http://en.wikipedia.org/wiki.U.S._ presidential _election,_1960> (2006년 1월 1일 검색).

30) "Now, a Few Words in Closing," *Time,* November 10, 1980, p.18.

31) Whipple, *op. cit.,* p.623.

32) Ayres, 1998, *op. cit.,* pp.11-12.

33) Zall, 1996, *op. cit.,* p.128.

34) Dole, *op. cit.,* p.43.

35) Ayres, 1998, *op. cit.,* p.176.

36) Sloane, *op. cit.,* p.117.

37) Quaife, op. cit., vol. 4, p.264; Allan Nevins(ed.), *Polk: The Diary of a President* (New York: Longmans, Green, 1929), p.xvii.

38) Lathem, *op. cit.,* p.154.

39) Ayres, 1996, *op. cit.,* p.7.

40) Charles W. March, *Reminiscences of Congress* (New York: Baker & Scribner, 1850), p.62.

41) Dole, *op. cit.,* p.108.

42) Sloane, *op. cit.*, p.127.

43) "Ronald Reagan Close Up," *Newsweek,* July 21, 1980, p.27.

44) Sloane, *op. cit.*, p.59.

45) *Ibid.*

46) White, *op. cit.*, pp.vi-vii.

:: 제6장 │ 신바람 리더십

1) Ralph Ketcham, *James Madison: A Biography* (Charlottesville: University Press of Virginia, 1990), pp.605-606.

2) Sloane, *op. cit.*, pp.92-93.

3) Ayres, 1998, *op. cit.*, p.103.

4) Holland, *op. cit.*, p.306.

5) Nessen, *op. cit.*, pp.3-4.

6) Max Frankel, *High Noon in the Cold War: Kennedy, Khrushchev, and the Cuban Missile Crisis* (New York: Ballantine Books, 2004); Sheldon M. Stern, *Averting 'The Final Failure': John F. Kennedy & the Secret Cuban Missile Crisis Meetings* (Stanford: Stanford University Press, 2003).

7) "Cuban Missile Crisis," <http://www.hpol.org/jfk/cuban/> (2005년 9월 20일 검색).

8) Sloane, *op. cit.*, p.103.

9) Sarah N. Randolph, *The Domestic Life of Thomas Jefferson* (New York: Harper & Brothers, 1871), pp.327-328.

10) Maude G. Goodwin, *Dolly Madison* (New York: Charles Scribner's Sons, 1896), pp.245-246.

11) Burns, *op. cit.*, pp.203-206.

12) Venkataramani, *op. cit.*, p.4.

13) Pine, *op. cit.*, p.107.

14) McReynolds, *op. cit.*, p.205.

15) The Editors of the New Republic, *op. cit.*, pp.12-13.

16) Paul M. Angle(ed.), *The Lincoln Reader* (New Brunswick: Rutgers University Press, 1947), pp.184-185.

17) P.M. Zall(ed.), *Abe Lincoln Laughing* (Berkeley: University of California Press, 1982), pp.2-3.

18) Hilton, *op. cit.*, p.62.

19) Adler, *op. cit.*, p.54.

20) Ayres, 1998, *op. cit.*, pp.167-168.

21) Edmund W. Starling, *Starling of the White House* (New York: Simon and Schuster, 1946), pp.207-208.

22) Claude M. Fuess, *Calvin Coolidge: The Man from Vermont* (Boston: Little, Brown, 1940), p.476.

23) Steinberg, 1968, *op. cit.*, p.718.

24) Ford, *op. cit.*, p.289.

25) Nessen, *op. cit.*, pp.172-173.

26) William R. Thayer, *Theodore Roosevelt: An Intimate Biography* (Boston: Houghton Mifflin, 1919), pp.261-263.

27) Noel F. Busch, *T. R.: The Story of Theodore Roosevelt and His Influence On Our Times* (New York: Reynal, 1963), p.330.

28) McReynolds, *op. cit.*, p.148.

29) Steinberg, 1968, op. cit., p.491.

:: 제7장 | 다시 섬기는 리더십

1) Zall, 1996, *op. cit.*, pp.159-160.

2) Pine, *op. cit.*, p.36.

3) "The Well Known Human Race," *Reader's Digest,* no. 21 (July 1932), p.46.

4) Dole, *op. cit.*, p.170.

5) Barnard, *op. cit.,* p.503.

6) Reeves, *op. cit.,* p.412.

7) Dole, *op. cit.,* p.136.

8) *Ibid.,* p.164.

9) Boller, *op. cit.,* p.32.

10) David C. Whitney, *The American Presidents* (Garden City: Doubleday, 1967), p.63; Josiah Quincy, *Memoir of the Life of John Qunicy Adams* (Boston: Crosby, Nichols, Lee, 1860), pp.181-183.

11) "Bush Says He's Happy with Life after Politics," *New York Times,* October 4, 1994, p.A12.

12) Paul L. Ford(ed.), *Writings of Thomas Jefferson* (New York: Putnam, 1892), p.10.

참고문헌

Abbot, John S. and Russel H. Conwell. 1882. *Lives of the Presidents.* Portland: H. Hallett.

Adler, Bill(ed.). 1964. *The Kennedy Wit.* New York: The Citadel Press.

_____. 1977. *The Wit and Wisdom of Jimmy Carter.* Secaucus: The Citadel Press.

Allen, Charles F. and Jonathan Portis. 1992. *The Comeback Kid: The Life and Career of Bill Clinton.* New York: Carol Publishing Group.

Allen, George E. 1950. *Presidents Who Have Known Me.* New York: Simon & Schuster.

Ambrose, Stephen E. 2000. *Nothing Like It in the World: The Men Who Built the Transcontinental Railroad, 1863-1869.* New York: Simon & Schuster.

Angle, Paul M.(ed.). 1947. *The Lincoln Reader.* New Brunswick: Rutgers University Press.

Archer, Jules. 1967. *Battlefield President: Dwight D. Eisenhower.* New York: J. Messner.

Ayres, Alex(ed.). 1992. *The Wit and Wisdom of Abraham Lincoln.* New York: A

Meridian Book.

_____. 1996. *The Wit and Wisdom of John F. Kennedy.* New York: A Meridian Book.

_____. 1998. *The Wit and Wisdom of Harry S. Truman.* New York: A Meridian Book.

Barber, Benjamin R. 2001. *The Truth of Power: Intellectual Affairs in the Clinton White House.* New York: W. W. Norton.

Barnard, Harry. 1954. *Rutherford B. Hayes and His America.* Indianapolis: Bobbs-Merrill.

Basler, Roy P.(ed.). 1946. *Abraham Lincoln: His Speeches and Writings.* Cleveland: World Publishing.

Bates, David H. 1939. *Lincoln in the Telegraph Office: Recollections of the United States Military Telegraph Corps during the Civil War.* New York: D. Appleton-Century.

Bellamy, Francis R. 1951. *The Private Life of George Washington.* New York: Thomas Y. Crowell.

Blaisdell, Bob(ed.). 2005. *The Wit and Wisdom of Abraham Lincoln.* Mineola: Dover Publications.

Bode, Carl. 1986. *Mencken.* Baltimore: The Johns Hopkins University Press.

Boller, Paul F., Jr. 1996. *Presidential Anecdotes.* rev. ed. Oxford: Oxford University Press.

_____. 1967. *Quotesmanship: The Use and Abuse of Quotations for Polemical and Other Purposes.* Dallas: Southern Methodist University Press.

Boritt, Gabor S.(ed.). 1988. *The Historian's Lincoln: Pseudohistory, Psychohistory, and History.* Urbana: University of Illinois Press.

Brummet, John. 1994. *Highwire: From the Backroads to the Beltway-The Education of Bill Clinton.* New York: Hyperion.

Buell, Augustus C. 1904. *History of Andrew Jackson: Pioneer, Patriot, Soldier, Politician, President.* New York: Charles Scribner's Sons.

Burlingame, Michael(ed.). 2000. *With Lincoln in the White House: Letters, Memoranda, and Other Writings of John G. Nicolay, 1860-1865.* Carbondale: Southern Illinois University Press.

Burns, James M. 1956. *Roosevelt: The Lion and the Fox.* New York: Hartcourt,

Brace.

Busch, Noel F. 1963. *T. R.: The Story of Theodore Roosevelt and His Influence On Our Times.* New York: Reynal.

Butterfield, L. H.(ed.). 1961. *Diary and Autobiography of John Adams,* vol 4. Cambridge: The Belknap Press of Harvard University Press.

Carpenter, Francis B. 1868. *The Inner Life of Abraham Lincoln: Six Months at the White House.* New York: Hurd and Houghton.

Colman, Edna M. 1925. *Seventy-Five Years of White House Gossip: From Washington to Lincoln.* Garden City: Doubleday.

Coolidge, Calvin. "1925 State of the Union Address," <http://www.janda.org/politxts/State%20of%20Union%20Address/1923-1928%20Coolidge/COOLIDGE25.html> (2005년 11월 4일 검색).

Copeland, Faye and Lewis Copeland(eds.). 1965. *10,000 Jokes, Toasts, and Stories.* New York: Doubleday.

"Cuban Missile Crisis," <http://www.hpol.org/jfk/cuban/> (2005년 9월 20일 검색).

Daniels, Josephus. 1924. *The Life of Woodrow Wilson, 1856-1924.* S.I.: Will H. Johnston.

Davis, Charles A. 1834. *Letters of J. Downing, Major, Downingville Militia, Second Brigade, to His Old Friend, Mr. Dwight, of the New York Daily Advertiser.* New York: Harper.

Deaver, Michael K. and Mickey Herskowitz. 1987. *Behind the Scenes.* New York: Morrow.

Dennett, Tyler(ed.). 1939. *Lincoln and the Civil War in the Diaries of John Hay.* New York: Dodd, Mead.

Dole, Bob. 2001. *Great Presidential Wit.* New York: Simon & Schuster.

Edwards, Herbert J. and John E. Hankins. 1962. *Lincoln the Writer: The Development of His Literary Style.* Orono: University of Main Press.

Eisenhower, Dwight D. 1967. *At Ease: Stories I Tell to Friends.* Garden City: Doubleday.

Eisenhower, John. 1989. *So Far From God: The U.S. War with Mexico 1846-1848.* New York: Random House.

Ellet, Elizabeth F. 1869. *The Court Circles of the Republic.* Philadelphia: Philadelphia Publishing.

Flexner, James T. 1955. *Gilbert Stuart: A Great Life in Brief.* New York: Alfred A. Knopf.

Ford, Gerald R. 1979. *A Time To Heal: The Autobiography of Gerald R. Ford.* New York: Harper & Row.

Ford, Paul L.(ed.). 1892. *Writings of Thomas Jefferson.* New York: Putnam.

"Fort Knox Bullion Depository" <http:www.globalsecurity.org/military/facility/fort-knox-depositary.htm> (2005년 9월 13일 검색).

Frankel, Max. 2004. *High Noon in the Cold War: Kennedy, Khrushchev, and the Cuban Missile Crisis.* New York: Ballantine Books.

Freidel, Frank. 1990. *Franklin D. Roosevelt: A Rendezvous with Destiny.* Boston: Little, Brown.

Fuess, Claude M. 1940. *Calvin Coolidge: The Man from Vermont.* Boston: Little, Brown.

Fullick, Roy. 1979. *Suez, the Double War.* London: H. Hamilton.

Gallen, David. 1994. *Bill Clinton as They Know Him: An Oral Biography.* New York: Gallen Publishing Group.

Gardner, Gerald. 1986. *All The Presidents' Wits: The Power of Presidential Humor.* New York: Beech Tree Books/William Morrow.

Garland, Hamlin. 1920. *Ulysses S. Grant: His Life and Character.* New York: Macmillan.

Garraty, John A. 1953. *Henry Cabot Lodge: A Biography.* New York: Alfred A. Knopf.

Garrison, Webb. 1996. *A Treasury of White House Tales.* Nashville: Rutledge Hill Press.

Germond, Jack W. and Jules Witcover. 1989. *Whose Broad Stripes and Bright Stars?: The Trivial Pursuit of the Presidency, 1988.* New York: Warner Books.

Gobright, Louis A. 1869. *Recollection of Men and Things at Washington, during the Third of a Century.* Philadelphia: Claxton, Remsen & Haffelfinger.

Goldman, Alex J. 1965. *The Quotable Kennedy.* New York: Belmont Books.

Goodwin, Maude G. 1896. *Dolly Madison.* New York: Charles Scribner's Sons.

Grant, Ulysses S. 1952. *Personal Memoirs,* E. B. Long(ed.). Cleveland: World Publishing.

Green, Horace. 1936. *General Grant's Last Stand, A Biography.* New York: Charles

Scribner's Sons.

Griffith, Samuel B. 1963. *The Battle for Guadalcanal.* Philadelphia: J. B. Lippincott.

Gross, Anthony. 1912. *Lincoln's Own Stories.* Garden City: Garden City Publishing.

Gunther, John. 1950. *Roosevelt in Retrospect: A Profile in History.* New York: Harper & Brothers.

Hagedorn, Herman. 1921. *Roosevelt in the Bad Lands.* Boston: Houghton Mifflin.

Hale, Edward E. 1902. *Memories of a Hundred Years.* New York: Macmillan.

Harris, Leon A. 1964. *The Fine Art of Political Wit.* New York: E. P. Dutton.

Henry, Lewis. 1948. *Humorous Anecdotes about Famous People.* Garden City: Halcyon House.

Herndon, William H. and Jesse W. Weik. 1949. *Herndon's Life of Lincoln.* Cleveland: The World Publishing.

Hilton, George S. 1899. *The Funny Side of Politics.* New York: G. W. Dillingham.

Hixon, Carl K. 1999. *Guadalcanal: an American History.* Annapolis: Naval Institute Press.

Holland, Barbara. 2004. *Hail to the Chiefs: Presidential Mischief, Morals, & Malarkey from George W. to George W.* New York: Berkeley Books.

Howe, George F. 1934. *Chester A. Arthur: A Quarter-Century of Machine Politics.* New York: Dodd, Mead.

Hoyt, Edwin P. 1963. *John Quincy Adams.* Chicago: Reilly & Lee.

Hudson, William C. 1911. *Random Recollections of an Old Political Reporter.* New York: Cupples & Leon.

Hunt, Freeman. 1830. *American Anecdotes: Original and Select.* Boston: Putnam & Hunt.

Hunt, Gaillard. 1902. *The Life of James Madison.* New York: Doubleday.

Jackley, John L. 1996. *Below the Beltway: Money, Power, and Sex in Bill Clinton's Washington.* Washington, D.C.: Regnery.

Jackson, Andrew. "First Annual Message to Congress," December 8, 1829, <http://www.teachingamericanhistory.org/library/index.asp?documentprint=604> (2005년 11월 14일 검색).

Jennison, Keith W. 1965. *The Humorous Mr. Lincoln.* New York: Thomas Y. Crowell.

Johnson, Paul. 1957. *The Suez War.* New York: Greenberg.

Jones, James S. 1901. *The Life of Andrew Johnson.* Greeneville: East Tennessee

Publishing.

Ketcham, Ralph. 1990. *James Madison: A Biography.* Charlottesville: University Press of Virginia.

Klein, Philip S. 1962. *President James Buchanan, a Biography.* University Park: Pennsylvania State University Press.

Kohlsaat, Herman H. 1923. *From McKinley to Harding: Personal Recollections of Our Presidents.* New York: Charles Scribner's Sons.

Kunhardt, Philip B. Jr., Philip B. Kunhardt III, and Philip W. Kunhardt. 1999. *The American President: The Human Drama of Our Nation's Highest Office.* New York: Riverhead Books.

Lathem, Edward C.(ed.). 1960. *Meet Calvin Coolidge: The Man Behind the Myth.* Brattleboro: The Stephen Greene Press.

Leech, Margaret and Harry J. Brown, 1978. *The Garfield Orbit.* New York: Harper & Row.

Link, Arthur S. 1963. *Woodrow Wilson: A Brief Biography.* Chicago: Quadrangle Books.

Looker, Earle. 1929. *The White House Gang.* New York: Fleming H. Revell.

Lynch, Denis T. 1929. *An Epoch and a Man: Martin Van Buren and His Times.* New York: Horace Liveright.

Lyons, Eugene. 1964. *Herbert Hoover: A Biography.* Garden City: Doubleday.

March, Charles W. 1850. *Reminiscences of Congress.* New York: Baker & Scribner.

McCullough, David. 1977. *The Path between the Seas: The Creation of the Panama Canal, 1870-1914.* New York: Simon and Schuster.

McElroy, Robert. 1923. *Grover Cleveland: The Man and the Statesman,* vol. 1. New York: Harper & Brothers.

McKee, John H. 1933. *Coolidge Wit and Wisdom.* New York: Frederick A. Stokes.

McKinley, Silas B. and Silas Bent. 1946. *Old Rough and Ready: The Life and Times of Zachary Taylor.* New York: The Vanguard Press.

McReynolds, B. S. 1998. *Presidential Blips: Dips, Flips, Lip, Pips, Quips, Rips, Slips, Tips and Zips.* University City: Book Publishing.

Miller, Merle. 1974. *Plain Speaking: An Oral Biography of Harry S. Truman.* New York: Berkeley Publishing.

Neely, Mark E., Jr. 1982. *The Abraham Lincoln Encyclopedia.* New York: McGraw-

Hill Book.

Nesbitt, Henrietta. 1948. *White House Diary.* Garden City: Doubleday.

Nessen, Ron. 1978. *It Sure Looks Different from the Inside.* New York: A Playboy Press Book.

Nevins, Allan. 1962. *Grover Cleveland: A Study in Courage.* New York: Dobb, Mead.

_____(ed.). 1929. *Polk: The Diary of a President.* New York: Longmans, Green.

O'Donnell, Kenneth P. and David F. Powers. 1970. *Johnny, We Hardly Knew Ye.* Boston: Little, Brown.

Parmet, Herbert S. 1997. *George Bush: The Life of a Lone Star Yankee.* New York: Scribner.

Parton, James. 1861. *Life of Andrew Jackson.* New York: Mason Brothers.

Pepper, George W. 1944. *Philadelphia Lawyer: An Autobiography.* Philadelphia: Lippincott.

Pine, Joslyn(ed.). 2002. *American Presidents' Wit and Wisdom: A Book of Quotations.* Mineola: Dover Publications.

Poore, Benjamin P. 1886. *Perley's Reminiscences of Sixty Years in the National Metropolis.* Philadelphia: Hubbard Brothers.

Pratt, Fletcher. 1953. *Stanton: Lincoln's Secretary of War.* New York: W. W. Norton.

Pringle, Henry F. 1931. *Theodore Roosevelt: A Biography.* New York: Harcourt, Bruce.

Provence, Harry. 1964. *Lyndon B. Johnson: A Biography.* New York: Fleet Pub. Corp.

Quaife, Milo M.(ed.). 1910. *The Diary of James K. Polk: During His Presidency, 1845-1849.* Chicago: A. C. McClurg.

Quincy, Josiah. 1860. *Memoir of the Life of John Quincy Adams.* Boston: Crosby, Nichols, Lee.

Quint, Howard H. and Robert H. Ferrell(eds.). 1964. *The Talkative President: The Off-The-Record Press Conferences of Calvin Coolidge.* Amherst: The University of Massachusetts Press.

Randall, James G. 1957. *Mr. Lincoln: A Personal Portrait on the Human Side of Lincoln from J. G. Randall's Writings.* Richard N. Current(ed.). New York: Dodd, Mead.

Randolph, Sarah N. 1871. *The Domestic Life of Thomas Jefferson.* New York:

Harper & Brothers.

Reagan, Ronald. "Assassination Attempt." <http://www.ronaldreagan.com/march30.html>
(검색일: 2005년 8월 23일).

Reeves, Thomas C. 1975. *Gentleman Boss: The Life of Chester Alan Arthur.* New
York: Alfred A. Knopf.

Roosevelt, Eleanor. 1949. *This I Remember.* New York: Harper & Brothers.

Roosevelt, James and Sidney Shallett. 1959. *Affectionately, F.D.R.: A Son's Story of
a Lonely Man.* New York: Harcourt, Brace.

Rosenman, Samuel I. 1952. *Working with Roosevelt.* New York: Harper & Brothers.

Rowan, Roy and Brooke Janis. 1997. *First Dogs: American Presidents and Their
Best Friends.* Chapel Hill: Algonquin Books.

Safire, William. 2004. *The Right Word in the Right Place at the Right Time.* New
York: Simon & Schuster.

Salinger, Pierre. 1995. *Pierre Salinger: A Memoir.* New York: St. Martin's Press.

Schermerhorn, James. 1928. *Schermerhorn's Stories: 1500 Anecdotes from Forty
Years of After Dinner Speaking.* New York: George Sully.

Schlesinger, Arthur M. Jr. 1957. *The Crisis of the Old Order, 1919-1933.* Boston:
Houghton Mifflin.

Severance, Frank H.(ed.). 1970. *Millard Fillmore Papers,* vol. 2. New York: Kraus
Reprint.

Shepard, Edward M. 1888. *Martin Van Buren.* Boston: Houghton, Mifflin.

Sherwood, Robert E. 1948. *Roosevelt and Hopkins: An Intimate History.* New York:
Harper & Brothers.

Sidey, Hugh. 1964. *John F. Kennedy, President.* New York: Atheneum.

Sloane, Arthur A. 2001. *Humor in the White House: The Wit of Five American
Presidents.* Jefferson: McFarland.

Smith, Page. 1962. *John Adams,* vol. 2. Garden City: Doubleday.

Sorensen, Theodore C. 1988. *"Let the Word Go Forth": The Speeches, Statements,
and Writings of John F. Kennedy.* New York: Delacorte Press.

_____. 1969. *The Kennedy Legacy.* New York: Macmillan.

Starling, Edmund W. 1946. *Starling of the White House.* New York: Simon and
Schuster.

Steinberg, Alfred. 1968. *Sam Johnson's Boy: A Close-up of the President from*

Texas. New York: Macmillan.

_____. 1962. *The Man from Missouri: The Life and Times of Harry S. Truman.* New York: G. P. Putnam's Sons.

Stern, Sheldon M. 2003. *Averting 'The Final Failure': John F. Kennedy & the Secret Cuban Missile Crisis Meetings.* Stanford: Stanford University Press.

Stoddard, Henry L. 1927. *As I Knew Them: Presidents and Politics from Grant to Coolidge.* New York: Harper & Brothers.

Stroud, Kandy. 1977. *How Jimmy Won.* New York: Morrow.

Stryker, Lloyd P. 1929. *Andrew Johnson: A Study in Courage.* New York: Macmillan.

Thayer, William R. 1919. *Theodore Roosevelt: An Intimate Biography.* Boston: Houghton Mifflin.

The Editors of the New Republic. 1992. *Bushisms: President George Herbert Walker Bush, In His Own Words.* New York: Workman Publishing.

Thomas, Helen. 2002. *Thanks For The Memories, Mr. President: Wit and Wisdom from the Front Row at the White House.* New York: A Lisa Drew Book / Scribner.

Thompson, Charles W. 1929. *Presidents I've Known and Two Near Presidents.* Indianapolis: Bobbs-Merrill.

Timmons, Bascom N. 1953. *Portrait of an American: Charles G. Dawes.* New York: Henry Holt.

Trollope, Thomas A. 1888. *What I Remember.* New York: Harper & Brothers.

Troxler, L. William(ed.). 1984. *Along Wit's Trail: The Humor & Wisdom of Ronald Reagan.* New York: Holt, Rinehart and Winston.

Truman, Harry. 1960. *Mr. Citizen.* New York: Bernard Geis Associates.

Tully, Grace. 1949. *F.D.R., My Boss.* New York: Charles Scribner's Sons.

Tyler, Lyon G. 1885. *The Letters and Times of the Tylers.* Richmond: Whittet & Shepperson.

"U.S. Congressional Serial Set Finding List: Annual Report, Alien Property Custodian," <http://www.wooster.edu/library/gov/serialset/agency/Y3/AlienProperty-Annual.htm> (2005년 11월 4일 검색).

Valenti, Jack. 1975. *A Very Human President.* New York: Norton.

Venkataramani, M.S.(ed.). 1973. *The Sunny Side of FDR.* Athens: Ohio University Press.

Ward, Geoffrey C. 1985. *Before the Trumpet: Young Franklin Roosevelt 1882-1905.* New York: Harper & Row.

Warren, Louis A. 1959. *Lincoln's Youth: Indiana Years, Seven to Twenty-one 1816-1830.* New York: Appleton · Century · Crofts.

Weisberg, Jacob(ed.). 2003. *Still More George W. Bushisms.* New York: Simon & Schuster.

Wetherington, Roy. 1994. *The Wit & Wisdom of Our American Presidents.* Lombard: Successories Publishing.

Whipple, Wayne. 1908. *The Story-Life of Lincoln.* Philadelphia: The J. C. Winston.

White, William A. 1940. *A Puritan in Babylon: The Story of Calvin Coolidge.* New York: Macmillan.

Whitney, David C. 1969. *The American Presidents.* Garden City: Doubleday.

Williams, John H. 1988. *A Great & Shining Road: The Epic Story of the Transcontinental Railroad.* New York: Times Books.

Woodward, William E. 1926. *George Washington: The Image and the Man.* New York: Boni & Liveright.

Zall, Paul M.(ed.). 1996. *The Wit & Wisdom of the Founding Fathers.* Hopewell: The Ecco Press.

_____. 1982. *Abe Lincoln Laughing.* Berkeley: University of California Press.

미국 역대대통령 연표

대	재임기간	성명	탄생 및 사망 연도	출신주	소속 정당
1	1789~1797	조지 워싱턴 (George Washington)	1732~1799	버지니아	연방파
2	1797~1801	존 애덤스 (John Adams)	1735~1826	매사추세츠	연방파
3	1801~1809	토머스 제퍼슨 (Thomas Jefferson)	1743~1826	버지니아	공화파
4	1809~1817	제임스 매디슨 (James Madison)	1751~1836	버지니아	공화파
5	1817~1825	제임스 먼로 (James Monroe)	1758~1831	버지니아	공화파
6	1825~1829	존 퀸시 애덤스 (John Quincy Adams)	1767~1848	매사추세츠	공화파
7	1829~1837	앤드루 잭슨 (Andrew Jackson)	1767~1845	사우스캐롤라이나	민주당
8	1837~1841	마틴 밴 뷰런 (Martin Van Buren)	1782~1862	뉴욕	민주당
9	1841~1841	윌리엄 헨리 해리슨 (William Henry Harrison)	1773~1841	버지니아	휘그당
10	1841~1845	존 타일러 (John Tyler)	1790~1862	버지니아	휘그당
11	1845~1849	제임스 K. 포크 (James K. Polk)	1795~1849	노스캐롤라이나	민주당
12	1849~1850	재커리 테일러 (Zachary Taylor)	1784~1850	버지니아	휘그당
13	1850~1853	밀러드 필모어 (Millard Fillmore)	1800~1874	뉴욕	휘그당

대	재임기간	성명	탄생 및 사망 연도	출신주	소속 정당
14	1853~1857	프랭클린 피어스 (Franklin Pierce)	1804~1869	뉴햄프셔	민주당
15	1857~1861	제임스 뷰캐넌 (James Buchanan)	1791~1868	펜실베이니아	민주당
16	1861~1865	에이브러햄 링컨 (Abraham Lincoln)	1809~1865	켄터키	공화당
17	1865~1869	앤드루 존슨 (Andrew Johnson)	1808~1875	노스캐롤라이나	공화당
18	1869~1877	율리시스 그랜트 (Ulysses S. Grant)	1822~1885	오하이오	공화당
19	1877~1881	러더퍼드 B. 헤이스 (Rutherford B. Hayes)	1822~1893	오하이오	공화당
20	1881~1881	제임스 A. 가필드 (James A. Garfield)	1831~1881	오하이오	공화당
21	1881~1885	체스터 A. 아서 (Chester A. Arthur)	1829~1886	버몬트	공화당
22	1885~1889	그로버 클리블랜드 (Grover Cleveland)	1837~1908	뉴저지	민주당
23	1889~1893	벤저민 해리슨 (Benjamin Harrison)	1833~1901	오하이오	공화당
24	1893~1897	그로버 클리블랜드 (Grover Cleveland)	1837~1908	뉴저지	민주당
25	1897~1901	윌리엄 매킨리 (William McKinley)	1843~1901	오하이오	공화당
26	1901~1909	시어도어 루스벨트 (Theodore Roosevelt)	1858~1919	뉴욕	공화당
27	1909~1913	윌리엄 H. 태프트 (William Howard Taft)	1857~1930	오하이오	공화당
28	1913~1921	우드로 윌슨 (Woodrow Wilson)	1856~1924	버지니아	민주당

대	재임기간	성명	탄생 및 사망 연도	출신주	소속 정당
29	1921~1923	워런 G. 하딩 (Warren G. Harding)	1865~1923	오하이오	공화당
30	1923~1929	캘빈 쿨리지 (Calvin Coolidge)	1872~1933	버몬트	공화당
31	1929~1933	허버트 후버 (Herbert Hoover)	1874~1964	아이오와	공화당
32	1933~1945	프랭클린 D. 루스벨트 (Franklin D. Roosevelt)	1882~1945	뉴욕	민주당
33	1945~1953	해리 S. 트루먼 (Harry S. Truman)	1884~1972	미주리	민주당
34	1953~1961	드와이트 D. 아이젠하워 (Dwight D. Eisenhower)	1890~1969	텍사스	공화당
35	1961~1963	존 F. 케네디 (John F. Kennedy)	1917~1963	매사추세츠	민주당
35	1963~1969	린든 B. 존슨 (Lyndon B. Johnson)	1908~1973	텍사스	민주당
37	1969~1974	리처드 M. 닉슨 (Richard M. Nixon)	1913~1994	캘리포니아	공화당
38	1974~1977	제럴드 R. 포드 (Gerald R. Ford)	1913~2006	네브래스카	공화당
39	1977~1981	지미 카터 (Jimmy [James E.] Carter)	1924~	조지아	민주당
40	1981~1989	로널드 레이건 (Ronald Reagan)	1911~2004	일리노이	공화당
41	1989~1993	조지 부시 (George H. W. Bush)	1924~	매사추세츠	공화당
42	1993~2001	빌 클린턴 (Bill [William J.] Clinton)	1946~	아칸소	민주당
43	2001~	조지 W. 부시 (George W. Bush)	1946~	텍사스	공화당

지은이 소개

박봉현 │ Park, Bong Hyon

- 현재 미 국방외국어대학 아시아 스쿨 교수
  1959년 서울 출생
  서울대 독어교육과 졸업
  서울대 대학원 정치학 석사
  조선일보 · 월간조선 기자
  미 클레어몬트 대학원 정치학 박사
  한국일보 미주본사 편집위원

  저서: 『칸트와 동북아시아 평화』
  　　　『주한미군은 언제 철수해야 하나』
  　　　『대통령리더십과 통일정책』

  논문: "When to Withdraw US Forces from Korea", "Dividing and Unifying Politics: A Comparative Study of Unification Leadership between Germany and Korea" 외

연락처: 818-212-3067, 818-360-8275
e-mail: bonghyonpark@hotmail.com

역대 미국대통령
41명의 위트리더십

초판 1쇄 발행: 2007년 3월 10일
초판 2쇄 발행: 2008년 4월 7일

지은이: 박봉현
발행인: 부성옥
발행처: 도서출판 오름
등록번호: 제2-1548호 (1993. 5. 11)

서울특별시 서초구 서초동 1420-6 통일시대연구소빌딩 301호
전화: 02_585-9122, 9123 / 팩스: 02_584-7952
E-mail: oruem@oruem.co.kr
URL: http://www.oruem.co.kr

ISBN 978-89-7778-272-3   03340   정가 13,000원

* 잘못된 책은 교환해 드립니다.